tao.de

Endlich!

Sicherheit
und
Friede!

Die	**1.**	*Vorsintflutliche Ära mit einem Wassermantel!*
vier	**2.**	*Nachsintflutliche Ära! Der eingestürzte Wassermantel veränderte das Angesicht der Erde!*
Zeit-	**3.**	*Die christliche Ära!*
alter	**4.**	*Die Weltregierung des „Universalen Geistes"!*

Aus dem Plan des

„Universalen Geistes"!

© 2016 tao.de in J. Kamphausen Mediengruppe GmbH, Bielefeld

Autor: Horst Peter Kühn

Printed in Germany

Verlag: J. Kamphausen Mediengruppe GmbH, Bielefeld · www.tao.de

Bibliographische Information der Deutschen Nationalbibliothek: Die Deutsche Nationalbibliothek verzeichnet diese Publikation in der Deutschen Nationalbibliographie; detaillierte bibliographische Daten sind im Internet über http://dnb.de abrufbar.

ISBN
Paperback: 978-3-95802-905-7
Hardcover: 978-3-95802-906-4
e-Book: 978-3-95802-907-1

Das Werk, einschließlich seiner Teile, ist urheberrechtlich geschützt. Jede Verwertung ist ohne Zustimmung des Verlages und des Autors unzulässig. Dies gilt insbesondere für die elektronische oder sonstige Vervielfältigung, Übersetzung, Verbreitung und öffentliche Zugänglichmachung.

Vita

„Nun aber bleiben Glaube, Hoffnung, Liebe, diese drei; aber die Liebe ist die Größte unter ihnen.“ (Paulus in seinem Brief an die Gemeinde in Korinth, 1. Kor 13:13)

Es war 1941, in einem kleinen Ort im Saarland nahe der Französischen Grenze. Mitten im 2. Weltkrieg wurde ich als erster Sohn meines Vaters Otto und meiner Mutter Emma geboren – und als Protestant getauft. Protestanten glaubten zu dieser Zeit, auf jeden Fall etwas Besseres zu sein, allerdings war es um die Katholiken nicht viel anders bestellt. Als ich zur Schule ging, lauschte ich gern den Belehrungen des Pfarrers im Religionsunterricht, besonders wenn er von der Liebe und dem Frieden in Jesus Christus sprach, daher empfand ich diesen Sohn Gottes als ein ideales Vorbild. Doch jenseits dieser Berührtheit, jenseits seiner Worte verhöhnten wir Protestanten unsere katholischen Mitschüler, von denen wir getrennt unterrichtet wurden.

Im Herbst 1947 kehrte mein Vater aus der Russischen Gefangenschaft nach Hause zurück. Manchmal erzählte er meinem Bruder und mir aus dem Repertoire seiner Kriegserlebnisse, was mich zwar oft wegen des abenteuerlichen Beiklangs begeisterte, mir jedoch auch immer sehr zu denken gab. Ich konnte die Gewalt der Erwachsenen einfach nicht mit den Ermahnungen unseres Pfarrers in Übereinstimmung bringen. Als dann meine Mutter eines Tages mit den „Ernsten Bibelforschern“ aus unserem Ort in Verbindung trat, stellte ich ohne zu zögern meine brennende Frage an diese: „Wart auch ihr mit im Krieg?“ Zu meiner Verblüffung erfuhr ich, dass dies eine der wichtigsten Gewissensfragen für einen Zeugen Jehovas – wie sie sich später selbst nannten – sei, die mit einem klaren „Nein“ beantwortet werden müsse. Das beeindruckte mich tief, und so begann ich, ein ernstes Interesse an deren Lehren zu entwickeln.

Die Zeit des Wehrdienstes kam an mich heran und mir wurde als Verweigerer ein Prozess gemacht, bei dem ich zu acht Monaten Gefängnis verurteilt wurde. Das war 1965. Während der Haftzeit hatte ich viel Zeit, die Bibel zu studieren und sie dadurch besser kennenzulernen. Schließlich konvertierte ich zum Glauben der Zeugen Jehovas und ließ mich taufen. Innerhalb des gemeinschaftlichen Lebens lernte ich allerlei Nützliches – beispielsweise, sinnvolle Gespräche zu führen oder Vorträge zu halten. Ich intensivierte meine Studiengewohnheiten und entwickelte den Wunsch, meine gesamte Zeit in den Dienst meines Gottes zu stellen – und wurde zu einem „Inland-Missionar“. (Sonderpionier) Ich predigte damals 150 bis 160 Stunden pro Monat und ließ mich dort einsetzen, wo es noch keine Gemeinden gab oder wo kleine Gemeinden Hilfe benötigten. Wir „Sonderpioniere“ gründeten oder bauten Gemeinden auf, dienten kleineren Gruppen als Aufseher und hielten für die Öffentlichkeit Vorträge. An 3 Tagen in der Woche trafen sich Jehovas Zeugen, um gemeinsam zu lernen, zu lehren, zu beten und zu singen.

In all dem hatte die Bibel stets für mich die höchste Priorität. Da ich es sehr genau mit der Wahrheit nahm, ergaben sich zwangsläufig Diskrepanzen zwischen dem, was ich lernte und lehrte und der Bibel, so wie ich sie verstand, wenn ich in ihren Heiligen Seiten las. Diskussionen und Gespräche zwischen Würdenträgern und sonstigen Intellektuellen erweiterten meinen geistigen Horizont mehr und mehr. So kam es, dass ich es mir irgendwann eingestand, nicht selbst aufgrund meiner „geringen“ Erkenntnisse die biblischen Aussagen „falsch“ zu verstehen, sondern an die Grenze meines Vertrauens zu stoßen, dass die Lehren meiner Glaubensgemeinschaft mit der Bibel ganz übereinstimmten. Ich sah klare Abweichungen, die zu relevant waren, als dass ich sie hätte ignorieren können. Doch innerhalb der Gemeinschaft gab es niemanden, mit dem ich hätte meine problematischen Gedanken austauschen können, weshalb ich sie für mich behielt. Von da an konnte ich Inhalte, die ich anzweifelte, nicht mehr in meinen Vorträgen verwenden, zu stark fühlte ich mich der Wahrheit verpflichtet. Es fiel mir immer schwerer, die Lehren der „Wachtturm-Gesellschaft“ vor der Gemeinde oder fremden Menschen zu vertreten. Nach über 40 Jahren zerbrach schließlich meine tiefe Verbundenheit mit der Religionsgemeinschaft, ich kehrte zurück in die sogenannte ganz normale Welt und ging einer ganz normalen Arbeit nach.

Ich besorgte mir nun erst recht alle nur erreichbare Literatur, die sich mit der Bibel beschäftigte. Dazu gehörten viele verschiedene Bibelübersetzungen, Konkordanzen und Nachschlagewerke, um alles zu prüfen, der Wahrheit näher zu kommen und dabei das „Gute“ zu bewahren. So hatte ich es von Paulus gelernt, und daran wollte ich mich halten. Bald kam ich in Kontakt mit einer anderen Gemeinschaft, die sich einfach nur „Christen“ nannten, deren Nähe zur Bibel mich anzog. Doch auch hier sah ich nach einigen Jahren der Mitgliedschaft in dieser Denomination das gleiche Phänomen –

es grundsätzlich zu versäumen, sich an zeitbedingt notwendige Veränderungen anzupassen. Sie hielten fest an immer gleichen Dingen, ohne dabei zu berücksichtigen, dass eine Entwicklung - im Erkenntnisstand - es erfordert, sich ständig zu erneuern. Und ich wollte niemals stehen bleiben. Mein intensives Bibelstudium – über viele Jahrzehnte hinweg – betrieb ich immer in dem akribischen Bemühen, der Wahrheit auf den Grund zu kommen, es war und ist mein höchstes Bestreben. Es hat mich von den mir bekannten christlichen Gemeinschaften so weit entfernt, dass die Verbindungen ganz abgerissen sind. Letztlich war ein fruchtbarer Dialog nicht möglich, und ich stieß – wie einst als Junge in der geteilten Schule – an die Grenze fehlender Akzeptanz und Toleranz, aber auch des Unwillens, sich für die Meinung eines Andersdenkenden zu öffnen.

Vor etwa 10 Jahren entschloss ich mich dazu, einiges von dem, was ich in meinen persönlichen Studien erkannt und gelernt habe, anderen Menschen in Form von anleitenden Büchern zur Verfügung zu stellen. Um dem Leser mein erworbenes Wissen leicht zugänglich zu machen, trug ich die komplexen Informationen der „Heiligen Schrift“ in einfachen Bildern und nachvollziehbaren Gedankenfolgen zusammen. Die Grundidee bezieht sich dabei auf den praktischen und nützlichen Charakter dieses großen Werkes, welches aus meiner Sicht als eine unbedingte „Gebrauchsanweisung für Menschen“ funktioniert und in den Turbulenzen aller Zeiten an allen Orten hell beleuchtet, *wie wichtig die Liebe in allen Dingen ist und immer bleibt.*

Ina Kleinod

Inhalt:

Texte, die im Haupttext nicht ausgeschrieben wurden!

Seite 473

Abkürzungen der Bibelbücher **Seite 638**

Code/Ziffern: Innerhalb des Textes finden Sie verschiedene Codes/Ziffern, durch welche Sie in der Rubrik „Erklärungen und Quellenangaben“ mehr Aufschluss über die gekennzeichneten Begriffe erhalten, z. B. „E 1.1“ neben dem Wort „Evolution“.

Vorwort

Geehrte Leserschaft,

Was dieser Lesestoff bei Ihnen bewirkt, hängt von Ihrer Mentalität ab. Als Verfasser möchte ich Sie gern zum Nachdenken anregen oder auch provozieren, und wenn es mir gelingt, Sie für einige Zeit aus ihrem Alltagsstress herauszureißen und dazu zu bewegen, sich für den „Plan des Universalen Geistes“ mit der Erde und der Menschheit zu interessieren, dann habe ich mit meinen Bemühungen mein Ziel erreicht.

Doch warum möchte ich die Leserinnen und Leser provozieren oder zumindest zum Nachdenken anregen?

Nun – vielleicht ergeht es Ihnen so, wie es mir auch ergangen ist. Ich konnte nicht verstehen, warum Menschen nicht friedlich miteinander leben können, warum es immer wieder zu schrecklichen Kriegen kommen musste, bei denen nicht nur Millionen von Menschen das Leben verloren, sondern auch Tausende verwundet wurden und für den Rest ihres Lebens als Krüppel existierten. Auch das maßlose Elend, welches durch die kriegerischen Auseinandersetzungen über die Hinterbliebenen gebracht wurde, war mir unbegreiflich. Ich verstand nicht, wieso es immer wieder möglich ist, dass Millionen Menschen niederträchtigen, lieblosen, hinterhältigen „Gewaltverbrechern“ hinterherlaufen, sich von solchen zu niederster Unmenschlichkeit hinreißen lassen und wieso es nur so wenige Menschen mit einem „Rückgrat“ gibt, die sich von der großen Masse der „Viehherdenmenschen“ unterscheiden.

Nicht zuletzt interessierte mich auch die Frage, ob sich das Christentum und die diabolischen Benehmensweisen „christlicher Nationen“ in Übereinstimmung bringen lassen.

So beschäftigte ich mich, von den über siebzig Jahren meines Lebens, etwa sechzig Jahre intensiv mit solch einem Fragenkomplex.

Für menschliche Antworten auf solch schwerwiegende Fragen habe ich immer wieder die „Gebrauchsanweisung für Menschen“ zu Rate gezogen, wonach ich im Verlauf von Jahrzehnten einen Teil des Planes Gottes mit der Menschheit und der Erde zu verstehen vermochte. Heute fühle ich mich dem „Universalen Geist“, seinem Messias Jesus sowie meinen Mitmenschen gegenüber verpflichtet, etwas von diesen wichtigen Erkenntnissen mitzuteilen – über diese provokative Abhandlung.

Ein weiterer Grund zur Offenlegung meines Wissens ist der, dass die meisten „Weisheiten“ oder „Wahrheiten“ unserer Tage, in dem, was heute als richtig dargestellt oder angesehen wird, nicht der Wirklichkeit entsprechen. In den meisten Fällen lässt sich nur von Halbwahrheiten sprechen, und oft ist das Gegenteil dessen, worauf die Menschheit vertraut und was sie glaubt, die Wahrheit, die ihr weiterhelfen könnte. (siehe V-1-1)

Es ist völlig gleichgültig, was Sie prüfen, ob pseudowissenschaftliche Evolutionstheorie, Religionen, Politikwissenschaft, Agrarpolitik, Psychologie oder Kindererziehung ... Wo auch immer ehrlich begonnen wird, zu prüfen, lässt sich mit großem Erstaunen feststellen, dass die Menschheit in den meisten Fällen an das Gegenteil dessen glaubt, was wirklich besser und richtiger, gerechter und langfristig wahr ist, und auch dementsprechend falsch handelt.

Viele von uns kennen dieses Phänomen bereits aus der Geschichte. Man denke nur an die Ansicht vor einem halben Jahrtausend zurück, als man noch glaubte, die Erde sei eine Scheibe und der Mittelpunkt des Universums.

So musste ich feststellen, dass besonders die sogenannte zivilisierte Welt an einer schweren „Schizophrenie" leidet, verursacht durch ihre Selbstsucht und Habgier, durch Ungerechtigkeit und Lügen oder Halbwahrheiten.

Die intellektuelle Oberschicht ist besonders von dieser „Schizophrenie" befallen, und diese geistige Verwirrung bewirkt, dass all ihre Systeme, seien es politische, wirtschaftliche, soziale, religiöse oder sonstige, auf Dauer nicht funktionieren können.

Darum wundern Sie sich bitte nicht, wenn ich die „Heilige Schrift" und ihre Thematik in dem Ihnen vorliegenden Lesestoff nicht als Religionsbuch, sondern als ein Politikum, als Politologie, als eine Lebensanleitung betrachte – ja, sogar als die „Gebrauchsanweisung für den Homo sapiens".

Man muss nicht religiös sein, um den Wert der Heiligen Schrift als eine von dem „Universalen Geist" gegebene Leitlinie – mit vielen Beispielen für unser Leben – zu erkennen. Ich bin davon überzeugt, dass bedeutend mehr Nutzen aus ihrem Inhalt gezogen werden könnte, würden mehr Menschen die Bibel von diesem Blickwinkel aus betrachten.

Wenn dennoch in Verbindung mit dem Plan des „Universalen Geistes“ Religion ins Spiel kommt, lässt sie sich, wie es einst Salomo tat, in wenigen Sätzen zusammenfassen, nämlich:

„Hast du alles gehört, so lautet der Schluss: Fürchte Gott und achte auf seine Gebote! Das alleine hat jeder Mensch nötig. Denn ***Gott wird jedes Tun vor das Gericht bringen****, das über alles Verborgene urteilt, es sei gut oder böse.“*

Der Autor

Kapitel 1

Aus dem Plan des „Universalen Geistes“!

Die Anfänge!

Geehrte Leserin, geehrter Leser, bevor Sie einsteigen in den vor Ihnen liegenden Lesestoff, möchte ich Sie ab und an in meiner „Zeitmaschine“ auf „Zeitreisen“ mitnehmen.

Doch keine Angst – das kostet Sie nichts und macht Ihnen keinerlei Umstände. Sie brauchen sich nicht zu fürchten und sich den Kopf zu zerbrechen über ihr Outfit oder über sonstige „Reise-Notwendigkeiten“, Sie können bei diesen Aktionen ganz entspannt auf ihrem Sofa sitzen bleiben oder es sich in ihrem Ohrensessel gemütlich machen.

Ich lade Sie dazu ein, mit mir in meiner Zeitmaschine, je nach Bedarf, in die Vergangenheit zurückzufliegen oder auch in die Zukunft vorauszueilen.

Allerdings ist nur Platz für zwei Personen in dieser Zeitmaschine. Sie können also keinen Partner mitnehmen, wir sind beide alleine in der Zeitmaschine, und Sie müssen meinen Flugkünsten vertrauen.

Sie kennen keine Zeitmaschine, mögen Sie jetzt denken, das glaube ich Ihnen sehr wohl. Es mag sein, dass Sie von den viel zu vielen Autoherstellern die neuesten Fahrzeugmodelle kennen, aber von einer Zeitmaschine haben Sie noch nichts Konkretes gehört, gesehen oder gelesen. Doch lassen Sie keine Furcht in sich aufkommen – in den über siebzig Jahren meines Lebens bin ich bereits Tausende von Malen sowohl in die Vergangenheit als auch in die Zukunft geflogen und habe daher eine Menge Erfahrungen. Sie sitzen nur links neben mir und können in völliger Entspanntheit die Erlebnisse auf unseren Zeitreisen genießen.

Unsere Zeitmaschine ist ein unbekanntes Flugobjekt und verhältnismäßig klein. Man kann nur nebeneinander sitzen und im Innenraum sieht es ähnlich aus wie in einem Cockpit eines herkömmlichen Kleinflugzeuges. Es gibt darin übersichtliche Armaturen, mit deren Hilfe man weiß, wo man sich befindet, in welcher Höhe und wie schnell man fliegt, auch, wo man sich im Strom der Zeit befindet und welche Längen- und Breitengrade man tangiert. Gesteuert wird die Zeitmaschine mittels eines Ein-Hebel-Systems, denkbar einfach, nicht wahr! Drückt man den Hebel nach unten, geht es abwärts, zieht man ihn nach oben, geht es hoch – drückt man den Hebel nach vorn, bremst es ab, zieht man ihn nach hinten, beschleunigt das Fahrzeug, und drückt man den Hebel nach rechts oder links, fliegt die Zeitmaschine in die entsprechende Richtung. Selbstverständlich kann man auch senkrecht starten und landen. Die Koordinaten kann man auch per Tastatur eingeben und auf „Automatik“ stellen, dann fliegt das Gerät automatisch mit der eingegebenen Geschwindigkeit an die angegebenen Punkte.

Angetrieben wird die Zeitmaschine mittels Magnetmotoren, die es heute noch nicht in dieser Form gibt, durch welche die Magnetkraft in Antriebskraft umgewandelt wird. Durch die schlagfeste Plexiglaskuppel, die auch zum Ein- und Aussteigen genutzt wird, hat man einen uneingeschränkten Rundumblick und das „Highlight“ besteht darin, dass das gesamte Gerät mit Inhalt unsichtbar wird, wenn man einen bestimmten Schalter umlegt.

So etwas ist Utopie, undenkbar, ja, unmöglich, totaler Unsinn, mögen Sie jetzt laut von sich geben, doch einen Moment bitte: Ich erinnere mich an einen Ausspruch des größten, weisesten und erfolgreichsten Menschen, der je auf Erden gelebt hat, und der lautet: *„Für Menschen ist es unmöglich, aber für Gott ist alles möglich!“* (Jesus in *Hoffnung für alle* [Hfa])

Sie haben natürlich Recht, noch gibt es solch eine Zeitmaschine nicht, dennoch haben wir Menschen mittels unserer geistigen Fähigkeiten die Möglichkeit, mit solch einem Instrument zu hantieren. Dafür gibt es einen Hinweis in der Gebrauchsanweisung für Menschen, der lautet: *„Jetzt wollen wir den Menschen machen, unser Ebenbild, das uns ähnlich ist.“ (Hfa, 1 Mos 1:26)*

Wir Menschen haben demnach die schöpfergöttliche Fähigkeit und somit auch die Möglichkeit, mittels unseres Denkvermögens, Aktionen und Geschehnisse in unserer Vorstellung – im Geiste – zu erleben, wie z. B. mit einer Zeitmaschine in die Vergangenheit oder die Zukunft zu fliegen.

Sie selbst erinnern sich doch auch noch an Geschehnisse aus längst vergangener Zeit, beispielsweise an Begebenheiten ihrer Kindheit, nicht wahr? Diese Fähigkeit hilft uns auch dabei, begangene Fehler nicht zu wiederholen, und das ist doch sicherlich ein positiver Aspekt. Darum seien Sie furchtlos und benutzen Sie mit mir die pseudoaktive Zeitmaschine, um Geschehnisse aus der Vergangenheit oder auch aus der Zukunft im Geiste zu erleben.

Sie selbst können auch aktiv mitwirken auf unseren Ausflügen mit unserer Zeitmaschine. Sie können, wenn auf unseren Flügen Besonderheiten in Erscheinung treten, Momentaufnahmen machen, die wir uns später in Ruhe ansehen können.

Also nur Mut, steigen Sie mit mir ein in unsere „Pseudo-Zeitmaschine“ und lassen Sie uns einen kleinen Probeflug absolvieren.

Die Plexiglaskuppel klappt nach vorne auf, damit man bequem einsteigen kann, und ist durch ein „Fingerprintsystem“ gesichert, so dass nur ich selbst sie öffnen kann. Wollen wir also einmal loslegen.

Ich lege meinen Mittelfinger auf eine bestimmte kleine Fläche an der Rückseite der Kuppel und siehe da, die Kuppel öffnet sich. Machen Sie es sich bequem auf Ihrem Beifliegersitz, der verstellbar ist und auch als Liegesitz genutzt werden kann. Sie können gern ihre Sitzheizung, je nach Bedarf, selbst bedienen, und eine lästige Anschnallvorrichtung ist in diesem Gerät nicht nötig.

Mit einem Knopfdruck verschließen wir nun die Kuppel und automatisch wird die Klimaanlage und Sauerstofferneuerungsanlage eingeschaltet. Wenn ich nun diesen Hebel umlege, werden alle „Magnetkraftmotoren“ in Gang gesetzt. Sie können sie wahrscheinlich kaum hören, weil ihr Laufgeräusch nicht über 5 Dezibel hinaus kommt. Jetzt bin ich gefragt: Ich muss unsere Koordinaten eingeben. Damit wir wieder an die gleiche Stelle zur gleichen Zeit zurückkommen, geben wir für unseren Standpunkt (>>0<<) ein. Um in die Vergangenheit zu kommen, geben wir (<<0), das Zeichen für Vergangenheit, ein. Damit wir für den Anfang nicht zu schnell in die Vergangenheit fliegen, geben wir 10% ein – das sind etwa 250 Jahre in einer Minute auf einer Höhe von 12.000 Metern, den Rest kann ich noch mit dem Steuerungshebel erledigen.

Sind Sie zu einem kleinen Ausflug bereit? Sie brauchen sich wirklich nicht zu fürchten, es wird ihnen nichts Unangenehmes passieren. Wir fliegen zunächst auf unsere Höhe und danach in die Vergangenheit. Wenn Sie bereit sind, drücke ich den Startknopf.

Sie sind bereit? Los geht`s!

Wenn Sie ihr Tablet einschalten, können Sie verfolgen, wie unser Standpunkt nach unten verschwindet und dabei kleiner wird und unser Gesichtskreis immer größer.

Jetzt haben wir unsere Höhe erreicht und der Flug in die Vergangenheit beginnt. Wenn ich vom „Flug in die Vergangenheit“ spreche, ist das nicht korrekt ausgedrückt, weil man mit der Zeitmaschine zwar um die Erde fliegen kann, wie mit einem herkömmlichen Flugzeug, aber wenn man in die Vergangenheit kommen möchte, ist der Begriff „fliegen“ nicht der richtige, sondern eher der Begriff „beamen“ – wir beamen uns also in die Vergangenheit oder in die Zukunft.

Jetzt ziehe ich unsere Zeitmaschine etwas auf Südkurs auf *Lat 47.3686398* und *Lon 8.5391825* und stoppe unsere Zeitreise.

Wenn Sie während der knappen Minute auf ihr Tablet geschaut haben, bemerkten Sie sicherlich hektische Bewegungen, lautes Donnern und viele kleine Blitz-Aufleuchtungen. Dieses Phänomen zeigte uns die beiden Weltkriege an und wir befinden uns zwischenzeitlich im Jahre 1905. Unser Standpunkt ist über den Alpen und die Schweiz haben wir gerade im Visier.

Wir können nun in der Feineinstellung unseren Zoom benutzen, um zu erfahren, was dort in der Schweiz gerade alles so abläuft.

Ich sehe auf meinem Bildschirm, und dies sehen Sie auch auf ihrem Tablet, einen Mann, scheinbar auf einem Spaziergang, und der sieht aus wie Albert Einstein. Jetzt stellen wir mittels Zoom noch etwas schärfer! Ja tatsächlich – das müsste Albert Einstein sein, der in dieser Zeit gerade in Zürich promovierte!

Von Albert Einstein stammt ja auch die Aussage:

„Gott würfelt nicht!“

So wie er, hatten viele der bedeutendsten Wissenschaftler der Vergangenheit einen Gottesglauben. Vielleicht hatten sie solch einen Gottesglauben bereits seit ihrer Kindheit oder ein solcher hat sich bei ihnen während ihrer wissenschaftlichen Tätigkeit entwickelt. Sie mögen auf Grund ihrer Forschung und der Genialität und Kompliziertheit der natürlichen Abläufe zu dem Schluss gekommen sein, dass ein universaler Schöpfergott existieren und nach gewissen Plänen handeln muss. Auch die elementarsten Fragen der Menschheit, die seit eh und je gestellt werden, wie beispielsweise:

Woher komme ich und wohin gehe ich? Welchen Sinn hat mein Leben? Sollte ich wirklich nur ein Produkt einer Evolution sein oder wurde ich erschaffen und bestehe aus einem Körper und dem alles belebenden göttlichen Lebensgeist und wurde damit zu einer lebendigen Seele, wie es uns durch die „Gebrauchsanweisung für Menschen“ vermittelt wird? Wie sinnvoll ist es, nach ethischen Grundsätzen zu leben? Werde ich einmal gerichtet und wenn ja, wer ist mein Richter? Was soll mit unserem Planeten weiterhin geschehen? Ist es sinnvoll, nach anderen Lebensräumen innerhalb unseres Sonnensystems Ausschau zu halten? Sind Menschen dafür prädestiniert, über andere Menschen zu herrschen?

Diese und viele weitere Fragen können nur befriedigend und schlüssig beantwortet werden, wenn man von der Basis ausgeht, dass es einen universalen Schöpfergott oder aber auch mehrere solcher Götter gibt, die schöpferisch tätig waren.

Doch woher können wir solch eine sichere Kenntnis erhalten? Nun, wenn es um Gott, den „Universalen Geist" und seine Pläne geht, gibt es nur wenige Quellen, aus denen wir Kenntnisse schöpfen können.

Paulus, ein Gelehrter des ersten christlichen Jahrhunderts, spricht von zwei solchen Quellen, erstens von der Natur (Erschaffenem) und zweitens vom „Wort Gottes".

Nun müssen wir jedoch noch einmal unsere Zeitmaschine bemühen und etwa noch 1.900 Jahre weiter in die Vergangenheit fliegen. Wir stellen 50% ein, damit es schneller geht, 22,9322383 Lon und 37,9386365 Lat, um in Griechenland über der Stadt Korinth zu stoppen.

Nun noch eine Feinkorrektur mit dem Steuerungshebel!

Wir befinden uns nun im Jahre 56, und wenn ich jetzt meinen Zoom bemühe und das Haus eines gewissen Tertius suche, können wir den Apostel Paulus erkennen, der gerade dabei ist, seinem Bruder Tertius einen Brief an die Römer zu diktieren.

Paulus hatte seit der Zeit seiner Begegnung mit Jesus auf dem Weg nach Damaskus durch das überaus helle Licht, das ihn umblitzte, eine Augenschwäche, die er bis zum Ende seines Lebens nicht mehr loswurde, weshalb er die meisten seiner Briefe verschiedenen Schreibern diktierte. Der Römerbrief wurde vermutlich von Tertius geschrieben, aber von Paulus diktiert.

Die seit jeher elementarsten Fragen der Menschen werden uns auch durch den Römerbrief beantwortet und wir verstehen diesen Brief nur dann völlig, wenn wir über den Plan des „Universalen Geistes" mit uns Menschen Bescheid wissen. In diesem Brief an römische Gleichgesinnte schrieb Paulus:

„18 Denn Gottes Zorn wird vom Himmel her gegen alle Gottlosigkeit und Ungerechtigkeit der Menschen geoffenbart, welche die Wahrheit in ungerechter Weise unterdrücken, 19 weil das, was man von Gott erkennen kann, unter ihnen offenbar ist, denn Gott hat es ihnen offenbar gemacht. 20 Denn seine unsichtbaren [Eigenschaften] werden seit Erschaffung der Welt deutlich gesehen, ***da sie durch die gemachten Dinge wahrgenommen werden,*** *ja seine ewigwährende Macht und Göttlichkeit, so dass sie unentschuldbar sind." (Röm 1:18-20)*

Hier spricht der Gelehrte Paulus von der Natur, der Schöpfung, als dem Zeugnis, durch welches der Mensch die Schöpfer oder „Schöpfergötter" erkennen könnte.

Dank der von Naturwissenschaftlern in neuester Zeit gemachten wissenschaftlichen Erkenntnisse in Bezug auf die Pflanzenwelt, die animalische Schöpfung sowie den Menschen und die noch nicht in aller Gänze erkannte Kompliziertheit sämtlicher Schöpfungen wird die Widersinnigkeit von Evolutionisten und Gottesleugnern immer deutlicher. Selbst der Trick „Zeit", in dem von Millionen von Jahren die

Rede ist, gibt ehrlichen Betrachtern keine wirkliche Basis mehr dafür, an eine Evolution zu glauben. Die Kompliziertheit und übermenschliche Weisheit in der Natur, die heute von Naturwissenschaftlern zu Tage gefördert wird und von niemandem mehr geleugnet werden kann, beweist eigentlich nur, dass der Apostel Paulus sehr Recht hat mit seinen Worten, die er an die Christengemeinde in Rom schrieb.

In einem seiner Briefe an seinen Schüler Timotheus erwähnt Paulus die Gebrauchsanweisung für Menschen als eine weitere Quelle, die einen Menschen weise zu machen vermag – hinsichtlich des alles umfassenden Geistes und Vater-Gottes und auch hinsichtlich seiner Pläne mit der Menschheit und der Erde. Er schrieb an Timotheus:

„16 Die ganze Schrift ist von Gott inspiriert und nützlich zum Lehren, zum Zurechtweisen, zum Richtigstellen der Dinge, zur Erziehung in [der] Gerechtigkeit, 17 damit der Mensch Gottes völlig tauglich sei, vollständig ausgerüstet für jedes gute Werk." (2 Tim 3:15-17)
Einen weiteren Hinweis darauf, dass der Mensch die Schöpfergötter sowie ihre Vorhaben erkennen kann, sowohl durch Geschriebenes als auch durch Gesprochenes und Sichtbares, wie z. B. auch durch den „Messias Gottes", findet man in einem Schreiben an die Hebräischen Christen des ersten Jahrhunderts. Der Schreiber des Hebräerbriefes führt Folgendes aus:

„Gott, der vor langem bei vielen Gelegenheiten und auf vielerlei Weise durch die Propheten zu unseren Vorvätern geredet hat, 2 hat ***am Ende dieser Tage durch seinen Sohn zu uns geredet,*** *den er zum Erben aller Dinge eingesetzt und durch*

den er die Systeme der Dinge gemacht hat. 3 Er ist der Widerschein [seiner] Herrlichkeit und der genaue Abdruck seines Wesens selbst, und er erhält alle Dinge durch das Wort seiner Macht aufrecht ...“ (Hebr 1:1-3)

Mit der Ersten oben genannter Quellen, der Natur, beschäftigen sich bereits Tausende von Wissenschaftlern, und einige kommen auf Grund ihrer Forschung zum Glauben an einen „Universalen Geist.“ Woran mag es liegen, dass nicht alle Wissenschaftler zum Glauben an eine Schöpfung kommen?

Vielleicht haben sie den „Grund des wissenschaftlichen Bechers der Erkenntnis“ noch nicht erreicht.
Vielleicht mögen sie aber auch keinen Gott, weil sie sich durch ihn in ihrer Freiheit eingeschränkt fühlen, und plädieren deshalb für die pseudowissenschaftliche Evolutionstheorie.
Es gehört nicht nur ein brillanter Geist zur Erforschung der Natur, sondern auch eine große Portion Ehrlichkeit und Wahrheitsliebe. Hochgebildete Menschen sind wegen ihrer Bildung nicht etwa moralischer und ehrlicher.

Unter Akademikern, Wissenschaftlern, oder man kann sagen, unter den gesamten Akademikern und der gesamten Aristokratie gibt es erstaunlich viele Menschen, die unehrlich sind – sie lügen, betrügen, übervorteilen, korrumpieren oder handeln sonst wie in unlauterer Weise und haben dabei den Vorteil, dass sie durch ihre Intelligenz besser in der Lage sind, ihre Unlauterkeit zu verbergen oder diese so zu verpacken, dass einfältige Menschen zu der Ansicht kommen, solche Betrügereien seien für die Allgemeinheit noch nützlich.

Dieses Phänomen besteht allerdings schon, solange es Menschen auf Erden gibt, nur hat die Bereitschaft zu solch einem Geistes- und Seelenwandel in unserer heutigen Zeit um ein Vielfaches zugenommen.

Nun möchten wir unseren Probeflug in die Vergangenheit beenden und in unsere Zeit zurückkehren. Wir geben also >>0<< ein und sind in wenigen Minuten wieder im „Heute" und „Hier".

Wie ich Ihnen versprochen habe, tut es nicht weh und kostet uns nichts, und wir benötigen keine Reisevorbereitungen, wenn wir uns mit unserer Zeitmaschine in die Vergangenheit oder die Zukunft beamen.

Lassen Sie uns jedoch ehrlich an die Erforschung des Planes Gottes mit der Erde und der Menschheit herangehen und wenden wir uns der Zweiten oben genannter Quellen, der Heiligen Schrift, der „Gebrauchsanweisung für Menschen" zu, um etwas über diesen schöpfergöttlichen Plan zu erfahren. Übrigens, diese Quelle, die Heilige Schrift, die ich selbst als die „Gebrauchsanweisung für Menschen" betrachte, ist schließlich auch mit der „Unterschrift" der Schöpfergötter versehen, was sie einmalig macht unter allem, was jemals unter der Sonne geschrieben wurde, und uns Menschen eine gewisse Sicherheit gibt.

(siehe *schöpfergöttliche Unterschrift* A 1.0, Seite 371)

Die Bemühungen, den schöpfergöttlichen Plan zu erkennen, sind für uns heute lebende Menschen deshalb so wichtig, weil wir von diesem Plan Gottes tangiert werden.

Die Bibel, als das einzige Buch, das uns über Gott, das „Warum?“, „Wie?“, „Was?“ und „Wann?“ einen logischen, glaubwürdigen und für alle Menschen verständlichen Aufschluss gibt, ist einzigartig unter allen anderen Büchern dieser Welt, die sich mit der Erde und dem darauf befindlichen Geschehen beschäftigen, was nicht mit Religion in Verbindung gebracht werden muss. Unterzieht man ihren Inhalt einer ehrlichen Prüfung, wird er bestehen.

Die „Gebrauchsanweisung für Menschen“ ist deshalb so einzigartig, weil ein in vielen Dimensionen denkender und handelnder „Universaler Geist“, „Gott“ (Schöpfergott) genannt, den Inhalt dieses Buches für uns „dreidimensionale Denker“ hat „übersetzen“ lassen. Dabei meine ich in diesem Falle nicht eine Sprachübersetzung, sondern vielmehr die Übersetzung aus einer vieldimensionalen Sphäre in unsere dreidimensionale Denkweise. Wenn der Leser sich diese Tatsache plastisch vor Augen führt, vermag er vielleicht auch zu verstehen, dass gewisse Aussagen in der Heiligen Schrift zu finden sind, die wir einfach glauben müssen.

Warum glauben?

Der Grund dafür liegt darin, dass bei allem Bemühen des „Heiligen Geistes“ die in den Himmeln in einer vieldimensionalen Sphäre verfasste Heilige Schrift für uns „dreidimensionale Denker“ nicht immer vollständig verständlich übersetzt werden kann, was jedoch nicht an der Übersetzung liegt, sondern daran, dass bei uns „dreidimensionalen Denkern“

Verständnislücken bestehen, auf Grund derer wir einfach Glauben benötigen, um dadurch unsere Verständnislücken zu überbrücken.

Um die verschiedenen, für heutige Zeitgenossen manchmal nicht so einfachen Zusammenhänge zu verstehen, wird es nötig, gewisses Hintergrundwissen, welches in unserer heutigen Zeit oft unbekannt und umstritten ist, zu erörtern.

Solches Hintergrundwissen hilft einem Bibelleser, auch einige Eigenarten in der Heiligen Schrift, die bislang von vielen Exegeten falsch interpretiert wurden und werden, zu verstehen. *(A 1.1)*

Die unzensierte biblische Wahrheit, die hier zur Betrachtung steht, wird Ihnen, geehrte Leserschaft, ein völlig anderes Bild von der Heiligen Schrift zeichnen, als das, welches Sie vom „Hörensagen" oder durch ihre Religion kennen. Um Ihnen einen verständlichen Überblick zu verschaffen, habe ich mich entschlossen, chronologisch vorzugehen, was bedeutet, dass wir zu den „Anfängen" zurückgehen müssen.

Tatsächlich berichtet uns die Heilige Schrift (HS) über mehrere Anfänge, und die Freundlichkeit des Vater-Gottes drückt sich dadurch aus, dass er uns nicht im Dunkeln lässt über Erkenntnisse, die uns helfen, gewisse Zusammenhänge zu verstehen.

Beginnen wir nun mit dem „Uranfang".

In diese Zeit können wir uns mit unserer Zeitmaschine nicht „zurückbeamen". Es könnte passieren, dass wir von dort nicht mehr zurückkommen – ich selbst habe es noch nicht gewagt, mich so weit in die Vergangenheit „zurückzubeamen“, weil ich denke, dass sowohl die Zeitmaschine als auch wir selbst „von der Erde“ sind, d. h. aus Materialien der Erde, und in dieser Zeit des „Uranfangs“ gab es noch keine Erde, so dass es sein könnte, dass wir aus dieser wahnsinnig frühen Vergangenheit nicht mehr zurückkommen. Wir müssen das, was der Gelehrte Paulus und andere Bibelschreiber über diese Zeit schrieben, glauben. Die HS berichtet uns an verschiedenen Stellen innerhalb ihres gesamten Berichtes, d. h. sowohl des „Alten Testamentes“ (AT) als auch des „Neuen Testamentes“ (NT), dass der höchste Gott als Anfang seines „Tuns“ einen Sohn zeugte. Diesen nannte er „W o r t“ (griech. *Logos*).

So vermittelt uns Johannes in seinem Evangelium Folgendes:

*„1 Im Anfang war das WORT, und das WORT war bei GOTT, und das WORT war (ein) Gott. 2 Dieser war im **Anfang bei GOTT**. 3 Alle Dinge kamen **durch ihn** ins Dasein, und ohne ihn kam auch nicht e i n Ding ins Dasein.“ (Joh 1:1-3)*

*„Kein Mensch hat GOTT jemals gesehen; der **einziggezeugte Gott**, der am Busen [Platz] beim Vater ist, der hat über ihn Aufschluss gegeben.“ (Joh 1:18)*

Der höchste, in vielen Dimensionen lebende und denkende „Universale Geist“, der Vater-Gott, vermittelt uns „dreidimensionalen Denkern“ innerhalb seines für uns Menschen „übersetzten“ „Wortes“ (der Bibel) einiges von seinen Tätigkeiten und Anfängen. In dem *Anfang*, gemäß Joh 1:1, waren es nicht „die Himmel und die Erde“, sondern, um ein Vielfaches an Zeit früher, sein eigener *Sohn, das „Wort“* (griech. *Logos*), der von dem wahrhaftigen und höchsten Gott als Erstes gezeugt wurde.

Weitere Hinweise darüber findet man in Joh 1:14, Hebr. 1:2-3,11:3, Ofb 3:14. (siehe auch A 1.1)

Wie bereits erwähnt, sind es verschiedene Bibelschreiber, die uns einen Überblick über Vorgänge geben, die sich bereits unvorstellbar lange vor dem irdischen Schöpfungsbeginn abspielten, wie z. B. der Gelehrte und Apostel Paulus in seinen Briefen.

In Kol 1:14-20 vermittelt uns Paulus einiges an Hintergrundwissen über dieses „Wort Gottes“ (griech. *Logos*), wenn er dort Folgendes schrieb:

„15 Er (Logos/ Wort) ist das Bild des unsichtbaren Gottes, der ***Erstgeborene aller Schöpfung****; 16 denn durch ihn sind alle [anderen] Dinge in den Himmeln und auf der Erde, die sichtbaren und die unsichtbaren, erschaffen worden, es seien Throne oder Herrschaften oder Regierungen oder Gewalten. Alle [anderen] Dinge sind durch ihn* ***und für ihn*** *erschaffen worden. 17 Auch ist er vor allen [anderen] Dingen, und durch ihn sind alle [anderen] Dinge gemacht worden, um zu bestehen, 18 und er ist das Haupt des Leibes, der Versammlung. Er ist der Anfang, der Erstgeborene von den Toten, damit* ***er in allen Dingen der Erste*** *werde …“*

Wir können also Folgendes zusammenfassen: Als Erstes zeugte der höchste Gott, der Vater-Gott, einen *weiteren Gott*, als seinen Sohn, „das Wort“ (griech. *Logos*) genannt, in der Gleichheit des Vaters, durch welchen danach „alle anderen Dinge ins Dasein kamen, es seien …“ usw., und was keinesfalls übersehen werden darf, was aus dem Brief des Paulus in

Kol 1:16 hervorgeht, ist: *„Alle anderen Dinge sind durch ihn und* ***für ihn*** *erschaffen worden."*

Die HS vermittelt uns somit die Tatsache, dass, nachdem der höchste, allmächtige Gott seinen Sohn, „Wort" (griech. *Logos*) genannt, gezeugt hatte, dieses „Wort" an *allen anderen Schöpfungsakten* seinen entsprechenden Anteil hatte und dass die gesamte Schöpfung „für I H N" (zu ihm hin), d. h. für ***„das Wort"*** *erstellt wurde.*

Des Weiteren vermittelt uns die HS, dass durch das „Wort" (Sohn Gottes (Logos)) zunächst die für uns Menschen unsichtbaren Dinge in den Himmeln gemacht wurden, z. B. Geistwesen in großen Scharen oder sehr großen Familien und davon viele verschiedene Arten, die auch mit verschiedener Machtfülle ausgestattet wurden, oder auch Behausungen oder Wohnungen für diese Geistwesen sowie auch danach, irgendwann im Strome der Zeit, die für uns sichtbare irdische Schöpfung.

An dieser Stelle unserer Betrachtung ist es nötig, daran zu erinnern, dass für unser Menschenauge aus dem uns bekannten Wellenspektrum nur ein geringer Wellenanteil übersetzbar ist, d. h. sichtbar wird. Die Thronregionen Gottes, wie die für uns ebenso unsichtbaren mächtigen Engel, von welchen einige auf Grund der Bedeutung des Begriffes „Gott" (Mächtiger) wegen ihrer enormen „Macht", Größe, Stärke und Herrlichkeit auch als „Götter" bezeichnet werden, können wir nicht sehen. (Siehe A 1.2)

Über „Götter" können wir in Ps 82:1, 86:8, 1 Kor 8:5 weiteren Aufschluss erhalten.

Dann irgendwann im Strom der Zeit gab es wieder einen Anfang, der uns Menschen berührt, nämlich den Anfang für unser „irdisches Wohnsystem“ oder einen Anfang für die Anordnung unseres Sonnensystems.

Nicht, dass mit den ersten Worten der HS gesagt werden sollte, die Schöpfer fingen damals, gemäß 1 Mos 1:1, *„Im Anfang“* an, die Materie zu schaffen, d. h. die Sonne oder die Erde und die sich im Sonnensystem befindlichen Planeten. – Nein, diese wurden möglicherweise vor Jahrmillionen geschaffen, was auch durch einen der Thora unterlegten Text vermittelt wird, der nur mittels eines geheimen Lese-Code gelesen werden kann.

Vielmehr sagen uns die ersten Worte der HS, „Götter“ gingen daran, unsere Erde (unser Sonnensystem) an einer bestimmten Stelle im Universum aufzuhängen und die Erde für das entsprechende Leben, welches wir heute kennen, vorzubereiten.

Um uns diese Szenerie aus der Nähe anzuschauen, können wir wieder unsere Zeitmaschine bemühen. „Beamen“ wir uns auf 20.000 Meter Höhe und ca. 50.000 Jahre in die Vergangenheit.

Betrachten wir nun den ersten Vers der Heiligen Schrift.

„1 Im Anfang erschuf Gott (Pl. Götter, hebr. *Elohim*) *die Himmel und die Erde.“ (1 Mos 1:1)*

Gleich im ersten Satz der Bibel findet man bereits ein „Übersetzungsverbrechen“, indem die meisten Bibelübersetzer den Begriff „Gott“ in der Einzahl (sing.) übersetzen und sich somit erdreisten, das uns Menschen gegebene göttliche Wort zu verfälschen.

Wenn ich also den Text so lese, wie er im Hebräischen Urtext steht, erkenne ich leichter, dass z. B. bei der Planung der verschiedenen Schöpfungsakte „Götter" gewirkt haben und bei der Ausführung das „Wort Gottes" (griech. *Logos*) einen Hauptanteil hatte. Korrekt müsste also wie folgt übersetzt werden: „Im Anfang erschuf **Götter** die Himmel und die Erde..."

(Siehe auch 1 Mo 1:26-27: Hier hieße es dann „Und **Götter** sprach weiter, lasst **uns** Menschen machen ...")

Leider haben neuzeitliche Bibelübersetzer nicht den Respekt vor dem „Universalen Geist", dem Geber der Heiligen Schrift, wie das bei den meisten Sopherim und Massoreten der Fall war. (A 1.5, A 1.3)

In diesem kurzen Eingangssatz aus dem Wort Gottes wird uns vieles vermittelt: „Götter schufen" Materie, was jedoch bereits vor vielen Millionen von Jahren geschehen sein musste.

Nun gab es jedoch den Anfang dafür, eine Wohnstätte für lebendige Wesen zu schaffen, d. h. es musste solch eine Wohnstätte in einer bestimmten Anordnung in unserem Sonnensystem aufgehängt werden, sie musste bereitet werden für entsprechende Vegetation und lebendige Wesen, sie musste entsprechend gewärmt werden usw. Und so heißt es weiter:

„Und die Erde war [o. wurde] *wüst* [o. Wüste] *und leer* [Öde], *und Finsternis war über der* [über dem Angesicht der Flut] *Tiefe; und der Geist* [Das hebr. Wort „ruach" (Geist) kann auch Hauch, Wind bedeuten] *Gottes schwebte über den Was-*

sern [über dem Angesicht der Wasser].“ (1 Mos 1:2, siehe auch *Jer 4:23 b, Ps 104:6)*

Die Aussage, die uns der zweite Vers des ersten Buches der Bibel (1 Mos 1:2) vermittelt, kommt in unseren deutschen Bibelübersetzungen nicht so deutlich zum Ausdruck, wie in der Ursprache, in der die HS einstmals verfasst wurde, der hebräischen Sprache, wo das Wort „Tohuwabohu“ verwendet wird, welches in der deutschen Sprache oft mit „wüst und leer“ übersetzt wird. Man müsste an dieser Stelle mehr Gewicht auf das Wort „wüst“ im Sinne von „Chaos“ legen, was sich in der Praxis in Form von Magma speienden Vulkanen unter der Wasseroberfläche erweisen würde, durch Unmengen von Wasserdampf, wie wir es uns kaum vorstellen können, ein einziger quirlender, zischender und qualmender Ozean ohne jegliche Vegetation, ohne Lichtstrahl. Jedoch der *„Geist Gottes schwebte über den Wassern, hin und her.“*

Inzwischen sind wir mit unserer Zeitmaschine in dieser Zeit, von welcher der zweite Vers spricht, angekommen. Doch wir können nur Wasserdampf erkennen. Wir drehen einmal ein paar Runden um die Erde, vielleicht finden wir ja eine Wolkenlücke. Es ist ja auch stockdunkel. Ich schalte die verbliebenen drei Halogen-Strahler noch dazu, damit wir wenigstens ein bisschen von dem „Tohuwabohu“ erkennen, das auf der Erdoberfläche herrscht. Ab und an sieht man ein Wirrwarr von „Gewölk“ und Dampffontänen, die bis in das All hinein fauchen, ein wahrhaftiges „Tohuwabohu“ herrscht auf der Erde mit ihrem dünnen Erdmantel.

Wenn wir jetzt wieder zu dem letztgenannten Begriff aus dem zweiten Vers des ersten Kapitels zurückkommen, *„Geist*

Gottes", ist es auf Grund der vielen verschiedenen Erklärungen über den „*Geist Gottes*" oder auch über den Heiligen Geist sowie auch wegen der Vielzahl von Erwähnungen in der HS notwendig, diese für uns „dreidimensionale Denker" schwierigen Begriffe etwas näher zu definieren. (Heiliger Geist – siehe A 1.6)

Zunächst könnte man sagen, dass der *Geist Gottes* eine „intelligent, spezifisch und strukturiert wirkende Kraft" darstellt.

Die Heilige Schrift spricht von dem Vater-Gott als einem „Geist", wenn der Messias selbst sagt:

„Gott ist Geist und die ihn anbeten müssen IHN in Geist und Wahrheit anbeten." (Joh 4:24)

Allerdings umgibt sich der wahrhaftige Gott auch mit „geistigen Wesen" – so liest man in Ps 104:4: *„4 Der seine Engel zu Geistern macht, Seine Diener zu einem verzehrenden Feuer."*

Und in Sach 6:5 wird gesagt: *„Dies sind die vier Geister der Himmel, die ausgehen, nachdem sie ihre Stellung vor dem Herrn der ganzen Erde eingenommen haben."*

Und in der Offb 1:4 heißt es: *„Unverdiente Güte und Friede sei euch von dem, der ist und der war und der kommt"*, und von den *„sieben Geistern, die vor seinem Thron sind"*.

Doch damit nicht genug – einen Teil des göttlichen Geistes (göttliche Lebenskraft) finden wir auch in uns selbst sowie auch in allen anderen lebenden Geschöpfen, wie es auch Hiob ausdrückte, wenn er sagte:

„10 In seiner Hand ist die Seele alles Lebendigen und der ***Lebensatem*** (Geist) *alles menschlichen Fleisches." (Elberfelder revd., Hiob 12:10)*

„In dessen Hand die Seele alles Lebendigen und der ***Geist*** *alles menschlichen Fleisches ist?" (NWÜ, Hiob 12:10)*

„14 Wessen Obhut ist die Erde unterstellt, und wer gibt Acht auf die ganze Welt? Wenn „ER" nur noch auf sich selbst achtete und seinen ***Geist*** *und* ***Odem*** *wieder zu sich nähme, so würde alles Fleisch miteinander vergehen und der Mensch wieder zum Staube zurückkehren. (Schlachter B, Hiob 34:14-15)*

„[Wenn] er dessen ***Geist*** *und* ***Odem*** *zu sich sammelt, 15 Wird alles Fleisch zusammen verscheiden, Und der Erdenmensch, er wird direkt zum Staub zurückkehren." (NWÜ, Hiob 34:14-15)*

Wo immer wir in der HS lesen, treffen wir auf „göttlichen Geist", auf „geistige Wesen", auf Geschöpfe, die einen „geistigen Leib" haben und für bestimmte Zwecke tätig sein können – und das in den verschiedensten Varianten. Wie oben bereits festgehalten, haben wir Menschen, sowie alles das, was nach unserer Auffassung lebt, ein gewisses Maß *„göttlichen Geistes" (göttlicher Lebenskraft)* in jeder einzelnen Zelle unseres Körpers. Dieser „Lebensgeist", der alles in uns am Leben erhält, wird durch Sauerstoff und das zirkulierende Blut in unseren Körperzellen gehalten.

Ein gravierender Eingriff in dieses kybernetische System bewirkt für jedes belebte Geschöpf auf Erden den Tod. Wir Menschen wissen darum, weil uns die Aussage: „Mir ist mein Bein eingeschlafen" (oder die Hand, der Arm) den Beginn des Absterbens der verschiedenen Glieder anzeigt. Noch deutlicher wird für uns die Sache bei jeder Organtransplantation. Die entsprechenden Organe können nicht beliebig lange ohne Blut- und Sauerstoffversorgung aufbewahrt werden, weil nach einer gewissen Zeit der in ihnen befindliche „Lebensgeist" entweicht und sie dann für eine Weiterverwendung unbrauchbar sind.

Der „Heilige Geist", der wohl den meisten nominellen Christen wenigstens als Wortbegriff bekannt ist, wird dadurch zur Besonderheit, dass er „heilig", daher „abgesondert" ist. Um den Begriff „Heiliger Geist", der auch bei der Taufzeremonie von Christen neben dem Namen des Vaters und des Sohnes genannt wird, zu verstehen, ist es nötig, sich ein Hintergrundwissen aus dem AT zu erwerben und die Geschichte Abrahams und damit auch seines Hausstandes zu betrachten. In dieser Geschichte finden wir eine Reflexion des hierarchischen Aufbaues in himmlischen Regionen. (siehe 1 Mos 24)
(Hintergrundwissen und Definition in Bezug auf die Begriffe „Geist Gottes" und „Heiliger Geist" finden Sie im Anhang: „Erklärungen und Quellenangaben" A 1.6)

Möchten wir nun den Begriff „Heiliger Geist" definieren und auf den kleinsten Nenner bringen, müsste man sagen:

Der Heilige Geist ist der Verwalter der gesamten Hausgemeinschaft und Habe der beiden Schöpfergötter. Er ist kompetent, alles zu regeln und zu bestimmen, Personen und Mittel zur Verfügung zu stellen und Strukturen, Pläne und Wege festzulegen, um die Wünsche und Bestimmungen der Schöpfergötter zu verwirklichen. Er koordiniert, spezifiziert, programmiert und ist dafür prädestiniert, alles Notwendige in die

Wege zu leiten und zu überwachen, damit die Wünsche und der Wille des Vater-Gottes und des Sohn-Gottes verwirklicht werden. Pläne, Strukturen und Wege, die der Heilige Geist festgelegt hat, können nur auf ausdrücklichen Wunsch der Schöpfergötter verändert werden.

Dieser für die gesamte Hausgemeinschaft und Habe der Schöpfergötter spezifische Heilige Geist wird von Gott, dem Vater und von dem Sohn Gottes für besondere Zwecke „abgesondert“ und mit den dafür nötigen Voraussetzungen ausgerüstet – so auch bei der irdischen Schöpfung, oder aber auch für andere „bestimmte Zwecke“, z. B. als „Helfer und Tröster“ für die Zeit der christlichen Ära.

Wenn es also in 1 Mos (Genesis) 1:2 heißt: *„der Geist Gottes schwebte über den Wassern“,* können wir „dreidimensionale Denker“ uns auf Grund unseres Wissens aus der HS wenigstens eine halbwegs plausible Vorstellung davon machen. Wir können demnach, wenn wir aus unserer Zeitmaschine auf die Erde blicken, zwar das „Tohuwabohu“ sehen, allerdings nicht den „Geist“, der über der Erde schwebt.

Weil in diesem Text nicht gesagt wird – „*Gott* schwebte über dem Wasser“, sondern *„der Geist Gottes schwebte über den Wassern“,* können wir uns vorstellen, dass dieser über den Wassern schwebende „Geist“, der für die Schöpfergötter fungierende „Haus- und Besitzverwalter“, die spezifischen Konstruktionen konzipierte, strukturierte und programmierte, somit für diesen bestimmten Zweck, die irdische Schöpfung, abgesondert wurde und so als intelligenter Konstrukteur auch die Mittel und Kräfte aufbrachte, um unter der Leitung der Schöpfergötter die gigantischen Leistungen, welche die

irdische Schöpfung erforderte und von denen noch die Rede sein wird, zu vollbringen.
Mit diesem Hintergrundwissen, zum besseren Verständnis der verschiedenen Eigenheiten im Sinn, wollen wir den Schöpfungsakt im nächsten Kapitel verfolgen, wozu wir uns mit unserer Zeitmaschine von ihrem momentanen Zeitstandpunkt aus nur ca. 1.000 Jahre in die Zukunft „beamen“ müssen, womit wir uns 49.000 Jahre in der Vergangenheit befinden.

*

Kapitel 2

Die irdische Schöpfung!

Am ersten „Schöpfungstag“, der, wie wir später noch erörtern werden, 7.000 Jahre dauerte, wurde Licht geordert, sowie eine Trennung zwischen der Finsternis und dem Licht bewirkt. Nicht, dass an diesem Schöpfungstag, wie bereits erwähnt, die Sonne erschaffen wurde, - nein, vielmehr wurde unser Sonnensystem zusammengestellt, die Erde in einen entsprechenden Abstand zur Sonne gebracht und die Drehbewegung um die eigene Achse bewirkt. Wir können diesen Vorgang aus unserer Zeitmaschine heraus bequem beobachten, weil wir uns in den Strom der Zeit eingeklinkt haben, allerdings muss es außerhalb unserer Zeitmaschine ziemlich heiß sein, was unsere Instrumente anzeigen.

(siehe S 1.1 und 1 Mos 1:3-5)

Am nun folgenden Schöpfungstage, dem zweiten 7.000-Jahre-Tag, geschah etwas für uns Menschen besonders Interessantes, und würden Naturwissenschaftler diesen Schöpfungsakt in ihren Überlegungen anerkennen und einbeziehen, würden weniger kuriose Erklärungen über manche Phänomene und Rätsel, die auf unserer Erde vorhanden sind, abgegeben werden und die von Wissenschaftlern gemachten Zeitangaben würden im Rahmen der Möglichkeiten bleiben.

„Gott der Sohn“, (El Schaddai S 1.2) hievt mit Hilfe des „Geistes Gottes“ einen großen Teil (etwa die Hälfte) des auf Erden befindlichen Wassers über die Atmosphäre, sodass dieses Wasser eine Schutzhülle um die gesamte Erde bildete und vermutlich am vierten Schöpfungstage völlig erstarrte. Wir lesen in 1 Mos 1:6-10:

„6 Und Gott sprach: Es werde eine Wölbung [A] mitten in den Wassern, und es sei eine Scheidung zwischen den Wassern und den Wassern! 7 Und Gott machte die Wölbung und schied die Wasser, die unterhalb der Wölbung von den Wassern, die oberhalb der Wölbung waren. Und es geschah so.“ (A: Das hebr. Wort (Wölbung) ist von einem Verbum „feststampfen, breithämmern“ abgeleitet und meint eine gehämmerte Platte oder Schale, eine nach allen Seiten ausgeweitete Fläche o. Wölbung.)

„8 Und Gott nannte die Wölbung Himmel. Und es wurde Abend, und es wurde Morgen: ein zweiter Tag. 9 Und Gott sprach: Es sollen sich die Wasser unterhalb des Himmels an einen Ort sammeln, und es werde das Trockene sichtbar! Und es geschah so. 10 Und Gott nannte das Trockene Erde, und die Ansammlung der Wasser nannte er Meere. Und Gott sah, dass es gut war.“

(Hinweis in Bibelübers. v. Buber 97, Hiob 26:8)

Möglicherweise existierten in dieser Zeit auch mehrere Monde, welche dafür sorgten, dass die Wasser- oder Eishülle über der Atmosphäre bleiben konnte. Wie dick diese Schutzhülle in etwa war, könnte man sicherlich errechnen. Dass diese Schutzhülle zu Eis erstarrt war, kann man aus dem in der hebräischen Sprache verwendeten Verbum für *„feststampfen“* ableiten.

Allerdings gab es, durch diese Schutzhülle bedingt, keine extreme Hitze- und Kältezonen sowie weniger schädliche

Strahlungen auf der Erde, und an den heutigen Polen waren in etwa dieselben Temperaturen wie am Äquator.

(siehe 1 Mos 1:6-8)

Es ist gut, dass wir uns mit unserer Zeitmaschine in 15 Kilometern Höhe befinden, dadurch können wir die von Wasser und Eis umhüllte Erde, die etwas hellblau schimmert, von außen sehen.

Nach den Aussagen der ersten sieben Kapitel der HS muss es wohl eine sehr hohe Luftfeuchtigkeit auf der umhüllten Erde geben, sowie ein unterirdisches Wasser- und Kanalnetz mit thermischen Quellen und Wasseraustritten, durch welche selbst Flüsse zur Bewässerung entstehen können. Unter dieser Umhüllung gibt es keine sehr wesentlichen Temperaturunterschiede zwischen dem Äquator und den Polen; dennoch kann in den Abenddämmerungen eine „angenehme Brise" entstehen, allerdings keine zerstörenden Stürme. Auf dem gesamten Erdenrund kann nun in etwa die gleiche Vegetation existieren und später natürlich auch die gesamte animalische Schöpfung. Ob am Nord- oder Südpol oder am Äquator, außer natürlich dort, wo sich die Hälfte unserer heute bekannten Wassermassen befindet, überall kann sich eine überaus üppige Vegetation ausbreiten, was auch erklärt, dass man bei Ausgrabungen in Polnähe urzeitliche Tiere findet, die schockgefroren sind.
(siehe 1 Mos 2:6,10, 7:10-12)

Am nächsten Tag, dem dritten sogenannten Schöpfungstag, wird die Wasser-Land-Trennung bewirkt und danach eine Begrünung der Erde verursacht, wobei betont wird, dass die jeweiligen Gewächse auch Samen erzeugen, nach ihrer

Art. Das bedeutet, wie wir es auch bis zum heutigen Tage erleben, dass alle Pflanzen ihren eigenen Samen haben und bei „ihrer Art“ bleiben, wobei eine breite Variationsmöglichkeit zur Anpassung an die verschiedensten Verhältnisse und Erdzonen in die Samen hineingelegt wurde. Dies ist eines der Urgesetze, von welchem später noch einmal die Rede sein wird, das auch für die animalischen Populationen gilt und weshalb auch von Archäologen keine „Zwischenentwicklungen“ gefunden werden, weder im vegetarischen noch im animalischen Bereich.

Was man heute alles ausgräbt, ist so „fertig“ und an die übrige Schöpfung angepasst, sodass man eine Entwicklung oder Evolution getrost ausschließen kann. (S 1.4)
„Weiter sprach Gott: Es grüne die Erde grün, Pflanzenwuchs, samend Samen, Holz Frucht machend Frucht, je nach seiner Art, wie sein Same in ihm auf der Erde. Und es geschah so.“ (Interlinear Ü Hebr. – Deutsch, von Rita Maria Steurer)

Die Redewendung *„Es bringe die Erde hervor....“* in den meisten unserer üblichen Bibelübersetzungen weist meines Erachtens nach auf die bereits in die gesamte Pflanzen- und Tierwelt hineingelegte Biokybernetik hin, deren Kompetenzen von der Erde ausgehen, sodass die Anpassungs- und Variationsmöglichkeiten innerhalb von Pflanzen und Tieren durch die Erde gegeben sind. (S 1.5)

Die „Erde“ selbst und damit ein von dem Vater-Gott gegebener, für die Funktion der Erde prädestinierter, spezifisch strukturierter „Geist“ wäre also für die Erhaltung der Pflanzen und Tierwelt sowohl für die Funktionen der verschiedenen kybernetischen Regelkreise als auch die Anpassung von

Pflanzen und Tieren an veränderte, Nachsintflutliche Umweltbedingungen kompetent. Was geschaffen wurde, war von der Erde (aus den Substanzen der Erde) und an diese angepasst und beinhaltete die Fähigkeit, sich an veränderte Umweltbedingungen anzupassen.

Wir sehen auch keine hohen Berge, wie sie uns heute bekannt sind. Es besteht eine sanft strukturierte Landoberfläche und nur die Hälfte des heute auf Erden befindlichen Wasservolumens befindet sich direkt auf der Erde. Die andere Hälfte des Wassers liegt als Schutzhülle über der Atmosphäre, was zu einer Treibhausatmosphäre führt und damit zu sehr günstigsten Bedingungen für eine vielfältige, unvorstellbar wuchernde Pflanzenwelt.

Wie wir bereits aus dem ersten Schöpfungstag erfahren haben, gab es schon „gutes Licht".

Doch nun wird am vierten Schöpfungstage noch einmal von „Lichtern an der Himmelsfeste" gesprochen.

In 1 Mos 1:14 lesen wir darüber:

„Dann sprach Gott: Es seien Leuchten am Firmament der Himmel, um zu scheiden zwischen dem Tag und zwischen der Nacht, und sie sollen werden zu Zeichen und zu Zeiten und zu Tagen und Jahren und sie sollen werden zu Leuchten am Firmament der Himmel um zu leuchten auf die Erde. ... Die große zu beherrschen den Tag und die Leuchte die kleine, zu beherrschen die Nacht und die Sterne. Und sie setzte Gott an das Firmament der Himmel zu leuchten auf die Erde und zu beherrschen den Tag und die Nacht und zu scheiden zwischen dem Licht und zwischen der Finsternis. (Interlinear Ü. hebr. – deutsch, von R. M. Steurer)

Diese Aussage deutet darauf hin, dass die Schöpfergötter an diesem vierten Schöpfungstag die Erde so in unserem Sonnensystem platzierten und die Wasserumhüllung so geklärt wurde oder zu Eis erstarrte, dass irdische Betrachter die Sonne, den Mond und die hellsten Sterne erkennen konnten.

Nach diesem Schöpfungsakt, nachdem die Begrünung der Erde bereits vollzogen ist, wird es wohl möglich sein, dass Lebewesen in der Form, wie wir sie durch Ausgrabungen kennen, existieren können, denn am kommenden fünften Schöpfungstag gehen die Schöpfergötter daran, die Wasserungeheuer und Wassertiere und auch die fliegenden Wesen zu erschaffen (Dinosaurier etc...). (Siehe 1 Mos 1:20-23, erwähnt auch in Hiob 40:15-24)

Die Durchschnittstemperatur – das zeigen unsere Instrumente – ist vor der Flut etwas höher, als sie heute ist, und auch an den Polen finden sich nur geringe Abweichungen. Das Meer besteht aus etwas wärmerem Wasser, sodass die Luftfeuchtigkeit sehr hoch ist. Der Treibhauseffekt und die etwa gleichmäßigen Temperaturen überall auf der Erde bewirken einen enormen urwaldartigen Pflanzenwuchs.

So gibt es, der Situation angepasst, große, meist Pflanzen und Früchte fressende Wesen (Dinosaurier), sowohl im Wasser als auch in der Luft und auf dem Lande, die Unmengen von wuchernden Pflanzen und Früchten fressen und mit Sicherheit auch für deren Verbreitung sorgen – sowohl im Wasser als auch auf dem Lande.

Nun geht es mit der Schöpfung auf unserer Erde langsam dem Ende entgegen. Zwischenzeitlich befinden wir uns am sechsten Schöpfungstag: Nachdem sich auch auf der dünnen

Erdkruste, dem Land, eine gewisse Stabilität eingestellt hat, werden „von der Erde" die Landtiere hervorgebracht, was allerdings auch eine kontrollierte Schöpfung durch schöpfergöttliche Tätigkeit ist.

Zum Ende des sechsten Schöpfungstages sind sich die Schöpfergötter darüber einig, dass sie zu Verwaltern, Beherrschern oder „Hütern" der irdischen, animalischen Schöpfungswelt den Menschen „machen". („machen"- siehe S 1.1)

So vermittelt uns 1 Mos 1:26:

„Dann sprach Götter: ‚Machen wollen wir Menschen in unserem Ebenbild nach unserem Gleichnis und herrschen sollen sie über die Fischbrut des Meeres und über das Gefiederte der Himmel und über das Vieh und über all die Erde und über alles Kriechgetier, das kriechend auf der Erde. ‘ Da schuf Gott den Menschen in seinem Ebenbild."
(Übers. von Steurer)
Die Worte *„in seinem Ebenbild"* führen leider auch oft zu Meinungsverschiedenheiten, doch wenn wir bei den Ausführungen der „Gebrauchsanweisung für Menschen" bleiben, sehen wir bei den Einsichten in die Himmel, was die Gestalt von Göttern anbetrifft, dass der Mensch in den uns Menschen gegebenen Visionen der göttlichen Figur ähnlich ist. *(Dan 7:9,13,22)*

„Im Bilde Gottes" zu sein, bedeutet jedoch für den Menschen als „Verwalter", „Herrscher" oder „Hüter" über die irdische Schöpfung, mit den Eigenschaften Gottes, wie Liebe *(1 Joh 4:8)*, Gerechtigkeit *(5 Mos 32:4)*, Weisheit *(Jak 1:5-3:17)*, Macht *(1 Mos 28:3)*, Wahrhaftigkeit *(Joh 3:33)*, Barmherzigkeit, Güte, Frieden, Mitgefühl usw., ausgestattet zu sein. Mit-

tels dieser hervorragenden Eigenschaften, durch die sich auch der universale, allweise Geist auszeichnet, wäre es dem für seinen Zweck vollkommenen Menschen möglich, die Erde und die darauf existierenden Schöpfungswerke zu verwalten und eine gerechte, ausgeglichene Herrschaft über diese auszuüben.

Der Auftrag Gottes, der an den Menschen ergeht, darf nicht verwechselt werden mit dem, was die Menschheit heute an der göttlichen Schöpfung vollzieht. Das Vernichten, Vergewaltigen und Zerstören der irdischen Schöpfung, wie es heute geschieht, hat nichts mit dem Auftrag Gottes zu tun und ist auch so nicht von Gott gemeint und gewollt. Zum Beispiel meint Gott nicht, Tiere aus Mordlust oder anderen niederen Beweggründen zu töten und Gattungen auszurotten oder die göttliche Schöpfung systematisch zu zerstören, wenn er davon spricht, über sie zu „herrschen“. (S 1.6 „hüten“)

Als einen wichtigen Hinweis für uns „dreidimensionale Denker“ sehe ich auch die Redewendungen: *„Es* ***lasse die Erde****“* grünes Gras sprießen und Gewächs, das Samen trägt, fruchtbare Bäume ... Das Wasser *„soll wimmeln von einer Fülle“* lebendiger Wesen ... ***„Die Erde bringe hervor*** *lebendige Wesen nach ihrer Art, Vieh, Gewürm und Tiere des Feldes nach ihrer Art ...“*.
Nicht eine Art von Evolution sollte man als Bibelleser in diesen Redewendungen erkennen, sondern vielmehr einen der Erde zugeordneten, prädestinierten, spezifisch strukturierten, intelligent programmierten Geist, über dessen Strukturen die jeweilig notwendigen Lebewesen durch den Sohn Gottes *(Logos)* geschaffen werden konnten. Dabei wurden auch zugleich durch diesen „Geist“, die biokybernetischen Selbsterhal-

tungskreisläufe, die miteinander vernetzten Selbsterhaltungsmechanismen der Natur verwaltet. Wie inzwischen bekannt ist, sind diese kybernetischen Selbsterhaltungskreisläufe erstaunlich robust und viel weitgreifender, als wir bisher geglaubt haben, sodass sie selbst den gravierenden Veränderungen nach der Sintflut sowie der Misshandlung der Erde durch die abartige Menschheit von heute weitestgehend entgegentreten konnten. (biokybernetisches System, S 1.5, 1 Mos 4:10, 6:13, 7:23)

Die Schöpfung Gottes hielt sich selbstständig in der Waage – sie brauchte den Menschen nicht dazu – allerdings braucht der Mensch die Schöpfung, was heute anscheinend leider in Vergessenheit geraten ist, wozu besonders auch die überhebliche Wissenschaft beiträgt.
Wir „dreidimensionale Denker“ sollten also verstehen, dass an der Schöpfung mehrere „Götter“ beteiligt waren. Wenn es im ersten Vers der Bibel in der ursprünglichen Sprache heißt: *„Im Anfang schuf Götter die Himmel und die Erde“*, möchte uns der in vielen Dimensionen lebende wahrhaftige Gott zu erkennen geben, dass der Schöpfungsakt ein Gemeinschaftsereignis gewesen ist, welches auch beraten wurde, wie aus 1 Mos 1:26 hervorgeht, wenn dort gesagt wird: *„Und Götter sprach weiter: ‚Lasst uns Menschen machen ...‘“* Und dass der Sohn des universalen Geistes, das „Wort“, mit der Hilfe des vom Vater kommenden „Geistes“ an der gesamten Schöpfung den Hauptanteil hatte, haben wir bereits in Kol 1:15-17 gelesen. Weitere Gedankenverbindungen finden wir im NT, das uns aus der Zeit der „Menschwerdung“ des „Wortes“ berichtet (Joh 1:14), wenn wir von dem Messias in Mat 12:28 lesen:

„Wenn ich aber durch den Geist Gottes die Dämonen austreibe, ...“

(siehe auch Joh 14:16,26, 15:26, 16:6-7)

So, wie eine bestimmte Reihenfolge innerhalb der sich selbst erhaltenden Kreisläufe notwendig ist, so ist auch eine Reihenfolge der verschiedenen Einzelschöpfungen notwendig für die Funktion der gesamten Schöpfung, z. B. am dritten Schöpfungstag die Stabilisierung und das Freilegen von Landflächen und sogleich die Begrünung derselben, danach am vierten Schöpfungstag die Klärung und Verdichtung der gewaltigen Wassermassen oberhalb der Atmosphäre, die Einrichtung und Anordnungen im Sonnensystem und dadurch andere, bessere Lichtverhältnisse, was auch dazu führte, dass die um die Erde herum befindlichen Himmelskörper, wie Sonne, Mond und hellere Sterne für Tiere und Menschen sichtbar wurden. Danach kam die Schöpfung großer Wasser- und Lufttiere, die sich im Verlauf von Jahrtausenden vermehrten und Unmengen von Grünpflanzen fraßen, welche durch das für sie ideale, subtropische Klima explosionsartig wucherten, und deren veränderte Überreste wir heute in Form von Kohle und Erdöl verbrauchen.
Am sechsten Schöpfungstag wurden dann die Kleintiere und am Ende des Tages der Mensch geschaffen.
All´ das geschah in robusten, vernetzten, kybernetischen Kreislaufsystemen, über welche, durch den der Erde zugeordneten, strukturierten Geist, „die Erde“ selbst die Kompetenzen hat.

Vielleicht gibt diese Betrachtungsweise des biblischen Schöpfungsberichtes aufrichtigen Menschen die Möglichkeit,

einiges von alledem, was ihnen bisher unverständlich erschienen ist, richtig einzuordnen und besser zu verstehen.
Über die Länge der Schöpfungstage wird mitunter auch wacker gestritten, weil es einige Möglichkeiten gibt, Zeitmaße dafür herauszufinden, somit gibt es nominelle Christen, die glauben, jeder Schöpfungstag hätte 24 Stunden gedauert. Die Ausdrucksweise „und es wurde Abend und es wurde Morgen" bezieht sich hier nicht auf eine Erdumdrehung.
Der Autor der Bibel gebraucht den Begriff „Tag" auch für längere Zeitspannen, was wir in folgendem Ausschnitt erkennen können: *„dies ist die Entstehungsgeschichte der Himmel und der Erde* ***an dem Tage*** *...". (1 Mos 2:4)*

Andere entnehmen der Heiligen Schrift eine Zeitspanne von 1.000 Jahren für einen Schöpfungstag. Diese Annahme entstammt aus einer Regel nach Ps 90:4 oder 2 Petr 3:8, „einem Tag" als göttlichem Zeitmaß gleichen „Tausend Jahre" im Zeitmaß der Menschen, wonach demnach ein Schöpfungstag 1.000 Jahre gedauert hätte. Dann gibt es die Version von einem Schöpfungstag als Maß für 7.000 menschliche Jahre, welche wir aus 3 Mos 25:3-24 entnehmen können. Dort wird das Gesetz über die Sabbatperioden gegeben, die sich im Gottesstaat Israel über 50 Jahre hinzogen. Als Bemessungsgrundlage käme der siebte Tag, der Ruhetag Gottes in Frage.

Vom siebten Tag wird nicht gesagt: *„und es war Abend und es war Morgen"*, auch später nicht, als Barnabas in Hebr. 4:1-11 davon sprach, *„in die Ruhe Gottes einzugehen."* Es musste also dieser siebte Ruhetag zur Zeit der Bibelschreiber Paulus und Barnabas noch bestanden haben.

Aus Ofb 20:1-6 geht hervor, dass der „Messias" noch ein tausendjähriges „Friedensreich" (das „Königreich Gottes", die

göttliche Weltregierung über die gesamte Erde) anführen wird. Gemäß 1 Kor 15:24-28 würde der Weltherrscher Jesus Christus am Ende dieses „Königreiches Gottes", wenn 7.000 Jahre Menschheitsgeschichte gemäß der Zeitrechnung der HS abgelaufen wären, „dem Vater die gesamte, in Ordnung gebrachte irdische Schöpfung wieder zurückgeben". Damit wären im Vorbild, dem Gottesstaat Israel, 49 Jahre verflossen, weil jedes siebte Jahr ein Sabbatjahr gewesen ist.
Nach Abschluss dieser „Sabbatzeitepoche" würde dann vermutlich der Ruhetag Gottes zu Ende sein und würde als solcher, gemäß der biblischen Zeitrechnung, 7.000 Jahre gedauert haben. Mit dem 50. Jahr aus unserem Vorbild, dem „Jubeljahr" (oder auch „Jobeljahr" genannt), würde praktisch eine „schöpfergöttliche Woche" abgeschlossen sein.

Dieses Sabbat-Zeitmodell, auf unsere Schöpfungszeit angewendet, bedeutete, dass die sechs Schöpfungstage insgesamt 42.000 Jahre dauerten und bis heute knapp 48.000 Jahre vom Beginn der irdischen Schöpfung an vergangen wären (6 Schöpfungstage x 7.000 Jahre sind 42.000 Jahre, dazu addieren sich vom Beginn des Ruhetages Gottes bis heute ca. 6.000 Jahre, was in etwa 48.000 Jahre ergibt).

Ein, nach meinem Erachten, brillanter Wissenschaftler, Prof. Dr. Dr. A. E. Wilder Smith, der auf Grund seiner aufrichtigen Stellungnahme zur Evolution die ethikraubende, pseudowissenschaftliche Evolutionstheorie in seinem Buch mit dem Thema: „Die Naturwissenschaften kennen keine Evolution" mit Fakten widerlegte, kommt ebenfalls auf die oben dargelegte Zeitrechnung für eine Schöpfungswoche.

(Evolution E 1.1)

Man beachte auch, dass die „Schöpfergötter" sich Zeit ließen, ihre „biokybernetische" Schöpfung zu begutachten, wie dies öfter aus einigen Worten des Schöpfungsberichtes hervorgeht, und dass es sich um schöpfergöttliche Arbeitstage handelt und nicht um langwierige Entwicklungsperioden.

So lässt es sich aus 1 Mos 1:12 erkennen: *„Und die Erde begann Gras hervorzubringen, Pflanzen, die Samen tragen nach ihrer Art, und Bäume, die Frucht tragen, deren Samen in ihr ist nach ihrer Art. Dann sah Gott, dass [es] gut [war]"*, oder auch aus 1 Mos 1:18-19 ableiten: *„Dann sah Gott, dass [es] gut [war]. 19 Und es wurde Abend, und es wurde Morgen ein vierter Tag."* (Ebenso 1. Mo. 1:21,25)

Nachdem die Schöpfung zunächst abgeschlossen ist, lebt der Mensch „Adam" (Erdmann), im „Bilde Gottes" geschaffen, in einem für ihn hergerichteten und abgeschlossenen Flecken Erde, „Garten Eden" genannt. Dort wird er nach und nach bekannt mit der Pflanzen- und Tierwelt.

Mit unserer Zeitmaschine sind wir im Strome der Zeit mitgeflogen, haben allerdings unsere Höhe auf 3.000 m verringert und können nun Adam in seinem Paradies beobachten.

Seine Aufgabe besteht nun zunächst darin, den Tieren entsprechende Namen zu geben. Damit hat der Mensch „Adam" voraussichtlich eine geraume Zeit zu tun. Er beobachtet alle Tiere und ihrem Verhalten entsprechend benennt er sie dann.

Wir finden den Bericht in 1 Mos 2:19-20.

Bei seinen Beobachtungen fällt ihm eine gewisse Andersartigkeit seiner selbst auf. Im biologischen Bereich beobachtet er die Vermehrung der Pflanzen vom kleinsten Samenkorn bis hin zu riesenhaften Bäumen und auch in der animalischen Schöpfung die Vermehrung der Tiere von der Zeugung über das Erwachsenwerden bis hin zum Sterben. Nur in seinem Falle ist es anders, nur er ist *„im Bilde Gottes gemacht“*. Anscheinend begehrt Adam, so zu sein, wie die animalischen Schöpfungswesen, denn er sucht, wie er es bei den Tieren beobachtete, nach einem Partner „seinesgleichen“.

Der Text aus 1 Mos 2:20 sagt dazu Folgendes:

„Da gab der Mensch allen Haustieren und den fliegenden Geschöpfen der Himmel und jedem wild lebenden Tier des Feldes Namen, aber für den Menschen fand sich keine Gehilfin als sein Gegenstück ...“

Adam findet keinen Partner – auch unter den Affen nicht. Das beunruhigte seine Seele und führte dazu, dass ihm zu gegebener Zeit eine Gehilfin gegeben wird.

Danach spricht der Mensch: *„Dies ist endlich Bein von meinem Gebein und Fleisch von meinem Fleisch. Diese wird Männin genannt werden. Denn vom Manne wurde diese genommen.“*

Vermutlich legen diese Empfindungen Adams die Grundlage für seine spätere Entscheidung, nämlich wissentlich aus der Hand seiner Frau von der Frucht des Baumes der Erkenntnis von „Gut und Böse“ zu essen.

Das war ein interessanter und lehrreicher Ausflug in die Vergangenheit, nicht wahr, mein Freund? Und ich kann mir vorstellen, Sie haben danach noch eine Menge offener Fragen, mit denen wir uns im „Jetzt“ und „Heute“ noch beschäftigen müssen. Also tätigen wir die Eingabe (>0<) und es geht vorwärts ins „Jetzt“ und „Heute“ zurück.

**

Kapitel 3

Die Rebellion!

Irgendwann in ferner Vergangenheit hatte sich wohl in der übrigen, für uns Menschen unsichtbaren Schöpfung der Schöpfergötter eine neue Situation ergeben. Auf Grund der für vernunftbegabte Wesen freien Willensentscheidung muss wohl ein mächtiges, hochbegabtes, geistiges Wesen dem Willen oder den Anordnungen des höchsten Gottes gegenüber Widerstand geleistet haben. Zum ersten Mal hat sich in der für uns Menschen unsichtbaren, vernunftbegabten Schöpfung eine Entzweiung gebildet. Ein Widerstand gegen den über alles souveränen, höchsten „Universalen Geist“, Gott und Vater allen Lebens, ist aufgekommen.

Bis dahin war das Universum mit all seinen verschiedenartigen Schöpfungen und Wesen in einer Harmonie, einem Frieden, einer Einheit, einem Geiste mit ihrem höchsten Gott und seinem „Logos“, seinem „Wort“, doch, durch welche Ursache auch immer, wurde eines der hochrangigen geistigen Geschöpfe Gottes zu einem Rebellen, und damit stellt sich wieder ein „Anfang“ ein, der Anfang des „Bösen“.

Ab dieser Zeit gab es in Gottes Universum nicht nur eine Einheit, eine friedlich miteinander harmonierende Einheit des „Guten“, sondern es bildete sich eine weitere „Partei“, die Partei des „Bösen“.

Aufschluss über diese Begebenheit erhellen uns die biblischen Berichte aus Ez 28:13-18 und Joh 8:44.

Auf Grund der Eigenschaften des höchsten „Vater-Gottes“, wie Liebe, Wahrhaftigkeit, Gerechtigkeit, Allmacht und Allweisheit, Barmherzigkeit und Güte, suchte dieser universale, alles belebende Geist immer nur das Beste für seine Schöpfung, gemäß seinen Eigenschaften.

Er hasste Leid, Schmerz, Quälerei, Mörderei, Betrug, Lüge, Vernichtung und alles was zum Unfrieden, zur Disharmonie, zu Auseinandersetzungen und letztlich zur Zerstörung des Lebens führt und nannte dies „böse“. Daher zog er auch eine Grenze zwischen den nun entstandenen zwei Parteien.

Für uns Menschen wird dies deutlich durch die Worte aus 1 Mos 3:15, wo der höchste Gott Folgendes sagen lässt:

„Und ich werde Feindschaft setzen zwischen dir und der Frau und zwischen deinem Samen und ihrem Samen. Er wird dir den Kopf zermalmen, und du wirst ihm die Ferse zermalmen.“

Diese prophetischen Worte machen uns deutlich, dass zwischen dem allmächtigen „Vater-Gott“, seinem „Logos“, dem „Wort“, sowie all jenen, die auf ihrer Seite Stellung beziehen und solchen, die dem Sinnen des „Widerstandleistenden“ folgen möchten, eine Grenze besteht. Ab dieser Zeit war nun Böses relevant und der Mensch, als „im Bilde Gottes gemacht“ und ebenfalls mit einer freien Willensentscheidung ausgestattet, hatte sich später für die „Partei“ des „Widerstandleistenden“ entschieden.

„Auf welcher Seite möchtest du Stellung beziehen?“ war nun die Frage an jedes einzelne der vernunftbegabten und mit einem erweiterten Bewusstsein ausgestatteten Geschöpfe Gottes, wobei vom höchsten Gott auch sogleich die Tatsache deutlich gemacht wurde, dass er als höchster „Vater-Gott“ und Lebengeber allen Widerstandleistenden den von ihm kommenden Lebensgeist nicht auf Dauer zukommen lassen würde.

In den Worten aus 1 Mos 2:9,16-17 legte der höchste Gott das oben Gesagte fest. Der „Vater-Gott" machte durch das Verbot, von dem Baum der Erkenntnis von Gut und Böse zu essen, welches er dem ersten Menschenpaar auferlegte, nicht nur deutlich, dass er festlegte, was gut und böse ist und somit die Grenzen zwischen „Gut und Böse" festlegte und nicht wollte, dass der Mensch sich Bösem zuwendet, sondern auch die von IHM kommende Lebenskraft den „Bösen" nicht auf Dauer schenkt. Außerdem drückt er dadurch aus, dass Leben auf unabsehbare Zeit bei all seinen Geschöpfen von deren Gehorsam ihrem Lebengeber gegenüber abhängt.

Der „Universale Geist" hat kein Interesse daran, dass mit der von ihm gegebenen Lebenskraft (Lebensgeist) Hass, Leid, Schmerz, Quälerei, Betrug, Selbstzerstörung und Vernichtung in seinem Universum *bleibenden* Bestand haben sollten.

Der höchste Gott ist an keiner Selbstzerstörung interessiert und behält sich vor, selbst zu entscheiden, wann der Mensch reif oder dazu bereit ist, erweiterte oder weiterführende Erkenntnisse zu erhalten.

In Verbindung mit der irdischen Schöpfung löste er auch zugleich das Problem der Rebellion im geistigen, für uns Menschen unsichtbaren Bereich durch einen von ihm erdachten Plan, der all seinen Eigenschaften und den Bedürfnissen seiner gesamten Schöpfung gerecht werden sollte.

In Ofb 12:3-4 wird uns eine Vorstellung vom Ausmaß der Rebellion in den Himmeln vermittelt. Wie viele „Erdlinge" (Menschen) im Strudel der universalen Rebellion versunken sind, bleibt uns verborgen. Biblischen Aussagen zufolge sind es zunächst nur wenige, im Vergleich zur gesamten Erdbevölkerung, die sich hinter den wahren und höchsten Gott und seinen Messias stellten, wie uns dies der Messias selbst in Mt 22:14 und 7:13-14 veranschaulicht.

Bei dem weithin bekannten Sündenfall handelt es sich also nicht, wie es fälschlicherweise landläufig verstanden wird, um eine sexuelle Verfehlung, sondern vielmehr um den unberechtigten Vorgriff auf Erkenntnisse, für welche der Mensch zur damaligen Zeit noch nicht reif war, um eine Abkehr vom Lebengeber und Ungehorsam gegenüber dem Schöpfer, wobei das Hintergrundwissen für ein ausdrückliches Verbot oder Gebot Gottes keine Rolle spielte. In der Heiligen Schrift werden diese Gedanken an vielen Stellen gestützt.

(1 Mos 1:28, 2:17, Mt 16:12)

Vergessen wir nicht – der „Universale Geist", der „Vater-Gott", muss seinen Eigenschaften, die er in ausgeglichenem Maße hat, gerecht werden. Er muss seinen Prinzipien treu sein – er verzichtet zwar auf eine absolute oder totale Eigenliebe, aber nicht auf die gerechte Anwendung seiner ausgeglichenen Eigenschaften, Grundsätze und Prinzipien.

Nachdem das erste Ehepaar einige Zeit zufrieden im Garten Eden gelebt hatte, stellte sich für sie die Standpunkt- oder Gehorsamsfrage.

Der „widerstandleistende Geist", auch landläufig Satan (Widerstandleistender) oder Teufel (Verleumder) genannt, betrog das jüngste Menschenkind Gottes mit „Halbwahrheiten", die bis heute unter der Erdbevölkerung durchgängig sind und verleumdete den Lebengeber, den alles umfassenden „Universalen Geist" mit seinem Betrug. Das erste Ehepaar entschied sich für den „Verleumder". (siehe 1 Mos 3:6)

Durch diese Entscheidung stellten sich die ersten Menschen auf die Seite des Verleumders – ja, sie unterstellten sich diesem, was zur Folge hatte, dass der Verleumder vor der gesamten universalen Schöpfung einen vordergründigen Sieg errang. Die für die Menschheit unvorstellbaren Folgen dieser Entscheidung drückte Gott in dem schwergewichtigen Satz aus 1 Mos 3:13 aus, wo er sagte: *„Was hast du da getan!“*

Der „im Bilde Gottes“ geschaffene Mensch entschied sich nicht für seinen Gott und Vater und somit für die Selbsterhaltung, sondern für den Verleumder des wahren Gottes, für die Widerstandleistenden und somit letztlich für eine „Selbstzerstörung“.

Unter der gesamten Schöpfung im Universum, unter allen vernunftbegabten Wesen, war eine neue Situation entstanden – eine bis dahin unbekannte Situation. Ein mächtiges Geistgeschöpf rebellierte offen gegen seinen eigenen Lebengeber. Dieses Geistgeschöpf stellte den Lebengeber, den höchsten Gott, in Bezug auf seine Eigenschaften, Prinzipien, Grundsätze und Verfahrensweisen in Frage. Es bestand kein Zweifel – der höchste Gott musste auf *göttliche Weise* mit dieser neuen Situation umgehen.
Sollte er etwa sagen: „Ich lasse ab von dem Vorhaben meines Sohnes, also soll die Erde nicht von vollkommenen, gerechten Menschen verwaltet werden“, um sich auf diese Weise als unwahrhaftig zu erweisen? Obwohl er doch noch kurz zuvor die Worte sprach, die wir in 1 Mos 1:28 lesen?

„Und Gott segnete sie, und Gott sprach zu ihnen: Seid fruchtbar und vermehrt euch, und füllt die Erde[a], und macht sie <euch> untertan; und herrscht über die Fische des Meeres

und über die Vögel des Himmels und über alle Tiere, die sich auf der Erde regen.“

Von Menschen könnten wir eben Gesagtes erwarten, jedoch nicht vom dem alles verwaltenden, höchsten „Universalen Geist“, dem wahrhaftigen Gott. Seine Prinzipien sind eindeutig und werden durch Jesaja in Jes 55:8-11 dargelegt: *„8 Denn eure Gedanken sind nicht meine Gedanken, noch sind meine Wege eure Wege“* ist der Ausspruch Jahwes. *„9 Denn wie die Himmel höher sind als die Erde, so sind meine Wege höher als eure Wege und meine Gedanken als eure Gedanken. 10 Denn so, wie der strömende Regen und der Schnee von den Himmeln herabkommt und nicht an jenen Ort zurückkehrt, es sei denn, er habe tatsächlich die Erde satt getränkt und sie [Ertrag] hervorbringen und sprossen lassen und dem Sämann tatsächlich Samen gegeben und Brot dem Essenden, 11 so wird sich mein Wort erweisen, das aus meinem Mund hervorgeht. Es wird nicht ergebnislos zu mir zurückkehren, sondern es wird gewiss das tun, woran ich Gefallen gehabt habe, und es wird bestimmt Erfolg haben in dem, wozu ich es gesandt habe.“*

Der höchste Schöpfergott konnte nicht rücksichtslos, ohne all seine weiteren ausgeglichenen Eigenschaften sowie seine übrige Schöpfung zu berücksichtigen, seine Allmacht in Anwendung bringen, indem er den Rebellen beseitigt hätte. Damit hätte er die aufgekommenen Zweifel oder Fragen unter seiner gesamten vernunftbegabten Schöpfung nicht gerecht und wahrheitsgemäß zu deren Zufriedenheit beantwortet.

Göttliche Weisheit war gefordert. Durch seine weisen Entscheidungen konnte der höchste Gott seiner gesamten

Schöpfung beweisen, welche geistigen Einstellungen, Herrschaftsformen oder Lebensgrundprinzipien die besseren, ja – letztlich die zu Frieden und Glück führenden sind. Auch musste bewiesen werden, wohin Rebellion, Entzweiung und die Anwendung bösartiger Eigenschaften, wie lügen, stehlen, verleumden oder verleugnen, letztendlich führen.

Auch die göttliche Gerechtigkeit und Liebe mussten ihre Rolle in der Auseinandersetzung spielen. Der „Universale Geist" war es seiner gesamten Schöpfung schuldig, den Rebellen eine gerechte Chance zu geben, um die Auswirkung einer Rebellion erkennen zu können.

Die göttliche Liebe, Gerechtigkeit, Weisheit, Allmacht und Wahrhaftigkeit waren gefordert. Der höchste Gott, Schöpfer und Lebengeber, musste einerseits den Widerstandleistenden eine gerechte Chance lassen, andererseits jedoch – inklusive ihrer Folgen – eine totale Zerstörung seiner Schöpfung durch die Widerstandleistenden verhindern.

Sein „Wille sollte geschehen" gemäß Mat 6:10!

Die göttliche Eigenschaft der Barmherzigkeit hat jedoch im Falle einer absichtlichen Rebellion eines vollkommenen Geschöpfes Gottes keine Berechtigung.

Auf Grund dieses Hintergrundes musste der höchste Gott und Lebengeber die Menschheit dem überlassen, den sie sich selbst als ihren „Gott" erwählt hatten, dem Verleumder. Die Möglichkeit eines immer währenden Lebens durch das Essen der Frucht vom „Baum des Lebens" wurde beiden Menschen versperrt, was uns durch die Worte in 1 Mos 3:23-24 vermittelt wird.

Nach der Berechnungsgrundlage aus 2 Petr 3:8 und Ps 90:4, wo davon gesprochen wird, „dass ein Tag bei Gott wie 1000 Jahre“ für den Menschen sind, starben beide Menschen, Adam und Eva, noch am selben Tage. In 1 Mos 5:4-32 wird das Alter Adams mit 930 Jahren erwähnt.

(*„Sterbend werdet ihr sterben am Tage deines Essens von ihm - Tod wirst du getötet!“* [Il. Ü. v. Steurer, 1 Mos 2:17])

Nach der Vertreibung der Menschen aus Eden und der Abschneidung vom ewigen Leben (Leben auf unabsehbare Zeit) begann für die gesamte vernunftbegabte Schöpfung Gottes eine aufregende Zeit. Alle waren auf die Regentschaft des Rebellen und die Auswirkungen seiner Herrschaftsweise gespannt. Es dauerte nun keine 100 Jahre, bis die Eigenschaften des vom Menschen selbst erwählten Gottes, eines „Vaters der Lüge“ und eines „Totschlägers“, für den Menschen auch deutlich sichtbar wurden. (Siehe Joh 8:44)

Bereits der erste geborene Mensch wurde durch den geistigen Antrieb des Verleumders zum Mörder, wodurch dieser Mensch namens Kain als ein „Same“ des Widerstandleistenden gesehen werden muss.
In 1 Mos 4:8 finden wir den Bericht über den ersten Mord und in Joh 8:44 spricht der Messias von dem Verursacher.

So, wie der wahre und höchste Gott auf Grund seiner guten Eigenschaften nur das Beste, Gute und das Schöne für seine vernunftbegabte Schöpfung wünscht, so ist der Widerstandleistende für das Gegenteil eingestellt, für Gewalt, Brutalität, Leid, Schmerzen, Verderben und letztendlich für die Selbstzerstörung, und mit solchen Mitteln löste er auch aufkommende Probleme. Die Mordtat des ersten geborenen Menschen ist ein Paradebeispiel dafür.

Wenn wir die menschliche Geschichte weiter verfolgen, erfahren wir, wohin sich die Menschenwelt unter der Herrschaft und der geistigen Inspiration des Widerstand leistenden Geistes bewegte. Kain, der erste geborene Mensch, blieb als Mörder am Leben.

Es gab noch keine Gesetze, die das Zusammenleben unter den neuen Voraussetzungen regelten, und außerdem mussten auch die Auswirkungen der Regentschaft des Verleumders für die restliche vernunftbegabte Schöpfung deutlich werden. Unter der Nachkommenschaft Kains gab es schnelle Fortschritte im Hinblick auf Boshaftigkeit, Gewalt und Leid und Unmenschlichkeit. Dem Anschein nach wollte der neue, vom Menschen selbst gewählte Gott, der Widerstandleistende, seine Vorstellungen von seiner Menschenwelt schnell verwirklichen. In dem Geschichtsbuch der Tora lesen wir in 1 Mos 4:16-24, dass Kain im Gegensatz zu dem Willen der Schöpfergötter anfing, Städte zu bauen, seine Nachkommen sich mehrere Frauen nahmen, sich gegenseitig ermordeten und auch alsbald, immer unter der geistigen Anleitung ihres Gottes, eines Verleumders, zweifelhafte Erfindungen machten, wie z. B. in der Verarbeitung von Metall zu Waffen.

Aus der Nachkommenschaft Adams über seinen Sohn Seth, den Adam als Ersatz für seinen ermordeten Sohn Abel betrachtete, gingen zwei herausragende Ausnahmen hervor – dem wahren Gott gefällige Menschen. Einer wurde Henoch genannt, der mit dem höchsten Gott wandelte und mit 365

Jahren von Gott von der Erde weggenommen wurde. Ein weiterer Nachkomme aus der Linie Henochs war Noah. Noah überlebte später die große Flut, samt seiner Familie, und durch sie wurde nach der Flut die Grundlage für eine neue Menschheitsära gelegt.

Was wir also aus der Menschheitsgeschichte der ca. 2.000 Jahre vor der Flut erkennen, ist: Einige wenige Menschen suchten den wahren Schöpfergott und stellten sich hinter diesen „Universalen Geist“, doch die große Masse der Menschen ließ sich von dem Verleumder mehr oder weniger beeinflussen und leiten, wodurch Phänomene zu Tage traten, die wir während der gesamten 6.000 Jahre biblischer Geschichte immer wieder finden. Zum Beispiel wiesen die Schöpfergötter eine Zersiedelung der Menschen an (gemäß 1 Mos 1:27-28), der Verleumder fing an, Städte zu bauen und damit eine Zusammenrottung vieler Menschen zu verursachen, die Böses besser und schneller vorantreiben konnten. Die vielen anderen damit verbundenen Probleme lassen sich hier nicht erörtern. (Siehe 1 Mos 4:16-24)

Der wahrhaftige Gott stellte je einen Mann und eine Frau als Einheit und Familie mit den jeweiligen Aufgaben und Verantwortlichkeiten zusammen. (Siehe 1 Mos 1:27)

Der Verleumder begann sofort mit der Aufhebung dieser Familieneinheit. (Siehe 1 Mos 4:19)

Der wahrhaftige Gott löst aufkommende Probleme in Liebe, Gerechtigkeit, Weisheit und Wahrheit (siehe 1 Mos 3:11-19), der Verleumder mit Ungerechtigkeit, Gewalt und Vernichtung. (Siehe 1 Mos 4:8)

Der wahrhaftige Gott lässt dem Menschen Zeit, die gesamte Schöpfung kennenzulernen, damit er auf Grund seines umfassenden Wissens auch gute technische und wissenschaftliche Entscheidungen treffen kann, die weder ihm selbst noch der übrigen Schöpfung schaden. (siehe 1 Mos 2:19-20)

Der Verleumder veranlasst die Menschen, schnelle technische und wissenschaftliche Fortschritte zu machen, deren Folgen früher oder später auf vielen Ebenen zum Schaden des Menschen und der Schöpfung führen. (Siehe 1 Mos 11:1-9)

Der wahrhaftige Gott war Gesetzgeber und Herrscher über die Menschen, der Verleumder stellt Menschen als Herrscher über Menschen, wobei er selbst im verborgenen Hintergrund bleibt, um nicht als eigentlicher Verursacher, Drahtzieher und somit Verantwortlicher für all die fatalen und selbstzerstörerischen Folgen erkannt zu werden. (z. B. in 1 Mos 10:8-12)

Doch bis zur Sintflut geschah noch einiges mehr.

Nach ca. 1.800 Jahren Menschheitsgeschichte mussten wohl Verbrechen und Gewalttaten sowie die Fähigkeit zur Zerstörung der irdischen Schöpfung (durch den Verleumder suggeriert) eskaliert sein. Der wahrhaftige Gott sah die Entartung der Menschheit als so gravierend an, dass er seiner gesamten Schöpfung wegen und um seiner Wahrhaftigkeit Willen eine Rettung der Menschheit einleitete.

Die ungehemmten Grausamkeiten, Ungerechtigkeiten, und Gewalttaten wurden noch durch geistige und technische Fortschritte forciert, welche der Widerstandleistende der Menschheit zuspielte.

Eine weitere Triebfeder auf dem Weg zur „Selbstvernichtung“ der menschlichen Gesellschaft waren die im Bibeltext erwähnten gewalttätigen „Übermenschen“, Riesen und Bastarde, welche durch Zeugung zwischen menschlichen Frauen und geistigen „Söhnen Gottes“ (Engeln) ins Dasein kamen, was zu Genveränderungen im Erbgut der Menschen führte. (Siehe 1 Mos 6:4)

(„Bastarde“, *„die Helden, die von alters her berühmt gewesen sind.“* siehe R 1.1 – Bastarde, Riesen)

Die Göttersagen aus anderen Kulturen mögen ihren Gehalt und Ursprung aus dieser Zeit haben.

Durch diese „Bastarde“ wurde der Gewalt, den Verbrechen und dem der Schöpfung feindlichen Fortschritt auf Erden noch mehr Auftrieb gegeben.

Somit waren die Grenzen des für die Schöpfergötter Statthaften erreicht und die Folgen der von dem Verleumder ausgeübten Herrschaft für die gesamte vernunftbegabte Schöpfung sichtbar und somit die Zeit für einen von dem „Universalen Geist“ überwachten Eingriff gekommen.

Wir lesen dazu ab 1 Mos 6:1:

„1 Die Menschen begannen sich zu vermehren und sich über die Erde auszubreiten. Es wurden ihnen auch viele Töchter geboren. 2 Da sahen die Gottessöhne, dass die Töchter der Menschen sehr schön waren. Sie nahmen die von ihnen als Frauen, die ihnen am besten gefielen, und zeugten mit ihnen Kinder.“*

„4 Damals und auch noch später lebte auf der Erde das Geschlecht der Riesen. Sie waren aus der Verbindung der Gottessöhne mit den Menschentöchtern hervorgegangen und sind als die großen Helden der Vorzeit bekannt. 5 Der HERR sah, dass die Menschen auf der Erde völlig verdorben waren. Alles, was aus ihrem Herzen kam, ihr ganzes Denken und Planen, war durch und durch böse. 6 Das tat ihm weh, und er bereute, dass er sie erschaffen hatte. 7 Er sagte: »Ich will die Menschen wieder von der Erde ausrotten – und nicht nur die Menschen, sondern auch die Tiere auf der Erde, von den größten bis zu den kleinsten, und auch die Vögel in der Luft. Es wäre besser gewesen, wenn ich sie gar nicht erst erschaffen hätte. 8 Noah war der Einzige, der vor den Augen des HERRN bestehen konnte.“ (Gute Nachricht - Abk. GN*)*

Der Entschluss des „Universalen Geistes“, einen Teil der irdischen Schöpfung zu beseitigen, um danach einen neuen Anfang zu machen, musste wohl 120 Jahre vor dem eigentlichen Geschehen gefasst worden sein, sodass davon auszugehen ist, dass Noah und seine Familie in dieser Zeit ihre „Arche“ bauen und die notwendige Vorratshaltung bewerkstelligen konnten. Außerdem wurde durch diese Tätigkeit Zeugnis für das Vorhaben Gottes geben. (Siehe R 1.2 Arche)

Den Bericht über die Verhältnisse in der vorsintflutlichen Zeit finden wir in 1 Mos 6:7. Das Ende der vorsintflutlichen Zeitepoche rückte nun näher. Danach sah es auf der Erde und am Himmel völlig anders aus.

***

Kapitel 4

Erstes Weltgericht!

Nach der Eskalation von Gewalt und Gesetzlosigkeit am Ende der vorsintflutlichen Welt-Ära, bewirkt durch die „geistige Führung“ des Widerstandleistenden, was durch die Vermischung von „Engelsöhnen“ Gottes mit den Menschen noch gefördert und beschleunigt wurde, entschlossen sich die Schöpfergötter, einen Neuanfang zu machen. Danach nahm der „Universale Geist“ jedoch den „Engelsöhnen“ die Möglichkeit, sich mit den Frauen der Menschen durch Zeugung zu vermischen. (Siehe R 1.1)

Die Schöpfergötter beauftragten nun Noah mit seiner Familie, eine „Arche“ zu erbauen, um die Flut zu überleben. Zweifelsohne gaben sie auch entsprechende Anweisungen und ließen der Familie Noah durch ihre treuen Engel Hilfe zukommen. Die Größe der Arche war, wie es aus der Schrift hervorgeht, von Gott festgelegt. Sie sollte 150 Meter lang, 25 Meter breit und 15 Meter hoch sein, und vermutlich war für die übergroßen, pflanzenfressenden Reptilien (Dinosaurier), sofern es solche zu dieser Zeit überhaupt noch gab, kein Platz in der Arche. Sollten diese Riesentiere nicht schon in einer Zeitepoche vor der Sintflut durch irgendwelche Umstände umgekommen sein, kamen sie spätestens zur Zeit der Flut in den Wasser- und Eisfluten um. (siehe Arche R1.2)

Außerdem wurde die Üppigkeit der vor der Flut wuchernden Vegetation durch die klimatischen Veränderungen nach der Flut reduziert, wonach den riesigen Pflanzenfressern die Lebensgrundlage nach der Flutkatastrophe ohnehin entzogen worden wäre.

In 1 Mo 6:12-22 werden die Anweisungen hinsichtlich der Bauweise der Arche und die Anordnungen in Bezug auf den Inhalt der Arche gegeben.

Durch welchen Umstand die Wasser- oder Eishülle einstürzte, die das „Wort Gottes“ (Logos) mit der Hilfe des Geistes Gottes am zweiten Schöpfungstag über die Atmosphäre um die Erde hievte, ist in Einzelheiten nicht berichtet. Eine Möglichkeit wäre, dass eventuell durch die gewalttätige Menschheit und ihren bis dahin durch rebellische Engelsöhne forcierten technischen Fortschritt diese Schutzhülle beschädigt wurde und dadurch zum Zusammenbruch kam. Es liegt nahe und wäre für die übrige vernunftbegabte Schöpfung im Universum ein Beispiel dafür, wohin die Herrschaft und geistige Führung des Verleumders und „Zerstörers“ samt seiner Helfer schon nach relativ kurzer Zeit führt, nämlich zur Zerstörung der irdischen Schöpfung.

So, wie in der heutigen Zeit durch Selbstmordattentäter die ganze Menschheit in einem atomaren Holocaust beseitigt werden könnte und die Erde für menschliches Leben unbrauchbar würde, oder so, wie man heute den schützenden Ozonmantel über unserer Atmosphäre soweit zerstört, bis die tödlichen Folgen nicht mehr abzuwenden sind, um das aktuelle Problem der Klimaerwärmung zu erwähnen, durch welche unser aller Leben auf der Erde gefährdet ist, so mag es auch in der damaligen Ära zu einer gezielten oder unabsichtlichen Verletzung der die Erde umgebenden Eishülle gekommen sein. Wenn die Schöpfergötter in der Schrift in 1 Mos 6:7 schreiben ließen: „ *... ich will den Menschen, den ich erschaffen habe, vom Erdboden vertilgen ....*“, kann das auch, was die praktische Umsetzung betrifft, bedeuten, dass der höchste

Gott es zuließ, dass Menschen durch ihre Neigung zur Selbstzerstörung, angestachelt durch ihre geistigen Führer, selbst eine solche Sintflut herbeiführten, indem sie den Einsturz des Eisschutzmantels bewirkten.

Die „Schöpfergötter“ jedoch konnten Menschen, die sie zum Überleben als würdig erachteten, vor dieser Katastrophe mittels der Arche bewahren.

Es könnte allerdings auch so gewesen sein, dass der „Universale Geist“ selbst eingreifen ließ, um die Wasserhülle zum Einsturz zu bringen. Dazu standen ihm mit Sicherheit mehrere Möglichkeiten zur Verfügung. Es wäre vorstellbar, dass etwa durch einen Polsprung, durch Meteoriten, durch eine Verschiebung der Erde in eine andere Umlaufbahn oder durch die Beseitigung anderer, vermutlich damals noch vorhandener Monde, welche die Eishülle über der Atmosphäre hielten, diese wärmende und schützende Eishülle zum Einsturz gebracht wurde. Wie das Szenario schließlich im Einzelnen abgelaufen ist, wird uns in der Schrift nicht übermittelt, eines wird jedoch deutlich, dass der „Wille des wahren Gottes“ geschehen musste, der eine friedliche Menschengesellschaft auf der Erde etablieren wollte, die sich an seiner Schöpfung erfreuen konnte und diese verwalten sollte.

Noah und seine Familie waren damals die einzigen lebenden Menschen, welche sich in der „Partei des wahren Gottes“ etablierten und für ein Überleben in Frage kamen. Über Noah wird in 1 Mos 6:22 gesagt:

„Und Noah ging daran, gemäß allem zu tun, was Gott ihm geboten hatte. Geradeso tat er …“

Noah bekommt von dem wahren Gott folgende Anweisung und ein gutes Zeugnis:

“Geht in die Arche, du und alle deine Hausgenossen, denn ich habe gesehen, dass du es bist, der vor mir gerecht ist unter dieser Generation ... 4 Denn in nur noch sieben Tagen lasse ich es vierzig Tage und vierzig Nächte auf die Erde regnen; und ich will alles Bestehende, was ich gemacht habe, von der Oberfläche des Erdbodens wegwischen. Und Noah tat dann gemäß allem, was Jahwe ihm geboten hatte ...“

Nachdem Noah sein Überlebenswerk fertig hatte, begann die große Flut über die damalige Erde zu kommen, die vor der Flut ein anderes „Angesicht“ hatte als das, was wir heute kennen.

„6 Und Noah war sechshundert Jahre alt, als die Wasser der Sintflut über die Erde kamen.“

„11 Im sechshundertsten Jahr des Lebens Noahs, im zweiten Monat, am siebzehnten Tag des Monats, an diesem Tag wurden alle Quellen der großen Wassertiefe aufgebrochen, und die Schleusen der Himmel wurden geöffnet. 12 Und der Regen ergoss sich vierzig Tage und vierzig Nächte lang auf die Erde ...“

„18 Und die Wasser nahmen überhand und mehrten sich fortwährend sehr auf der Erde, aber die Arche fuhr weiter auf der Oberfläche der Wasser dahin. 19 Und die Wasser nahmen so sehr überhand auf der Erde, dass alle hohen Berge bedeckt wurden, die unter den ganzen Himmeln waren. 20 Bis zu fünfzehn Ellen darüber nahmen die Wasser überhand, und die Berge wurden bedeckt ...“

„3 Und die Wasser begannen von der Erde zurückzuweichen und wichen nach und nach zurück; und am Ende von hundertfünfzig Tagen fehlten die Wasser. 4 Und im siebten Monat, am siebzehnten Tag des Monats, ruhte dann die Arche auf den Bergen von Ararat. 5 Und die Wasser nahmen nach und nach ab bis zum zehnten Monat. Im zehnten Monat, am Ersten des Monats, erschienen die Gipfel der Berge."

„13 Und es geschah im Sechshundertersten Jahr, im ersten Monat, am ersten Tag des Monats, dass sich die Wasser von der Erde verlaufen hatten; und Noah machte sich daran, die Decke von der Arche zu entfernen und zu schauen, und siehe, die Oberfläche des Erdbodens war abgetrocknet. 14 Und im zweiten Monat, am siebenundzwanzigsten Tag des Monats, war die Erde trocken geworden." (1 Mos 8:13-14)

Nach dem Bibelbericht dauerte die ganze Sintflutkatastrophe etwa ein Jahr. Danach war alles um einiges anders als vor der Flut.

Es schützte die irdische Schöpfung kein Baldachin aus Wasser oder Eis mehr vor bestimmten schädlichen Strahlen. Die Sonne brannte nun direkt mit ihrer Strahlung auf die Erde und wir haben seither einen vermutlich weniger effektiven Strahlenschutz.

Die Temperaturunterschiede waren jetzt gravierend, so dass es nach der Flut ab sofort Frost und Hitze und mit Sicherheit auch andere Lichtverhältnisse gab. Erwähnt wird dies im Bibelbericht in 1 Mos 8:22.

Auch die Luftfeuchtigkeit muss wohl nach der Sintflut geringer gewesen sein, und das üppige Wachstum der Vegetation aus der Zeit vor der Flut wurde zu einem solchen, wie wir es heute kennen.

Das Lebensalter der Menschen nahm nach der Flut rapide ab, dafür aber wurden viel mehr Sterne sichtbar, Regenbögen bildeten sich und Landmassen bäumten sich unter dem enormen Wasserdruck zu bizarren Gebirgen auf. An den Polen der Erde mussten sich blitzschnell ungeheure Eismassen gebildet haben und durch den in 1 Mos 8:1 erwähnten Wind hatten sich enorme Wassermassen zu den Polen verschieben können, um dort zu Eis zu werden. Doch noch weit verheerendere Ereignisse müssen sich auf dem verhältnismäßig dünnen Erdmantel abgespielt haben.

Obwohl es gefährlich werden kann, durch die herabfallenden Eismassen, möchten wir uns im Schutze unserer Zeitmaschine in die Zeit der Sintflut „zurückbeamen" und im Bereich der Arche bleiben, die unter einem gewissen Schutz steht, so dass uns keiner der Eisbrocken treffen kann. Geben wir also ein: (<<0) 4.200 J. 1.500 M. „Sintflut" 50%/ 44.516667 Lon 40.183333 Lat und los geht es. In nur wenigen Minuten haben wir die in über 4.000 Jahren in der Vergangenheit liegende Zeit erreicht.

Nun erkennen wir bereits den enormen Wildwuchs auf der gesamten Erde. Wie wir erkennen können, gibt es, bedingt durch die Wasser- oder Eisumhüllung oberhalb der Atmosphäre, keine Klimazonen und nur selten sieht man offene Stellen innerhalb der Pflanzenwucherung.

Irgendwo im Gebiet des heutigen Araratgebirges muss wohl die Stelle sein, an der Noah die Arche errichtete.

Wir suchen einmal in diesem Flecken Erde nach einer Baustelle. Das dort, rechts, könnte eine solche Baustelle sein, das müsste ein großer gerodeter Platz sein. Ziehen wir unsere Zeitmaschine etwas nach rechts und vermindern die Höhe, bis wir genau sehen können, was da unten geschieht: Da steht ja der riesige rechteckige Kasten, etwa 150 Meter lang und 25 Meter breit und so hoch wie ein viergeschossiges Haus. Wir vergrößern das Bild noch ein wenig mit unserem Zoom, und nun kann man auch erkennen, wie an einer seitlichen Toröffnung Tiere paarweise in die Arche marschieren.

Jetzt müssen wir unsere Zeitmaschine auf „0> Zukunft“ stellen und sehr langsam wie mit einem Zeitraffer im Strom der Zeit mitbeamen. Die gesamte Familie Noahs ist gerade dabei, das schwere Seitentor zu schließen und jetzt fängt es auch schon an zu regnen. Das „gießt wie aus Eimern“ und da machen sich einige Menschen an der Arche zu schaffen, es sieht so aus, als wollten sie noch in die bereits geschlossene Arche hinein. Es ist zu spät, die Wassermassen und die Strömungen reißen sie mit sich fort. Inzwischen schwimmt die Arche bereits und wir müssen, um dieses einmalige globale Ereignis zu beobachten, hinauf über die Eishülle, demnach zehn Jahre in die Zukunft und dann hoch, über die Eisumhüllung, und danach wieder zehn Jahre zurück. Was man von hier oben aus sieht, ist so gigantisch, – die ehemals zartblaue Umhüllung hat riesige Risse und ist teilweise bereits eingebrochen, große Teile der Schale brechen herunter und bewirken tiefe Gräben in der relativ dünnen Erdkruste.

Durch die Druckverhältnisse, welche auf der dünnen Erdkruste entstehen, hervorgerufen durch die herabstürzenden Wasser- und Eismassen, bilden sich ungeheure Verwerfungen auf dem dünnen Erdmantel und bewirken, dass sich riesige Canyons und Erdeinbrüche bilden, tiefe Gräben, in denen die verlaufenden Wassermassen abziehen, und was vor der Flut Meeresboden war, hat sich durch die ungeheuren Verwerfungen zu hohen, bizarren Gebirgen aufgebäumt, wodurch jetzt natürlich auch Vulkane und Erdspalten entstehen, durch die riesige Ströme von Lavamassen hervorschießen.

Riesige Erd- und Felsmassen werden von ihrer ehemaligen Stelle um Tausende von Kilometern weggeschwemmt und haben Milliarden von Tonnen Vegetation und Tierkadaver unter sich begraben. Inzwischen sind auch heftige Stürme aufgekommen, welche die Wassermassen vor sich her treiben und an den Polen sieht plötzlich alles weiß aus. Gewaltige Ströme hinterlassen tiefe Täler und suchen sich ihre Wege zu tieferen Stellen – wahrlich eine gigantische Veränderung.

Die globalen Veränderungen, die sich mittels der Sintflut auf unserem Planeten einstellen, sind für uns schwache „Winzlinge“ von Menschen kaum vorstellbar. Sie geben jedoch Antworten auf viele ungelöste Fragen, die sich immer wieder den Naturwissenschaftlern stellen. Ja, sie ermöglichen es den aufrichtigen Menschen, plausible Erklärungen statt der unbefriedigenden und oft unlogischen Erklärungen und Altersangaben von Naturwissenschaftlern, die von grundlegend falschen Voraussetzungen bei ihren Überlegungen und Forschungen ausgehen, zu finden.

Die Schöpfergötter müssen nun, auf Grund ihrer oben genannten Eigenschaften und der Verantwortung ihrer Schöpfung gegenüber, die Veränderungen der unter der Inspiration des Verleumders stehenden Menschheit kontrollieren und für einen neuen Anfang, eine neue Ära, sorgen. (Siehe NZ 1.3)

Nach diesem furchterregenden, gigantischen Ereignis wollen wir doch lieber wieder zurück in unsere gewohnte Echtzeit und Umgebung: >>0<< -2014/Hermeskeil!

Ein neuer Anfang für Mensch, Tier und Vegetation, bei dem die „Genmanipulation“ durch überirdische geistige Wesen ausgeräumt war, wurde nun gemacht, und wieder bekam Noah als der Urvater des nun folgenden Menschengeschlechts ein Gebot, das sich allerdings von dem, welches Adam gegeben wurde, unterschied.

Lesen wir 1 Mos 9:1-17 sowie 1 Mos 9:1-6 aufmerksam, erkennen wir bereits den Unterschied.
„Fruchtbar zu sein und die Erde zu füllen“, wurde auch Adam aufgetragen, was jedoch ergänzend von Gott, dem Höchsten, der Familie Noahs aufgetragen wurde, unterschied sich von dem, was Adam gesagt wurde und hat mit der neuen Situation auf Erden zu tun.
Zunächst lässt der wahrhaftige Gott sagen:

„Nicht noch einmal will ich den Erdboden verfluchen um des Menschen willen; denn das Sinnen des menschlichen Herzens ist böse von seiner Jugend an; und nicht noch einmal will ich alles Lebendige schlagen, wie ich getan habe.“ (1 Mos 8:21)

Diese Zusage von Seiten des wahrhaftigen Gottes sollte mit einem Zeichen, welches erst nach der Flut möglich sein konnte, bezeugt werden:

„Dies ist das Zeichen des Bundes, den ich zwischen mir und euch und jeder lebenden Seele gebe, die bei euch ist, für die Generationen auf unabsehbare Zeit. 13 Meinen Regenbogen setze ich in die Wolke, und er soll als Zeichen des Bundes dienen zwischen mir und der Erde. 14 Und es soll geschehen, wenn ich eine Wolke über die Erde führe, dass dann der Regenbogen gewiss in der Wolke erscheinen wird. 15 Und ich werde meines Bundes bestimmt gedenken, der zwischen mir und euch und jeder lebenden Seele unter allem Fleisch besteht; und nie mehr werden die Wasser zu einer Sintflut werden, um alles Fleisch zu verderben. 16 Und der Regenbogen soll in der Wolke entstehen, und ich werde ihn gewiss sehen, um des bis auf unabsehbare Zeit dauernden Bundes zwischen Gott und jeder lebenden Seele unter allem Fleisch, das auf der Erde ist, zu gedenken ...“ (1 Mos 9:12)

In 1 Mos 9:1-6 wird allerdings etwas so Wichtiges von dem wahren Gott gefordert, dass alle, auch heute lebende Menschen dazu angehalten sein sollten, darüber nachzudenken. Zunächst wird die Anweisung wiederholt, die auch schon Adam und Eva gegeben wurde, nämlich:

„Seid fruchtbar, und werdet viele, und füllt die Erde.“

Danach, in den Versen 2 bis 3, wird von dem „Universalen Geist“ Furcht vor den Menschen auf alle animalischen Geschöpfe gelegt, weil ab diesem Zeitpunkt, nach der Sintflut, dem Menschen gestattet wurde, Tierfleisch zu essen.

„2 Und Furcht vor euch und Schrecken vor euch wird weiterhin auf jedem lebenden Geschöpf der Erde und auf jedem fliegenden Geschöpf der Himmel sein, auf allem, was sich auf dem Erdboden regt, und auf allen Fischen des Meeres. In eure Hand sind sie jetzt gegeben. 3 Jedes sich regende Tier, das am

Leben ist, möge euch zur Speise dienen. Wie im Fall der grünen Pflanzen gebe ich euch gewiss das alles." (1 Mos 9:2-3)

Was jedoch die Schöpfergötter in den folgenden Worten sagten, sollte uns Menschen nicht ungerührt lassen, denn es berührt den Umgang untereinander sowie den Umgang mit den Tieren und nicht zuletzt unser Leben selbst:

„4 Nur Fleisch mit seiner Seele — seinem Blut — *sollt ihr*
nicht essen. 5 Und außerdem werde ich euer Blut, das eurer
Seelen, zurückfordern. *Von der Hand jedes lebenden Geschöpfes werde ich es zurückfordern; und von der Hand des Menschen, von der Hand eines jeden, der sein Bruder ist, werde*
ich die Seele des Menschen zurückfordern. 6 Wer Menschenblut vergießt, dessen eigenes Blut wird durch Menschen vergossen werden, *denn im Bilde Gottes hat er den Menschen gemacht." (1 Mos 9:4-6)*

Danach in 1 Mos 9:18-19 bestätigt der Geschichtsbericht der Bibel, dass sich nach der „Großen Flut" die dann entstehende Erdbevölkerung aus den drei Söhnen Noahs bildete und sich, ausgehend vom Landepunkt der Arche auf dem Gebirge Ararat, über die gesamte Erde verbreitete.

„18 „Und die Söhne Noahs, die aus der Arche herauskamen,
waren Sem und Hamm und Japhet. Hamm war später der Vater Kanaans. 19 Diese drei waren die Söhne Noahs, und von
diesen her breitete sich die ganze Erdbevölkerung aus."

Wenige Jahrzehnte später war jedoch der Einfluss des Widerstandleistenden, des Verleumders und Verblenders, wieder deutlich zu erkennen, zu lesen in 1 Mos 11.

Wenn wir bis hierher das Geschehen zusammenfassen, so kommen wir zu folgendem Fazit.

In der Schrift wird uns von einigen Anfängen berichtet. Was wir zu berücksichtigen haben, ist: Wir Menschen können nur „Dreidimensionales“ erfassen, was bedeutet, dass wir die Berichte, die uns der wahrhaftige Gott in seinem geschriebenen Wort in unsere dreidimensionale Denkweise übersetzten ließ, manchmal mit unserem Verstand nicht nachvollziehen können.

Verbal verstehen wir die Aussagen der Schrift, meinen aber auf Grund unserer dreidimensionalen Denkweise, dass das Eine oder Andere von dem, was die Schrift berichtet, unmöglich sei, was allerdings nicht für den Vater-Gott gilt, wie dies vom Messias in Luk 18:27 bestätigt wird.

Wir müssen mitunter das, was wir nicht verstehen, glauben. Berichtet uns also die Schrift von dem Anfang, an dem der höchste, allmächtige Gott seinen „Sohn-Gott“ zeugte, können wir dreidimensional denkende Menschen das nicht nachvollziehen, was jedoch nicht bedeutet, dass dieser Akt anders gewesen ist.

Sind wir Menschen den Schöpfergöttern gegenüber aufrichtig, ehrlich und gerecht, so nehmen wir die göttlichen Mitteilungen so an, wie sie uns vermittelt werden. Fallen wir jedoch auf den „Vater der Lügen“, den hinterhältigen Verleumder Gottes, herein und sind wir verleumderisch, ungerecht, unehrlich und überheblich, dann versuchen wir Menschen den göttlichen Aufschluss für unser dreidimensionales, *schizophrenes Denken* zu verfälschen, und dadurch machen wir Gott lächerlich, ja, wir verleugnen den „Alles“ belebenden „Universalen Geist“, wodurch wir uns der Wahrheit entziehen, die zum Leben auf unabsehbare Zeit notwendig ist. Paulus stellt die Situation zwischen dem wahren Gott und uns Menschen richtig, indem er schrieb:

„Wenn auch jeder Mensch ein Lügner ist, Gott bleibt stets wahrhaftig“ (Röm 3:4, siehe auch Mk 10:27*)*

Der Messias illustrierte die oben besprochene Situation, indem er seinen Nachfolgern, gemäß Mt 18:3-4, folgende Veranschaulichung übermittelte.

*„3 Wahrlich, ich sage euch, wenn ihr nicht umkehrt und werdet wie die Kinder, so werdet ihr keinesfalls in das Reich der Himmel hineinkommen. 4 Darum, wenn jemand sich selbst erniedrigen wird wie dieses Kind, der ist der Größte im Reich [*in der Königsherrschaft*] der Himmel.“*

Wenn uns die Gebrauchsanweisung für Menschen davon berichtet, dass *„Götter* schuf“, so sagt sie uns lediglich, dass mehrere Götter an der Schöpfung beteiligt waren. Wenn dann weiter gesagt wird, „und Gott ging daran ...“ usw., verstehen wir, dass ein Gott, nämlich das „Wort“, der „einzig gezeugte Gott“ (Logos, siehe Joh 1:18), mittels der von dem universalen, alles belebenden Geist abgesonderten Geisteskraft und seiner Helfer (Engel) die Ausführungen vollzog.
Denken wir über die erwähnte Zeit für die Schöpfung nach, so sollten wir berücksichtigen, dass die verschiedenen Prozesse nicht durch Eigendynamik oder Entwicklung entstanden sind, sondern durch schöpferische Tätigkeit, d. h., Prozesse wurden in die gewollten Bahnen gelenkt und durch die schöpferische Tätigkeit zeitlich abgekürzt. Damit sind wir auch bei den unrealistischen Zeitangaben von Millionen oder Milliarden von Jahren, welche Naturwissenschaftler machen, wenn sie von einer Entwicklung der auf Erden befindlichen

Lebewesen sprechen. Vermutlich wissen solche Leute nicht einmal, was eine Million Jahre überhaupt bedeuten.

Was die Eigenschaften betrifft, die wir Gott zuschreiben, ergeben sich diese aus der gesamten Darstellung der Heiligen Schrift und der sichtbaren Schöpfung. Wenn wir dem höchsten Gott, dem Vater allen Lebens, die Eigenschaften Liebe, Allmacht, Gerechtigkeit, Allweisheit, Wahrhaftigkeit, Barmherzigkeit, Güte und weitere für uns vorteilhafte Eigenschaften zuschreiben, sollten wir bedenken, dass der höchste Gott alle diese Eigenschaften in ausgeglichenem Maße besitzt und auch so anwendet.

Es ist also überflüssig zu fragen: „Warum hat Gott in dieser oder jener Situation nicht zu unseren Gunsten eingegriffen?“, wenn wir selbst den Rat, die Gebote oder Verbote Gottes willentlich oder unwissentlich unberücksichtigt gelassen haben. Der „Wahrhaftige Gott“ handelt auch nach dem „Verursacherprinzip“, er lässt uns also gerechterweise, was auch unserem Lernprozess zu Gute kommen sollte, die Folgen unserer fehlerhaften Handlungsweisen erfahren. er mildert sie jedoch ab, wenn er es für sinnvoll erachtet und berücksichtigt dabei unsere menschlichen Schwächen.

Die Prinzipien des „Universalen Geistes“, welche wir im Falle der Geschichte der beiden ersten Menschen erkennen, bleiben jedoch für alle Ewigkeiten bestehen. Die Gabe des Lebens auf unabsehbare Zeit, gegeben von dem universalen, alles umfassenden Geist, ist nur für denjenigen bestimmt, der sich dem Willen des wahren Gottes unterordnet, der sich demnach in die Schöpfung integrieren lässt.

Die Rechte seitens des wahren Gottes, die Grenzen zwischen Gut und Böse selbst zu legen, gegen ihn rebellierende Geschöpfe als „böse“ zu benennen und somit zu bestimmen, was Gut und Böse oder Recht und Unrecht ist, bleiben in Ewigkeit Privilegien des wahren Gottes.

Der „Universale Geist“ ist nicht unser „Hampelmann“, der immer dann zu unseren Gunsten reagieren muss, wenn wir am „Schnürchen ziehen“. Wir können nicht tun und lassen, was uns beliebt, wenn es niederträchtig, ungerecht und selbstzerstörerisch ist, und dann von dem wahren Gott verlangen, gefälligst die Folgen unserer Handlungsweise von uns abzuwenden, damit wir munter an der von uns selbst verursachten Selbstzerstörung weiter wirken können.

Der wahre Fortschritt, sowohl des einzelnen Menschen als auch der gesamten Menschheit, hängt vom Gehorsam gegenüber den Prinzipien des wahren Gottes ab und davon, dass wir aus unseren Fehlern lernen. Die Natur hilft uns dabei, indem sie uns lehrt, dass ein Leben mit der Natur von Bestand ist, ein Leben gegen die Natur jedoch früher oder später für uns Menschen die Selbstvernichtung nach sich zieht.

Nach der Entscheidung unseres Urvaters Adam, sich durch die Übertretung des von seinen Schöpfergöttern gegebenen Gebotes dem Widerstandleistenden zu unterstellen, folgt die gesamte Menschheit nicht mehr der göttlichen Logik, die jedoch noch in der Natur zu finden ist. Um diese Logik des „Universalen Geistes“ wieder zu entdecken, sie kennen und anwenden zu lernen, hat der „Universale Geist“ den „Israelitischen Gottesstaat“ gründen lassen und sein „Wort“ (den Logos) „Fleisch werden lassen.“ In den vor uns liegenden tausend Jahren wird durch die göttliche „Weltregierung“ der oberste Weltregent das „Wort Gottes“ (Logos), die Logik des „Universalen Geistes“ unter der dann lebenden Menschheit wieder einführen, dann wird diese „göttliche Logik“ gelehrt und gelebt.

(Siehe Jes 11:9)

Die größtmögliche Freiheit, sowohl für den Einzelnen als auch für alle Menschen, sowie die höchste Kulturstufe erreichen wir Menschen nur, wenn wir der göttlichen Logik folgen und damit „eins werden“ mit dem Messias Jesus, der uns als unser Retter mit dem wahren Gott vereint, mit seinem und vielleicht auch unserem Vater. Diese Gedanken bestätigt uns der Messias selbst, wenn er in Joh 17:20-22 und 8:31-32 darüber spricht.

(siehe Joh 1:9-14)

Wie, wann und wo sollte jedoch der Plan des „Universalen Geistes“ bezüglich seines ursprünglichen Vorhabens verwirklicht werden, und wie sah dieser Plan aus?

Das interessierte auch die Engel. (1 Petr 1:12)

In der folgenden Ära fängt der „Universale Geist“ an, den Schleier über dem „Plan des wahrhaftigen Gottes“ zu lüften.

****

Kapitel 5

Ein neues Zeitalter!

Ein Jahr lang verbrachte Noah mit seinen drei Söhnen und vier Frauen und mit den Tieren, die er mitgenommen hatte, in der rettenden Arche. Nach diesem Jahr auf engstem Raum war es sicherlich für alle, die in der Arche überlebten, wie eine Befreiung, wieder festen Boden unter den Füßen zu haben. Auf dem Gebirge Ararat, so wird in dem Geschichtsbericht der Bibel berichtet, hatte sich die Arche beim Rückzug des Wassers in tiefer gelegenen Regionen der Erde festgekeilt. Mit Sicherheit hat sich auch das Gebirge Ararat erst gebildet, nachdem die über der Atmosphäre befindlichen Eis- und Wassermassen auf die dünne Erdschale gestürzt waren. Alle Menschen und Tiere verließen die Arche und kamen auf eine Erde, die sie so nicht kannten. Die Temperaturen waren anders als vor der Flut, der Himmel sah anders aus und zu Beginn war kein oder nur sehr spärlicher Pflanzenwuchs zu sehen, doch dessen ungeachtet – sie lebten!

Nach solch einer gravierenden Veränderung im Anfang einer neuen Ära musste auch „einiges“ neu berücksichtigt werden. Der Geschichtsbericht der HS übermittelt uns darüber Folgendes:

„Und Gott segnete Noah und seine Söhne und sprach zu ihnen: Seid fruchtbar, und vermehrt euch, und füllt die Erde! 2 Und Furcht und Schrecken *vor euch sei auf allen Tieren der Erde und auf allen Vögeln des Himmels! Mit allem, was sich auf dem Erdboden regt, mit allen Fischen des Meeres sind sie in eure Hände gegeben. 3 Alles, was sich regt [Alle kriechenden Tiere], was da lebt, soll euch zur Speise sein; wie das grü-*

ne Kraut gebe ich es euch alles. 4 Nur Fleisch mit seiner Seele *[mit seinem Leben], seinem* Blut, *sollt ihr nicht essen! 5 Jedoch euer eigenes Blut [euer Blut für eure Seelen] werde ich einfordern; von jedem Tiere [von der Hand jedes Tieres] werde ich es einfordern, und von der Hand des Menschen, von der Hand eines jeden, <nämlich> seines Bruders, werde ich die* Seele *[das Leben] des Menschen einfordern. 6 Wer Menschenblut vergießt, dessen* Blut soll durch Menschen *vergossen werden; denn nach dem Bilde Gottes hat er den Menschen gemacht." (1Mo9:1-6)*

Den göttlichen Auftrag, „die Erde zu füllen und sich zu vermehren", hatten die Schöpfergötter bereits Adam und seiner Frau gegeben. Was war jedoch neu? Von Seiten Gottes wurde Furcht vor den Menschen auf die Tiere gelegt und den Menschen wurde ab dem Zeitpunkt nach der Sintflut gestattet, Tiere wie das „grüne Kraut" zu essen. Das Blut, sowohl der Tiere als auch der Menschen, wurde jedoch geheiligt, indem es dem Menschen verboten war, Blut zu essen, oder wie es im Bericht heißt: *„Fleisch mit* seiner Seele, seinem Blute *sollt ihr nicht essen." (1Mo 9:4)*

Des Weiteren wurde ein Prinzip für Gottähnliche oder für Götter bekanntgegeben, nämlich:

„Wer Menschenblut vergießt, *dessen Blut soll durch Menschen vergossen werden; denn* nach dem Bilde Gottes *hat er den Menschen gemacht" (1Mo 9:5)*

Man mag darüber spekulieren, was es wohl damit auf sich hat, dass nach der Flut den Menschen gestattet war, Fleisch zu essen. Die Schrift sagt darüber nichts, man könnte sich jedoch vorstellen, dass das Angebot an Früchten und Pflanzen nach dem Einsturz der schützenden „Umhüllung" der Erde nicht mehr so vielseitig war oder, bedingt durch die schädliche kosmische Einstrahlung, körperliche Schädigungen hervorgerufen wurden, so dass es möglicherweise zur Erhaltung der Gesundheit des Menschen nötig gewesen war, mit Fleisch einen eventuellen Mangel auszugleichen. Warum die Schöpfergötter dieses Zugeständnis gemacht haben, ist also nicht biblisch belegt, doch man sollte dieses Zugeständnis so annehmen, wir sie es angeordnet haben. Was allerdings für die gesamte, auch die heute lebende Menschheit relevant wäre, ist, dass nach diesem von Gott gegebenen Gebot kein Mensch Blut essen dürfte, und um das Prinzip für „Gottähnliche" auch gleich zu erwähnen, dürfte auch kein Mensch das Blut eines Mitmenschen „vergießen" oder anders ausgedrückt, einen anderen Menschen umbringen, ohne dass der Mörder auch selbst sterben müsste. Diese göttlichen Grundsätze gelten für Götter und somit auch eigentlich für alle auf Erden lebende Menschen. Leider weiß das heute kaum noch jemand.

Natürlich hat sich auf der Erdoberfläche vieles verändert. Jeder kann sich vorstellen, dass etwa die Hälfte des Wassers, welches wir heute auf Erden haben, das vor der Flut über der Atmosphäre „festgemacht" war und zur Zeit der „großen Flut" herabstürzte, auf der Erdoberfläche bedeutende Veränderungen verursacht hat.

Wenn es vor der Flut nur sanfte Bergstrukturen gab, wie man es aus den Worten in 1 Mos 7:19-20 schließen kann, muss sich nach der Sintflut durch den ungeheuren Druck des dazugekommenen Wassers sowie die wuchtigen Einstürze von riesigen Eisteilen die gesamte Erdkruste gravierend verändert

haben. Die heute noch zu findenden tiefen Gräben in den Ozeanen oder auch die riesigen Bergmassive, die wir überall auf der Erde finden, sind mit Sicherheit Überbleibsel der Sintflut. Man kann sich vorstellen, dass an den Stellen, an welchen die Erdkruste etwas dünner war, durch den Wasserdruck tiefe Gräben gebildet wurden und dafür an anderen Stellen die Erdkruste aufbrach, sich aufbäumte und bizarre, sehr hohe Bergmassive, Erdrisse und Vulkane entstanden.
Es verwundert darum eigentlich nicht, dass wir heute lebende Menschen auf hohen Bergen Sedimente von ehemaligen Meeren finden. Auch die winzige Bemerkung aus 1 Mos 10:25 ist aufschlussreich, wo angedeutet wird, dass sich in der Zeit der Geburt Pelegs, des Urenkels Sems die „Erde teilte“, was darauf schließen lässt, dass nach etwa 100 bis 200 Jahren nach der Sintflut, nachdem sich die Druckverhältnisse auf der dünnen Erdkruste normalisiert und ausgeglichen hatten, die Erdmasse teilte und die Kontinente entstanden, wie wir sie heute kennen. Der kurze Satz in der Gebrauchsanweisung für Menschen lautet:
„Und dem Eber wurden zwei Söhne geboren: der Name des einen war Peleg, (bed. Teilung o. Spaltung) denn in seinen Tagen wurde das Land geteilt; und der Name seines Bruders war Joktan.“ (1 Mos 10:25)

Selbstverständlich ist, dass die Sintflut „das Angesicht der Erde“ völlig verändert hat.
Eine sehr gravierende Veränderung, die man nach der großen Flut noch beobachten kann und die ich als letzte in der Reihe der Veränderungen erwähnen möchte, ist das Alter der Menschen. Während vor der Flut die Menschen im allgemeinen

noch sehr alt wurden, bis zu eintausend Jahre, geht es nach der Sintflut mit dem Alter der Menschen rapide zurück. Noah wurde noch sehr alt. Wie uns der Bericht sagt, wurde Noah noch 950 Jahre alt. Die Söhne Noahs, Sem beispielsweise, starben dann nach der Flut bereits mit ca. 600 Jahren, und Abraham wurde später nur noch 175 Jahre alt. Diese Tendenz betraf dann auch die Überlieferungen der geschichtlichen Ereignisse. Während zu Beginn der Menschheitsgeschichte eine mündliche Überlieferung über nur wenige Menschen übermittelt werden konnte, war es dann später nötig, die Geschichte aufzuschreiben.
(Siehe 1 Mos 9:29, 25:7)

Drei Familien waren es also nach der Flut, welche die Grundlage für das neue Menschengeschlecht legten. Verfolgen wir die verschiedenen Familienlinien zurück, stellen wir fest, dass einige der den meisten Menschen bekannten Großreiche, welche auf der Erde im Verlauf von etwas über 2.000 Jahren der Nachsintflutlichen Ära erschienen sind, bereits von Anfang an durchgängig Bestand hatten. So kristallisierten sich etwa einhundert Jahre nach der Flut, aus der Familie Japhet die mongolischen Volksstämme heraus, aus welchen sich dann auch die chinesische Dynastie entwickelte.

Diese mongolische Linie zieht sich im Hintergrund des gesamten Weltgeschehens Jahrtausende lang durch die Weltgeschichte – kontinuierlich bis in unsere Zeit hinein. Die Japhetiten, aus den sieben Söhnen Japhets kommend, breiteten sich in der Umgebung des Kaspischen Meeres und des Schwarzen Meeres, nach Kleinasien und auf die Länder und Inseln im Nordteil des Mittelmeeres aus, wobei es sich bei den Nachkommen Japhets in der Hauptsache um die indogermanischen Völker handelte.

Sem, vermutlich der älteste der Söhne Noahs, breitete sich mit seinen fünf Söhnen in der Gegend von Mesopotamien aus, und die Bewohner Syriens, Palästinas und Arabiens stammen wohl von Sem ab. Zu erwähnen sei noch, dass auch Abraham und später der Messias der Semitischen Abstammungslinie entstammten.

Ham, der jüngste der Söhne Noahs, verbreitete sich mit seiner großen Familie in den östlichen und südlichen Regionen des Mittelmeeres bis nach Afrika.

(Siehe Ps 105:23)

Einer der Söhne von Ham, vermutlich Kanaan, brachte Spott über seinen Großvater Noah, was ihm Noahs Fluch einbrachte, wodurch tatsächlich bis zum heutigen Tage die aus dieser Abstammungslinie kommenden Völker immer noch benachteiligt werden.

Auch Nimrod – als erster in der Schrift genannter Diktator oder Gewaltherrscher – stammte von Ham ab.

(Diese Geschichte ist zu lesen in 1 Mos 9:20-27, 10:8-12)

Heute, im Nachhinein, ist es interessant, aus dem Geschichtsbericht der HS zu erfahren, dass sich nicht sehr lange nach dem Neuanfang der Menschheit, der Widerstandleistende, der ehemals über die Menschen gesetzte „Schirmende Cherub“, sogleich Menschen fanden, durch die er seinen entartenden Einfluss wiederum geltend machen konnte. So wie Nimrod als ein Nachkomme Hams ein gewaltiger Jäger wurde und ein Gegner der Schöpfergötter und die Menschen, die sich ihm anschlossen, anfingen, den großen Turm in Babylon zu bauen, was genau gegen die Interessen der Schöpfergötter gerichtet war, so waren es auch in späterer Zeit die Nachkommen Hams in Kanaan, welche Sodom und Gomorra erbauten und ihre perverse Unsittlichkeit sowie Gewalttaten und Mörderei derartig überspitzten, dass der wahrhaftige Gott gezwungen war, diese Gegend mit ihren Städten zu verderben.

So brachte ein Widerstandleistender sogleich nach der Sintflut seinen „Samen“ hervor.

(Siehe 1 Mos 18:16-33, 3:15)

Die „Nachsintflutliche Ära“ kann als eine Zeitepoche betrachtet werden, in welcher der Verleumder Gottes, der Widerstandleistende, nun ohne die sich verkörpernden geistigen Söhne Gottes, die Engel, seine Vorstellungen von Herrschaftsformen, Zielsetzungen und Verfahrensweisen verwirklichen konnte. Allerdings hielt sich der wahrhaftige Gott die Option offen, in das Geschehen einzugreifen, bevor die Verfahrensweisen der Widerstandleistenden in der Vernichtung der göttlichen Schöpfung endete. Der wahrhaftige Gott war also auf Grund seiner Eigenschaft der Gerechtigkeit gegenüber seinen im gesamten Universum befindlichen Geschöpfen gehalten, dem Verleumder und Widerstandleistenden die gerechte Chance zu geben, seine Vorstellungen zu verwirklichen, damit alle Betrachter die daraus resultierenden Ergebnisse erkennen und sich dann entsprechend entscheiden könnten.

Allerdings ist der Vater-Gott nicht dazu verpflichtet, sich die Schöpfung, welche eigentlich für das „Wort“ (Logos) oder „zu ihm hin“ geschaffen wurde, zunichtemachen zu lassen.

Wir erinnern uns an Gal 1:16: *„alles ist durch ihn (logos) und zu ihm hin (für ihn) geschaffen“ worden.“*

Da der Vater-Gott, der universale, alles beherrschende Geist, als „ein Gott der Ordnung“ auch einen bestimmten Plan hat, somit auch einen Zeitplan einhalten möchte, ist es nur verständlich, dass hier oder dort ein Eingriff des Höchsten Gottes nötig ist, damit eine Eskalation der Verbrechen, Gewalttaten und letztendlich der Vernichtung der irdischen Schöpfung, verhindert werden kann.

Auf Grund dieser Hintergrundkenntnisse sollten wir auch das Ereignis betrachten, welches uns in 1 Mos 11:3-4 geschildert wird. Wir lesen dort:

„3 Und sie sagten einer zum anderen: Wohlan, lasst uns Ziegel streichen und hart brennen! Und der Ziegel diente ihnen als Stein, und der Asphalt[a] diente ihnen als Mörtel. 4 Und sie sprachen: Wohlan, wir wollen uns eine Stadt und einen Turm bauen, und seine Spitze bis an den Himmel! So wollen wir uns einen Namen machen[a], damit wir uns nicht über die ganze Fläche der Erde zerstreuen!“

Die Tendenz der Nachkommen Hams, sich nicht zu zersiedeln, wie es von dem wahren Gott vorgesehen und gewollt war, finden wir auch zu Beginn der vorherigen Ära in Verbindung mit Kain, einem der ersten Samen des Widerstandleistenden oder dessen Nachfolgerschaft. (Siehe 1 Mos 4:17)

Wie reagiert der wahrhaftige Gott auf diese Provokation? Lesen wir über seine Reaktion in 1 Mos 11:6:

„6 Und der HERR sprach: Siehe, ein Volk sind sie, und eine Sprache haben sie alle, und dies ist <erst> der Anfang ihres Tuns. Jetzt wird ihnen nichts unmöglich sein, was sie zu tun ersinnen.
7 Wohlan, lasst uns herabfahren und dort ihre Sprache verwirren, dass sie einer, des anderen Sprache nicht <mehr> verstehen!“

Die „Schachzüge“ des Verleumders waren wieder einmal so angelegt, dass sich Menschen mit gleichen Beweggründen an einem Ort ansiedelten, also Städte bildeten, um dann unter seiner Inspiration möglichst unbehindert Verbrechen, Gewalttaten und perverse Unsittlichkeiten bis hin zur Selbstvernichtung vorantreiben zu können.

Um die Folgen aus diesem Ansatz heraus rechtzeitig abzuwenden, hat der wahrhaftige Gott beschlossen, die dort lebenden Menschen zu zersiedeln, was durch die Einführung verschiedener Sprachen dann auch geschehen ist.

Etwa im dritten Jahrhundert der Nachsintflutlichen Ära geschah Ähnliches im späteren Lande Kanaan. Dort waren es die sprichwörtlich gewordenen Städte Sodom und Gomorra, sowie die umliegenden Dörfer, welche eine so schreckliche Lebensführung praktizierten, dass der wahrhaftige Gott eingreifen musste. In dem Bericht über diese Begebenheit wird in 1 Mos 18:20 gesagt:

„Und der HERR sprach: Das Klagegeschrei über Sodom und Gomorra, wahrlich, es ist groß, und ihre Sünde, wahrlich, sie ist sehr schwer.“

Allem Anschein nach haben die Bewohner dieser Gegend den Spielraum, welchen der wahrhaftige Gott in die geistige Struktur der „Erde“ hineingelegt hat, in Bezug auf Gewalttat,

Verbrechen und Unsittlichkeit weit überschritten, so dass ein einschneidender Eingriff von Seiten Gottes nötig war. (Siehe 1 Mos 1:24-26)

Solch eine Einsicht in die Handlungsweise des wahren Gottes ist für Menschen, die andersartig sind, d. h. denen die Handlungsweisen der Sodomiter ein Gräuel sind, schon etwas Beruhigendes, weil ihnen die Gewissheit gegeben wird, dass, wenn Menschen ein bestimmtes Limit an Boshaftigkeit überschreiten, der wahrhaftige Gott über seinen „Sohn", das „Wort" (Logos), in das Geschehen eingreifen lässt.

Obwohl dem Widerstandleistenden großzügig freie Hand gegeben wurde, seine Regierungsweise und Verfahrensweisen sowie den Umgang mit Problemen auf seine Weise zu praktizieren, damit die Ergebnisse für die gesamte Schöpfung sichtbar werden, wachte jedoch der wahrhaftige Gott immer über das Geschehen auf Erden. Es ist also kein Widerspruch, wenn in Ps 10:16, um nur eine der vielen Bibelstellen zu erwähnen, gesagt wird:

„6 Der HERR ist König immer und ewig;"
(Siehe 5 Mos 10:17, Ps 9,8)

Der allmächtige Gott wacht über das Geschehen auf Erden. Sollte der „strukturierte Geist", den der wahrhaftige Gott bereits bei der Schöpfung der Erde zugeordnet hat, seine Warnsignale an den „zentralen Gott" aussenden, ist die Zeit für einen Eingriff seitens Gottes gekommen. Selbstverständlich handelt für den wahren Gott sein Willensvollstrecker, sein „Wort", der „Logos". Dieser sorgt immer dafür, dass der göttlichen Logik Geltung verschafft wird.

Erklärungen finden wir in 1 Mos 18:20 oder Jes 24:4-7.

In der Nachsintflutlichen Ära wurden also von Seiten des Verleumders Gottes alle Möglichkeiten, von denen er sich etwas versprach, genutzt, um seine Vorstellungen zu verwirklichen. Jede mögliche Regierungsform wurde ausprobiert in diesen etwa 2.000 Jahren bis zum Beginn der christlichen Ära. So kennen wir heute das Patriarchat als eine Form der Aufsicht über Menschen – das Gegenteil, das Matriarchat, unter welchem die Frauen oder Mütter das Sagen haben, wir kennen Oligarchien, Monarchien, Aristokratien, Diktaturen, Republiken, Demokratien und andere, ähnliche oder gekoppelte Regierungsformen. Im letzten Jahrhundert ist die Demokratie als eine erstrebenswerte Regierungsform aufgekommen, welche die Großmächte allen Ländern der Erde überstülpen möchten, mit der allerdings die Griechen schon experimentierten, und als letzte Regierungsform in unserer christlichen Ära wird in naher Zukunft eine globale, materialistische Diktatur die letzte Generation unter der Herrschaft des „Widersachers" beherrschen.
Als erstes Großreich in der Nachsintflutlichen Ära, welches zu einer hohen Kulturstufe aufstieg und einen großen Teil der Menschen beeinflusste, könnte man wohl Ägypten nennen. Die Ägypter waren Nachkommen Hams, die sich möglicherweise mit Nachkommen Sems verschwägerten und sich über viele Jahrhunderte auf der Weltbühne behaupten konnten.

In Ägypten kannte man bereits ein Schriftsystem, hatte bereits einen Kalender, die Steinbaukunst; Malerei und Plastikkunst waren auf höchstem Niveau und die Regierung bestand aus einem „Gott-Königtum" (Dynastie) mit einer straff organisierten Beamtenschaft.

Der Sittenkodex der Ägypter war weitgehend mit den späteren zehn Geboten identisch, welche die Israeliten von dem wahren Gott als ihr „Grundgesetz“ bekamen.

Es gab in Ägypten bereits eine unserer heutigen Zeit nahekommende Gleichberechtigung der Geschlechter.

Man kleidete sich in Leinen und gegen Unmäßigkeit jeder Art wurde seitens der religiösen Führer energisch vorgegangen. Ägypten wies bereits nach den ersten Jahrhunderten in der neuen Ära eine hohe Kultur auf. Es mag sein, dass der wahrhaftige Gott gerade wegen der hohen ägyptischen Kultur sein eigenes Volk im Lande der Ägypter „aufwachsen“ ließ.

Während der etwa 1.400 Jahre, in denen das Großreich Ägypten für viele andere kleinere Völker eine gewisse Oberaufsicht hatte, existierten neben diesem auch noch die babylonische und assyrische Großmacht. Beide großen Völker hatten während all dieser Jahrhunderte ein fast enges Verhältnis zueinander.

Es waren Nachbarländer, die in einer Region ohne natürliche Grenzen lagen. Das eigentliche Assyrien war jedoch größtenteils im Hochland in einem zerklüfteten Gebiet gelegen, wo ein aggressiveres Klima herrschte als in Babylon selbst. Seine Bewohner waren energisch, kriegerisch und sehr grausame Zeitgenossen. Auf Reliefs werden sie als kräftig und dunkelhäutig mit starken Augenbrauen, Bart und markanter Nase dargestellt.

Assur, westlich des Tigris, ist vermutlich die ursprüngliche Hauptstadt der Region gewesen. Später jedoch wurde Ninive, die sich unter dem Einfluss Babylons entwickelte, die bedeutendere Hauptstadt.

Während im sechsten Jahrhundert v. Chr. Ägypten als vorherrschende Macht in der Weltgeschichte langsam zerbröckelte, gab es für Assyrien und Babylon die Gelegenheit, ihren Einfluss auf die übrige Weltbevölkerung auszudehnen.

Nachdem Babylon, Assyrien und Ägypten ihre Hauptrolle auf der Weltbühne gespielt hatten, kamen weitere Nationen auf, mit deren Regierungssystemen, Zielsetzungen und Vorstellungen Widerstandleistende experimentieren konnte. Das Persische Reich, welches nun im Strom der Zeit auf das babylonische Weltreich folgte, beherrschte die Weltbühne etwa 200 Jahre lang, bis dieses schließlich von Griechenland unter Alexander, dem Großen, abgelöst wurde. Alle Großreiche, die während der Nachsintflutlichen Ära auf der Weltbühne erschienen, tangierten in irgendeiner Weise den „Israelitischen Gottesstaat“, manche von ihnen nachteilig und zum Schaden der Israeliten, andere zum Nutzen und Vorteil. Das Medo-Persische Reich beispielsweise tangierte den israelitischen Gottesstaat zum Vorteil desselben.

Gleich zu Beginn seines Bestehens führte es zunächst den Willen der Schöpfergötter aus, indem es einen Überrest des jüdischen Volkes, welches der babylonische König Nebukadnezar 70 Jahre zuvor in Gefangenschaft führte, wieder frei ließ und mit vielen Geschenken, auch den Tempelheiligtümern, in ihr ehemaliges Heimatland zurück sandte. Es war Cyros (Kores), der in der Schrift vorausgesagte König von Persien, der dieses veranlasste oder bestimmte, und so zog ein Überrest von etwa 50.000 Israeliten, überwiegend aus dem Stamm Juda, in den Jahren zwischen 539 bis 536 v. Chr. in ihre Heimat Jerusalem und Umgebung zurück. (Bibelbericht dazu in Esra 1-3)

Persien – oder auch Medo-Persien – hatte einen dualistischen Charakter: So wird neben Cyros (Kores), der in der Bibel als ein Werkzeug in der Hand des wahren Gottes beschrieben wird, auch Darius, der Meder, als Herrscher genannt. (Jes 44:28,45:1, Dan 6:28)

Nachdem Medo-Persien etwa 200 Jahre die Führung auf der Weltbühne innehatte, kam die Zeit für die griechische Bevölkerung, der übrigen Welt ihren Stempel aufzudrücken.

„Alexander III“ oder „Alexander, der Große“ eroberte innerhalb von etwa zehn Jahren den größten Teil der damals bekannten Welt. Er konnte sein Reich in dieser kurzen Zeit von der Adria bis zum Indischen Ozean und von der unteren Donau und dem Kaukasus bis nach Nubien ausdehnen.

Obwohl die griechische Großmacht nur für kurze Zeit Bestand hatte, prägte sie doch der übrigen Welt einen für lange Zeit deutlich sichtbaren Stempel auf. Die griechische Sprache wurde hernach in großen Teilen der damaligen Welt gesprochen, so, wie auch eine einheitliche Währung das Leben der Menschen vereinfachte – auch wurde die griechische Mythologie bekannt, die vermutlich ihren Ursprung aus der Zeit vor der Flut hatte, in welcher sich Engel verkörperten, um mit den Frauen der Menschen Kinder zu zeugen, die sich dann als Halbgötter in der griechischen Mythologie wiederfanden.

Der Einfluss der griechischen Großmacht war zwar für die Weltbevölkerung gravierend, doch die Zeit ihres Bestehens war nur kurz, etwa um 330 v. Chr. endete ihre Vormachtstellung.

Zwischenzeitlich hatte sich ein anderer Volksstamm, unspektakulär und kontinuierlich herangebildet. Seine Anfänge lassen sich bis in die Zeit um etwa 1.600 v. Chr. zurückverfolgen. Es waren die „Italier“, vor der Gründung Roms auch Latium genannt, vermutlich nach einem ihrer Herrscher, Latinus I.

Im zweiten und dritten Jahrhundert v. Chr. profitierten ihre Herrscher von dem Verfall des griechischen Großreiches.

Rom, welches im Jahre 753 v. Chr. gegründet wurde, erstarkte im Verlauf von fünf bis sechs Jahrhunderten und besonders ab der Zeit des medo-persischen Großreiches begann es nach und nach, alle Volksgruppen um sich herum aufzusaugen. Das sogenannte Latium sowie die Inseln Sizilien, Korsika und Sardinien, späterhin auch Karthago und mit ihm die Nordküste Afrikas, wurden Rom eingegliedert. Vom zweiten Jahrhundert v. Chr. an bemächtigte sich Rom nach und nach der Teile des zerfallenen griechischen Großreiches.

Um die Zeitenwende beherrschte Rom bereits die Welt und erreichte im ersten Jahrhundert n. Chr. seine größte Ausdehnung. Somit wurde die Welt am Ende der Nachsintflutlichen Ära und zu Beginn eines weiteren neuen Zeitalters von der römischen Weltmacht beherrscht.

Bei einer Betrachtung der gesamten Bestehenszeit des Römischen Reiches könnte man meinen, dass während dieser Zeit viele Versuche seitens des Widerstandleistenden gemacht wurden, um auf Grund seiner Erfahrungen aus den Jahrhunderten zuvor die erfolgreichste Regierungsform zu finden.

Es ist für den Leser vielleicht interessant, zu erfahren, wie diese sich ablösenden Großreiche bis in unsere Zeit hinein vom Standpunkt des wahren Gottes betrachtet werden.

Daniel, ein treuer Prophet Gottes, hatte zu seiner Lebzeit das Vorrecht, die gesamte Weltgeschichte in zwei Bildern zu sehen. Eines der Bilder finden wir in Dan 7.

In dieser Abhandlung sieht Daniel verschiedene aufeinanderfolgende Großmächte in einer Veranschaulichung. Zu seiner Lebzeit herrschte gerade das babylonische Großreich, welches er als einen Löwen mit Adlerflügeln erkannte. In der Schrift lesen wir:

„Das erste war wie ein Löwe und hatte Adlerflügel; ich sah <hin>, bis seine Flügel ausgerissen wurden und es von der Erde aufgehoben und wie ein Mensch auf seine Füße gestellt und ihm das Herz eines Menschen gegeben wurde.“
Dieser seltsame Löwe stellte also in göttlichem Sinne das babylonische Großreich dar.

Das medo-persische Großreich wird mit einem Bären verglichen, der Text lautet:

„Und siehe, ein anderes, ein zweites Tier, war einem Bären gleich. Und es war auf der einen Seite aufgerichtet und hatte in seinem Maul drei Rippen zwischen seinen Zähnen. Und man sprach zu ihm so: Steh auf, friß viel Fleisch!“

Als das griechische Großreich sieht Daniel einen Leoparden, der mit Flügeln versehen war und vier Köpfe aufwies. Wir lesen:

„Nach diesem schaute ich, und siehe, ein anderes, wie ein Leopard: das hatte vier Vogelflügel auf seinem Rücken. Und das Tier hatte vier Köpfe, und Herrschaft wurde ihm gegeben.“

Danach erschien auf der Weltbühne das Römische Reich, welches in der Vision Daniels so veranschaulicht wird:

„7 Nach diesem schaute ich in Gesichten der Nacht: und siehe, ein viertes Tier, furchtbar und schreckenerregend und außergewöhnlich stark, und es hatte große eiserne Zähne; es fraß und zermalmte, und den Rest zertrat es mit seinen Füßen. Und es war verschieden von allen Tieren, die vor ihm waren, und es hatte zehn Hörner."

Interessanterweise folgt nun nach dem römischen Großreich gemäß der göttlichen Vorschau kein weiteres Großreich mehr, sondern aus dem Kopf dieses letzten Römischen Reiches wächst ein außergewöhnliches „Horn" heraus, wonach dann die Ankündigung des „Königreiches Gottes" erfolgt. (Man lese dazu Dan 7:8-12)

Das zweite Bild, welches die Folgen der Großreiche nach Ägypten veranschaulicht, finden wir in Dan 2:32-35, und dieses Bild, welches in einem Traum des Königs Nebukadnezar aufgezeigt wurde, gibt uns einen Hinweis auf das Gewicht oder die Werte der verschiedenen Großreiche. So wird dort Babylon als das Haupt von Gold veranschaulicht. Es heißt:

„Dieses Bild war gewaltig und sein Glanz außergewöhnlich; es stand vor dir, und sein Aussehen war furchtbar. (ein Standbild) 32 Dieses Bild, sein Haupt war aus feinem Gold, seine Brust und seine Arme aus Silber, sein Bauch und seine Lenden aus Bronze 33 seine Schenkel aus Eisen, seine Füße teils aus Eisen und teils aus Ton. 34 Du schautest, bis ein Stein losbrach, <und zwar> nicht durch Hände, und das Bild an seinen Füßen aus Eisen und Ton traf und sie zermalmte.

35 Da wurden zugleich das Eisen, der Ton, die Bronze, das Silber und das Gold zermalmt, und sie wurden wie Spreu aus den Sommertennen; und der Wind führte sie fort, und es war keinerlei Spur mehr von ihnen zu finden. Und der Stein, der das Bild zerschlagen hatte, wurde zu einem großen Berg und erfüllte die ganze Erde.“

Babylon wird in diesem Bild mit dem wertvollsten Metall – Gold – dargestellt. Danach folgte das Dualreich Medo-Persien aus weniger edlem Metall - Silber, allerdings gehören beide Arme dazu. Bauch und Lenden aus Bronze stellen demnach das griechische Großreich dar, wonach das römische Großreich folgte, das durch die beiden Beine aus Eisen (oströmisches und weströmisches Reich – König des Südens und König des Nordens) veranschaulicht werden sollten. Die Füße und Zehen des Standbildes waren aus einem nicht mischbaren Material, Eisen und Tonerde, geformt und stellen die Mächte in der Zeit vor dem Kommen der göttlichen „Weltregierung“ dar. Der ohne Menschenhand herausgebrochene Stein veranschaulicht den göttlichen „Weltherrscher“, der schlussendlich den Experimenten des Widerstandleistenden ein Ende bereitet, die gesamten unbrauchbaren Versuche des Verleumders beendet und zunichtemacht und danach seine Herrschaft und die dazugehörenden Segnungen über die gesamte Erde verbreitet und der göttlichen Logik zu ihrem Recht verhilft.

Nach diesem kurzen „Ausflug“ in eine biblische Vorschau der sich ablösenden Großreiche möchten wir jedoch zurückkehren in die Nachsintflutliche Ära und noch feststellen, warum die Regierungen der irdischen Reiche so unterschiedlich waren und noch heute sind und warum sie kurze oder längere Zeiten eine Rolle auf der Weltbühne spielten.

Wenn wir zurückkehren zu der ersten göttlichen Voraussage, verstehen wir vielleicht die Zusammenhänge besser.

„Und ich werde Feindschaft setzen zwischen dir und der Frau, zwischen deinem Samen und ihrem Samen ...“

Über das damit eingesetzte „Zweiparteiensystem“ im Universum haben wir bereits gesprochen, doch die Auswirkungen in der Praxis sind für viele Menschen unverständlich. Leicht verständlich ist es wohl, wenn man sagt, dass Kain als der erste „geborene“ Mensch und der erste Mörder als ein „Same des Widerstandleistenden“ gesehen werden muss. (1 Joh 3:12)

Betrachtet man ein paar Generationen nach Kain, ist leider festzustellen, dass wohl die meisten Menschen zu dem „Samen des Verleumders“ zu rechnen waren, denn nach gerade einmal 1.800 Jahren Menschheitsgeschichte musste der wahrhaftige Gott die Feststellung machen, dass eine einzige Familie die Voraussetzungen für das Privileg aufwies, die Sintflut zu überleben.

Was die für uns Menschen unsichtbare „Himmlische Region“ betrifft, können wir feststellen, dass sich dort Ähnliches abspielte. Zum Beispiel stellten sich diejenigen der Engel (geistige Wesen), welche sich mit den Frauen der Menschen in Geschlechtsbeziehungen einließen und nicht mehr fortpflanzungsfähige „Bastarde“ zeugten, auch als der „Same des Verleumders“ dar. Die Apostel Petrus und Judas sprechen darüber in 2 Petr 2:4 und auch im sechsten Vers des Judasbriefes.

Diejenigen der Engelsöhne Gottes, welche sich im Verlauf der Zeit der Partei des Widerstandleistenden angeschlossen haben, sind in die Organisation des Verleumders integriert, was bedeutet, dass sie alle einen Platz innerhalb der „Satanischen Organisation“ haben. Manche von diesen „bösen Engeln“ üben natürlich auch Herrschaftsfunktionen aus. In der Praxis bedeutet das, dass sie über die Könige von irdischen Völkern herrschen. Wir finden darüber Aufschluss aus verschiedenen Passagen in der Heiligen Schrift. Einen solchen Text finden wir in Dan 10:13-14, 20.

In Dan 10:13 wird darüber berichtet, dass „der Fürst des Königreiches Persien“, ein unsichtbarer Geistfürst aus der Partei des Widerstandleistenden, dem Engel aus der Partei der Schöpfergötter, welcher Daniel Erkenntnisse vermitteln wollte, 21 Tage Widerstand entgegenbrachte, bis diesem eine Hilfe zur Seite kam, nämlich „Michael“. Michael – ein mächtiger Fürst aus der göttlichen Partei – begegnet uns wieder in Dan 10:20-21, 12:1 sowie in Jud 9 und Ofb 12:7.

Über die Könige des Medo-Persischen Reiches waren also Engelfürsten aus der Partei des Verleumders gesetzt, welche eine Regentschaft über die irdischen Regenten, Könige, Kaiser, Fürsten oder andere menschliche Führungspersonen hatten.

In Dan 10:20 erkennt man dann, dass auch bereits ein böser geistiger Engelfürst über das erst noch kommende Großreich Griechenland gestellt war, der ebenfalls gegen die in der göttlichen Partei befindlichen Engel Gottes kämpfte. Dass diese „bösen Engel“ aus der „Partei“ des Widerstandleistenden verschiedenartig sind und auch verschiedene Grade an Bösartigkeit aufweisen, spiegelt sich dann auch in der Benehmensweise der Menschen, die unter dem Einfluss solch böser Engel stehen.

So, wie der Grad von Bösartigkeit bei den geistigen Fürsten aus der Partei des Widerstandleistenden ist, so benehmen sich dann auch die von diesen bösen Geistern inspirierten und geleiteten menschlichen Herrscher. Diese Tatsache erklärt auch, warum manche Völker, wie z. B. die Assyrer, so schrecklich grausam und kriegerisch waren und warum andere Nationen auf hohem kulturellen Stand über viele Jahrhunderte eine einflussreiche Rolle unter der Menschheit spielten.

(Aufschlussreichen Stoff dahingehend finden wir in Mk 5:1-10, 9:16-29, Lk 8:26-31, 9:1, Dan 10:13-14,20)

Bei allen möglichen Versuchen seitens des Widerstandleistenden und seiner unsichtbaren und auch sichtbaren Gefolgschaft über inzwischen mehr als 4.000 Jahre lang, eine langzeitliche, für alle Beteiligten zufriedenstellende Herrschafts- und Lebensform zu erstellen, ist nicht gelungen.

Allerdings konnte man während all der Jahrtausende die Konsequenzen oder die Folgen aus der Herrschaftsform des Widerstandleistenden und seiner Gefolgschaft deutlich erkennen, so dass zwischenzeitlich bewiesen ist, dass die Widerstandleistenden, seien es böse Engel oder böse Menschen, keine Alternative zur Regierungs- und Verfahrensweise der Schöpfergötter darstellen.

Aus Ofb 12:4 erfahren wir, wie viele der geistigen Wesensschöpfungen in der „Partei“ des Widerstandleistenden zu finden sind, wenn dort gesagt wird:

„4 und sein (Schlange –Teufel) *Schwanz zieht den dritten Teil der Sterne des Himmels fort; und er warf sie auf die Erde."*

Wie viele Menschen letztendlich für immer auf Grund ihrer Selbstbestimmung verloren gehen, ist noch nicht erkennbar.

Im Zusammenhang mit der Nachsintflutlichen Ära ist es unabdingbar, sich mit der Alternative zu den Völkerschaften unter der Oberherrschaft des Verleumders zu beschäftigen – nämlich mit dem „Israelitischen Gottesstaat".

Der Schleier in Bezug auf den Plan Gottes mit der Menschheit sollte bereits in dieser Zeitepoche etwas gelüftet werden. Versuchen wir einen Blick darunter zu werfen.

Inmitten der Versuchsreihe des Widerstandleistenden und seiner Experimente mit Geistgeschöpfen und Menschen finden wir eine von dem wahrhaftigen Gott geschaffene Alternative – einen Gottesstaat.

Der wahrhaftige Gott wollte das wohl so und das „Wort" (Logos) schuf nun diese Alternative.

Dazu bedurfte es eines edlen Glaubensmenschen, den das „Wort" in der zehnten Generation Sems fand, und sein Name war Abram.

Abram lebte übrigens noch ca. 150 Jahre mit seinem Urvater Sem zusammen und sein Name wurde auf Anweisung des wahren Gottes in Abraham umgewandelt.

Abraham war also (als Veranschaulichung) das Samenkorn für einen Gottesstaat – so ähnlich, wie bereits in jedem Samenkorn die Eigenheit und die Art eines jeden Individuums liegt, war es auch bei Abraham.

So bekam Abraham bereits frühzeitig das Wissen darum, dass aus ihm nicht nur große Völker hervorkommen sollten, sondern dass sich durch seinen Samen auch alle Völker der Erde segnen würden. Der Bericht aus Gen 12:2-3, 17:6 eröffnet uns Folgendes:

„2 Und ich will dich zu einer großen Nation machen, und ich will dich segnen, und ich will deinen Namen groß machen, und du sollst ein Segen sein!

3 Und ich will segnen, die dich segnen, und wer dir flucht, den werde ich verfluchen; und in dir sollen gesegnet werden alle Geschlechter der Erde!“ (1 Mos 12:2-3)

„6 Und ich werde dich sehr, sehr fruchtbar machen, und ich werde dich zu Nationen machen, und Könige werden aus dir hervorgehen.“ (1 Mos 17:6)

Aus der Geschichte Abrahams entnehmen wir viele Lehrbeispiele, die uns, wenn wir sie verstehen und auch anwenden, darin hilfreich sein können, unsere Verhältnisse zu dem Sohn und dem Vater-Gott zu richten und zu festigen.

Ein Beispiel, welches äußerst hilfreich für uns sein kann, ist, dass wir Menschen in Bezug auf göttliche Voraussagen niemals selbst deren Erfüllung in die Hände nehmen sollten. Im Falle Abrahams handelte es sich um seine Nachkommenschaft. Abraham hatte selbst bis ins hohe Alter von etwa achtzig Jahren keine Nachkommen, hatte allerdings die von dem wahren Gott gegebene Verheißung, ein Volk hervorzubringen. Was war zu tun?

Seine Frau Sarah hatte eine einleuchtende Idee, zu lesen in 1 Mos 16:2:

„Und Sarai sagte zu Abram: Siehe doch, der HERR hat mich verschlossen, dass ich nicht gebäre. Geh doch zu meiner Magd ein! Vielleicht werde ich aus ihr erbaut werden. Und Abram hörte auf Sarais Stimme.“

Danach gebar die Magd Hagar einen Sohn, den Abraham Ismael nannte. Es war der Versuch, einer göttlichen Prophezeiung etwas nachzuhelfen. Doch wie wurde dies von dem wahren Gott gesehen?

Der wahrhaftige Gott änderte seine Voraussage um eine „Kleinigkeit“ ab, er sagte:

„Siehe, <das ist> mein Bund mit dir: Du wirst zum Vater einer Menge von Nationen *werden.“*

„Deine Frau Sarai sollst du nicht <mehr> Sarai nennen, sondern Sara (Fürstin) soll ihr Name sein!“

„16 Und ich werde sie segnen, und auch von ihr gebe ich dir einen Sohn; und ich werde sie segnen, und sie wird zu Nationen werden; Könige von Völkern sollen von ihr kommen. 18
Und Abraham sagte zu Gott: Möchte doch Ismael vor dir leben
19 Und Gott sprach: Nein, <sondern> Sara, deine Frau, wird dir einen Sohn gebären. Und du sollst ihm den Namen Isaak geben! Und ich werde meinen Bund mit ihm aufrichten zu einem ewigen Bund für seine Nachkommen nach ihm.“ (1Mo 17:15-18)

Nun sollte Abraham „Vater einer Menge von Nationen“ werden, und der wahrhaftige Gott machte auch gleich deutlich, dass er seinen eigenen Plan hatte, um seinen Willen durchzusetzen.

Von dem Nachkommen Abrahams – „Ismael“, dem Sohn der Magd Sarahs – stammte später ein Teil der arabischen Völker, und wie wir heute wissen, besteht eine ewige Feindschaft zwischen den Nachkommen der Halbbrüder Ismael und Isaak. Allerdings ist es gemäß der göttlichen Verheißung auch richtig, dass Isaak derjenige sein sollte, aus dessen Same sich „alle Nationen der Erde segnen sollten“, was bedeutet, dass in damaliger Zeit das „Israelitische Volk“ den Gottesstaat stellen musste.

Von der Warte der Schöpfergötter aus gesehen war die Entstehung des Volkes Israel – bildhaft dargestellt – wie die Geburt eines Sohnes. Abraham war im Vergleich das Samenkorn, in dem bereits alle Gene für die gesamte spätere Zeit vorhanden waren. In Ägypten ist dieser sinnbildliche Sohn dann herangewachsen.

Nachdem dieser sinnbildliche Sohn herangewachsen war, hat der „Vater“ ihn aus Ägypten herausgerufen, um ihm ein Zuhause einzurichten.

(Siehe 2 Mos 4:8-9, Hes 11:1, Mt 2:15)

In seinem Zuhause, dem Lande Kanaan, begann dann die Erziehung mittels des Gesetzes, das Paulus in seinem Brief an die christliche Gemeinde in Galatien erwähnte.

(Siehe Gal 3:24)

Danach, zu der von Gott, dem Vater, bestimmten Zeit, brachte der durch das Gesetz erzogene Sohn den Messias hervor.

Somit war die Errichtung des israelitischen Gottesstaates nicht nur eine Alternative zu dem Szenario, welches der Widerstandleistende in der Nachsintflutlichen Ära exerzierte, sondern ein Teil des Planes, über den der wahrhaftige Gott die Menschheit retten würde und den „Widerstandleistenden“ Gerechtigkeit zukommen ließe.

Der gravierende, alles bestimmende Unterschied zwischen der Verfahrensweise des Widerstandleistenden und der Verfahrensweise der Schöpfergötter liegt darin, dass die Schöpfergötter die Menschen lieben und ihnen ein immerwährendes Leben verabreichen möchten, vorausgesetzt, dass die Menschen das von ihnen kommende Leben nicht dazu nutzen, sich und andere zu vernichten. Ein Widerstandleistende dagegen hasst die Menschen und möchte sie mittels betrügerischer Methoden mit sich in die „Gehenna“ führen, in die Nichtexistenz. (Siehe *Gehenna,* WG 1.1 und Joh 3:16, 1 Joh 4:8, Joh 8:44)

Diese Tatsache erkennt ein ehrlicher Betrachter der Geschehnisse auch in dem Vorgehen der Schöpfergötter mit dem auserwählten Volk Israel. Die erzieherischen Methoden, welche die Schöpfergötter in Verbindung mit ihrem Volk Israel anwandten, zeugen von der großen Liebe des Vatergottes als auch des Sohn-Gottes.

Ein Beispiel aus dem Leben einer aufrichtigen und ehrlichen Familie kann uns helfen, das oben Gesagte zu verstehen.

Gerechte Eltern, welche ihre Kinder wahrhaft lieben, geben ihren Kindern feststehende Gesetze oder Regeln. Ein Kleinkind weiß nicht, warum man mit den Händen nicht auf eine heiße Herdplatte greifen darf, warum es nicht auf eine Straße laufen darf, warum es nicht an einem ungesicherten Teich spielen darf, warum es nicht mit einem Nagel an der Steckdose herumspielen darf usw. Eltern wissen jedoch, warum Kleinkinder solches nicht tun dürfen, weshalb sie für sie strenge Gesetze festlegen. Aus welchem Grunde legen Eltern solche strengen Gesetze fest?

Nun, Eltern die noch eine natürliche „Liebe“ in ihrer „Seele“, ihrem Blut haben, erlassen solche Gesetze für ihre Kinder aus dem Beweggrund der „Liebe“ heraus.
Sie möchten ihre Kinder vor den Folgen einer für diese schädliche Handlung schützen, ihnen Schmerzen und eventuell schwerwiegendere Folgen oder gar einen vorzeitigen Tod ersparen. Sehen die Kinder das auch so?
Nein, ihre Unwissenheit lässt sie die liebevollen Anordnungen der Eltern nicht verstehen, und so kann es dazu kommen, dass die Kinder trotz der elterlichen Anordnungen deren Gesetzte übertreten. Liebevolle Eltern ergreifen nun Maßnahmen in Form von Strafen, um ihren Forderungen oder Gesetzen Nachdruck oder Gewicht zu verleihen. Einer der weisesten Menschen, die je auf Erden gelebt hatten, sagt einiges über Bestrafung von Kindern, um den elterlichen Forderungen Nachdruck zu verleihen. Eine solche Empfehlung finden wir in Spr 13:24: *„24 Wer seine Rute schont, hasst seinen Sohn; aber wer ihn liebhat, züchtigt ihn beizeiten. (sucht ihn mit Züchtigung)“* (siehe auch Spr 22:6, 29:15)
Züchtigung von Kindern ist also auch ein Zeichen von „Liebe“ zu den Kindern, um sie vor größeren Schäden in ihrem zukünftigen Leben zu bewahren. Wenn solche gut erzogenen Kinder erwachsen sind, verstehen sie die Notwenigkeit der elterlichen Erziehung, und weil sie auf Grund ihrer Erfahrungen mit ihren Eltern wissen, dass ihre Eltern aus Liebe zu ihnen immer das Beste für sie im Auge haben, werden solch gut erzogene Kinder auch „später“ auf den Rat ihrer Eltern hören.
Der wahrhaftige Gott wendet die Prinzipien aus unserem Beispiel auch an seinem Volk an.

Das Gesetz sollte für sie ein „Erzieher“ sein, wie es auch Paulus in seinem Brief an die Galater beschreibt. (Siehe Gal 4:23) Dieser „Erzieher“ war dem Volk Israel zum Schutz gegeben und gab ihm die Möglichkeit, den Nutzen des Gesetzes gegenüber den umliegenden Völkern zu erfahren.

Im Volksmund sagt ein Sprichwort: „Der Kluge lernt aus den Fehlern anderer.“

So, wie es jedoch in unserem Beispiel in der Praxis ist, dass die Kinder manchmal trotz bekannter Strafen die Gesetze der Eltern übertreten, so erging es auch dem israelitischen Volk. Sie ließen manche Gebote außer Acht, und die Strafen (Konsequenzen) dafür folgten, wenn nicht sofort, dann doch später. Leider verstanden die Israeliten die Prinzipien dieser göttlichen Liebe und Gerechtigkeit sowie göttlicher Konsequenz nicht genügend, so dass ihr Gott als ihr „Vater“ letztendlich schrecklich harte Maßnahmen ergreifen musste, um wenigstens noch einen Überrest des israelitischen Volkes in den Zustand zu versetzen, den wir auch in unserem Beispiel erwähnt haben. Erwachsene Kinder – so haben wir im Beispiel gesagt – beachten auch als Erwachsene den Rat der Eltern, weil sie zwischenzeitlich erfahren haben, dass ihre Eltern aus Liebe zu ihnen immer das Beste für sie wünschen.

Im israelitischen Gottesstaat gab es ebenfalls immer wieder einen „Überrest“, einen kleinen Teil der israelitischen Bevölkerung, der auf den göttlichen Rat hörte und diesen befolgte.

Nach der 70-jährigen Gefangenschaft in Babylon war es ein Überrest von etwa 50.000 überwiegend jüdischen Israeliten, die in ihre Heimat zurückkehrten.

Zur Zeit der Erscheinung des Messias war es auch wieder nur ein kleiner „Überrest“, der zwar den Plan Gottes nicht

verstand, ihn jedoch auf Grund seiner Erfahrungen mit seinem Gott glaubte und den Rat seines Gottes befolgte.
So wird es auch in unserer heutigen Zeit in Verbindung mit dem heute bestehenden israelitischen Volk sein. Nur ein Überrest wird in unserer Zeit zunächst einmal den Messias annehmen, anerkennen und diesem dann freiwillig folgen, um in den Genuss der Verheißungen Abrahams zu kommen.
Die übrigen Israeliten, die nicht schon jetzt den Messias anerkennen, werden erst nach dem atomaren Holocaust „aus dem Staub heraus" gezwungen, den Messias anzuerkennen. (Jes 29:1-4)
„Israel" ist ein bevorrechtigtes Volk, welches eigentlich inzwischen erwachsen sein sollte und gemäß unserem Beispiel wissen sollte, dass liebevolle Eltern auch für ihre erwachsenen Kinder immer das Beste wünschen, dass also der alles beherrschende Vater, der „universale allwissende Geist" und sein „Wort", sein Sohn – unser Messias – auch für das „Israel" von heute immer noch das Beste wünscht und ihm in unserer Zeit die Chancen bietet, aus den Verheißungen ihrer Vorväter Nutzen zu ziehen. Das bedeutet für den einzelnen Israeliten als Erstes, den Messias, der bereits vor ca. 2.000 Jahren auf der Erde erschienen war, anzuerkennen.
Das bevorzugte, auserwählte Volk der Israeliten wird heute in seiner Gänze das edle Vorhaben des wahren Gottes mit ihm noch nicht verstehen. Allerdings wird ein Überrest die Vorreiterrolle spielen, wodurch dann nach dem atomaren Holocaust den restlichen Israeliten geholfen wird, den Messias anzuerkennen.
Zur Zeit der Erscheinung des Messias hat dieses Volk als Gesamtheit jedenfalls seine Vorrechte in dem Plan Gottes nicht

verstanden, sondern hat vielmehr versucht, göttliche Prophezeiungen auf menschliche Weise zu erfüllen.
Damit Nichtisraeliten den Vorzug und die Bevorrechtigung dieses Volkes besser verstehen können, möchte ich in dem folgenden Kapitel den israelitischen Gottesstaat noch einmal näher betrachten.

*****

Kapitel 6

Der Gottesstaat wurde gegründet!

Nachdem nun das israelitische Volk von dem „Wort“ (Logos) des „Universalen Geistes“ aus dem Land der Ägypter herausgeführt wurde, zog es durch das Schilfmeer hindurch zum Berge Horeb, wo es sein Grundgesetz (Zehn Gebote) bekam und den Bund mit ihrem Gott für *„ein Volk, zum Zeugnis für Gott aus allen Nationen ... und ein Königreich von Priestern und eine heilige Nation“* eingegangen war.

(Die Bundschließung finden wir in 2 Mos 19:5-8.)

Auf Grund der „Halsstarrigkeit“ des Volkes erfolgte nach einer vierzigjährigen Wüstenwanderung der Einzug in das dem Stammvater Abraham verheißene „Heimatland“.

Natürlich stellt man sich die Frage: Ist es denn von Gott nicht ungerecht, das von ihm auserwählte Volk in ein fruchtbares Land zu führen und dort die einheimische Bevölkerung zu vertreiben oder aufzureiben?

Um diese Frage zu beantworten, müssen wir in der biblischen Geschichte ein paar Jahrhunderte zurückgehen.

Bevor das sprichwörtlich gewordene „Sodom und Gomorra“ vernichtet wurde, hatte in damaliger Zeit Abraham, der Stammvater der Israeliten, dessen Neffe Loht mit seinem Gesinde in Sodom lebte, ein Gespräch mit dem „Scharfrichter Gottes,“ der das Gericht an den beiden Städten und der Umgebung vollziehen sollte.

(Siehe 1 Mos 18:17-33, 19:1-29)

Warum musste „Jahwe“ die Städte vernichten? Lesen wir zur Erinnerung den 13. Vers aus Kapitel 19: *„13 Denn wir werden diesen Ort vernichten, weil das Geschrei über sie groß geworden ist vor dem HERRN; und der HERR hat uns gesandt, die Stadt zu vernichten.“*

Was durch diese Worte und den Bericht deutlich wird, ist klar; die Verbrechen, Gewalttaten und pervertierte Unsittlichkeit in dieser Gegend muss ein göttliches Limit überstiegen haben und nur noch eine „augenblickliche Vernichtung“ konnte der Gerechtigkeit Gottes Genüge tun und Abhilfe schaffen. Ähnlich muss es vierhundert Jahre später in diesem Lande Kanaan, in das die Israeliten einziehen sollten, gewesen sein. Doch auch darüber berichtet uns die Schrift:

„4 Wenn der HERR, dein Gott, sie vor dir hinausstößt, sprich nicht in deinem Herzen: Wegen meiner Gerechtigkeit hat der HERR mich <hierher>gebracht, um dieses Land in Besitz zu nehmen. Denn wegen der Gottlosigkeit dieser Nationen *wird der HERR sie vor dir vertreiben. (5 Mos 9:4)*

(Siehe auch 1 Mos 9:25-27, 5 Mos 18:12,14, 19:17-19, 4 Mos 33:51)

In perversem Fruchtbarkeitskult sowie in der Opferung von Kleinkindern bestanden Teile der Religion der Kanaaniter. Sie hatten die Gewohnheit, nicht den Namen ihres Hauptgottes zu nennen, sondern gebrauchten das Wort „Baal“ („Herr“), was man heute wohl unter den nominellen Christen ebenso tut. „Asthoreth“ wurde von ihnen als die Göttin der Fruchtbarkeit und der Sexualität verehrt.

Ihre Religion, Götteranbetung und deren Handhabungen waren so absolut „Gottähnlichen“ *(Menschen)* unwürdig.

Somit hatte der wahrhaftige Gott seine Rechte, solche Maßnahmen zu ergreifen. Die Bewohner Kanaans hatten das Maß ihrer Sündhaftigkeit so voll gemacht, worauf der „Universale Geist", ohne seine Eigenschaft der Gerechtigkeit zu verletzen, die Vertreibung der Kanaaniter vollziehen konnte.

(Siehe auch 3 Mos 18:24-30, 4 Mos 33:51-56, 1 Mos 9:25)

Doch kehren wir zurück in die Zeit, in der das israelitische Volk in diesem verheißenen Land und dort vor der Stadt Jericho stand.

Durch ein Wunder, welches der Gott der Israeliten bewirkte, fielen die Mauern von Jericho – der ersten großen Stadt, welche die Israeliten einnahmen. Dadurch ermutigt, drang das Volk Israel zunächst zügig in das Land vor.

Nach und nach nahmen die Israeliten nun das Land in Besitz – verbunden mit immer wiederkehrenden Gehorsamkeitsproblemen ihrem Gott gegenüber und natürlich den daraus resultierenden Folgen, die zum Teil sofort oder erst in späterer Zeit zur Sühnung führten.

Nachdem das Land an alle zwölf Stämme der Israeliten durch das Los verteilt war, folgte eine Zeit der „Theokratie". Ihr Gott war auch ihr König und so lebten sie zunächst etwa 400 Jahre unter einer „Theokratie", für die sie sich nach eigener Wahl, die Josua ihnen noch einmal vorlegte, selbst entschieden hatten.

(Siehe Jos 24:1-25)

„21 Das Volk seinerseits sprach zu Josua: ‚Nein, sondern Jahwe werden wir dienen!‘ 22 Darauf sagte Josua zum Volk: ‚Ihr seid Zeugen gegen euch selbst, dass ihr euch aus eigenem Antrieb Jahwe erwählt habt, um ihm zu dienen.‘ Daraufhin sprachen sie: ‚Wir sind Zeugen.‘“ (Jos 24:21-22)

Zwischen dem „Universalen Geist“, vertreten von seinem „Wort“ (Logos), und dem Volk der Israeliten bestand nun also ein erneuertes Bundesverhältnis. Ihr Gott, den das Volk Israel unter dem Namen „J a h w e“ *(Gen 1:1)* kannte, sorgte durch sein Gesetz für die besten Voraussetzungen dafür, dass jeder der Israeliten ein glückliches, zufriedenes, ausgefülltes und befriedigendes Leben führen konnte.

Das Volk sollte für diesen, ihren Gott und den Vater-Gott, den „Universalen Geist“ Zeugnis geben. Sie sollten Zeugen von diesen wahrhaftigen, gütigen, barmherzigen, gerechten, liebevollen Schöpfergöttern sein.

Der Prophet Jesaja drückte diese Tatsache in seiner Niederschrift einmal wie folgt aus:

„Ihr seid meine Zeugen, *so lautet der Ausspruch des HERRN, und ihr seid mein Knecht, den ich erwählt habe, damit ihr zur Erkenntnis kommt und mir glaubt und einseht, dass ich es bin; vor mir ist kein Gott geschaffen worden, und nach mir wird keiner sein; ich allein bin der HERR und außer mir gibt es keinen Retter. Ich habe die Verkündigungen gegeben und auch Rettung geschaffen ...“ (Jes 43:10-12)*

In der von dem Widerstandleistenden beherrschten Welt sollte also das Volk der Israeliten ein „wandelndes Zeugnis“ für die Schöpfergötter sein, die den Himmel, die Erde, Menschen und Tiere und die gesamte Natur konzipiert hatten, und durch den Willensvollstrecker des Vater-Gottes, das „Wort“, wurde das Konzept des Vaters konkretisiert. Diese Schöpfer lieben die Menschen und diese Liebe sowie andere ihrer Eigenschaften, wie Gerechtigkeit, Weisheit, Güte, Barmherzigkeit, Ordentlichkeit, Friedlichkeit, Selbstbeherrschung – um nur einige zu nennen, sollten durch den damals bestehenden Gottesstaat deutlich werden.

Langsam lässt sich die Struktur eines göttlichen Planes erkennen, durch den die Schöpfer der Himmel und der Erde die Menschheit für ihre Aufgabe, als „Gottähnliche“ zu herrschen, retten würden.

Durch eine besondere Erziehung sollten die Menschen in die Lage versetzt werden, ihrem ursprünglich vorgesehenen Zweck, als „Gottähnliche“ über die übrige Schöpfung der Erde zu herrschen, nachkommen zu können.

Doch erinnern wir uns an die, so inhaltsreiche Prophezeiung aus 1 Mos 3,15:

„15 Und ich werde Feindschaft *setzen zwischen dir und der Frau, zwischen deinem Samen und ihrem Samen; er wird dir den Kopf zermalmen, und du, du wirst ihm die Ferse zermalmen.“*

Zunächst ist von Feindschaft die Rede zwischen der Frau und der „Schlange“, hinter der ein Verleumder und Widerstandleistender steckte, dann auch von Feindschaft zwischen ihrer Nachkommenschaft, wodurch zwei Parteien entstanden. Danach wird von dem „Samen“ der Frau gesprochen, der dem Widerstandleistenden den Kopf zermalmen würde, was dessen Tod oder dessen Vernichtung bedeutete. Diese wichtige Prophezeiung deutet einen Plan an, der jedoch von Anfang an nicht deutlich dargelegt wurde, um dem Widerstandleisten-

den weniger Chancen zu geben, diesen Plan zu torpedieren. Einer der großen Versuche, diesen göttlichen Plan zu torpedieren, war der Versuch der Widerstandleistenden, die Menschheit während der ersten vorsintflutlichen Ära zur Selbstvernichtung zu führen. Dieser Versuch ist jedoch durch den Eingriff des „Universalen Geistes“ gescheitert.
Die Sintflut, der Einsturz der riesigen Eismassen, die über der Atmosphäre um die gesamte Erde aufgehängt waren, machte den Bemühungen des Widerstandleistenden, den göttlichen Plan zu durchkreuzen, ein Ende, so dass in der Nachsintflutlichen Ära der göttliche Plan weiter verfolgt werden konnte. In der Nachsintflutlichen Ära wurden nun von diesem göttlichen Plan weitere Details offenbart. Zunächst wurde von dem „Universalen Geist“ ein Mann bestimmt, der die Voraussetzungen dafür mitbrachte, als Urvater einer für göttliche Zwecke fungierenden Nation zu dienen und auch den aus dieser Nation vorausgesagten „Samen der Frau“ hervorzubringen. (Siehe 1 Mos 12:1-3)
Dieser bestimmte Mann bekam von dem wahrhaftigen Gott seinen Namen von „Abram“ (Vater ist erhaben) in „Abraham“ (Vater einer Menge) und seine rechtmäßige Frau ihren Namen von „Sarai“ (vornehm) in „Sara“ (Fürstin) abgewandelt. (Siehe 1 Mos 17:5,15)
Als vergleichsweise sichere „Unterschrift“ oder göttliche „Auftragsbestätigung“ für diesen göttlichen Auftrag wurde die praktische Ausführung des göttlichen Auftrages von „Wundern“ begleitet. (Siehe 1 Mos 18:10-14)
Die biblische Geschichte berichtet auch darüber in 1 Mos 12:1-3:

„1 Und der HERR sprach zu Abram: Geh aus deinem Land und aus deiner Verwandtschaft und aus dem Haus deines Vaters in das Land, das ich dir zeigen werde. 2 Und ich will dich zu einer großen Nation machen, und ich will dich segnen, und ich will deinen Namen groß machen, und du sollst ein Segen sein. 3 Und ich will segnen, die dich segnen, und wer dir flucht, den werde ich verfluchen; und in dir sollen gesegnet werden alle Geschlechter der Erde!"

Dies war bei der ersten Begegnung Abrahams mit dem wahrhaftigen Gott auch der erste Auftrag, den Abraham bekam.

Nachdem Abraham samt seiner Gefolgschaft aus seiner Heimat weggezogen war, wurde der göttliche Auftrag noch erweitert, wodurch sich weitere Teile des göttlichen Planes, durch den der „Universale Geist" die Menschheit retten wollte und durch den der Mensch schlussendlich seinem Zweck zugeführt werden sollte, verdeutlichten.

(Siehe 1 Mos 17:16, 19,21, 18:18, 22:18)

Der „höchste Gott" (Jahwe EL Elyon, siehe Gen 1:1) entschied sich also für Abraham und seine Frau Sara, wie uns der Geschichtsbericht der Bibel vermittelt, als die menschliche „Urzelle", aus der sowohl der israelitische Gottesstaat als auch der in 1 Mos 3:15 vorausgesagte „Same der Frau", der dem Widerstandleistenden den Kopf zermalmen sollte, hervorgehen sollten.

Als Zeichen dieses Bundes zwischen dem israelitischen Gott Jahwe EL Elyon und dem Stammvater Abraham wurde von diesem israelitischen Gott die Beschneidung der Vorhaut aller männlichen Nachkommen Abrahams angeordnet.

Mit diesem Ereignis, das auf Grund biblischer Zeitbestimmung etwa 2.000 Jahre v. Chr. stattfand, wurde die Grund-

lage zur Rettung der Menschheit und ihrer Zweckzuführung gelegt, und der göttliche Plan nahm sichtbare Formen an. Zunächst jedoch musste aus der Familie Abrahams eine Nation entstehen. Dieses geschah in über 400 Jahren zum größten Teil innerhalb des ägyptischen Großreiches, und im Verlauf dieser Zeit hat der israelitische Gott dann und wann seinen Bund mit Abraham sowie die dazugehörigen Segnungen in Erinnerung gebracht.
(Siehe 1 Mos 17:16, 19,21, 18:18, 21:4-5, 22:18)
Etwa im 16. Jahrhundert v. Chr. war es dann soweit, das israelitische Volk aus Ägypten herauszuführen, um es dann als „Gottesstaat" in das dem Urvater Abraham verheißene Heimatland zu führen. Damit begann auch eine „Erziehung", die in der Menschheitsgeschichte einmalig ist, jedoch auch die Konturen des göttlichen Planes mit der Menschheit und der Erde deutlich werden lässt.
Im eigentlichen Sinne begann die Erziehung der Israeliten bereits während der Volksentwicklung in Ägypten. Bevor die Israeliten aus der ägyptischen Sklaverei befreit wurden, waren sie dort Sklaven und erlebten diese Situation, nämlich Sklaven zu sein und ungerecht behandelt zu werden. Die Befreiung aus dieser Sklaverei hätte bei ihnen das Gefühl der Dankbarkeit und Ehrfurcht, der Erhebung, der Freiheit und Selbstbestimmung bewirken müssen und auch ein Gefühl von Abhängigkeit gegenüber solch einer alles überwältigenden Kraft und Macht – dem „Gott", der sie in diese neue Lage versetzt hatte. Wie es sich jedoch kurze Zeit später herausstellte, wurden solche Erziehungserfolge unter den allermeisten der Israeliten nicht bewirkt. Kaum waren sie zwei Monate unterwegs, hatte sich bei ihnen statt Freude, Glück und Ver-

trauen sowie ein gerechtes Empfinden dafür, auch gebührende „Kosten“ für Freiheit und Selbstbestimmung zu übernehmen, Unzufriedenheit, Undankbarkeit und Rebellion eingestellt. (Siehe 2 Mos 15:22-24, 16:2-4)

Zweifellos musste das Volk Israel noch eine Menge lernen, was durch ihr Benehmen zum Ausdruck kam: Es ließe sich die damalige Situation des israelitischen Volkes gut und gerne mit dem Benehmen von Kleinkindern und Jugendlichen vergleichen, die in dieser Phase ihres Lebens außerordentlich selbstsüchtig sind, aus geringsten Unannehmlichkeiten heraus losschreien, nicht zu schätzen wissen, was sie von ihren Eltern bekommen, sondern alles als selbstverständlich annehmen, selbst nichts zu den eigenen Forderungen beitragen und vieles von dem, was sie in die Hände bekommen, zerstören. (Siehe 2 Mos 4:22-23)

Leider lernten die Israeliten zu langsam in dieser Zeit des Auszuges aus Ägypten, so dass diese „Auszugsgeneration“ auf dem Weg in ihr verheißenes Land sterben musste. (Siehe 2 Mos 14, 4 Mos 14:28-32)

Vierzig Jahre lang wanderte das gesamte Volk in den Wüsten um das verheißene Land herum, bis von der Auszugsgeneration außer Josua und Kaleb niemand mehr am Leben war.

In dieser Zeit der Wüstenwanderung wurde ihre Gesetzgebung vervollständigt. Außer den Zehn Geboten, welche man wie ein „Grundgesetz“ betrachten könnte, bekam der israelitische Gottesstaat noch ca. 640 weitere Gesetze, durch welche alle ihre Lebensbereiche geregelt wurden. Um den Vergleich ihres Gottes gemäß 2 Mos 4:22-23 mit einem „Sohn“ zu gebrauchen, musste dieser „Sohn“ nun während dieser Zeit als „Gottesstaat“ erzogen werden. Etwa zwei Jahrtausende später nimmt der Gelehrte Paulus Bezug auf diese Erziehungsmaßnahme, wenn er in seinem Brief an die Christenversammlung in Galatien Folgendes schrieb:

„23 Bevor aber der Glaube kam, wurden wir unter Gesetz ver-
wahrt, *eingeschlossen auf den Glauben hin, der geoffenbart*
werden sollte. 24 Also ist das Gesetz unser Zuchtmeister auf
Christus hin geworden, damit wir aus Glauben gerechtfertigt
würden. 25 Nachdem aber der Glaube gekommen ist, sind wir
nicht mehr unter einem Zuchtmeister“ (Gal 3:23-25)

Das Gesetz soll ein Erzieher sein? Wozu? Die Antwort finden wir in 1 Mos 1:26:

„Und Götter sprach: Lasst uns Menschen machen in *unserem Bild, uns ähnlich! Sie sollen herrschen über die Fische des Meeres und über die Vögel des Himmels und über das Vieh und über die ganze Erde und über alle kriechenden Tiere, die auf der Erde kriechen.“*

Dies ist also der Grund, weswegen der Gottesstaat Israel erzogen werden musste. Von der Zeit Adams bis heute ist die Menschheit zwar fähig, die Natur einschließlich sich selbst zu zerstören und zu vernichten, jedoch nicht dazu, über sie zu „herrschen“ und sie zu hüten. Auch bei Kindern und Jugendlichen erkennt man dieses Phänomen. Was sie am besten können und was ihnen am meisten Spaß macht, ist das Zerstören, wobei natürlich – wie überall – die Ausnahmen die Regel bestätigen. Unter diesem Gesichtspunkt wäre es für uns nützlich, das israelitische Gesetz etwas näher zu betrachten. Analysiert man es ehrlich, stellt man fest, dass es ein „Stein der Weisen“ ist, durch welchen das friedliche Zusammenleben aller auf Erden lebender Menschen gewährleistet würde.

Man muss nicht religiös sein, um den Wert dieses göttlichen Gesetzes zu erkennen. Allerdings erfordert es Ehrlichkeit, um die Tragweite dieses Gesetzes zu verstehen.
Beginnen wir mit dem ersten Gebot des „Grundgesetzes“, erkennen wir das Prinzip einer Struktur. Was wird dort gefordert? Wir lesen:
„2 Ich bin der HERR, dein Gott, der ich dich aus dem Land Ägypten, aus dem Sklavenhaus herausgeführt habe. 3 Du sollst (wirst nicht) keine andern Götter haben neben mir.“ (2 Mos 20:2-3)
Jahwe (Gen 1:1) ist der Gott des Volkes Israel. er hat Anspruch auf dieses Volk, weil er es aus der Sklaverei Ägyptens befreit hat. er duldet keine anderen Götter neben sich und das gilt für jeden einzelnen Israeliten.
Diese Ausrichtung des einzelnen Menschen auf einen Mittelpunkt, einen alles bestimmenden Ankerpunkt, an dem schließlich alle „befestigt“ sind oder den alle anerkennen und akzeptieren und um den sich für jeden Einzelnen Menschen alles dreht, ist ein Teil der Grundlage für ein friedliches Zusammenleben – sowohl eines jeden einzelnen Menschen eines Volkes als auch aller Menschen auf Erden.
Der nächste Satz festigt diesen Teil der Grundlage, wenn dieser Gott das Abweichen von solch einer Ausrichtung auf einen einzigen Mittelpunkt unter Todesstrafe stellt.
(Siehe 5 Mos 6:13-16)
„3 Du sollst keine *(wirst nicht)* andern Götter *haben neben mir.“*
Hätten einzelne Menschen innerhalb eines Volkes noch andere Götter oder andere Mittelpunkte, Ankerpunkte oder auch nur Bezugspunkte, bekäme das System vergleichsweise eine

„Unwucht“ und würde durch „Störfaktoren“ – sprich *andere Götter* – gehemmt, gebremst oder in eine andere Richtung gelenkt, was letztlich zu einer Zerstörung des gesamten Systems führen würde. Um sich eine bildliche Vorstellung von solch einer „Entgleisung“ machen zu können, kann man versuchen, sich vorzustellen, wie es wäre, wenn ein Tornado statt einem Auge zwei oder drei Augen hätte oder die Erde statt einer Achse zwei oder drei. Ein Tornado würde vermutlich seine Kraft verlieren und sich auflösen, und die Erde würde in einen Taumelzustand kommen, was ein unbeschreibliches Chaos auf ihr auslösen würde.
Wir Menschen sollten also verstehen, wie wichtig dieses erste Gebot, das den Israeliten damals gegeben wurde, für die Grundlage eines friedlichen „Miteinander“ aller Menschen ist. Dieses Prinzip der Ausrichtung „Aller“ auf nur einen Mittelpunkt kommt natürlich auch bei einer Weltbevölkerung zum Tragen.
Das zweite Gebot lautet dann gemäß 2 Mos 20:4-6:
„4 Du sollst dir kein Götterbild *machen, auch keinerlei Abbild dessen, was oben im Himmel oder was unten auf der Erde oder was in den Wassern unter der Erde ist. 5 Du sollst dich vor ihnen nicht niederwerfen und ihnen* nicht dienen. *Denn ich, der HERR, dein Gott, bin ein eifersüchtiger Gott, der die Schuld der Väter heimsucht an den Kindern, an der dritten und vierten <Generation> von denen, die mich hassen, 6 der aber Gnade erweist an Tausenden <von Generationen> von denen, die mich lieben und meine Gebote halten.“*
Was der israelitische Gott hier fordert, betrifft die „Würde“ des Menschen, seine Stellung innerhalb der Schöpfung und auch die Zielsetzung, die nicht nur von Gott ausgehen sollte,

sondern auch von jedem einzelnen Menschen. Die Schöpfergötter wünschen nicht, dass der Mensch (Gottähnlicher von der Erde) sich unter die animalische Schöpfung degradiert. Er, der Mensch, sollte für die animalische Schöpfung „Gott" sein und nicht umgekehrt. Wohl sollte der Mensch die animalische Schöpfung beobachten, studieren, ihre Eigenarten kennenlernen, ihre Rolle im Gesamtsystem erforschen, sich jedoch keinem dieser animalischen Geschöpfe unterstellen oder, was noch viel schlimmer wäre, sich ein animalisches Geschöpf als „seinen Gott" zu adoptieren. Durch solche Handhabungen würde der *Gottähnliche* seine „Menschenwürde" aufgeben und könnte weder von Menschen noch von den Schöpfergöttern als „Mensch", als „Gottähnlicher" anerkannt und behandelt werden, weshalb solche freiwilligen Degradierungen unter die animalische Schöpfung innerhalb des israelitischen Gottesstaates mit dem Tod geahndet wurden. (Siehe 2 Mos 22:17-19)
Im zweiten Teil dieses Gebotes wird daher darauf hingewiesen, dass es Folgen haben würde, sollte ein Mensch sich selbst seiner Menschenwürde berauben, indem er sich unter die animalische Schöpfung stellt. Der Mensch würde nicht nur seiner Menschenwürde beraubt, sondern die Konsequenzen, die sich aus solch einem „Ausnahmezustand" ergäben, würden seine Beziehungen zu anderen Menschen sowie zu der gesamten Natur empfindlich stören, so dass unübersehbare Folgen eintreten würden, die in das kybernetische System der Natur nicht mehr eingeordnet werden könnten und so letztlich zur Selbstvernichtung und zur Zerstörung seiner Umwelt führen würden.

Weil sich das Volk Israel unter Völkern befand, die alle ihre Menschenwürde durch die Unterstellung unter animalische Geschöpfe, seelenlose Himmelskörper oder „ihresgleichen“ aufgegeben haben und für Israel auf Grund der Anpassungswilligkeit und fehlender Charakterstärke die Gefahr bestand, ebenfalls in solch ein Dilemma zu kommen, musste der „Universale Geist“ ein solches Gebot in das israelitische „Grundgesetz“ aufnehmen.
Macht euch den umliegenden Nationen nicht gleich, hieß die Devise, wie sie der „Universale Geist“ in 3 Mos 18:1-5 ausgedrückt hat.
Wenn der Gott der Israeliten also diesen Zusatz zum zweiten Gebot macht, nämlich:
„Denn ich, der HERR, dein Gott, bin ein eifersüchtiger Gott, der die Schuld der Väter heimsucht an den Kindern, an der dritten und vierten <Generation> von denen, die mich hassen, 6 der aber Gnade erweist an Tausenden <von Generationen> von denen, die mich lieben und meine Gebote halten ...“, sagte er für damals lebende Menschen und deren Verständnis:
Ein Benehmen, welches eines Menschen nicht würdig ist, wird sich auf mehrere folgende Generationen auswirken, bis sie sich letztendlich ausgelöscht haben, eine freiwillige Beachtung der göttlichen Forderungen wird sich jedoch auf viele weitere Generationen positiv auswirken.
In dem dritten Gebot aus Exodus (2 Mos 20:7) wird die Würde, Ehre und der Respekt gegenüber den Schöpfergöttern angesprochen. Wie man in anderen Teilen der Schrift lesen kann, sind diese Schöpfergötter so „groß“, so mächtig und so weise, dass wir Menschen sie mit unserem Verstand nicht

erfassen können. Jesaja, einer der göttlichen Propheten, veranschaulicht ihre Größe und Macht einmal in Jes 40:12,15:

„12 Wer hat die Wasser (das Wasser des Meeres) gemessen mit seiner hohlen Hand und die Himmel abgemessen mit der Spanne? Und wer hat den Staub der Erde mit einem Maß erfasst und die Berge mit der Waage gewogen, die Hügel mit Waagschalen? 15 Siehe, Nationen gelten wie ein Tropfen am Eimer und wie Staub auf der Waagschale. Siehe, Inseln hebt er hoch wie ein Stäubchen."

(Siehe 1 Kor 3:19, Jes 55:9, Hiob 11:7)
Solche mächtigen Götter von diesen Ausmaßen lassen sich weder „an der Nase führen" noch Spott mit sich treiben noch brauchen sie den Menschen, weshalb der israelitische Gott in dem dritten seiner Gebote gebührende Achtung und Respekt fordert und deutlich macht, dass sich in Verbindung mit seinem Namen niemand Unfug, Spott oder Betrug leisten darf. Somit steht die Forderung in Ex 20:7:
„7 Du sollst den Namen des HERRN, deines Gottes, nicht zu Nichtigem (lügenhaftem) aussprechen, denn der HERR wird den nicht ungestraft lassen, der seinen Namen zu Nichtigem ausspricht." (Siehe 3 Mos 19:12, Gal 6:7-9)
Was wir bisher aus dem „Grundgesetz" des israelitischen Gottesstaates betrachtet haben, berührt die Religion der Israeliten, den Umgang mit ihrem Gott Jahwe und bedeutet für die Israeliten im Vergleich mit Menschen umliegender Nationen und deren Religionen keine außergewöhnlichen Belastungen.
Die nun folgenden Gebote berühren den einzelnen Menschen und sein Wohlergehen sowie auch das Wohlergehen der Tiere

und der Erde. Der israelitische Gott ordnet nun einen Ruhetag an, er gebietet in Ex 20:8-11:
„8 Denke an den Sabbattag, um ihn heilig zu halten. 9 Sechs Tage sollst du arbeiten und all deine Arbeit tun, 10 aber der siebte Tag ist Sabbat für den HERRN, deinen Gott. Du sollst <an ihm> keinerlei Arbeit tun, du und dein Sohn und deine Tochter, dein Knecht und deine Magd und dein Vieh und der Fremde bei dir, der innerhalb deiner Tore <wohnt>. 11 Denn in sechs Tagen hat der HERR den Himmel und die Erde gemacht, das Meer und alles, was in ihnen ist, und er ruhte am siebten Tag; darum segnete der HERR den Sabbattag und heiligte ihn."
(Siehe 3 Mos 19:3,30, 26:2)
Dieses vierte Gebot, einen Ruhetag zu halten, kommt dem Menschen, den Tieren und letztlich, was die Erweiterung des Ruhetaggebotes im Jahreszyklus betrifft, auch der Natur zu Gute. (Siehe 3 Mos 25)
Hat dieses Gebot etwas mit Religion zu tun? Für gläubige Menschen – ja, für ungläubige Menschen nicht. Doch von welchem Standpunkt man die Sache auch betrachtet – viel Gutes und Nützliches hat dieses Gebot auf jeden Fall, selbst wenn man auch diesem Gebot keine religiöse Bedeutung beimisst.
Natürlich hatten die Schöpfergötter mit diesem Gebot das Wohl des Menschen, der Tiere und der übrigen Natur im Sinn. Um dem Gebot Nachdruck zu verleihen, kommen auch diese Worte vor:
„Der siebte Tag ist Sabbat für den HERRN, deinen Gott".
Der allmächtige Gott wollte allerdings auch, dass der Mensch als „Gottähnlicher" dem Beispiel des „Universalen Geistes"

folgte, der, wie es in diesem Gebot zum Ausdruck kommt, nach der Fertigstellung der Schöpfung nach sechs Tagen am siebenten Tag ruhte. (Siehe 1 Mos 2:2)

Die Schöpfer des Menschen wussten um die Wichtigkeit einer Ruhepause, in welcher Menschen und Tiere neue Kräfte schöpfen konnten, aber auch – und das ist noch wichtiger – Zeit zum Nachsinnen und zum Lernen hatten. Nicht nur Arbeit befriedigt den Menschen und dient seiner Gesundheit und seiner Weiterbildung, sondern auch Lernen. Menschen brauchen Zeit, um sowohl über ihre Arbeiten als auch die Zusammenhänge verschiedener Komponenten nachzusinnen, und wird den Menschen diese Zeit genommen oder nehmen sich die Menschen durch Habgier und Selbstsucht diese Zeit selbst, verlieren sie ihre Kultur. Menschen brauchen Zeit zum Austausch von Erfahrungen, und was besonders für die Israeliten damals so wichtig war – sie brauchten Zeit, um sich mit ihrem Gesetz zu beschäftigen. Diese Möglichkeiten wurden jedem Israeliten an ihrem „Sabbat“ (Ruhetag) gegeben. (5 Mos 31:10-13)

Der Sabbat war also die Voraussetzung dafür, sich zu erholen, zu lernen, eine Zeit, sich mit dem Gesetz und dessen Zusammenhängen zu beschäftigen, eine Zeit zum Erfahrungsaustausch, etwas, das eine Kultur aufbaut und letztlich zu einer „Erziehung hin zu Christus“ gereichen konnte, wie es auch Paulus in seinem Brief an die Christenversammlung in Galatien ausdrückte.

(Gal 3:24)

Jahrhunderte später geriet auch dieses Gebot aus dem Grundgesetz der Israeliten mehr und mehr in Vergessenheit, so dass weder der siebente Tag als Sabbattag noch das sie-

bente Jahr als Sabbatjahr eingehalten wurden, was zur Folge hatte, dass Israel in Gefangenschaft geführt wurde, damit das Land seine Sabbate „nachfeiern“ konnte – so die Aussage des Gottes Israels. (Siehe 3 Mos 26:33-35, 2 Chr 26:20-21)
Das nächste Gebot, das dem Gott Israels so wichtig war, lautete: *„12 Ehre deinen Vater und deine Mutter, damit deine Tage lange währen in dem Land, das der HERR, dein Gott, dir gibt.“ (2 Mos 20:12)*
Der Respekt vor den Eltern oder auch allgemein vor älteren Menschen ist für den „Universalen Geist“ so wichtig, dass dafür ein Gesetz im „Grundgesetz“ der Israeliten aufgenommen wurde. Die Verheißung in Verbindung mit dem Respekt vor älteren Menschen ist ein langes Leben. Im Umkehrschluss könnte man sagen, dass respektlose junge Leute kein langes Leben haben werden.
Da es den Israeliten, wie wir das aus ihrer Geschichte kennen, an Respekt mangelte, gab es für dieses Volk auch die Notwendigkeit, Respekt zu erlernen, was einen großen Stellenwert in den Augen Gottes besitzt. Hat man als Mensch einmal Respekt erlernt, ist einem diese Eigenschaft auch in allen anderen Bereichen der Natur nützlich – im Umgang mit der Tier- oder Pflanzenwelt, der Luft oder auch dem Wasser. Vergessen wir dabei auch nicht, dass der Respekt vor dem Leben anderer Menschen für den einzelnen Menschen lebenswichtig ist.
Dann erinnert und wiederholt das sechste Gebot aus dem „Grundgesetz“ der Israeliten, was zu Beginn der zweiten Ära der Menschheitsgeschichte bereits allen Menschen auferlegt wurde und was als ein Prinzip für Götter oder „Gottähnliche“ Geltung hat:

„13 Du sollst nicht töten.“ (2 Mos 20:13, 21:12, Mt 5:21)

Das Wort „töten“ das wir in vielen unserer deutschen Bibelübersetzungen finden, hat in der hebräischen Sprache, in der diese Worte geschrieben wurden, die Bedeutung von „vorsätzlich ermorden“, jedoch nicht in einem „absoluten Sinn“. Was der „Universale Geist“ mit diesem Gebot sagen möchte und aus der Gesamtheit der Gesetzgebung hervorgeht, ist: Der Mensch sollte weder andere Menschen noch Tiere oder Insekten ohne ausreichende Gründe töten, ja, nicht einmal Pflanzen mutwillig zerstören. Ein „Töten“, Beseitigen oder Zerstören anderer „Lebewesen“ ist immer ein Eingriff in die Natur und das biologisch-kybernetische System der Natur und zieht Konsequenzen nach sich, die der Mensch mit seinem jetzigen Wissensstand nicht vorausahnen kann.

In 1 Mos 9:5-6 finden wir das Prinzip hinsichtlich des „Blutvergießens“, das das „Töten“ oder Morden betrifft und sowohl für Götter als auch für „Gottähnliche“ Geltung hat, also auch für Menschen. Ein Gott, der einen seiner Mitgötter tötet, tötet sich selbst und ein „Gottähnlicher“, ein Mensch, der seinen Mitmenschen ohne einen von dem „Universalen Geist“ bestimmten Grund ermordet, ermordet sich selbst, und da er dieses meist nicht selbst tut, wird dieser Gerechtigkeit durch andere „Menschen“, Tiere oder „Umstände“ Genüge getan. An dieser Stelle möchte ich noch einmal an Gen 9:6 erinnern:

„6 Wer Menschenblut vergießt, dessen Blut soll durch Menschen vergossen werden; denn nach dem Bilde Gottes hat er den Menschen gemacht.“

(Kap. 42:22, 2 Mos 21:12,28, 3 Mos 24:17, 4 Mos 35:16-21,31)

Dieses elementare göttliche Prinzip birgt Antworten auf viele Fragen, die wir Menschen bis heute nicht „logisch“ beantwor-

ten können. Es berührt jedoch nicht die Hinrichtungen von Menschen, die sich gegen göttliche Forderungen, die mit der Todesstrafe belegt wurden, vergangen hatten. Selbst in unserer Zeit in sogenannten „christlichen Staaten" wäre es die Pflicht des Staates, die Todesstrafe an solchen Menschen zu vollziehen, die gemäß der göttlichen Gerechtigkeit eine solche verdient hätten. Da jedoch viele Staaten solches nicht tun, werden die daraus resultierenden Auswirkungen ungeahnte Folgen haben, mit welchen letztlich kein Staat mehr fertig werden kann. (Siehe Röm 13:3-4, 1 Petr 2:14)
Das nun folgende Gebot: *„Du sollst nicht ehebrechen,"* ist genauso wichtig wie das vorherige und wird bei Zuwiderhandeln mit der Todesstrafe belegt.
(siehe 2 Mos 20:14, 3 Mos 20:10)
So, wie bei all den anderen Geboten Gottes, erkennt der Mensch auch bei diesem Gebot, wie ernst es der „Universale Geist" mit naturgebundenen Einrichtungen nimmt, die notwendig sind, um die gesamte Funktion der Schöpfung zu erhalten.
Beobachten wir die von Instinkten geleitete Schöpfung, erkennen wir, dass, ganz gleich, wie sie zusammengestellt ist, ihr Überleben gesichert und sie in den Kreislauf der Natur eingeordnet ist. Unter Tieren gibt es solche, die als Partner ihr ganzes Leben lang zusammen bleiben, aber auch solche, die öfter ihren Partner wechseln, auch solche, bei denen sich beide Partner um die Fütterung und die Aufzucht der Jungen kümmern und solche, bei denen sich nur die Mutter um die Aufzucht kümmert – alle sind jedoch in die übrige Natur integriert und sind Bausteine für das Erhaltenbleiben des gesamten Systems.

Für den „Gottähnlichen“, den Menschen, ist jedoch von Anbeginn vorgesehen, als Mann und Frau eine Einheit zu bilden („Einswerden“ - eine Person zu sein oder zu werden), eine Familie, in der alle Glieder ihre Aufgaben haben, und die für die Ausübung ihrer Tätigkeit, als „Götter über die übrige Schöpfung zu herrschen“, ihre Familieneinheit bewahren muss. Das unerlaubte Eindringen in eine Ehegemeinschaft und Auseinanderbrechen einer Ehe und Familie würde, wenn es zur „Normalität“ würde, zur Selbstvernichtung der gesamten Gattung führen, wodurch der Mensch seinen Aufgaben als „Verwalter“ nicht nachkommen könnte. Demzufolge stellte der „Universale Geist“ Ehebruch unter Todesstrafe, wodurch die Erhaltung der Gattung der „Gottähnlichen“ gesichert war und damit auch die Ausbreitung oder Zersiedelung über den ganzen Erdball eine gute Grundlage hatte.
Auf Grund ihrer Aufgaben und ihres Vorrechtes, als „Verwalter“ über die übrige Schöpfung zu herrschen und sie zu hüten, ist es für „Gottähnliche“ notwendig, in einer Ehegemeinschaft Kinder aufzuziehen. Kinder brauchen beide Eltern und das nicht nur ab und an, sondern rund um die Uhr. Sind diese Voraussetzungen auf Dauer nicht gegeben, folgen schwerwiegende Probleme und letztlich die Selbstvernichtung der Gattung Mensch. Die Verrohung der heutigen Jugend ist ein sichtbares Zeichen dafür, dass die Familieneinrichtungen zerfallen und dadurch weitere vernichtungsträchtige Probleme entstehen. (Siehe 5 Mos 6:6-8)
Das nun folgende Gebot betrifft den Umgang mit anderer Menschen Eigentum und wird wie alle anderen der Zehn Gebote innerhalb der noch folgenden ca. 640 erklärenden Zusatzgesetze näher erläutert. Natürlich berührt es auch die

Einstellung des Menschen in Bezug auf Fleiß, Faulheit, Gescheitheit und Dummheit und berührt letztlich auch das Prinzip von Konsequenz. Es lautet:
„Du sollst nicht stehlen!“ (2 Mos 20:15)
(Siehe 3 Mos 19:11, Röm 2:21,22)
Wer im israelitischen Gottesstaat fleißig war und sich gern im Rahmen der göttlichen Gesetze bewegte, wurde wohlhabend und konnte ein angenehmes Leben führen. (Siehe Rut Kap. 2-4, Spr 19:15, 26:14-16, 31:27)
Die faulen Israeliten dagegen wurden nicht wohlhabend, was einfach die Konsequenz aus Faulheit ist. War der Bequeme nun mit dem, was er besaß, zufrieden, lief alles gut, stahl er jedoch einem anderen Mitmenschen etwas, kam er mit dem Gesetz in Konflikt, und da alle anderen Mitmenschen an der Beachtung der Gesetze interessiert waren, musste an einem Gesetzesübertreter die Strafe für solch ein Vergehen vollzogen werden.
Anders als heute ging die Bestrafung eines solchen Gesetzesübertreters nicht zu Lasten des Volkes, sondern der Dieb musste dem Geschädigten je nach Fall das Zwei- oder Vierfache zurückzahlen. War es dem Dieb nicht möglich, die Rückzahlung zu leisten, musste er seine Schuld abarbeiten.
Auf diese Weise wurde dem übrigen Volk in ungerechter Weise nicht die Last der Verfehlung auferlegt, wie man das heute tut, sondern der Schädigende musste für den von ihm verursachten Schaden selbst aufkommen.
(2 Mos 22:1-14)
Diebe konnten mitunter auch ihr Leben verlieren, ohne dass der Täter dafür entsprechend zur Rechenschaft gezogen wurde. Dies war der Fall, wenn der Dieb in der „Nacht“ vom Be-

sitzer gestellt und im Handgemenge erschlagen wurde. In einem solchen Fall wurde der „Schläger“ wegen „Totschlags“ nicht zur Rechenschaft gezogen, der Dieb musste die Konsequenz aus seiner Gesetzesübertretung tragen.
Das nun folgende Gebot befasst sich mit Verleumdung und Lügen und ist ebenso wie alle anderen Gebote aus dem israelitischen Grundgesetz existentiell. Wir lesen in 2 Mos 20:16:
„Du sollst gegen deinen Nächsten nicht als falscher Zeuge aussagen.“ (Siehe Kap. 23:1-2, Spr 19:5,9, 1 Petr 2:1)
Falschaussagen und Lügen oder Halbwahrheiten haben uns vom Urbeginn des Menschen in eine prekäre Lage gebracht, die sich nach Jahrtausenden so zugespitzt hat, dass wir in unseren Tagen vor dem „Aus“ stehen.
Die Grundlagen unseres Weltsystems sind Halbwahrheiten oder direkte Lügen, Falschaussagen oder Verleumdungen, ob sie von den Menschen bewusst oder unbewusst verwendet werden, ist nicht so sehr ausschlaggebend. Nehmen wir alle unsere maßgeblichen Lehren, Systeme oder Wertungen wie Politologien, Religionen, Orientierungsziele oder Zukunftsversprechungen, oder was es auch immer sein mag, genau und ehrlich unter die Lupe, müssen wir feststellen, dass alles anders ist, als man es dem Menschen glauben macht. Halbwahrheiten und Lügen sind allgegenwärtig und führen letztlich auch dazu, uns selbst zu vernichten.
(Siehe Ps 5,7, Ofb 22:15, Anhang V1.1)
Wenn heute postuliert wird, dass erst durch das Aufkommen der Lüge „menschlicher Fortschritt“ möglich war, ist das auch nur eine Halbwahrheit, weil man andererseits verschweigt, dass dieser „menschliche Fortschritt“ zur Vernichtung der Gattung „Mensch“ sowie der übrigen Natur führt.

Die Menschheit ist bis zum heutigen Tage nicht in die Lage gekommen, ihre schlechten Eigenschaften, die durch das den Israeliten gegebene Gesetz bekämpft und minimiert werden sollten, soweit abzulegen, dass Fortschritt eine wirkliche Hilfe für sie wäre. Darum werden alle Arten von Fortschritt, den Menschen erwirken, letztlich dazu führen, dass die Menschheit ihrer Selbstvernichtung näher kommt.
Verleumdungen, Lügen, Verleugnungen, Hass, Selbstsucht, Habgier, Machtgier, Stolz und Nationalismus, um nur einige zu nennen, sind die eigentlichen Ursachen für unser zum Untergang verurteiltes Weltsystem und werden deshalb durch das „Israelitische Grundgesetz" entsprechend bekämpft. (Siehe 1 Mos 3:1-6, Joh 8:44-45)
Zur Feststellung der Wahrheit war es im israelitischen Gottesstaat ab und an nötig, Gott selbst zu befragen, der dann durch „Los-Steine", die der Hohepriester in Gewahrsam hatte, antwortete. (*Urim und Tummim*, siehe 3 Mos 8:8)
Doch wollen wir uns nun dem letzten der Zehn Gebote zuwenden. Man könnte sagen, dass das letzte der Gebote aus dem israelitischen „Grundgesetz" so etwas wie einen Übergang von der Nachsintflutlichen Ära zur christlichen Ära darstellt. Bei diesem Gebot handelt es sich um „Begierde". Natürlich haben alle Gesetzesübertretungen ihre Ursachen im „Inneren" des Menschen, in seinem Herzen, und müssen letztlich auch dort bekämpft werden, doch Begierde liegt so nahe an der Quelle der Entstehung von Gesetzesübertretungen, dass man sie als einen Anschluss an die nächste Erziehungsperiode in der christlichen Ära betrachten könnte. Das Gesetz lautet gemäß 2 Mos 20:17: *„Du sollst nicht das Haus deines Nächsten begehren. Du sollst nicht begehren die Frau*

deines Nächsten, noch seinen Knecht, noch seine Magd, weder sein Rind noch seinen Esel, noch irgendetwas, was deinem Nächsten <gehört>." (Siehe Mi 2:2, Mt 5:27,28, Apg 20:33, Röm 7:7)

„Begierde" ist die Ursache für viele Vergehen und wird heute vehement dafür missbraucht, den Kommerz in Gang zu halten und sogar ständig zu steigern. Wir kennen die Folgen davon. Viele Menschen häufen sich immer mehr unnötigen Besitz an, den sie nicht einmal verwenden können, andere wiederum können sich solch unnötigen Besitz nicht leisten und enden in der Schuldenfalle, und wieder andere können sich den unnötigen „Glimmer" auch nicht leisten und werden unzufrieden oder auch kriminell.

Begierde – die Ursache für fast alle Probleme – muss von dem, der von ihr befallen ist, aufs Schärfste bekämpft und schließlich besiegt werden.

In der zweiten Erziehungsepoche, der christlichen Ära, spielt Begierde noch immer eine bedeutende Rolle, die es zu bekämpfen gilt. Befassen wir uns mit den Voraussetzungen für „Heilige" und lesen wir im Neuen Testament Texte wie Mt 5:18,28 oder Gal 5:22 und andere, die das Thema berühren, verstehen wir, welche bedeutende Rolle den falschen Begierden bei der Erziehung zu bewährten „Gottähnlichen" zukommt.

(Siehe 1 Mos 3:6, Ps 112:10, 145:18-19, Spr 10:24, 11:23, Mt 5:21-28)

Der kurze Überblick über das israelitische Grundgesetz möge uns helfen zu erkennen, von welch richtungsweisendem Wert diese Gesetzgebung für die Erziehung und den Bestand von „Gottähnlichen" ist. Man kann die gesamte Gesetzessammlung mit dem vergleichen, was auch liebevolle Eltern mit ihren Kleinkindern tun, um diese vor Schmerzen, Unfällen mit bleibenden Schäden oder einem vorzeitigen Tod zu bewahren. Liebevolle Eltern geben ihren Kleinkindern kompromisslose, unzweideutige Gesetze und achten auch darauf, dass diese eingehalten werden. Solche Gesetze bewahren ihre Kinder vor Schaden und manche auch vor einem vorzeitigen Tod. Wenn Kinder dann älter werden, erkennen sie selbst die Notwendigkeit der Einhaltung solcher Gesetze und beachten sie automatisch. Weise Kinder riskieren auch nichts, damit sie ihre Zukunft nicht beschweren.

Später, als Jugendliche, müssen sie sich mit moralischen und ethischen Fragen auseinandersetzen und lernen, dass auch in diesen Bereichen Prinzipien Geltung haben, die ihnen entweder ein friedliches, angenehmes Leben mit Glück und Freude bescheren oder sie in Furcht und Schrecken oder unabänderliche Unbilden verfallen lassen. Da wir Menschen nicht alles selbst ausprobieren können, ohne bleibenden Schaden zu erleiden, sind wir damit gut beraten, das göttliche Gesetz der Bibel sowie ihre Grundsätze und Prinzipien sowohl aus dem Alten- als auch dem Neuen Testament zu beachten und uns an sie zu halten.

Wir sollten die Bibel als eine „Gebrauchsanweisung für „Homo sapiens“ betrachten mit vielen Beispielen, sowohl negativen als auch positiven.

Es ist mir unmöglich, in dem von mir gesteckten Rahmen die weiteren über 600 Gesetze und Gesetzeshandhabungen zu erörtern, möchte jedoch die Leser dazu ermuntern, sich diese in den Büchern 3-5 Mose selbst anzuschauen und über ihren Wert – auch für unsere Zeit – nachzusinnen.

Die Gesetze über das „Nichtberühren“ und die dazugehörigen Reinigungszeremonien hätten bis noch vor 150 Jahren Tausenden von gebärenden Frauen und ihren Kindern in Europa das Leben gerettet, hätte man sie überdacht und angewendet, noch bevor Viren und Bazillen entdeckt wurden.
(Siehe 3 Mos 5:2-3, 11:8,24, 4 Mos 19:11,16)
Auch die Gesetze in Bezug auf reine und unreine Tiere, von welchen viele nicht zum Verzehr bestimmt waren, hatten in damaliger Zeit, als man Fleisch noch nicht mit Mikroskopen untersuchen konnte, ihre Berechtigung und trugen mit dazu bei, dass das israelitische Volk das gesündeste unter allen Völkern der Erde war.
Es ist also festzustellen, dass, abgesehen von der Religion, das israelitische Gesetz alles beinhaltet, was nötig ist, um als Gemeinschaft friedlich zusammenzuleben und jedem Einzelnen die größtmögliche Freiheit und ein befriedigendes Leben gewährt und dazu dient, körperlich und geistig gesund zu bleiben.
Die Opferung von Tieren und die dabei notwendige Verwendung des Blutes, machten allen Israeliten deutlich, dass jedes Vergehen, jede Übertretung irgendwelcher Grenzen, seinen Preis hatte. Es wurde das „Rechts- und Unrechtsbewusstsein“ eines jeden Einzelnen der Israeliten geformt und geschärft. Diese Erkenntnis ist heute leider in Vergessenheit geraten, weshalb so viele Menschen ständig ihre Kompetenzen überschreiten und die Justiz innerhalb der Staaten mit der steigenden Kriminalität nicht mehr fertig wird.
Allerdings wird auch die Wichtigkeit, ein gutes Gewissen zu haben, durch das jeder „normale Mensch“ seinen Lebensweg leichter macht, herausgestellt. Durch die Tieropfer und das

dabei vergossene Blut wurde das Gewissen der Israeliten wieder gereinigt und ihr Verhältnis zu ihrem Gott wieder ins rechte Lot gebracht.
Dadurch waren sie innerlich gestärkt, so dass sie ihren alltäglichen Tätigkeiten mit Freuden nachgehen konnten.
Dieses System funktioniert allerdings nur gut, solange Menschen ein Gewissen haben – ist dieses einmal abgetötet, funktioniert auch kein Gesetz mehr, weshalb wir auch verstehen, warum im israelitischen Gesetz für so viele Gesetzesübertretungen die Todesstrafe vorgesehen war.
Menschen, welche kein Rechts- und Unrechtsbewusstsein und somit auch kein Gewissen mehr haben und die sich demnach auch „unmenschlich" benehmen und sich damit selbst ihrer Menschenwürde berauben, werden, wie es durch das israelitische Gesetz deutlich wird, aus der menschlichen Gesellschaft ausgeschlossen, was für solche „Unmenschen" den Tod bedeutet. Auch in der christlichen Ära hat sich an diesen göttlichen Prinzipien nichts geändert, wenn auch christliche Religionsführer den Menschen etwas anderes glauben machen wollen. Der Messias ist, wie er selbst sagte, nicht dafür gekommen, das Gesetz aufzulösen, sondern es zu erfüllen, was bedeutet, dass die Prinzipien des gesamten israelitischen Gesetzes nicht nur noch in der christlichen Zeitepoche Gültigkeit haben, sondern in allen noch kommenden „Ewigkeiten".
(siehe Mt 5:17-19, Lk 10:25-29)
Ob man nun ein gläubiger oder ungläubiger Mensch ist, aus dem göttlichen Gesetz, das den Israeliten gegeben wurde, kann jeder Nutzen ziehen, und das erklärt auch, warum sich in den Teilen der Länder, in denen über längere Zeit Israeli-

ten angesiedelt waren, die Kultur unter der Bevölkerung sehr stark zum Positiven hin verändert wurde. Diese Tendenz rief oft eifersüchtige, führungsstarke Persönlichkeiten auf den Plan, durch die dann über kurz oder lang eine Verfolgung der israelitischen Bevölkerung herbeigeführt wurde. Das ist allerdings nur *ein* Grund für die ständigen Verfolgungen der israelitischen Bevölkerung. (Siehe Mk 15:10)
Betrachten wir die Geschichte des israelitischen Volkes, stellen wir jedoch fest, dass sich die Gesamtheit des Volkes der Israeliten nicht sonderlich weitgehend erziehen ließ, allerdings kleinere Gruppen innerhalb des Volkes aus der göttlichen Erziehung Nutzen zogen.
Die Bibel spricht darum öfter von einem „Überrest", einer kleineren Gruppe aus dem Volk der Israeliten, der aus der göttlichen Erziehung Nutzen zog, den Weg zurück zu seinem Gott fand und sich der Gesetze erinnerte. Die Gesamtheit des Volkes Israel jedoch machte eher Rückschritte, es zog sie immer wieder zurück zu dem niedrigeren Niveau anderer Völker, obwohl ihr Gott ihnen von Anfang an ans Herz legte:

„Nach der Weise des Landes Ägypten, in dem ihr gewohnt habt, sollt ihr nicht tun; und nach der Weise des Landes Kanaan, wohin ich euch bringe, sollt ihr nicht tun; und in ihren Ordnungen sollt ihr nicht leben." (3 Mos 18:3-5)

Nachdem sie fast 400 Jahre unter einer Theokratie lebten, d. h. unter der alleinigen göttlichen Herrschaft, verlangten sie einen menschlichen König und das war einer der gravierenden Rückschritte. Der Bericht der Bibel beschreibt die Situation:
„4 Da versammelten sich alle Ältesten von Israel und kamen zu Samuel nach Rama. 5 Und sie sagten zu ihm: Siehe, du bist alt geworden, und deine Söhne wandeln nicht in deinen

Wegen. Nun setze <doch> einen König über uns, damit er über uns Richter sei, wie <es bei> allen Nationen <ist>!“ (1 Sam 8:4)

Ihr Gott wies Samuel, den damaligen Propheten und Richter über das Volk Israel an, ihrem Wunsch zu entsprechen, was auch ein Beweis dafür ist, das der „Universale Geist“ dem Menschen seine Entscheidungsfreiheit lässt. Er sagte zu Samuel:

„Hör auf die Stimme des Volkes in Bezug auf alles, was sie zu dir sagen; denn nicht dich haben sie verworfen, sondern mich haben sie verworfen, damit ich nicht König über sie sei.“ (1 Sam 8:10-20)

Sie wollten sich einem unvollkommenen, ungerechten Menschen unterstellen, genau *„wie die anderen Völker.“*

Nach dem dritten König mit Namen Salomo, unter dem das Volk der Israeliten, eine bis dahin noch nicht da gewesene Hochkultur erlangte, kam es unter dem Volk zu einer Spaltung. Die Verpflichtungen ihrem irdischen König gegenüber wurden dem Volk zu viel, wie es ihnen ihr Gott bereits vorausgesagt hatte. (Siehe 1 Kön 12:4)

Zehn der zwölf Stämme trennten sich von den übrigen zwei Stämmen. Das Zehn-Stämme-Reich, das nach der Teilung einem unmenschlichen Götzendienst erlag, existierte danach noch etwa 250 Jahre lang, und das Zwei-Stämme-Reich, das seine Gottesanbetung beibehielt, hatte danach noch etwa 350 Jahre Bestand. Das Erstgenannte, das Zehn-Stämme-Reich, wurde etwa im Jahre 721 v. Chr. von Sargon II nach Assyrien und Ägypten deportiert, um von dort nie zurückzukehren, und das Zwei-Stämme-Reich wurde um etwa 607 v. Chr. von

Nebukadnezar nach Babylon weggeführt, um nach siebzigjähriger Gefangenschaft von Cyros (Kores), dem Perser, wieder zurück in seine Heimat entlassen zu werden. (Siehe 2 Chr 36:21, *Sabbat-Jahre* – G s 1.2)

Das Volk, welches von dem „Höchsten Gott" zum „besonderen Besitz", zur Erziehung von „Königen" und „Priestern", zum „Zeugnisträger" erkoren worden war, ist außerstande gewesen, sich von seiner Hartherzigkeit und Halsstarrigkeit zu befreien. Doch immer im Verlauf der israelitischen Geschichte war es ein kleiner Überrest, der sich rückbesann und einen neuen Anfang machte. Dieses Phänomen begegnet uns im Verlauf der Geschichte Israels bis in die Neuzeit.

Den Nutzen, den die Geschichte der Israeliten für uns noch immer in der christlichen Ära lebenden Menschen hat, drückt der Gelehrte Paulus in seinem Brief an seinen Schüler Timotheus wie folgt aus:

„Die ganze Schrift ist von Gott inspiriert und nützlich zum Lehren, zum Zurechtweisen, zum Richtigstellen der Dinge, zur Erziehung in [der] Gerechtigkeit, 17 damit der Mensch Gottes völlig tauglich sei, vollständig ausgerüstet für jedes gute Werk." (2 Tim 3:16-17)

(Siehe auch Röm 15:4, 1 Kor 10:6-11)

Zusammenfassend lässt sich feststellen, dass der „Israelitische Gottesstaat", als eine Alternative zu der übrigen Welt, in der Widerstandleistende ihre Herrschaftsformen ausprobierten, betrachtet werden kann. Über die israelitische Bevölkerung des Gottesstaates, welche die Aufgabe von „Zeugen" wahrnahm, konnte der israelitische Gott mindestens teilweise erkannt werden.

Über das dem israelitischen Volk gegebene vollkommene Gesetz konnten die Israeliten zu Vorbildern erzogen werden und demnach zum Nutzen der gesamten übrigen Weltbevölkerung für Könige und Priester in Frage kommen.
Aus dem „Israelitischen Gottesstaat“ sollte zu der von dem wahren Gott bestimmten Zeit der Messias hervorkommen, durch welchen die Grundlage für eine „neue Schöpfung“, wie Paulus die „Königs- und Priesterschar“ bezeichnete, geschaffen werden konnte.
(„Neue Schöpfung“, siehe 2 Kor 5:17, Gal 6:15)

Außerdem sollte der „Gottesstaat der Israeliten“ eine Vorbildfunktion für die nachfolgende christliche Ära haben.

Der Apostel Paulus hat den Gedanken in einigen seiner Briefe angeführt – so auch in Röm 15:4:

„4 Denn alles, was früher geschrieben ist, ist zu unserer Belehrung geschrieben, damit wir durch das Ausharren und durch die Ermunterung der Schriften die Hoffnung haben.“
(Siehe auch 2 Tim 3:16)

Die Schriftgelehrten und Volksführer des israelitischen Volkes hatten allerdings diesen Überblick zur Zeit der Erscheinung des Messias nicht.

Diese Volksführer, Schriftgelehrten, Pharisäer, Sadduzäer – kurz, die Intellektuellen jener Zeit waren damals auch nicht anders als heute. Allerdings trat ihnen damals ein „anderer Messias“, ein „Gerechter“ entgegen. Es war einer, der diesen „Scheinheiligen“ bescheinigte, dass die Sünder und die Huren noch vor ihnen in das „Königreich Gottes“ eingehen werden. (Siehe Mt 5:20 oder Kap. 23)

Es zeichnete sich damals deutlich ab, dass eine göttliche Herrschaft eine zur Freiheit führende ehrliche und gerechte sein würde, in welcher Unehrlichkeit, Ungerechtigkeit, Scheinheiligkeit und Übervorteilung keinen Platz finden würden. Dass daraufhin der Messias von der größten Mehrheit der Intellektuellen verfolgt wurde, bedarf keiner weiteren Erklärung, sie hatten sich schlichtweg von ihrem Gesetz nicht genügend erziehen lassen.

Dieser Teil der Menschheitsgeschichte ist erst die erste der Erziehungsepochen und wurde nach der Erscheinung des Messias abgeschlossen, der zweite Teil, die christliche Ära, in der wir heute noch leben, folgte darauf, was den heute lebenden Menschen noch eine Chance gibt.

Übergänge sind oft kritische, aber auch interessante Begebenheiten. Der Übergang vom „Israelitischen Gottesstaat" zur christlichen Ära ist sehr folgenträchtig, weshalb ihm besondere Aufmerksamkeit gezollt werden sollte. Kenntnisse über diesen Übergang sind deshalb auch nützlich, weil dieser Übergang Vorbildcharakter hat und sich in ähnlicher Form auch am Ende der christlichen Ära, in der wir heute leben, abspielen wird.

******

Kapitel 7

Der Übergang!

Zu Beginn unserer christlichen Zeitrechnung, als Augustus Kaiser in Rom und Herodes König von Judäa war, als Könige vom Morgenland nach Jerusalem zu König Herodes kamen, um sich nach dem Befinden des neugeborenen Königs der Israeliten zu erkundigen, dessen Stern sie haben aufgehen sehen, erfüllte sich eine vor Jahrhunderten ausgesprochene Voraussage aus Jes 7:14-16:
„14 Darum wird der Herr selbst euch ein Zeichen geben: Siehe, die Jungfrau wird schwanger werden und einen Sohn gebären und wird seinen Namen Immanuel nennen. 15 Rahm und Honig wird er essen, bis er weiß, das Böse zu verwerfen und das Gute zu wählen. 16 Denn ehe der Junge weiß, das Böse zu verwerfen und das Gute zu wählen, wird das Land verlassen sein, vor dessen beiden Königen dir graut."
(Die Erfüllung findet sich im Bericht von Mt 1:23.)

Einige der Israeliten, die in den Schriften bewandert waren oder ein entsprechend gutes Verhältnis zu ihrem Gott unterhielten, z. B. Propheten, erwarteten auch in dieser Zeit den vorausgesagten Messias. Außerdem wurde die Kunde von einem kommenden Messias bekannt, auf der einen Seite zumindest der Priesterschaft durch den von den „Königen" oder „Weisen aus dem Morgenland" unterrichteten König Herodes, auf der anderen Seite auch durch eine übernatürliche Szene, welche einige Hirten auf ihren Feldern erlebten. (Siehe Lk 2:8-20,25-38, Mt 2:1-8)

Doch bis zum Auftritt des Messias im Alter von etwa dreißig Jahren waren viele derer, die von der Geburt des Messias erfuhren, nicht mehr am Leben.

Dennoch bewirkte die zur Zeit der Geburt des Herrn Jesus aufgekommene Erwartung und die den frommen Israeliten bekannten Prophezeiungen über das Kommen des Messias und dessen Vorboten, dass einige der Israeliten nach dem Christus Ausschau hielten.

„40 Andreas, der Bruder des Simon Petrus, war einer von den beiden, die gehört hatten, was Johannes (Johanes der Einführer für den Messias) gesagt hatte, und [Jesus] folgten. 41 Dieser fand zuerst seinen eigenen Bruder, Simon, und sagte zu ihm: „Wir haben den Messias gefunden“ *(was übersetzt Christus bedeutet). 42 Er führte ihn zu Jesus.“ (Joh 1:40-41)*

Johannes der Täufer war damals der Wegbereiter für den Messias „Jesus“. Wie vorausgesagt, bereitete dieser Johannes den Weg für den Christus vor und machte die Zeit der Gegenwart des Herrn Jesus, dem Christus, im ganzen Lande Israel bekannt.

(Voraussage in Mal 3:1-3 belegt: Joh 1:15-17, Lk 3:15-17)

Der Messias begann mit seiner Tätigkeit als Messias nach seiner Taufe durch Johannes, seinen um ein halbes Jahr älteren Cousin. Unter der Aristokratie und vor allem unter der leitenden Priesterschaft der damals lebenden Israeliten fand dieser Messias mit seiner Tätigkeit zwar Aufmerksamkeit, jedoch keine breite Annahme oder Zustimmung.

Warum nicht?

Alle Israeliten stellten sich unter der Tätigkeit des Messias etwas anderes vor – und dies leider bis zum heutigen Tage.

Sie erkannten den Plan des höchsten Gottes und ihre eigene Rolle, die sie in Bezug auf die gesamte Menschenwelt spielen sollten, nicht richtig. Sie wussten weder damals noch heute, wie sie die prophetischen Worte aus 1 Mos 12:3, 18:18, 22:18 verstehen müssen und welche bedeutende Rolle sie in dem Plan Gottes hinsichtlich der Errettung vieler Menschen aus allen Nationen der Erde spielen dürfen und sogar sollen. Dadurch hat vor 2.000 Jahren nur ein kleiner Überrest den Herrn Jesus als den Messias angenommen und ist ihm nachgefolgt.

Selbst diejenigen, die dem Messias damals nachfolgten, verstanden in dieser Zeit des Geschehens nicht, wie sich die oben erwähnten Prophezeiungen letztlich erfüllen sollten. Dies kann man an der Frage der Apostel erkennen, die sie an den bereits auferstandenen Messias richteten:

„Herr, stellst du in dieser Zeit ..... das Königreich wieder her?“ (auszugsweise: Apg 1:6-9)

Was erwartete, allen voran, die geistliche Führung der Israeliten von ihrem Messias? (Siehe Jes 9:5-6)

Die Vorstellung der Israeliten – und ihre Hoffnung – beschränkte sich darauf, dass ein von ihrem Gott gesandter Messias erscheinen würde, der das göttliche Gesetz vollkommen hielte, um mittels göttlicher Wunder die Bedränger, welche es auch immer gerade sein würden, militärisch zu besiegen. Das Gottesvolk würde wieder zu einem freien Volk werden und schließlich zur Weltherrschaft kommen. Natürlich wären die in ihren Augen gesetzestreuesten Pharisäer die angesehensten Bürger in dieser „Vorstellung". Einen solchen Herrscher auf dem Throne Davids stellten sich die Israeliten vor, und einen solchen wünschten sie sich.

Sie verstanden den erweiterten Sinn ihrer Rolle im Weltgeschehen, der aus den Worten des Messias selbst (gemäß Joh 18:36) zu erkennen ist, nicht:
„Mein Reich ist nicht von dieser Welt; wenn mein Reich von dieser Welt wäre, so hätten meine Diener gekämpft, damit ich den Juden nicht überliefert würde, jetzt aber ist mein Reich nicht von hier."
Sie machten (und machen noch immer) den Fehler, den später auch viele der sogenannten führenden Christen machten und den der ehemalige Pharisäer, der Gelehrte und Apostel Paulus, in seinem Brief an die Römer ansprach:

„10 Brüder, der gute Wille meines Herzens und mein Flehen zu Gott für sie gilt tatsächlich ihrer Rettung. 2 Denn ich bezeuge ihnen, dass sie Eifer für Gott haben, aber nicht gemäß genauer Erkenntnis; 3 denn weil sie die Gerechtigkeit Gottes nicht erkannten, sondern ihre eigene *aufzurichten suchten, unterwarfen sie sich nicht der Gerechtigkeit Gottes. 4 Denn Christus ist das Ende des Gesetzes, jedem zur Gerechtigkeit, der Glauben ausübt."* (Röm 10:1-4)

Das Problem ist also altbekannt. Wir haben bereits in Verbindung mit dem israelitischen Stammvater Abraham darüber gesprochen, und es tauchte im Verlauf der israelitischen Geschichte immer wieder auf. (Siehe 1 Mos 16)

Der Gott der Israeliten machte eine Zusicherung oder ein Versprechen und Menschen machen sich ihre Vorstellungen darüber, auf welche Art diese Zusicherung „bitte schön" in Erfüllung zu gehen hat.

(Siehe 1 Mos 12:2, 15:2-4, 16:2, 4 Mos 14:26-45)

Die Lösung der Zusage von Seiten Gottes versucht Abraham nach dem Rat seiner Frau auf menschliche Weise zu erreichen. Doch was folgte aus dieser menschlichen Lösung? (Siehe 1 Mos 16)

Es folgten bis zum heutigen Tage Verbitterung, Verfolgung, Streitereien, kriegerische Auseinandersetzungen zwischen den Nachkommen der beiden Halbbrüder Ismael (von der Magd Hagar) und Isaak (von Abrahams rechtmäßiger Frau Sara). Jede menschliche Lösung zur Erfüllung göttlicher Voraussagen, seien sie groß oder klein, führt nicht zum Erfolg. Deshalb sollten wir Menschen nicht versuchen, göttliche Voraussagen auf unsere menschliche Weise zu erfüllen.

Überlassen wir also die Lösungen dem „Universalen Geist" und dem Messias und akzeptieren wir ihre Entschlüsse.

Kehren wir zurück zum Erscheinen des Messias vor 2.000 Jahren und beobachten die Handlungsweise des Volkes Israel, so erkennen wir, dass die Mehrheit des Volkes, angeführt von der geistigen Elite, wiederum den Versuch machte, die von ihrem Gott gegebenen Verheißungen auf menschliche Weise zu erfüllen, was – wie immer in solchen Fällen – böse Folgen hatte.

Der Gelehrte Paulus nimmt Bezug auf die Aufklärung dessen, was die Lehrer und das allgemeine Volk der Israeliten damals nicht verstanden:

„Nun wurden die Verheißungen Abraham und seinem Samen zugesagt. Es heißt nicht: „Und den Samen" wie im Fall vieler solcher, sondern wie im Fall eines einzigen: „Und deinem Samen", welcher Christus ist. 17 Ferner sage ich dies: Was den zuvor von Gott rechtskräftig gemachten Bund betrifft, so macht ihn das Gesetz, das Vierhundertdreißig Jahre später entstanden ist, nicht ungültig, um die Verheißung aufzuheben. 18 Denn wenn das Erbe aus [dem] Gesetz [kommt], so [kommt es] nicht mehr aus [der] Verheißung, während Gott es Abraham gütigerweise durch eine Verheißung *gegeben hat."*

(Gal 3:15-18)

Was Paulus bei seiner Argumentation im Sinn hatte, war einmal der Text aus 1 Mos 22:16-18, wo es auszugsweise heißt: „18 *Und durch deinen Samen werden sich bestimmt alle Nationen der Erde zufolge der Tatsache segnen, daß du auf meine Stimme gehört hast."* und einen weiteren aus 1 Mos 49:10: *„Das Zepter wird nicht von Juda weichen noch der Befehlshaberstab zwischen seinen Füßen hinweg, bis Schilo kommt; und ihm wird der Gehorsam der Völker gehören."*

Sowohl in Gen 22:18 als auch in 49:10 wird von einer Person gesprochen, die Paulus als den Messias Jesus, den Christus, identifizierte. Dieser „Same" (Same des Weibes – 1 Mos 3:15) oder dieser „Schilo" (der Friedenschaffende, Ruhebringende) ist derjenige, dem die Nationen oder die Völker gehorchen bzw. gehören werden. (siehe Ps 2:8-9)

Um den Plan des höchsten Gottes bis hierher zu verstehen, ist es notwendig, sich an das Vorhaben Gottes mit dem Menschen von Anfang an zu erinnern (1 Mos 1: 26), wobei wir auch Jes 55:10-11 berücksichtigen müssen: *„10 Denn wie* *der Regen fällt und vom Himmel der Schnee und nicht dahin zurückkehrt, sondern die Erde tränkt, sie befruchtet und sie sprießen lässt, dass sie dem Sämann Samen gibt und Brot dem Essenden, 11 so wird mein Wort sein, das aus meinem Mund hervorgeht. Es wird* nicht leer *zu mir zurückkehren, sondern es wird bewirken, was mir gefällt, und ausführen, wozu ich es gesandt habe.“*

Zwar hat die Menschheit zwischenzeitlich von ihrem selbst erwählten Gott, dem Verleumder und „Zerstörer“, gelernt, die Schöpfung zu zerstören, aber mit dem Auftrag des wahrhaftigen Gottes, der „im Anfang“ an die ersten Menschen erging, hat dieses nichts zu tun.

Sollte also der Wille des höchsten Gottes nicht geschehen? Ist denn der „Universale Geist“, der höchste Gott, nicht der Allmächtige, der Allweise, der Allwissende, der Gerechte, der Wahrhaftige, der Barmherzige, der „Universale Lebensgeist“?

Um in diesem Teil des Planes Gottes den Willen des Höchsten zu tun, wurde *„das Wort Gottes Fleisch“* und weilte unter uns, um uns den wahren Gott zu offenbaren, seinen Plan zu erklären, für die Wahrheit Zeugnis zu geben, die Werke des Verleumders abzubrechen und der Menschheit Licht, Hoffnung und ewiges Leben zurückzubringen. (Siehe Joh 1:14, 3:16)

Und in diesem Plan des höchsten Gottes sollte das Volk der Israeliten, aus dem dieser „Messias“ kam, welcher der Schlange den Kopf zertreten sollte (1 Mos 3:15), eine Hauptrolle spielen. Um jedoch der Rolle von Königen und Priestern gerecht zu werden, war es notwendig, dem gesamten israelitischen Volk eine entsprechende Erziehung zukommen zu lassen. Darum wurde dieses Volk auch von allen anderen Völkern abgetrennt.

(Siehe 1 Mos 12:3, 2 Mos 19:5, 3 Mos 18:3-5)

Das Volk bekam ein Gesetz, welches jeden einzelnen Israeliten erziehend belehren sollte über die Voraussetzungen für Könige und Priester, als Götter über die übrige Schöpfung zu herrschen. Paulus formuliert diesen Gedanken in seinem Brief an die Christenversammlung in Galatien:
„24 Also ist das Gesetz unser Zuchtmeister auf Christus hin geworden, damit wir aus Glauben gerechtfertigt würden.“ (Gal 3:24)

Aus diesem, durch das vom wahren Gott gegebene vollkommene Gesetz, bereitgemachten Volk der Israeliten sollte also der Same hervorgehen, welcher der Schlange den Kopf zertreten würde – der Messias, aber auch weitere Könige und Priester, die eine bedeutende Rolle in Verbindung mit allen übrigen Völkern und Nationen auf der gesamten Erde spielen sollten.

Der Plan des „Universalen Geistes“ nimmt Formen an. Der „Same“, welcher der Schlange, dem Widerstandleistenden, den Kopf zertreten würde und von einer Frau geboren würde, sollte aus den Nachkommen eines Volkes kommen, deren Urvater Abraham war. Außer diesem einzelnen „Samen“ sollten aus diesem Volk auch noch andere Könige und Priester hervorgehen. Durch den einzelnen „Samen“, den man als den primären Teil der Rettungsvorkehrung für die Menschheit anschauen kann, und auch durch die „Könige und Priester“, die man als den sekundären Teil dieser Rettungsvorkehrung betrachten kann, sollten sich dann letztlich alle Nationen der

Erde segnen. Der gelehrte Paulus spricht von diesem „sekundären Teil“, der einen Anteil an der Wiederherstellung des Friedens, der Ordnung und des Glücks der gesamten Schöpfung Gottes haben sollte, als „neuer Schöpfung“.

„Wenn somit jemand in Gemeinschaft mit Christus ist, so ist er eine „neue Schöpfung“; die alten Dinge sind vergangen, siehe, neue Dinge sind ins Dasein gekommen.“ (2 Kor 5:17, Gal 6:15)

Nun musste irgendwann der primäre „Samen der Frau“ in Erscheinung treten, und schließlich musste dann auch irgendwann der sekundäre Teil des „Samens der Frau“ zu erkennen sein. Über diese Zeiten spricht natürlich auch der Apostel Paulus in seinem Brief an die Christenversammlung in Gal 4:4:

„Als aber die Fülle der Zeit kam, sandte Gott seinen Sohn, geboren von einer Frau, geboren unter Gesetz, ...“

Paulus deutet hier an, dass der wahrhaftige Gott am Ende einer Ära, „Fülle der Zeit“ genannt, seinen „Sohn“ als den Messias sandte. Damit konnte die Aktion zur Rettung der Menschheit weitere Formen annehmen.

Derselbe Schreiber drückte in seinem Brief an die Epheser denselben Gedanken aus:

„Es ist nach seinem Wohlgefallen, das er sich vorgenommen hat in sich selbst, 10 für eine Verwaltung an der Grenze der Fülle der bestimmten Zeiten, nämlich in dem Christus wieder alle Dinge zusammenzubringen, die Dinge in den Himmeln und die Dinge auf der Erde. [Ja,] in ihm, 11 in dessen Gemeinschaft wir auch zu Erben eingesetzt worden sind, indem wir vorher-

bestimmt wurden nach dem Vorsatz dessen, der alle Dinge gemäß dem Rat seines Willens wirkt, ...“ (Eph 1:9-11)

Zur Zeit des Erscheinens des Messias endete ein Zeitalter; es war das „Nachsintflutliche Zeitalter“, in dem der israelitische Gottesstaat für bestimmte Zwecke erzogen wurde und in welchem der Gott dieser Menschenwelt, der Verleumder, seine Regierungsformen ausprobieren konnte.

Danach sollte jedoch das christliche Zeitalter beginnen, welches sich dadurch auszeichnen würde, dass in ihm die Wiedergeburt derjenigen vonstattengehen sollte, welche für den „sekundären Samen Abrahams“ abgesondert, berufen und auserwählt worden waren.

Der Messias, der dem Abraham verheißene „Same“ primärer Art, musste allerdings zuerst kommen.

Nachdem dieser „Same Abrahams“, von Heiligem Geist gezeugt, von einer Jungfrau geboren, nach Ägypten geflohen, in Galiläa aufgewachsen, unter das israelitische Gesetz zu stehen kam und mit etwa dreißig Jahren als Messias und König der Israeliten in Erscheinung getreten war, begann die Zeit (die Zeit des „Herausrufens oder der Wiedergeburt“) all jener Israeliten, die dazu berufen waren, in dem Königreich Gottes mit dem Messias, dem designierten Herrscher über die gesamte Menschenwelt, als „Könige und Priester“ zu herrschen. Diese Situation hat der Messias sehr treffend in dem Gleichnis von der „Einladung zum Hochzeitsfest“ veranschaulicht.

(siehe Lk 14:16-24)

Die Grundlage für das Herausrufen und die Wiedergeburt der Heiligen war allerdings das Opfer, welches unser Messias dadurch brachte, dass er als ein vollkommener Mensch freiwillig „sein Leben hingegeben hat“.

(siehe Apg 20:28)

Zur Ausführung kam dieser Akt dadurch, dass sein eigenes Volk ihn zum Tod verurteilte, um ihn dann zur Hinrichtung den Römern zu übergeben.

Paulus hilft uns bei diesem Gedanken mit einer Gegenüberstellung, indem er Folgendes sagt:

„Denn so, wie in Adam alle sterben, so werden auch in dem Christus alle lebendig gemacht werden.“ (1 Kor 15:22)

Wir heutigen Menschen müssen verstehen lernen, dass Adam durch seine Entscheidung, dem wahren Gott gegenüber ungehorsam zu sein, den Tod über sich und alle seine Nachkommen brachte und die Prüfung für solche, die als „göttliche Herrscher“ über die übrige Schöpfung herrschen sollten, nicht bestanden hatte. An dieser Tatsache änderte auch der Neuanfang im Nachsintflutlichen Zeitalter durch die Familien Noahs nichts. Somit ist es so, wie es Paulus ausdrückte, „in Adam“ sind alle seine Nachkommen dazu verurteilt, zu sterben, weil eben seine Nachkommenschaft erst nach seinem Sündenfall gezeugt wurde. Dabei muss berücksichtigt werden, dass es sich auch im Falle der ersten Menschen um ein göttliches Prinzip handelt, wie wir das auch aus der Geschichte des Volkes Israel erkennen können. Genau so, wie sich die Schwächen der Urzelle des israelitischen Volkes, des Ehepaares Abraham und Sarah, in späterer Zeit in den Handlungsweisen des israelitischen Volkes bemerkbar machten, so machten sich auch die Schwächen der beiden ersten Menschen in ihren Nachkommen bemerkbar.

In dieser prekären Lage hat uns unser Messias die Möglichkeit einer Erlösung geschaffen, indem er unschuldigerweise als ein *sündenloser, vollkommener* Mensch zu Tode gebracht wurde.

Nachdem nun der Messias dieses Opfer für die Menschheit gebracht hatte, wurde es durch seine Auferstehung möglich, gemäß dem Plan des wahren Gottes all jene Menschen zu retten, die für eine Rettung bereit waren.
In seinem Brief an die Gemeinde in Korinth drückt der Apostel Paulus diese Sache so aus:

„Nun aber ist Christus von den Toten auferweckt worden, der Erstling derer, die [im Tod] entschlafen sind. 21 Denn da [der] Tod durch einen Menschen [gekommen] ist, kommt auch [die] Auferstehung der Toten durch einen Menschen. 22 Denn so, wie in Adam alle sterben, so werden auch in dem Christus alle lebendig gemacht werden. Jeder aber in seinem eigenen Rang ...“ (1 Kor 15:20-23)

Jesus Christus oder der Messias ist also als unschuldiger, vollkommener Mensch getötet worden, wodurch seinem himmlischen Vater und Gott das Privileg gegeben wurde, diesen Messias von den Toten zu himmlischem Leben durch seine Auferstehung zurückzubringen. Als ein solcher ist ER, wie es Paulus ausdrückte, „der Erstling derer ... “, was bedeutet, dass der Messias der Erste einer solchen Auferstehung ist. Ihm werden danach andere folgen *(Könige und Priester, der sekundäre Teil des Samens des Weibes)*, Berufene, welche in dieser christlichen Ära auf Grund ihrer Wiedergeburt die Möglichkeit ergreifen, über die Annahme des Loskaufopfers (des Messias) zu der „ersten Auferstehung“ zu kommen, einer Auferstehung zu Unverweslichkeit, um dann in der folgenden Ära, dem „Königreich Gottes“, der auf Erden lebenden Menschheit von den Himmeln aus als „Könige und Priester“ oder aber auch anderweitig zu dienen.

(Siehe 1 Kor 15:45-58, Joh 17:20-22)
Da jedoch dieser Teil des Planes Gottes nur dann in Kraft treten sollte, wenn die beiden ersten Menschen sündigten oder rebellierten, noch bevor Nachkommen gezeugt waren, spricht der Apostel Paulus von solchen, die über eine geistige Auferstehung zu „Engelsöhnen“ werden, als einer „neuen Schöpfung.“
„Wenn somit jemand in Gemeinschaft mit Christus ist, so ist er eine neue Schöpfung; die alten Dinge sind vergangen, siehe, neue Dinge sind ins Dasein gekommen. 18 Alle Dinge aber sind von Gott, der uns durch Christus mit sich versöhnt ...“ (2 Kor 5:17-18)

Es war also ursprünglich im schöpfergöttlichen Plan vorgesehen, die aus der von Gott und seinem Wort geschaffenen Menschenwelt dem Gott ergebenen und ihm über alles treuen Menschen einer „Neuschöpfung“ zu unterziehen und diese durch die erste Auferstehung als Geistsöhne in den überirdischen Lebensbereich – die Himmel – zu erheben.

Diese Heiligen werden bei ihrer Auferstehung mit einem für sie passenden geistigen Leib ausgerüstet, damit sie unter der Herrschaft ihres Herrn Jesus Christus, der als Erster diesen „Weg“ beschritten hatte, allen anderen Menschen helfen können, zu menschlicher Vollkommenheit zu kommen, um sich des von dem wahren Gott vorgesehenen „Lebens“ erfreuen zu können.

Da die Verheißung hinsichtlich eines Volkes von „Königen und Priestern“ an Abraham erging, sollten auch seine Nachkommen als Erste die Chancen erhalten, zu denen zu gehören, die als „Auserwählte und Heilige“ zur ersten Auferstehung, einer himmlischen Auferstehung, kommen sollten.

Von diesen im israelitischen Gottesstaat durch das Gesetz dafür erzogenen Menschen war allerdings nur ein Überrest bereit, weshalb wiederum der Apostel Paulus an einem Beispiel deutlich machte, wieso auch „Menschen aus den Nationen“ zu diesem großen Vorrecht kommen:

*„17 Wenn indes einige der Zweige ausgebrochen wurden,
du aber, obwohl du ein wilder Olivenbaum bist, zwischen sie
eingepfropft und des Olivenbaums Wurzel der Fettigkeit teilhaftig wurdest, 18 so überhebe dich nicht über die Zweige.
Überhebst du dich aber über sie: nicht du trägst die Wurzel,
sondern die Wurzel [trägt] dich. 19 Du wirst nun sagen: „Zweige sind ausgebrochen worden, damit ich eingepfropft werde.“
20 Richtig! Wegen [ihres] Unglaubens sind sie ausgebrochen
worden, du aber stehst durch Glauben.“ (Röm 11)*

Diese Möglichkeit, nämlich, dass für die „Könige und Priester“, durch welche sich die übrige „gesamte Menschheit segnen sollte“, auch „Heidenmenschen“ ihrem Glauben zu Folge in Frage kamen, ist bereits in dem Plan des wahren Gottes festgemacht worden.

Somit verstehen wir nun auch, dass bereits kurz nach dem Tod des Messias die ersten „Heidenmenschen“ als jene eingesammelt wurden, die als „Heilige, Könige und Priester“ der übrigen Menschenwelt dienen sollten.

(siehe Apg 8:26-40, Finanzminister der äthiopischen Königin Kandake, Joh 10:16, Cornelius samt Hausgemeinschaft)

Cornelius – ein römischer Hauptmann (Centurio) – und seine Familie waren einige der ersten „Heiden“, welche zu Christen wurden und somit auch zu einer himmlischen Auferstehung kommen werden.

Der Übergang zwischen den beiden Zeitaltern hatte es allerdings „in sich“ wegen der gravierenden Veränderungen in einer so kurzen Zeit.

Als weitere schwerwiegende Veränderung zeigte sich, dass der israelitische Gottesstaat aufhörte zu bestehen, was jedoch nicht heißen soll, dass das israelitische Volk nicht noch weitere Aufgaben in dem Plan seines Gottes erfüllen sollte.

Wie bereits erwähnt, hatte der israelitische Gottesstaat mit der Erscheinung des Messias bis dahin seine Aufgabe erfüllt und konnte in seiner Form als „Gottesstaat“ aufhören zu bestehen.

Das geschah, nachdem die Landsleute des Messias, seine „Brüder“ also, ihren Messias von den Römern umbringen ließen. (Pilatusgeschichte siehe Joh 18:28-19:15)

Alle Israeliten, die in dieser Übergangszeit von den dazu Berufenen wiedergeboren wurden und demnach reif genug waren, den Glauben an den Messias aufzubringen, wurden im 1. Jahrhundert n. Chr. Nachfolger unseres Christus. Alle anderen Israeliten, welche nicht wiedergeboren wurden und nicht dazu auserwählt waren und den Glauben an den Messias nicht aufbrachten, machten so weiter, wie sie es bis dahin kannten, und warteten weiterhin auf den Messias, gemäß ihren Vorstellungen.

Diese menschliche Vorgehensweise des israelitischen Volkes in damaliger Zeit bewirkte schließlich, dass im Jahre 70 n. Chr. der israelitische Gottesstaat auf furchtbare Weise von den Römern zu Ende gebracht wurde. Doch mit den wenigen Israeliten, welche sich dem Messias anschlossen und offensichtlich zu dem sekundären „Samen des Weibes“ gehörten, durch den sich schließlich alle Nationen der Erde segnen sollten, war dieser Teil des Planes des „Universalen Geistes“ noch nicht vollständig.

Es sollten noch viel mehr „Könige und Priester“ herausgerufen werden und dies sowohl aus dem israelitischen Volke als auch aus heidnischen Nationen. Es musste also eine weitere Erziehungszeit absolviert werden. In dieser weiteren Erziehungszeit, der christlichen Ära, sollten sowohl die Anwärter für „Könige und Priester“ aus der israelitischen Nation als auch aus heidnischen Nationen für ihre Aufgaben, als Könige und Priester zu dienen und als Götter über die übrige Schöpfung zu herrschen, befähigt werden.

Um an unser Beispiel von der Kindererziehung anzuknüpfen, musste nun die Zeit kommen, in der Gesetze und Vorschriften sowie die Strafverfolgung in der alten Form, wie sie in dem israelitischen Gottesstaat praktiziert wurden, nicht mehr notwendig waren. Ähnlich wie bei bereits halbwüchsigen Kindern ging es nun in der christlichen Ära um eine weiterbildende, ethische und moralische Erziehung.

Der Messias war gekommen, „um das Gesetz zu erfüllen“, nicht, um es abzuschaffen, wie er das selbst öfter betonte.

Wenn wir das „Königliche Gesetz“ verstehen, erkennen wir, dass in den beiden Geboten „Liebe Gott über alle Dinge“ und „Liebe deinen Nächsten wie dich selbst“ das gesamte israelitische Gesetz zusammengefasst ist. (siehe Mt 5:17-20, Röm 13:9-10)

Nun befinden wir uns im Strom der Zeit bereits in der christlichen Zeitepoche, an deren Ende wir in unseren Tagen angekommen sind. Bevor wir jedoch die christliche Ära etwas genauer betrachten, sollten wir uns noch etwas mit dem Ende des „Israelitischen Gottesstaates“ beschäftigen, weil wir dadurch viele Parallelen kennenlernen, die uns am Ende der christlichen Ära wieder begegnen werden.

****

Kapitel 8

Das Ende des Gottesstaates!

„Sage uns doch: Wann wird dies geschehen? Und welches ist das Zeichen deiner Ankunft (Gegenwart) und der Vollendung (des Endes) der Weltzeit“ (Mt 24:3)

Dies ist die Ausdrucksweise eines Ohrenzeugen namens Matthäus, welchen der Herr Jesus aus dessen Steuerbüro hinter sich her beordert hatte. Markus, der nächste der vier Evangeliums Schreiber, drückt diese Frage wie folgt aus: *„Sage uns doch wann wird dies geschehen, und welches ist das Zeichen dafür, wann dies alles in Erfüllung gehen wird?“ (Mk 13:4)*

Und schließlich berichtet uns noch der Arzt Lukas als Evangeliums Schreiber über diese Passage folgende Worte:

„Meister, wann wird dies denn geschehen und welches ist das Anzeichen dafür, wann dies eintreten wird?“ (Lk 21:7)

Die getreuen Nachfolger des Messias wollten also wissen, wann die Zeit der Verwüstung des Tempels sein wird, an welchem Zeichen man die Zeit der Tempelverwüstung erkennen könnte, und da die Jünger des Herrn Jesus dieses Ereignis mit der zweiten Gegenwart des Messias in Verbindung brachten, fixierte sich diese Frage, was in den Worten von Matthäus zu erkennen ist, auch auf die Zeit des Endes der „Weltzeit“.

Darum wählte der Messias Worte, die sowohl auf das Ende des Gottesstaates Israel als auch auf das Ende des christlichen Zeitalters als das Ende der „Weltzeit“, d. h. auf das Ende des vom Verleumder beherrschten Weltsystems, anzuwenden sind. Außerdem waren viele der Worte, die der Messias in Verbindung mit dieser Frage seiner Jünger sprach, nicht nur für die damaligen Zuhörer gedacht, sondern für alle Nachfolger des Messias, auch für solche, die in unserer heutigen „Übergangszeit“ noch als Heilige leben.

Zunächst weist der Messias auf die Tatsache hin, dass viele falsche „Gesalbte“ in seinem Namen kommen und sich als Befreier oder Beauftragte, also als Messias ausgeben werden, wodurch Gläubige irregeführt werden könnten. Er sprach:

„Seht euch vor, dass niemand euch irreführe! Denn viele werden unter meinem Namen kommen und behaupten: ‚Ich bin der (wiederkehrende) Christus‘ und werden viele irreführen.“ (Mt 24:4-5)

„Ihr werdet ferner von Kriegen und Kriegsgerüchten hören; gebt acht, lasst euch dadurch nicht erschrecken! Denn das muss so kommen, ist aber noch nicht das Ende. Denn ein Volk wird sich gegen das andere erheben und ein Reich gegen das andere, auch Hungersnöte werden eintreten und Erdbeben hier und da stattfinden. Dies alles ist aber erst der Anfang der Wehen, d.h. der Nöte oder Leiden.“

Um diese Voraussage in der Weltgeschichte einordnen zu können, hilft uns die aufgezeichnete Geschichte des israelitischen Volkes im ersten Jahrhundert n. Chr.

Einer der Geschichtsschreiber, der den geschichtlichen Ablauf des ersten Jahrhunderts aus diesem Teil der Erde festhielt, war Flavius Josephus. Man erfährt durch diese aufgeschriebene Geschichte, dass sich von der Zeit nach dem Tod und der Auferstehung des Messias seine Worte über das Ende des israelitischen Gottesstaates genau bewahrheiteten.

Durch die Ablehnung des Angebotes des „Universalen Geistes“, über den Messias zur wirklichen Freiheit zu kommen, kamen sie weder zu der ersehnten Freiheit noch zur Befreiung vom römischen Joch. So suchten die Israeliten jede Gelegenheit, gemäß ihrer Vorstellung auf ihre *menschliche Weise* von dem römischen Joch frei zu werden.

(In Joh 8:31-36 finden wir eine Diskussion über Freiheit zwischen dem Messias und den Schriftgelehrten.)

Wenn wir uns mit unserer Zeitmaschine etwa 2.000 Jahre in die Vergangenheit beamen, können wir den Ablauf der letzten 20 Jahre des Bestehens des israelitischen Gottesstaates anschauen. Also steigen wir ein und geben die Koordinaten <<0/ Uz. 60-66/ Lon 35.21371/ Lat. 31.768319 50% 8000 H ein und in wenigen Sekunden sind wir vor Ort. Nun, los geht’s...

Wir stoppen gerade im Jahre 60 n. Chr. und wir können uns von hier oben das Geschehen im Zeitraffer anschauen.

Mit Hilfe unserer Zoomfunktion erkennen wir kriegerische Auseinandersetzungen. Es sieht nach kleinen Privatarmeen aus, die sich gegenseitig befehden, das müssen wohl welche von den selbsternannten Messiassen sein, die sich gegenseitig bekämpften und schon einmal den Aufstand gegen die Römer probten. Doch es erscheinen auch römische Soldaten, die allerdings auch nicht gerade zimperlich mit dem israelitischen Volk umgehen. Wer da gerade kleine Dörfer zerstört und plündert, könnte der Prokurator Florus mit einem Teil seiner römischen Soldaten sein. Was man nun sieht, sind allerdings schon handfeste Auseinandersetzungen zwischen Römern und israelitischen Kohorten.

So kommt es wie vorausgesagt, besonders seit dem Jahre 60 n. Chr., immer wieder zu kriegerischen Auseinandersetzungen zwischen den falschen Messiassen der Israeliten und den Römern und auch den umliegenden Nationen, und wie man sieht, oftmals auch unter der israelitischen Bevölkerung, weil sie auch unter sich nicht gleicher Meinung waren.

Wie man sieht, ist es erstaunlich, dass die römischen Wachen und Teile der römischen Truppe von den israelitischen Kohorten überrumpelt und getötet werden. Was man jetzt sieht, könnte Cestius sein, der mit seinem Heer die Stadt Jerusalem einnehmen möchte, doch zu wenig Geduld zeigte und abzieht. Das war sicherlich ein Fehler, das abrückende Heer wird von den israelitischen Kohorten verfolgt und diese fügen den Römern empfindliche Verluste zu. Unser Kalender zeigt 66/67 unserer Zeit. Inzwischen sieht man israelitische Kohorten gegeneinander kämpfen, doch am Horizont erscheint ein mächtiges römisches Heer. Um diese Zeit kann das nur Vespasian sein, der vom Kaiser Nero beauftragt wurde, die aufmüpfigen Israeliten zur Raison zu bringen. Ja, man sieht, wie Vespasian die aufmüpfigen Israeliten im Lande Israel mit „Krieg und Sieg“ wieder unterwirft.

Dies war ein auf Grund eines falschen Verständnisses über ihre „Befreiungsvoraussagen“ widersinniger Aufstand der Juden gegen die Römer.

Jedes einzelne Wort des Messias über die Zeit vor dem Ende des israelitischen Zeitalters als Zeit des Gottesstaates hatte großes Gewicht und erfuhr leider auch eine grausame Erfüllung.

Wie wir sehen, scheint Vespasian mit seinem Heer in Richtung Jerusalem zu marschieren, und die israelischen Kohorten verschanzen sich in der Stadt. Ob jetzt die Stadt Jerusalem eingenommen wird? Warten wir noch ein wenig.

Bevor Vespasian, der später römischer Kaiser wurde, als Oberbefehlshaber durch Kaiser Neros Anordnung nach Palästina kam, hörten die Israeliten *von Kriegen und Kriegsgerüchten.* Das waren, wie wir dies auch gesehen haben, israelitische Aufständische, die den sinnlosen Aufstand gegen die Römer probten.

Was Cestius Gallus, der in dieser Region damals das römische Imperium vertreten sollte, mit seinem Heer allein nicht mehr schaffte, unter Kontrolle zu halten, musste jetzt Flavius Vespasian unter dem Oberbefehl Neros mit seinem Heer unterstützen und die Ordnung wiederherstellen.

Doch – wie es unser Messias voraussagte – war es noch nicht das Ende. Wie uns die Geschichte vermittelt, war es in der Zeit, bevor Vespasian mit seinem Heer erschien, für Menschen, die sich neutral verhielten, und dazu gehörten auch die damaligen Christen, erst einmal noch nicht so sehr gefährlich. Später, als die römischen Heere unter Flavius Vespasian auftauchten, wurde es auch für die in dieser Region lebenden Christen lebensgefährlich. Die wahrhaften Nachfolger des Messias wurden in dieser heißen Phase von den eigenen Volksgenossen verfolgt, weil sie eben auf der Seite des wahren Gottes Stellung bezogen hatten und sich an all den Aufständen nicht beteiligten, was diejenigen, die von einer falsch verstandenen „Befreiungsvoraussage“ träumten, nicht ertragen konnten.

(Siehe die Texte über Christenverfolgung, Apg 4:1-4, 5:17-18, 7:54-60, 8:3-4)

Noch immer werden die selbsternannten Messiasse nicht müde, dem Volk der Israeliten vorzugaukeln, die Befreiung von dem römischen Joch stünde nahe bevor, und leider glaubt auch der größte Teil des israelitischen Volkes diesen Schurken – und das, obwohl diese Schurken das Volk bis zum Tod drangsalieren.

Auch diese Situationen wurden von Jesus Christus erörtert, der eindringlich auf die Tatsache aufmerksam machte, dass es viele Irreführer geben würde, die sich für den Christus ausgeben würden, d. h. solche, die sich als Messias zur Befreiung des israelitischen Volkes von dem römischen Joch darstellten oder von der Bevölkerung als solche angesehen würden.

Der Geschichtsschreiber Josephus hinterließ uns die Namen der diesbezüglich in dieser Zeit herausragenden Menschen, die bis zum Ende der fürchterlichen Katastrophe in Jerusalem wüteten, sich gegenseitig bekämpften, den Tempel entweihten, das Volk ausplünderten und in ihrer aktiven Zeit mehr Israeliten ermordeten, als die Römer. Diese waren z. B. Silas, Niger genannt, oder Manachem, der Sohn des Galiläers Judas, oder Ananus, ehemaliger Hohepriester, oder Josephus, der Sohn des Matthias, oder Eleaser und Jochanan und Simon, der Sohn des Giora.

In dieser Zeit, in der Vespasian nach Jerusalem marschierte, waren noch immer wahrhaftige Christen in der Stadt Jerusalem oder in Judäa, denn der wirkliche Messias sagte die Drangsale voraus, denen wahre Christen ausgesetzt werden sollten, die sich bis dahin noch in diesem „Hexenkessel“ in und um Jerusalem im Lande Judäa befanden.

In dieser Zeit kommen die Worte des Messias aus Mt 24:9-14 zum Tragen: *„Hierauf wird man schwere Drangsale über euch bringen und euch töten und ihr werdet allen Völkern um meines Namens Willen verhasst sein. 10 Als dann werden viele Anstoß nehmen (am wahren Glauben irrewerden) und sich einander ausliefern (verraten) und einander hassen. 11 Auch falsche Propheten werden in großer Zahl aufstehen und viele irreführen; 12 und weil die Gesetzlosigkeit überhandnimmt, wird die Liebe in den meisten erkalten; 13 Wer jedoch bis ans Ende ausharrt, der wird gerettet werden. 14 Und diese Heilsbotschaft vom Reich wird auf dem ganzen Erdkreis allen Völkern zum Zeugnis gepredigt werden und dann wird das Ende kommen.“*

Die Verhältnisse bis zum Jahr 70 n. Chr. waren von den oben genannten Voraussagen des Messias gekennzeichnet, im Besonderen in den letzten zehn Jahren vor der endgültigen Zerstörung Jerusalems, samt aller seiner religiösen Einrichtungen. Es entstand eine Verfolgung all derer, die nicht die Meinung der selbst ernannten „Gesalbten“ teilte, und dazu gehörten nicht nur wahrhafte Christen, sondern auch solche, die es vorzogen, sich den Römern zu ergeben.

Die tyrannische Herrschaft der Irreführer und ihr wahlloses Morden ohne jede Möglichkeit einer Verteidigung der Opfer führte selbstverständlich auch dazu, dass selbst innerhalb einer Familiengemeinschaft oder Verwandtschaft solche waren, die ihre Verwandten, sogar ihre Familienangehörigen, an den Pranger stellten und diese dadurch den Tyrannen zum Opfer fielen.

Inzwischen haben die römischen Heere ihre Rammböcke und Steinschleudern installiert und die todbringenden Gefechte sind im Gange.

Die betrügerischen „Gesalbten“ haben sich zwischenzeitlich geeinigt und kämpfen jetzt gemeinsam gegen die Römer. Sie schießen feurige Pfeile auf die römischen Soldaten und ihre Einrichtungen und gießen heißes Wasser und Teer von den Mauern Jerusalems herab, um die römischen Soldaten am Vorankommen zu hindern; sogar einen Rammbock haben sie dadurch bereits unschädlich gemacht.

In der Ferne sind römische Kuriere zu sehen; sie suchen Vespasian auf – was mag da wohl im Argen sein?

Was wir jetzt von unserer Zeitmaschine aus sehen, ist allerdings verwunderlich – die römischen Soldaten versammeln sich und diskutieren scheinbar!

Jetzt bauen sie ihre Kriegsgeräte ab – sie scheinen sich für einen Abmarsch oder Rückzug vorzubereiten.

Tatsächlich! Nach wenigen Tagen formatieren sie sich zum Rückzug.

In Jerusalem scheinen die Israeliten zu feiern, sie hüpfen und tanzen, doch scheinbar machen die falschen Propheten und Messiasse mobil – und tatsächlich – sie stürmen den abziehenden Römern nach und fügen ihnen, wie man sehen kann, erhebliche Verluste zu. Das dürfte wahrscheinlich noch Konsequenzen haben!

Weit hinten am Horizont kann man immer noch die Scharmützel erkennen, welche die israelitischen Kohorten mit den Römern haben, doch scheinen jetzt die israelitischen Kohorten den Rückzug einzuleiten. Dank unseres Zeitraffers erkennen wir schneller, was geschieht – die Kohorten kommen freudevoll zurück auf Jerusalem zu.

Es ist leicht zu verstehen, dass durch die Willkür der falschen Messiasse und ihrer verbrecherischen Kohorten, die Gesetzlosigkeit überhandnahm und damit die Liebe, auch die Liebe der wahrhaftigen Christen, Schaden nahm, wie es durch den Messias in Mt 24:13 bereits vorausgesagt wurde. Doch bei all den Drangsalen war für die wahren Christen „Ausharren“ angesagt, wodurch sie gerettet würden. (Mk 13:13)

In der Zeit vor den Jahren 68/69 n. Chr. wurde die „Heilsbotschaft“ von den israelitischen Christen unter der israelitischen Bevölkerung fleißig verkündet. Durch Paulus und seine Helfer wurde das Evangelium in der übrigen – damals als heidnisch bekannten – Welt, im Mittelmeerraum, verkündet. Somit wurden die Voraussagen des Messias hinsichtlich der Verkündigung der „guten Botschaft“ in der damals bekannten Welt erfüllt. (Mk 13:9-10)

Inzwischen sind die noch vereinten Kohorten der Israeliten wieder in Jerusalem eingetroffen und feiern ausgelassen, und wenn wir unser Richtmikrophon einschalten, hören wir immer wieder den Slogan „Frieden und Sicherheit".

Sie haben die römische Oberhoheit abgeschüttelt – das propagieren sie, und das Volk glaubt es scheinbar auch.

Wir wissen jedoch, weil wir aus der Zukunft kommen und die Geschichte bereits kennen, dass die Israeliten einem Betrug aufgesessen sind. Der wahrhaftige Messias sagte allerdings auch am Ende seines irdischen Daseins einen anderen Geschichtsverlauf voraus.

Wie lauten noch seine Worte?

„Wenn ihr nun den Gräuel der Verwüstung (Entweihung) der vom Propheten Daniel angesagt worden ist, an heiliger Stätte stehen seht, der Leser merke auf -, dann sollen die Gläubigen die in Judäa sind, ins Gebirge fliehen! 17 Wer sich als dann auf dem Dach befindet, steige nicht noch zuerst hinab um seine Habseligkeiten aus dem Haus zu holen; 18 und wer auf dem Felde weilt, kehre nicht zurück um noch seinen Mantel zu holen. 19 „Wehe aber den Frauen die guter Hoffnung sind und jenen die ein Kind in jenen Tagen zu nähren haben! 20 Betet nur, dass eure Flucht nicht in den Winter oder auf den Sabbat falle! 21 Denn es wird als dann eine schlimme Drangsals Zeit eintreten, wie noch keine seit Anfang der Welt bis jetzt dagewesen ist, und wie auch keine wieder kommen wird. 22 Und wenn jene Tage nicht verkürzt würden, so würde kein Fleisch (Mensch) gerettet werden; aber um der Auserwählten willen werden jene Tage verkürzt werden."

Doch die Worte des Messias hinsichtlich des Endes des Gottesstaates, die auch für die „Vollendung der Weltzeit" Geltung haben, betrafen die Gläubigen, welche damals am Ende des israelitischen Gottesstaates lebten und in gleicher Weise auch diejenigen, die als Gläubige heute, am Ende des christlichen Zeitalters leben.

Für wahrhaft Gläubige sind diese Hinweise wichtig. Warum? Zwar waren in den Jahren vor 68-69 n. Chr. bereits viele Christen aus Jerusalem und aus Judäa weggezogen, jedoch hatten einige das gefährliche Gebiet noch nicht verlassen und andere wiederum besuchten solche, die noch in dem „Hexenkessel“ (Jerusalem) ausharrten, und somit waren die zuletzt genannten Worte des Messias für diese noch verbliebenen Christen äußerst wichtig.

Nach einigen Versuchen der Römer, Jerusalem einzunehmen, wobei sie die einfallsreichen und tückischen Machenschaften der „Irreführer“ und „falschen Propheten“, die hinter den Mauern Jerusalems immer noch die Bevölkerung drangsalierten, nicht einkalkulierten, kam es in Rom zu Intrigen und Machtkämpfen, die dem Römischen Reich sehr zu schaden schienen.

Von den Machenschaften in Rom erfuhren die falschen Messiasse zwar nichts, Vespasian jedoch erfuhr davon durch die Botschafter, die wir bereits kommen sahen, und wurde schließlich von seinen Soldaten dazu gezwungen, als Kaiser in Rom einzuziehen – und dieses Szenario haben wir bereits gesehen. Vespasian zog also seine Heeresmacht in Richtung Cäsarea von Jerusalem ab, und die Israeliten wussten nicht, dass Vespasian später seinen Sohn Titus nach Cäsarea zurück beorderte und ihm befahl, Jerusalem zu vernichten.

Der Rückzug Vespasians wurde von den „irrigen Führern“ in Jerusalem als Schwäche der Römer angenommen, die daraufhin dem römischen Heer nachfolgten und ihnen beträchtliche Verluste beibrachten, wie wir das bereits gesehen haben. Schließlich kehrten die falschen Messiasse und ihre Kohorten nach Jerusalem zurück – voll des Stolzes und voll der Überheblichkeit und des Selbstlobes, denn sie meinten ja, sie hätten nun die Freiheit von dem verhassten Rom erzwungen. Jetzt konnte, so waren die Israeliten der Meinung, „Friede und Sicherheit" in das geschundene Land und die zerrissene Nation Israel zurückkehren.

Durch die gottlosen Verbrecherhorden, unter der Führung von Eleaser, dem Zelotenführer, Simones und Jochanan, sind inzwischen der Tempel und der gesamte Gottesdienst verunreinigt worden. Die Gesetzlosigkeit konnte kaum noch zu einer höheren Stufe aufsteigen. Die letzte Frist für die noch in Jerusalem und Judäa befindlichen Christen ist gekommen, „in die Berge zu fliehen" und alles hinter sich zu lassen, und so fliehen alle Christen schnellstens und heimlich, alles zurücklassend, wie wir das auch noch sehen können, nach Pella in Peräa und in die Bergregionen in der Nähe des Toten Meeres. Dort – fernab vom Hexenkessel Jerusalems – können sie den letzten und fatalsten Teil der Zerstörung Jerusalems abwarten. Die Stadt und der Tempel sind noch nicht zerstört, doch der „Gräuel der Verwüstung" wurde bereits gesehen und nun müsste nach den Worten des Messias der letzte Akt folgen – die Zerstörung der Stadt und des Tempels.

Verständlicher Weise können diese fliehenden Christen nicht Nahrung für viele Jahre mit sich nehmen, sondern nur das Nötigste, vor allem jedoch die in ihrem Besitz befindlichen Schriftrollen, und es mag sein, dass die Schriftrollen von Qumran oder – wie man sie auch nennt – die Schriftrollen vom Toten Meer, die man in den vierziger Jahren des vergangenen Jahrhunderts in den Höhlen der Berge am Toten Meer fand, von diesen geflohenen Christen aus Judäa und Jerusalem stammen.

Alle glaubenden Christen sind auf Grund der Vorhersage ihres Messias aus Jerusalem und Judäa geflohen und in ihren Verstecken in den Bergen erst einmal in Sicherheit. Sie hatten die Worte des Herrn Jesus über das Ende des israelitischen Gottesstaates ernst genommen und diesem geglaubt und konnten so auf diese Weise ihr Leben retten. Die Christen wussten, wenn die Führer und das Volk der Meinung waren, es würde sich „Friede und Sicherheit" einstellen, dass die Zeit für das Ende des israelitischen Systems gekommen war. Die nicht gläubigen Israeliten feierten jedoch zunächst ihren vermeintlichen Sieg. (Siehe 1 Thess 5:3)

Jetzt konnte „Friede und Sicherheit" kommen, denn die Römer waren in die Flucht geschlagen – so die Ansicht der Ungläubigen in der verbleibenden israelitischen Bevölkerung. Jetzt, nach dem Abzug Vespasians, beginnen sich die Verhältnisse etwas zu entspannen. Man kann im Umland wieder nach Lebensmitteln und Hilfsgütern suchen, die jedoch durch die römischen Heere stark dezimiert sind. Jedenfalls spricht sich der vermeintliche Sieg über die Römer unter der israelitischen Bevölkerung im Land schnell herum und so kommt es nun auch, dass viele Israeliten aus der Zerstreuung nach Jerusalem kommen, um das Fest der ungesäuerten Brote zu feiern, was jedoch vielen von ihnen zum Verhängnis werden wird.

Die Atempause für Jerusalem dauert nicht lange, nach etwa einem halben Jahr beginnt Titus, der Sohn Vespasians, nach Jerusalem zu marschieren, um die Stadt zu zerstören. Nun kommt nach etwa einem knappen Jahr nach dem Abzug Vespasians die Zeit, in der sich die heiße Phase der Prophezeiung des wirklichen Messias zu erfüllen beginnt. Diese Voraussage können wir in Mt 24:15-22 nachlesen.

In Jerusalem sind inzwischen allerdings wieder einmal die altbekannten Machtkämpfe unter den falschen Messiassen ausgebrochen. Wie bereits vor dem Angriff Vespasians kämpfen in der Zwischenzeit, d. h. in der Zeit nach dem Abzug Vespasians und dem Beginn der neuen Belagerung Jerusalems durch Titus, die gesetzlosen Gewalttäter Eleaser, Jochanan und Simon mit ihren gesetzlosen Horden wieder einmal gegeneinander.

Jede der Horden verdirbt oder verbrennt die Nahrungsvorräte der anderen, so dass die Stadt wieder auf eine selbstgemachte Hungersnot zusteuert. Trotz dieser ständigen kriegerischen Auseinandersetzungen kommen doch noch viele Passahteilnehmer aus Nah und Fern in die Stadt, um dort zu feiern und zu opfern.

Jetzt, als Titus damit anfängt, die Stadt zu belagern, ist es fast unmöglich, wieder aus Jerusalem heraus zu kommen. Nachdem sich die verbrecherischen Bandenführer trotz wiederholter Angebote seitens Titus, die Stadtbewohner milde zu behandeln, wenn sie sich freiwillig ergeben würden, nicht ergeben wollten, machte Titus Ernst mit der Belagerung. Die römischen Heere schütteten Belagerungswälle um große Teile der Stadt herum auf, um die Flucht der Israeliten aus der

Stadt zu verhindern, was bereits von dem Messias vor über dreißig Jahren vorausgesagt wurde.

In dem Evangelium von Lukas ist dies zu lesen:

„Denn Tage werden über dich kommen, da werden deine Feinde einen Wall um dich aufschütten und dich umzingeln und dich von allen Seiten einengen und sie werden dich und deine Kinder in dir zu Boden werfen und werden in dir nicht einen Stein auf dem anderen lassen, dafür dass du die Zeit deiner Heimsuchung nicht erkannt hast.“ (Lk 19:43-44)
An anderen Stellen um die Stadt rammten die Römer Spitzpfähle nebeneinander ein, um die Flucht aus Jerusalem zu verhindern, wozu sie alle Bäume im Umkreis von ca. 30 Kilometern um Jerusalem herum fällen. (Siehe Lk 19:43)
Damit ist eine Flucht aus der Stadt ausgeschlossen. Außerdem sind sich die Verbrecherbanden darin einig, dass all diejenigen, die sich den Römern ergeben wollen, sofort hingerichtet werden.

Die menschenunwürdigen Verhältnisse, die Verbrechen, das unmenschliche Benehmen der falschen Messiasse, die unsägliche Qual und Hungersnot, kann ich an dieser Stelle nicht beschreiben, und jeder nur einigermaßen normale Mensch kann diese Verhältnisse auch nicht nachempfinden, man kann sie allerdings nachlesen in der Beschreibung des Geschichtsschreibers Flavius Josephus, in seinem Werk: „Der jüdische Krieg.“ (EG 1.1)

Inzwischen steht auf unserem Chronometer das Jahr 70 u. Z. – in nur knapp fünf Monaten Belagerungszeit gelang es Titus, dem Sohn Vespasians, Jerusalem einzunehmen.

Titus versucht, wenigstens den Tempel zu retten, dieser fällt schließlich doch den Flammen zum Opfer und wird danach von den römischen Soldaten niedergerissen und geschleift, so dass sich wiederum das erfüllte, was der Messias bereits ca. 35 Jahre vorher voraussagte.

(Nachzulesen in Mt 24:2, Lk 21:6)

Am Ende dieses für Menschen unvorstellbaren Ereignisses machen die Römer noch ca. 97.000 Gefangene und zählen, nach dem Augenzeugen „Flavius Josephus“, ca. 1.100.000 Tote.

So endet ein Zeitalter – das Zeitalter des „Israelitischen Gottesstaates“. Es nimmt mit diesem Ereignis sein endgültiges, schreckliches und vor allem schmähliches Ende.

Wir möchten zurückkehren in unsere eigene Zeit, um uns auf unserem gemütlichen Sofa Gedanken über diese verheerenden Geschehnisse zu machen.

Wir tippen in den Navigator: [>>0<< 2014, Hermeskeil].

Vergleichen wir nun den Ablauf der Voraussage des Messias mit dem Ablauf der Geschichte, so finden wir eine erstaunlich genaue Übereinstimmung, bis auf einige Punkte in den Voraussagen, die sich in der damaligen Zeit noch nicht erfüllen konnten, weil diese erst bei der letzten Erfüllung der Prophezeiung am Ende der „Weltzeit“ zur Geltung kommen sollten.

Noch zu erwähnen wäre, dass vor der endgültigen Zerstörung der Stadt Jerusalem und ihres Tempels übernatürliche

Zeichen das Ende Jerusalems ankündigten, welche die damaligen „Führer“ allerdings gegenteilig auslegten, weil die Wahrheit, die der Messias voraussagte, einfach nicht in ihr niederträchtiges Wunschdenken passte. Der Messias hatte bereits auf solche Zeichen hingewiesen, wie es aus Lk 21:11 hervorgeht.

Was noch zur Erfüllung der Voraussage des Messias führte, war die Tatsache, dass die Tyrannen und Schurken wie Simon, der Sohn des Giora, Jochanan von Gischala und Eleaser, der Zelotenführer, falsche Propheten kauften, welche das Volk in diesen Kriegsjahren dazu überredeten, auf Hilfe von Gott zu warten und dadurch viele Menschen davon abhielten, zu desertieren. (Siehe Mt 24:11)

Alle etwa 35 Jahre zuvor von den israelitischen Führern geäußerten Wünsche gingen durch die Unterstützung des größten Teiles der israelitischen Bevölkerung in Erfüllung.

Welche Wünsche waren das noch? Wir wollen die Passagen noch einmal lesen:

„Wir haben keinen König außer dem Kaiser.“ (Joh 19:15)

Sie wählten also nicht den für sie von dem wahrhaftigen Gott gesandten König, der ewig auf dem Thron Davids sitzen sollte, ihren Messias, sondern sie wählten sich ihren „Feind“, einen weltlichen Kaiser als ihren König und damit natürlich auch die daraus resultierenden Konsequenzen.

Ein weiterer Wunsch der israelitischen Führer und des größten Teiles der israelitischen Bevölkerung zeigt sich in der folgenden Passage als Reaktion auf eine der Fragen seitens Pilatus: “*Wen soll ich euch frei geben, Barabbas-Jesus, oder*

Jesus den man den Christus nennt? Er wusste nämlich wohl, dass sie ihn aus Neid überantwortet hatten. ... Der Hohepriester und die Ältesten aber redeten auf das Volk ein, sie möchten sich den Barabbas (den Raubmörder) erbitten, Jesus dagegen hinrichten lassen. Da richtete der Stadthalter nochmals die Frage an sie: ‚Wen von den beiden soll ich euch frei geben?' Sie riefen: ‚Barabbas! ' Pilatus fragte sie weiter: ‚Was soll ich denn mit Jesus machen den man Christus nennt? ' Sie riefen alle: ‚Ans Kreuz mit ihm!' Der Stadthalter entgegnete ihnen: ‚Was hat er denn Böses getan? ' Sie schrien nur noch lauter: ‚Ans Kreuz mit ihm!' Als nun Pilatus einsah, dass er nichts erreichte, der Lärm vielmehr immer größer wurde, ließ er sich Wasser reichen, wusch sich vor dem Volk die Hände und sagte: ‚Ich bin am Blute dieses Gerechten unschuldig; seht ihr zu!' Da antwortete das gesamte Volk mit dem Ruf: ‚Sein Blut (komme) über uns und über unsere Kinder! '" (Mt 27:21-26, Menge Ü.)

Daraufhin gab er ihnen den Barabbas frei, Jesus aber ließ er geißeln und überwies ihn dann zur Kreuzigung.
Ihr gerechter Gott hat auch in diesem Fall sein Erziehungsprinzip angewandt, wir finden es in Ps 18:26-28. (siehe 4 Mos 14:2, 23, 28-30)

Der Gott der Israeliten erfüllte ihnen ihre Wünsche. Statt des Messias als ihren König für ewig auf dem Thron Davids wünschten sie sich einen *Raubmörder*, Barabbas-Jesus.

Als Führer wünschten sie sich ebenfalls Raubmörder. Gott gab ihnen Raubmörder, auch wünschten sie sich: *„Sein Blut komme über uns und unsere Kinder!"*

Gott erfüllte ihnen auch diesen *Wunsch*, besonders in den Jahren 66 bis 70 n. Chr., doch weitere Erfüllungen dieser Wünsche sollten im Verlauf der Geschichte noch kommen.

Warum dies? Waren die Israeliten nicht genug bestraft mit ihrem Geschick am Ende des israelitischen Gottesstaates?

Außer einigen Ausnahmen haben ihre Nachkommen zwischenzeitlich die Haltung der Väter und ihre Einstellung gegenüber dem wahrhaftigen Messias kaum geändert.

Ein Überrest des israelitischen Volkes schrie damals nicht: *„Ans Kreuz mit ihm."*

Es waren diejenigen, die *Glauben* bekundeten, die Nachfolger des Messias. Diese Nachfolger des Messias verstanden zwar auch nicht recht, wie der Plan des höchsten Gottes hinsichtlich der Verheißung über einen verbleibenden Herrscher auf dem Thron Davids aussehen sollte. Sie hatten jedoch Gründe genug, zu glauben, dass dieser *Jesus*, der Christus, der von dem Vater-Gott gesandte Messias war und sie wollten sich ihrem Gott unterordnen. (Siehe Joh 1:6,12, 3:16,18, 3:36, Apg 1:6)

Selbstverständlich spielten auch ihre Wiedergeburt, Aufrichtigkeit und Ehrlichkeit eine Rolle und die Anerkennung der Tatsache, dass der Messias, also im Falle der damaligen Israeliten, ihr Gott, seine eigenen Vorstellungen davon hat, wie sich seine Prophezeiungen zu erfüllen haben.

Aus ihren „Heiligen Schriften" wussten sie auch, dass die Schöpfergötter in bedeutend größeren, weit höheren Dimensionen denken und handeln, dass diese all ihren Eigenschaften in vollkommenem Maße gerecht werden müssen und dass die Schöpfergötter nicht, wie es die ungläubigen Menschen zu wünschen pflegen, ihre Bedienstete, ihre Butler und Verwirklicher all ihrer niederträchtigen, selbstsüchtigen und ungerechten Wünsche sind. (Siehe Jes 55:8-11)

Die Tatsache, dass der „Universale Geist" auch noch eine „universale Streitfrage" vor seiner gesamten Schöpfung zu klären hat, muss bei allen Überlegungen natürlich auch noch berücksichtigt werden.

Die Nachfolger des Messias brauchten auch den schrecklichen „Holocaust" im Jahre 70 n. Chr. nicht mitzuerleben, weil sie ihrem Messias glaubten – dieser warnte sie davor in einer seiner Prophezeiungen kurz vor seinem Tod. Die Schöpfergötter erwiesen diesen Gläubigen Barmherzigkeit und Güte, den Ungläubigen und Unaufrichtigen erwiesen sie dagegen Gerechtigkeit, die Israeliten erhielten das, was sie sich wünschten, *Raubmörder* als Führer, den *Cäsar* als König und das *Blut* des gerechten Messias *auf ihren Häuptern.*

Als sie zur Zeit des Verhörs Jesus´ durch Pilatus von diesem gefragt wurden: *„ ... soll ich euch also den König der Juden frei geben"*, antworteten die Ungläubigen: *„Nein nicht diesen, sondern den Barabbas!"* Barabbas aber war ein Räuber. (Siehe Joh 18:39-40, Raubmörder - EG 1.2)

Statt des Messias als ihren König erwählten sie sich den Cäsar. *„Wir haben keinen König außer dem Cäsar!"*

Ihr Gott gab ihnen, was sie sich wünschten. Raubmörder, die während der Zeit des gesamten „Jüdischen Aufstandes" gegen die Römer mehr Israeliten auf dem „Gewissen" hatten, als die Römer in dieser Zeit umbrachten, und den römischen Cäsar, der seinem Sohn den Auftrag gab, Jerusalem zu zer-

stören, erwählten sie sich ebenfalls. Selbst der römische Stadthalter Pilatus war gerechter als die hohen Priester und Ältesten sowie das Volk der Israeliten zur Zeit der Verurteilung des Messias, denn von ihm wird in Joh 19 berichtet, dass er alles versuchte, um den Messias frei zu lassen, doch die Israeliten wollten nicht, sie schrien: *„Ans Kreuz mit ihm - ans Kreuz! ... Gibst du diesen frei so bist du kein Freund des Kaisers!“*
Somit wusch Pilatus, wie es aus dem Evangeliums Bericht von Matthäus hervorgeht, als Zeichen seiner Unschuld am Vergießen unschuldigen Blutes, seine Hände vor den Augen aller Israeliten in Wasser, wobei er bemerkte: *„Ich bin am Blut dieses Gerechten unschuldig; seht ihr zu!“ (Mt 27:24)*

Darauf wünschten sich die Hohepriester, Ältesten und das gesamte anwesende Volk: *„Sein Blut komme über uns und unsere Kinder“,* und auch diesen Wunsch erfüllte ihnen der „Universale Geist“, angefangen am Ende der Zeit des israelitischen Gottesstaates während der gesamten zweitausend Jahre bis heute und noch über unsere Zeit hinaus.

Nur dem *Überrest,* den Gläubigen, den Nachfolgern des Messias, wurde auf Grund des Sünden sühnenden Blutes ihres angenommenen Messias Barmherzigkeit zuteil - nur den Wiedergeborenen, Aufrichtigen, den Wahrheitssuchenden, denen, die auf ihren Gott und die Erfüllung seiner Verheißungen warten konnten und nicht „auf eigene Faust“ versuchten, die göttlichen Prophezeiungen zu erfüllen, wurde Rettung zuteil. Diese wahren Christen hatten nicht den Wunsch, dass das Blut des gerechten Messias auf diese Weise auf sie und ihre Kinder zurückkommen sollte.

Sie hatten in diesem Punkt den Plan Gottes verstanden und wussten, dass das Blut des gerechten Messias auf andere Weise für sie in Anwendung kommen sollte. Natürlich wurden wahre Christen zur damaligen Zeit auch verfolgt, und ihre Verfolger waren zuvorderst die eigenen Landsleute, wie man es in Apg 4,6-7 nachlesen kann. Sie wurden jedoch deshalb verfolgt, weil sie „kein Teil der Welt“ waren, so, wie ihr Herr, der Messias, auch kein Teil der Welt gewesen ist; und somit mussten wahre Christen zu allen Zeiten mit Verfolgungen von Seiten derer rechnen, die sich von dem Verleumder und Widerstandleistenden beherrschen ließen. (Siehe Joh 15:18-23, 18:36-37)

Jedoch besteht der Unterschied zwischen der Verfolgung der uneinsichtigen Israeliten und der Verfolgung der wahren Christen darin, dass die Verfolgung und Vernichtung der Menschen aus dem israelitischen Volk eine Folge der Auflehnung gegen die römische Führungsmacht und der Ablehnung des wirklichen Messias Jesus Christus gewesen ist. Durch die Ablehnung des vom Vater-Gott gesandten Messias haben sie auch die Aufnahme in den „neuen Bund“, die Sündenvergebung und ihre von dem Messias gebrachte Freiheit von dem schuldig sprechenden Gesetz abgelehnt.

Dagegen erfolgte die Verfolgung der wahren Nachfolger des Messias aus der Tatsache heraus, dass die wahren Christen „kein Teil der Welt sind“, und das israelitische Volk hatte sich zur damaligen Zeit bereits dem Widerstandleistenden unterstellt. Die Verfolgung der wahren Christen bewirkt auch eine Bestätigung dafür, dass der Verfolgte an der Liebe, Gerechtigkeit und der Wahrheit festhält und damit, durch sein Ausharren in der Verfolgung, unter Beweis stellt, dass er von sich aus, freiwillig und ohne Berechnung oder Bestechung, den Schöpfergöttern die Treue halten möchte.

(Gleichnis vom Sämann - siehe Mt 13:3-8,20-22, Mt 5:11, Joh 15:20)

Solche wahrhaftige Christen sind bereits, wie ihr Herr, der Messias, mit seinem Vater „Eins ist“, mit ihrem Messias „Eins“ geworden. (Joh 17:20-22)

Sie warten auf ihren wahren Gott, der auch der Gott ihres Messias ist, sie vertrauen dem wahren Gott, sie gehorchen dem wahren Gott, sie erlernten die Logik und Gerechtigkeit ihres Gottes, sie tun den Willen ihres Gottes, sie lieben ihren Gott, sie freuen sich über ihren Gott, und sie sind glücklich mit ihrem wahrhaftigen Gott, dem „Universalen Geist“.

Ihre Dankbarkeit ist kein Lippenbekenntnis. Es ist eine aus dem Herzen kommende Dankbarkeit, die sich in Treue widerspiegelt. Ihre Liebe zu ihrem Gott ist keine Heuchelei, sie besteht nicht im Festhalten unnötiger Rituale oder kleinlicher Gesetzessammlungen, nein, ihre Liebe zeigt sich in ihrem Gehorsam gegenüber ihrem wahren Gott, dem Allmächtigen, dem „Universalen Geist“, selbst dann, wenn sie durch die Handlanger des Feindes Gottes, des Verleumders, verfolgt werden, ja, in vielen Fällen sogar getötet werden. (z. B. Hiob 1:6-12, 2:1-6)

Solche wahrhaftige Christen haben, um das Bild von der Kindererziehung noch einmal zu bemühen, ihre göttliche Erziehung abgeschlossen – sie sind, wie ihr Herr Jesus, der Christus, mit dem Vater „Eins“ ist, sowohl mit dem Sohn als auch mit dem Vater „Eins“ und werden auch von ihrem „Vater“ entsprechend behandelt, wie es uns der Text aus Mal 3:17 deutlich macht:

„‚Sie sollen mir‘, so hat der Herr der Heerscharen gesprochen, ‚an dem Tage, wo ich es vollführe, ein Sondereigentum sein, und ich will schonend mit ihnen verfahren, wie ein Mann (Vater) schonend mit seinem Sohn verfährt, der ihm dient.‘“ (Mal 3:17)

(Siehe auch Röm 10:1-3, Hos 14:2-4)

Der „Universale Geist“ hat sich also in seiner Liebe zu den Menschenkindern dazu entschlossen, das Beste und das Liebste, was er hatte, – man kann sagen, von seinem „Herzblut“ – zu geben, damit durch diese Vorkehrung die Ordnung, der Friede und das Glück vieler Beteiligter in den himmlischen Regionen sowie auch auf Erden wieder verwirklicht werden konnte. (Siehe 1 Mos 2:17b)

Vermutlich ist bis heute weder dem Volk Israel noch den nominellen Christen bewusst, was der allmächtige Gott uns Menschen durch diese seine Rettungsvorkehrung geboten hat. Vermutlich wird nur einigen Menschen auf Erden bewusst, welchen „Schmerz“ der allmächtige Gott bei der Ermordung seines geliebten Sohnes ertragen musste. (siehe 1 Mos 6:6)

Vermutlich ist nur einigen wenigen Menschen auf Erden bewusst geworden, wie der Messias, der eine unvorstellbare Herrlichkeit, Größe und Macht in den Himmeln hatte, hier auf Erden gedemütigt wurde und gelitten hat.

Vermutlich ist nur wenigen Menschen auf Erden bewusst, mit welch bodenloser Unverschämtheit und unentschuldbarer Gleichgültigkeit die dazu privilegierten Menschen sowohl auf die Gnadengabe, das „Herzblut“ des „Universalen Geistes“, als auch auf die Opferbereitschaft des Messias reagiert haben!

(siehe Mt 22:3-9)

Sowohl der „Universale Geist“ als auch sein designierter Weltregent, welche durch ihren unvergleichlichen Edelmut, ihre Liebe, ihre Treue, ihre Gerechtigkeit und Wahrhaftigkeit zur Errettung der Menschheit Unbilden, Leiden und Schmerzen sowie Verleugnung und Verleumdung und Beschmutzung auf sich genommen haben, werden in naher Zukunft angemessen reagieren auf die unverschämte, unentschuldbare Gleichgültigkeit sowohl des israelitischen Volkes als auch der christlichen Erdbevölkerung.

Der wahrhaftige Gott und sein Weltregent werden der Menschheit das zukommen lassen, was sie sich wünscht und was sie sich letztlich auch verdient hat, wobei ich darauf hinweisen möchte, dass diese kommenden Unbilden keine Strafe von Seiten des „Universalen Gottes“ sein werden, sondern lediglich die Auswirkungen der Denk- und Handlungsweisen der Erdbevölkerung, sowohl der Israeliten als auch der übrigen Menschheit.

(Folgende Bibelschreiber nehmen dazu Stellung: Hebr 10:26-31, 2 Petr Kap. 2, Röm 1:18-32, Lk 21:20-28, Jes 24:1-6)

Vor zweitausend Jahren war es die Mehrheit des israelitischen Volkes, welche versagt hatte – heute, am Ende der christlichen Ära, ist es die Christenheit, welche die göttliche

Erziehung nicht angenommen hat und an sich wirken ließ. (siehe Joh 15:1-2, Röm 11)

Trotz alledem wurde durch den Messias ein „neues Volk“, der wirkliche Same Abrahams und Sarahs, als Zeugnisträger für den Messias und dessen Vater und Gott gegründet. Es waren die „Fußstapfen-Nachfolger“ des Messias Jesus.

Doch nach verhältnismäßig kurzer Zeit, ein paar Jahrhunderten nach ihrer Gründung, wurde auch die Vision der Christen, bedingt durch die Einflussnahme des Verleumders, so verändert, dass sie, statt den wahren Gott und seinen Messias zu repräsentieren, beide, sowohl den Vater als auch den Sohn, verleumdeten und verleugneten. Sie beschmutzen beide Götter durch ihre unchristlichen Lehren sowie ihre außerordentlich unchristliche Lebens- und Handlungsweise. (Siehe Ofb 17:8)

Man kann somit sagen, dass weder das israelitische Volk noch die Christenheit die meiste Zeit gute Zeugen für den wahren Gott und seinen Messias waren. Die Menschen beider Gruppen führen heute vom Gesichtspunkt des „Universalen Geistes“ aus gesehen ein außerordentlich ungöttliches Leben, und die Religionen, die sie ausüben, haben so gut wie nichts mehr mit den Vorlagen des „Universalen Geistes“ und seines Messias zu tun. Statt den Messias als den kommenden Weltregenten zu verkünden und ihr Vertrauen auf diesen Weltregenten zu setzen, nehmen sie ihre Geschicke wieder einmal selbst in die Hand – wie so oft in der Geschichte.

Weder der wahrhaftige Gott noch sein Messias handeln heute mit dem israelitischen Volk oder der Christenheit. Der wahrhaftige Gott behandelt beide Gruppen als das, was sie wirklich sind, als einen „Teil der Welt“, der von dem Widerstandleistenden beherrscht und auch entsprechend behandelt wird.

Mit einem entsprechenden Geschick müssen deshalb sowohl das israelitische Volk als auch die Christenheit in Zukunft rechnen. Aus allen prophetischen Voraussagen hinsichtlich der Zeit des Endes dieses Weltsystems gehen oben gesagte Tatsachen hervor.

Aus beiden Glaubensgruppen – aus dem israelitischen Volk und auch aus den nominellen Christen – wird es nur ein Überrest von aufrichtigen Nachfolgern des Messias geben, der am Ende der christlichen Ära wie im Vorbild den Schöpfergöttern zugetan ist, ihre Eigenschaften nachahmt und sowohl den Vater-Gott als auch ihren Messias entsprechend ehren. Sie werden eine „Herde unter einem Hirten“ werden und nach der vor uns liegenden Zeit des Abschlusses des Weltsystems als Verkündiger und Propheten für den wahren Gott und seinen Messias dienen.

Wenn sie als einzelne ihre Aufgaben hier auf dieser Erde erfüllt haben, sind sie dazu privilegiert, an der „Ersten Auferstehung“ teilzuhaben, sie werden also *nicht* aus dem „Buche des Lebens ausgelöscht werden“ oder in „das Gericht“ kommen. (Man lese dazu Ofb 3:5, 20:4-6, Phil 4:2-3)

Was in sehr naher Zukunft im „Nahen Osten“ anfangen wird zu geschehen, erstreckt sich bald danach auf die gesamte Erde und ist eine Parallele zu der Geschichte des Volkes Israel aus der zweiten Hälfte des ersten Jahrhunderts n. Chr. und wird letztlich zu dem gewaltigsten und schrecklichsten

Weltkrieg führen, welchen die Welt jemals gesehen hat und danach nie wieder sehen wird.

(Siehe Mk 13:19-20, Mt 24:21-22, Jes Kap. 24-34)

Der „Überrest“ der Israeliten wird das, was Jesaja in Kapitel 30 in den Versen 15-18 niederschrieb, beherzigen und den furchtbaren atomaren Holocaust, der in Bälde das israelitische Volk treffen wird, überleben. Jesaja schrieb:

„15 Denn so hat mein Herr gesprochen, ER, der Heilige Jissraels: ‚In Umkehr und Ruhe werdet ihr befreit, in Stille, in Gelassenheit geschieht euer Heldentum. ‘“

Allen anderen Israeliten jedoch, die gemäß ihrer menschlichen Vorstellungen den Willen des wahren Gottes auf eigene Faust verwirklichen möchten, widerfährt das, was Jesaja im Anschluss sagte:

„Ihr aber seid's nicht gewillt, 16 ihr sprecht: Nein, auf Rossen wollen wir rennen! - Drum sollt ihr rennen: davon! - Auf Schnellen wollen wir reiten! - Drum sollen eure Verfolger euch überschnellen! Ein Tausend vor dem Drohgeschrei eines, vor dem Geschrei von fünfen werdet ihr insgesamt rennen, bis dass euer noch übrigblieb wie ein Mast auf dem Haupte des Bergs, wie eine Bannerstange auf dem Hügel. Und doch harrt ER, ebendarum, euch wieder günstig zu sein, erhebt sich, ebendarum, euer sich zu erbarmen: denn ein Gott des Rechtes ist ER, o Glück aller, die seiner harren!“ (Buber Ü.)

Diese Worte, die Jesaja im achten Jahrhundert v. Chr. niedergeschrieben hatte, haben auch heute noch Gültigkeit und sind noch heute auf das Volk der Israeliten anzuwenden. Statt in „Stille und Gelassenheit“ auf das zweite Kommen des

Messias als Weltregent zu warten und sich durch die Annahme des göttlichen Messias Jesus als Söhne des wahren Gottes zu erweisen, als Berufene und Auserwählte, wollen die heute lebenden Israeliten die Erfüllungen der göttlichen Voraussagen noch immer selbst in die eigenen Hände nehmen.

(siehe Ez 11:9-11, Mal 3:1)

„Denn es ist die bestimmte Zeit, dass das Gericht beim Hause Gottes anfange. Wenn es nun zuerst bei uns anfängt, was wird das Ende derer sein, die der guten Botschaft Gottes nicht gehorchen?" (1 Petr 4:17)

Petrus bezieht die Voraussagen hinsichtlich des *„Anfangs des Gerichtes Gottes über sein Volk"* bereits auf das *„neue göttliche Volk, das Christenvolk."* Er zitiert jedoch aus dem Nachlass der alten Propheten, welche über das irdische Volk Gottes prophezeiten.

Somit werden sich die Voraussagen hinsichtlich des „Anfangs des Gerichtes Gottes" sowohl an dem irdischen Volk Israel als auch an dem „geistigen Israel" der „Christenheit" erfüllen, was wir als ein göttliches Prinzip verstehen müssen.

Zunächst jedoch ist das irdische Volk der Israeliten am Zug. Da sich nur ein Überrest aus diesem Volk für die göttlichen Segnungen privilegiert, wird dieser Überrest von dem Geschick, das gemäß den göttlichen Voraussagen hinsichtlich des „Anfangs des Gerichtes Gottes an seinem Volk" in unserer Zeit kommen wird, ausgespart. Der „Anfang des Gerichtes Gottes" wird sich also an all den Israeliten vollziehen, die nicht in „Umkehr und Ruhe, - in Stille und Gelassenheit" auch in unserer heutigen Zeit den inzwischen designierten Weltregenten Jesus, den Christus anerkennen und auf ihn

warten wollen. Die Erfüllungen der göttlichen Prophetie hinsichtlich eines Weltherrschers auf Davids Thron in eigene Hände nehmen zu wollen, wird von dem wahren Gott nicht akzeptiert, genauso wenig, wie der Versuch ihres Stammvaters Abrahams von seinem Gott nicht akzeptiert wurde, durch Ismael, den Sohn der Magd „Hagar", eine göttliche Verheißung verwirklicht zu bekommen. (Siehe 1 Mos 16, 17:18-19, Jes 30:16)
Durch das Ende des israelitischen Gottesstaates und damit auch durch das Ende der dazugehörigen israelitischen Religion samt ihrem Tempel, ihren Opfern, Ritualen und Vorschriften des täglichen Lebens, und durch die Ablehnung des Messias „Jesus Immanuel", durch den ein neues Zeitalter sowohl für die Israeliten als auch für die Heidennationen eröffnet wurde, steht das israelitische Volk nun da ohne ihre „alte Religion" und ohne die Annahme ihres Messias, also ohne eine „Gottesverbindung". Im Verlauf der Zeit haben zwar israelitische Geistliche eine menschliche Religion zusammengebastelt, die sich überwiegend auf den Talmud bezieht, der auch ein menschliches Werk darstellt, und die nicht von allen Israeliten anerkannt wird. Doch kann ein „religiöses Menschenwerk" von dem Gott der Israeliten anerkannt werden?

Genau so wenig, wie der Gott der Israeliten dem Stammvater derselben, Abraham, nicht gestattete, „Ismael" zum „Erben der Verheißung" zu machen, genauso wenig nimmt der „Universale Geist" die von israelitischen Geistlichen gebastelte „menschliche Religion" an, die bis zum heutigen Tag unter der israelitischen Bevölkerung praktiziert wird.

Es liegt, wie es der Gelehrte Paulus einmal ausdrückte, noch immer ein „Schleier" (Decke) über den Herzen des gesamten Volkes der Israeliten, der eine klare Sicht verhindert und der erst dann von der Gesamtheit des Volkes Israel weggenommen wird, wenn es sich seinem Messias zuwendet. (2 Kor 3:14-16)

Was das irdische Volk Israel in Kürze erwarten muss, ist ein atomarer Holocaust an der „Grenze seines Landes", und wenn wir andere Voraussagen dazu in Betracht ziehen, wird sich dieser atomare Holocaust „von Norden her" bei Megido abspielen, wo sich in unserer Zeit auch das gefährliche Waffenlager der Israelis befindet. Der wahrhaftige Gott wird dafür sorgen, dass die halsstarrigen und unbelehrbaren Israeliten, die nicht zu dem „kleinen Überrest" gehören möchten, die Folgen ihrer Entscheidung tragen müssen, genau so, wie es die alten Propheten beschrieben haben.

(Aufschluss darüber in Mt 24:15-20, Jes 22:4-14, 33:1-2,7-16, Dan 12:1)

Die Parameter, die damals Geltung hatten, werden auch für das vor uns liegende „Gericht Gottes über sein Volk" Geltung haben, weil es um göttliche Prinzipien geht, um die „göttliche Logik".

Die Nachfolger des Messias, die sich in der heutigen Zeit noch sammeln, sowohl der kleine Überrest aus den irdischen Israeliten als auch der kleine Überrest aus den „geistigen Israeliten", die „kein Teil der Welt" darstellen, werden von der gesamten übrigen Welt verfolgt werden. Diese Verfolgung kennzeichnet schließlich die wahrhaft Auserwählten des wahren Gottes. Sie werden, um es profan auszudrücken, in der Partei des wahren Gottes Stellung bezogen haben, wogegen die Verfolger in der Partei des „Gottes dieser Welt“ ihren Platz gefunden haben.

So wie das irdische Volk Israel dem Gericht Gottes als Erstes anheimfällt, wird in dieser Endzeitperiode auch das geistige Volk Israel, die „Christenheit“, dem Gericht der Schöpfergötter anheimfallen. Diese Ereignisse fallen jedoch nicht auf einen Zeitpunkt, sondern werden in naher Zukunft kurz hintereinander geschehen. Weil der Gottesstaat Israel zuerst bestanden hat und somit der „Ältere“ ist, wird dieser auch zuerst gerichtet werden. Danach entstand die Christenheit als das „Geistige Israel“, was bedeutet, dass sie als Nächstes in das göttliche Gericht einbezogen wird. Was nun also in „dem Plane des wahrhaftigen Gottes“ als Nächstes ansteht, ist der Beginn des Gerichtes Gottes über sein buchstäblich irdisches Volk Israel und nach dem letzten und grausamsten aller Weltkriege das Gericht über das geistige Israel, die Christenheit.

Die Parameter, welche uns die Nähe dieses Ereignisses deutlich machen, werden sowohl durch Verfasser alttestamentlicher als auch neutestamentlicher Dokumente offenbart.

(Die ausführliche Dokumentation lese man dazu in: Jes 28:18-22, 29:1, 8,13,16, 30:1-18, 2 Thess 1:6-10, 1 Petr 4:17-19, Jer 8:11, 1 Thess 5:1-5)

Da es sich bei diesem vor uns liegenden Eingriff des „Universalen Geistes“ und seines Weltherrschers, des Messias, um ein Weltgericht handelt, werden allerdings alle Nationen davon betroffen sein, und jeder einzelne Mensch wird sich in Zukunft auf eine Seite der beiden „universalen Parteien“ stellen müssen, was wir in den kommenden Kapiteln über das „Ende dieses Weltsystems“ noch besprechen werden.

****

Kapitel 9

Die christliche „Ewigkeit"!

Nach der Nachsintflutlichen Ära begann eine neue „Ewigkeit" – das „christliche Zeitalter", in dem wir noch heute leben. Man könnte es auch die Zeit des „Heils" oder der „Wiedergeburt" nennen. Weil der „Universale Geist" durch sein „Wort" oder seinen „Sohn" oder den „Messias" auch Menschen aus den Heidenvölkern das „Heil" widerfahren lässt und eine Wiedergeburt von Menschen von statten geht, die bereits als Berufene gelebt hatten, kann man somit auch von einer Zeit der Wiedergeburt sprechen.

Worin besteht dieses Heil?

Dieses Heil besteht für Menschen aus den Nationen darin, mit einem Überrest aus dem Volk der Israeliten den „sekundären Teil" des Samens Abrahams zu bilden und somit zum göttlichen Plan zur Rettung der Menschheit beizutragen. Sowohl aus dem israelitischen Volk als auch aus den heidnischen Nationen sollte also eine „neue Schöpfung", d. h. ein Volk durch Heiligen Geist zu „Königen und Priestern" „wiedergeborener" Menschen, unter der Leitung des Messias, des „Hohepriesters" für den wahrhaftigen Gott, herausgerufen werden. Dazu war zuvorderst gemäß den Verheißungen Gottes in der Thora das Volk der Israeliten vorgesehen!

(Siehe 1 Mos 17:16, Verheißung an Sarah, 2 Mos 19:5-6, Verheißung an Volk Israel, Joh 3:3-8 Jesus erklärt)

Ja, sie waren speziell dafür vorgesehen – doch zur Rettung für Menschen aus allen Nationen hatte sich dem Messias zunächst nur ein Überrest aus dem damals bestehenden Volk der Israeliten angeschlossen und ihn als solchen angenommen.

Was die echten Nachfolger des Messias anbetrifft, so waren es nicht diejenigen in der Zeit seines ersten Kommens, welche ihrer Meinung nach Anspruch auf die Annahme gehabt hätten, sondern vielmehr wandte sich der Messias den bedrückten, verachteten und geschundenen Menschen zu und selbst von diesen erwiesen sich noch viele als nicht würdig – sie konnten nicht auserwählt werden.

(Siehe Lk 18:9-14 Gleichnis bezüglich Sündenvergebung, 17:11-19 Jesus heilte zehn Aussätzige, Mt 19-30 Erste und Letzte)

Es ist notwendig, sich immer wieder an die Beispiele zu erinnern, die uns zeigen, dass der wahrhaftige Gott eine andere Logik anwendet und somit auch andere Methoden hat, sein Vorhaben zu verwirklichen. Nicht so, wie es die Menschen meinen, geschieht „der Wille Gottes“, sondern so, wie es der Vater-Gott vorgesehen hat.

Nicht durch menschliche Überlegungen und Handlungen, wie im Beispiel Abrahams durch Ismael, geschah der Wille Gottes, sondern durch ein Wunder des wahren Gottes, durch Isaak, sollte einmal die gesamte Menschenwelt gesegnet werden.

(Siehe 1 Mos 17:18-19, Nicht Ismael, sondern Isaak war auserkoren.)

Was wollte nun eigentlich der Messias damals?

Als der Sohn einer Jungfrau (Mt 1:23),

Gezeugt durch den Heiligen Geist (Mt 1:18),

Geboren in der Stadt Bethlehem (Mt 2:1,6),

Aufgewachsen in Galiläa, Nazareth (Jes 11:1, Mt 2:23),

im Alter von ca. 30 Jahren von Johannes, dem Täufer, seinem Wegbereiter, getauft (Lk 3:23, Mt 3:3,15-16),

von etwa dem 30. bis zum 34. Lebensjahr im „Weinberg" seines Vaters wirksam gewesen (Mk 12:1-9 Gleichnis von bösen Weinbergpächtern) und danach von seinem eigenen Volk abgelehnt und den Römern zur Hinrichtung übergeben. (Mk 15:1-15)

Doch, lassen wir uns von dem Messias selbst sagen, wozu er als Mensch auf die Erde kam. Gemäß Mt 5:17 ist er gekommen, um das Gesetz zu erfüllen: *„Denkt nicht, ich sei gekommen, um das Gesetz oder die Propheten zu vernichten. Nicht um zu* vernichten *bin ich gekommen, sondern um zu erfüllen."*

Da das göttliche Gesetz, welches den Israeliten am Berg Horeb gegeben wurde, ein vollkommenes Gesetz war, konnte auch nur ein vollkommener Mensch dieses Gesetz halten. Nicht nur dafür war der Messias gekommen, sondern auch, um dieses vollkommene Gesetz zu *erfüllen.*

Das würde bedeuten, dass das gesamte Gesetz eine Vorausschau auf den Messias gewesen ist, welches nur durch einen vollkommenen Menschen, den Messias, erfüllt werden konnte.

Nur der Messias konnte die Rolle des Mose als Führer des Volkes in der „Wirklichkeit" einnehmen (siehe Apg 3:22); nur der Messias konnte die Rolle des Aaron als Hohepriester und Vermittler zwischen dem wahren Gott und den Menschen übernehmen; nur der Messias konnte die Rollen der gesamten israelitischen „Opferpalette" übernehmen und erfüllen; nur der Messias konnte in das wirklich „Allerheiligste", in den Himmel vor den Thron des wahren Gottes, treten, um vor dem wahren Gott sein Lösungsopfer für die gesamte Menschheit darzubringen (siehe Hebr. 9:9-14); nur der Messias konnte die Grundlage eines lang verheißenen „neuen Bundes" Kraft seines Blutes zur Vergebung von Sünden in Erfüllung bringen. (Siehe Hebr. 9:15, Mt 26:26-28, Jer 31:31-33)

Wir haben festgestellt, dass durch den Gottesstaat Israel nicht nur ein lebendiges Zeugnis von dem wahren Gott und seinen hervorragenden Eigenschaften gegeben werden sollte, sondern über das Gesetz auch Menschen für einen bestimmten Zweck erzogen und damit auch Berufene werden konnten. (siehe Gal 3:24-25)

Diese „erzogenen Menschen" kommen dafür in Frage, als „Erstgeborene, Könige und Priester" unter der Leitung des Messias als ihrem „Oberkönig" für den Rest der Menschheit in Form von Königen und Priestern als göttliche Regierung vom Himmel aus zu dienen.
(Hinweise finden wir in Hebr. 11:28, 12:18-24, 8:1, 1:8, Ps 7:9-18, Ofb 5:9-10.)

Durch diese gerechte göttliche Regierung, auch einfach „neue Himmel" genannt, sollte jedem Erdenbürger die gerechte Chance gegeben werden, seine persönliche Entscheidung entweder für den wahren Gott und sein Herrschaftssystem und somit für ein Leben auf unabsehbare Zeit auf Erden oder

für den Ungehorsam dem wahren Gott gegenüber und der daraus resultierenden „Nichtexistenz“ zu treffen. Erstgenannte müssen natürlich auch dazu erzogen werden, als „Götter über die übrige Schöpfung zu herrschen“. (Hinweise in Jes 65, 2 Petr 3:7,13, Mal 3,18)
Der gesamten Menschheit sollten also durch solch eine göttliche Regierung, bestehend aus dem Messias als dem obersten König, aus dem Samen Abrahams über Isaak, Jakob, Juda und David kommend, sowie aus den von der „Erde Erkauften“, in einen „neuen Bund“ eingebundenen und wiedergeborenen „Priester und Könige“, dem „sekundären Teil“ der göttlichen Regierung als eine „neue Schöpfung“, die von dem israelitischen Gott verheißenen Segnungen zuteilwerden. (Siehe Apg 20:28, Hebr. 9:14-28, 1 Kor 11:25, 2 Kor 5:17, Gal 6:15)

Somit kam Jesus als der Messias vor ca. 2.000 Jahren nicht nur, um das Gesetz zu erfüllen, sondern auch als „der Weg, die Wahrheit und das Leben“ für die gesamte Menschheit. (Siehe Joh 14:6)

Was wollte der Messias vor 2.000 Jahren mit diesen Worten sagen? „Ich bin der Weg.“ Nun, ein Weg ist dazu da, von einem Ort zu einem anderen Ort zu kommen. Auch Christus als „der Weg“ erfüllt einen solchen Zweck.
Doch wohin führt dieser „Weg“? Das Ziel auf diesem „Weg“ führt zum Vater, dem wahren „Universalen Geist“ und zu der Einheit mit diesem Vater als dem allmächtigen, allweisen, wahrhaftigen, gerechten, liebevollen, ordentlichen, friedlichen, barmherzigen, gütigen und glücklichen Gott, dem „Universalen Geist“, von welchem sowohl alle Materie stammt als auch das Leben in all den Dingen, die wir sehen und auch nicht sehen. (Siehe Joh 20:17, 17:20-21, Mk 5:7)

Darum sagte auch Jesus, der Christus, von sich selbst, was wir im zweiten Teil des Verses 6 aus Joh 14 lesen:

„Niemand kommt zum Vater außer durch mich."

Jesus, der Messias, ist also, wie es an anderer Stelle heißt, auch der „Mittler zwischen dem wahren Gott und den Menschen." (Siehe 1 Tim 2:5)
Ein Weggefährte des Paulus, Barnabas, sieht den Messias auch als den Mittler des neuen Bundes, was er in Hebr. 9:15 und 12:24 zum Ausdruck bringt.

Ein wiedergeborener Mensch, der zu einer „neuen Schöpfung" geworden ist, der in ein Bundesverhältnis für ein „Königs- und Priesteramt" gekommen ist, der als der „sekundäre Teil des Samens Abrahams" verstanden werden muss, kommt, solange er hier auf Erden lebt, über seine Gebete nur durch den Messias zum Vater.

Wenn dieser ehemalige Mensch irgendwann nach seiner Auferstehung oder Entrückung mit seinem neuen geistigen Leib in den Himmeln existieren wird und dann auch buchstäblich den Vater sehen wird, also zum Vater kommen kann, verdankt er das auch nur seinem Messias, durch welchen diese Möglichkeit erst verwirklicht werden konnte. Auch was die Vergebung seiner Sündenlast und die Befreiung von Gesetz und Tod angeht, erfolgen diese nur über den „Weg", ja, über den Herrn Jesus, den Messias. (Siehe Joh 8:32-36, Gal 4:28-5:1, 2 Joh 1,9)

Doch „der Weg" bedeutet noch weit mehr für die gesamte Schöpfung.

Wir hatten bereits aus Jes 55:11 erfahren, dass der Wille des wahren Gottes geschehen muss:

„So wird sich mein Wort erweisen, das aus meinem Mund hervorgeht. Es wird nicht ergebnislos zu mir zurückkehren, sondern es wird gewiss das tun, woran ich Gefallen gehabt habe, und es wird bestimmt Erfolg haben in dem, wozu ich es gesandt habe."

Trotz der Rebellion und der daraus resultierenden Unordnung, sowohl im Universum als auch auf Erden, wird der Wille Gottes geschehen, die göttliche Logik wird sich durchsetzen. Doch wie wird sie sich durchsetzen?

Nun, über das „Wort Gottes", den „Logos" oder den „Weg" oder den „Messias". Zum Frieden und zur Ordnung im Himmel als auch auf Erden kommt es nur über diesen „Weg". Doch die Tatsache, dass der Christus „der Weg" ist, anzuerkennen, genügt nicht – er ist auch „die Wahrheit und das Leben". Somit ist, um zum Vater und zu ewigem Leben zu kommen, die Wahrheit ebenso erforderlich wie der Weg. Was jedoch die Wahrheit anbetrifft, so war es seit der Rebellion durch das ranghohe Geistgeschöpf, den Widerstandleistenden in den Himmeln, für Menschen auf Erden nie einfach, hinter die Wahrheit zu kommen. Schon immer stellten Menschen die Frage, die auch Pilatus stellte:

„Was ist Wahrheit?" (Siehe Joh 18:38)
Auf Grund der unsäglichen Verwirrung, Verlogenheit und der Halbwahrheiten, hervorgerufen durch den „Weltgott", den Verleumder und Widerstandleistenden, stellte sich Pilatus – wie seit eh und je auch viele andere Menschen – diese Frage: „Was ist Wahrheit?" Besonders darum war es notwendig,

dass der Messias auch als die „Wahrheit“ kam. Weil dem so ist, muss ich als Wahrheitssucher den Aussprüchen und der Handlungsweise dieses „Gesalbten“ noch „mehr als die gewöhnliche Aufmerksamkeit schenken“. (Hilfreich sind uns die Texte aus Hebr. 2:1, 2 Petr 1:19-21, Joh 18:37.)

So, wie die Anerkennung des Messias als „Weg“ von „Alles“ bestimmender Bedeutung für das bleibende Leben und die Anteilnahme an dem Vater, dem wahren Gott, oder auch für das Gericht ist, so bedeutsam ist auch die Anerkennung der „Wahrheit“.

Bei Meinungsverschiedenheiten aller Art sind die Aussagen des Messias, also des Herrn Jesus, ausschlaggebend zur Wahrheitsfindung. Niemand war bereits im Himmel, um uns Menschen von dort zu berichten, außer dem Herrn Jesus. (Kol 1:15, Joh 3:12-13)

Niemand war dem „Vater“, Gott, dem Höchsten, so nahe, um uns Menschen besser über IHN Bescheid zu geben, als der Messias. (Siehe Hebr. 1:1-3, Spr 8:30, 9:29-31, Ofb 3:14)

Niemand hatte einen gesamten Anteil an der Schöpfung wie der Herr Jesus, der Messias. (Siehe Kol 1:16, Joh 1:3)
Niemand ist dem Vater, Gott, dem Allmächtigen, so ähnlich wie Jesus, der Christus. (Siehe Joh 14:9-10+20, Joh 10:30)

Und niemand bekommt so viel Macht zugesprochen wie der „einzig gezeugte Gott“, der „eingeborene Sohn“ des höchsten Gottes, der „Hauptschöpfer“ und Erhalter des Universums, der Wiederhersteller der göttlichen Logik, der Ordnung und des Friedens im gesamten Universum.
(Man belege sich oben Gesagtes aus Joh 1:18, 1 Kor 15:27-28, 1 Joh 5:1, 1 Kor 15:20-28 und Eph 1:3-14.)

Wenn also der Herr Jesus, der Messias, auch die Wahrheit ist, sollte sich der wahrhaft Gläubige, sei es der Israelit oder aber auch der Mensch aus den Heidennationen, zu allen Zeiten eng an den Christus halten, seinem Beispiel die größte Aufmerksamkeit schenken und seinen Fußspuren genau folgen.

So bedeutete die Wahrheit vor 2.000 Jahren, dass durch den Messias das Gesetz erfüllt werden sollte (Siehe Mt 5:17), dass die Zeit des Endes für den israelitischen Gottesstaat gekommen war (siehe Mt 9:17, Luk 5:36-39) und die Zeit für die Erfüllung der Prophezeiung aus Ez 11:17-21 und 36:26-28 angebrochen war. Die Zeit für eine irdische Thronbesteigung des Messias war allerdings damals *noch nicht* gekommen. (Siehe Apg 1:6-7)
Die Zeit zum „Herausrufen“ der Versammlung der „Erstgeborenen“, der dazu gehörende Lernprozess des „sekundären Teils des Samens Abrahams“, hatte damals mit dem Erscheinen des Messias ebenfalls begonnen. (Siehe Lk 22:20,28-30, Apg 2:1-21, Joel 3:1-2, Mt 26:28)
Heute, da man es mit der Wahrheit am wenigsten ernst nimmt, da Schwindel, Verlogenheit und Übervorteilung so weit verbreitet sind, dass wahrheitsliebende Menschen fassungslos und einsam mit Abscheu im Herzen die Geschehnisse in unserer Welt verfolgen, ist es dennoch möglich, hinter die Wahrheit zu kommen. (Siehe Joh 3:20-21, 6:44)

Die Heilige Schrift, das Buch, das uns die freundlichen Schöpfergötter als Lebensanleitung oder „Gebrauchsanweisung“ gegeben haben und welches sie auch aus ihrer „vieldimensionalen Existenz“ in unsere dreidimensionale Denkweise übersetzen ließen, soll uns Menschen nur dazu verhelfen, den Weg zu der übrigen göttlichen Schöpfung zurückzufinden.

Der Messias, der uns in diesem Buch vorgestellt wurde, hilft jedem Einzelnen von uns, diesen Weg zurück an seinen Platz in der göttlichen Schöpfung zu finden. Dadurch vermag sich jeder Mensch des Glückes, welches der wahrhaftige Gott als ein Teil seiner gesamten Schöpfung für ihn vorgesehen hat, zu erfreuen, sofern er von den göttlichen Vorkehrungen Gebrauch macht.

Einem Gottes- und Wahrheitssucher bleibt also keine Wahl – er muss sich mit den Lehren der sogenannten „Heiligen Schrift“, der „Gebrauchsanweisung für Menschen“, auseinandersetzen, denn der Verleumder des wahren Gottes legt es fortwährend nur darauf an, den wahren Gott zu verleugnen und ihn in ein falsches Licht zu stellen.

Seine Stärken sind *„Halbwahrheiten“.* Wie bereits erwähnt und über das Beispiel aus 1 Mos 3:1-13 erörtert, führt der „Gott dieser Welt“ die gesamte Menschenwelt ständig durch solche Halbwahrheiten auf Irrwege.

Die sogenannten christlichen Religionen sind selbstverständlich auch dieser Machenschaft zum Opfer gefallen. Daher stellen ihre religiösen Lehren den wahren Gott, der ehemals auf dieser Erde einen Gottesstaat unterhielt, der durch seinen vor 2.000 Jahren erschienenen Messias den „Weg“, die „Wahrheit“ und das „Leben“ allen Erdbewohnern vorstellte und in sehr naher Zukunft sein Gericht sowohl über die rebellierenden Engelssöhne als auch über die gesamte Erdbevölkerung bringen wird, in einem äußerst falschen Lichte dar.

Um nur einige Beispiele zu erwähnen, sei an die Verbreitung des Begriffes „der liebe Gott“ erinnert. Nicht, dass dieser Begriff falsch wäre, nein, sondern in Joh 3:16 oder Lk 11:42

und in vielen anderen Bibelstellen wird die „Liebe Gottes" herausgestellt.
Das ist jedoch nur die eine Seite der Wahrheit. Die andere Seite der Wahrheit ist diese, dass der *„liebe Gott"* auch ge*recht* ist. (Siehe Hiob 4:17, Ps 4:1, Joh 17:25)

Durch diese Halbwahrheit von „dem lieben Gott" wird der wahrhaftige Gott von den „nominellen Christen" zu einem alten, nimmer zürnenden „Butler" degradiert, der alles vergibt und in seiner „großen Liebe" jedwede Schlechtigkeit übersieht und überdeckt.

So können die nominellen Christen sich gegenseitig ermorden, sich gegenseitig betrügen, übervorteilen, sexuelle Perversionen jeder erdenklichen Art praktizieren, gleichgeschlechtliche Ehen führen, Sodomie betreiben, lügen, stehlen, Natur und Tiere massakrieren und viele Schlechtigkeiten mehr im Glauben daran verüben, dass der *„liebe Gott"* über all dies hinweg schaut.

Die Halbwahrheit – „der liebe Gott" ist ja schließlich ein *„lieber Gott"* und sein Messias sühnt ja schließlich mit seinem Blut für alle unsere Sünden – bewirkt eben eine solch gottlose Lebensweise.

Doch wehe denen, die auf diese *Halbwahrheit* hereinfallen und die andere Seite der Wahrheit nicht erkennen wollen – die Tatsache nämlich, dass der wahrhaftige Gott nicht nur ein „lieber Gott" ist, sondern auch ein „gerechter Gott" und absichtliche Verfehlungen zur Sühnung bringt.
Dieser gerechte Gott wird jedem Menschen, der das von ihm gestellte „Loskaufopfer", den Messias, nicht annimmt und an diesem Nicht-Glauben *„ausübt"* und damit auch seine vorher

verübten Niederträchtigkeiten nicht bitter bereut, die Folgen seiner Handlungsweise zu spüren geben, ihn also ins Gericht bringen und somit jeden Menschen, nicht nur Gläubige aller Art, sondern auch alle Atheisten für ihre Vergehen zur Rechenschaft ziehen und sie ihre „Netto–Untaten“ aufarbeiten lassen. (Hinweise darauf in Pred 11:9, Ps 9:8-9, Joh 5:22-30, Pred 12:13-14)

Der Gerechtigkeit liebende Mensch erkennt sogleich, wie verheerend sich *Halbwahrheiten* auf die Lebensweise des Menschen auswirken und vor allem, wie groß die Schmach ist, die auf den wahren Gott, dem Geber allen Lebens, gebracht wird.

Ähnlich wie mit der Halbwahrheit *„der liebe Gott“* verhält es sich mit all den anderen Halbwahrheiten, wie z. B. mit der nimmer aufhörenden „Feuerqual“ für solche, die den wahren Gott nicht annehmen wollen, oder mit der philosophischen Ansicht über die „Seele“ oder das „Blut“.

Niemand sollte sich Illusionen machen – die Sache hinsichtlich unser aller Zukunft ist eine sehr ernste, selbst wenn jemand meinen sollte, als Atheist sei er „gut heraus“ und bräuchte nichts zu fürchten, muss ihm gesagt werden, dass auch er in sein „Gericht“ kommen wird.

Das uralte Naturgesetz, welches der Apostel Paulus in seinem Brief an die Versammlung in Galatien erwähnt, wenn er dort sagt: *„Irrt euch nicht, Gott lässt sich nicht verspotten! Denn was ein Mensch* sät, *das wird er auch* ernten“ *(Gal 6:7)*, wird nicht nur für die irdische Natur ewig Gültigkeit haben, sondern auch für die geistigen Sphären.

Außer den wiedergeborenen Menschen, die den Messias annehmen und an ihn glauben, wird jeder Mensch, der jemals auf Erden lebte und noch geboren wird, in sein Gericht kommen. Dabei spielt es keine Rolle, ob religiös oder unreligiös, ob intelligent oder unintelligent, ob als Berühmtheit oder bescheidener Bürger, ob als Bettler oder König – jeder Mensch muss für sich die *„alles“* bestimmende Entscheidung treffen:

Möchte ich den „Universalen Geist“, den Gott der Wahrheit und der Gerechtigkeit, den Gott der Liebe, den Gott der Allmacht, Allweisheit und Allwissenheit, den Gott des Friedens und des Glückes, den Gott der Liebe und des Lebens, der durch seinen einzig gezeugten Sohn, den Messias, alle aus den Fugen geratenen Ereignisse, sowohl in den Himmeln als auch auf der Erde, wieder in Ordnung bringen lässt, *annehmen* und ihm gehorchen und mich auf diese Weise in die gesamte göttliche Schöpfung integrieren, oder will ich diesen *ablehnen* und ihm nicht gehorchen und somit die Folgen meiner gegen die göttliche Ordnung gerichteten Handlungsweise immer wieder aufarbeiten oder tragen?
Sollte sich jemand dafür entscheiden, diesen wahren Gott nicht anzunehmen und diesem Geber aller guten Gaben, einschließlich der Gabe des Lebens, nicht gehorchen zu wollen, dann sollte er sich darauf vorbereiten, sein Gericht zu durchleben und zur Nichtexistenz zurückzukehren. Sollte sich jedoch jemand für diesen wahren Gott entscheiden wollen, dann wird es im ersten Schritt notwendig, den Messias als den von Gott gegebenen „Weg“ anzuerkennen und anzunehmen. (Siehe Jak 1:17, Hebr. 9:27, 10:26-27)

Erinnern wir uns an seine Worte: *„Ich bin der Weg und die Wahrheit und das Leben. Niemand kommt zum Vater außer durch mich." (Joh 14:6 oder Joh 18:36)*

„Dazu bin ich geboren worden und dazu bin ich in die Welt gekommen, damit ich für die Wahrheit Zeugnis ablege. Jeder, der auf der Seite der Wahrheit ist, hört auf meine Stimme." Pilatus sagte zu ihm: „Was ist Wahrheit?"

Es gehört zu dem Plan Gottes, dass der „Logos", sein „Wort", Jesus, der Christus, der Vermittler zwischen dem höchsten Gott und den Menschen ist. Erinnern wir uns auch daran, dass dieser Jesus, der Messias, auch derjenige ist, der die Rebellion des Verleumders zum guten, gerechten und vollkommenen Abschluss bringen wird. Dazu ist eben besonders auch die „Wahrheit" notwendig, durch die wir letztlich auch mit der göttlichen Logik vertraut gemacht werden.

Nach all den Jahrtausenden, in denen der Widerstandleistende viele seiner in den Himmeln befindlichen und für uns unsichtbare „Brüder" (Engel) ebenfalls zur Rebellion veranlasste und gegen den höchsten Gott aufwiegelte – nach all den Jahrtausenden, in denen der Verleumder und Widerstandleistende durch seine schlechte Herrschaft und sein schlechtes Vorbild mit all seinen Parteigenossen die gesamte Menschheit verdorben und verunmenschlicht hat, um sie zum Schlachtvieh für sich und seine Gesinnungsgenossen zu machen und letztlich zur Selbstvernichtung zu führen, sollte doch bewiesen sein, dass die Herrschaftsweise des Widerstandleistenden zu nichts Gutem führt.

Nach all den Jahrtausenden, in welchen der Widerstandleistende und seine Helfer mit ihren Lügen und Halbwahrheiten, von denen inzwischen die gesamte Menschheit und ihre Organisationen durchdrungen und verseucht sind und die „Weltmenschen“ zu einer für friedliche Zwecke unbrauchbaren „Bestie“ gemacht wurden – nach all den Jahrtausenden, in denen diese zerstörerische Bestie die gesamte Schöpfung trotz der robusten kybernetischen Selbsterhaltung an den Rand des Ruins gebracht hat – ja, nach all den Jahrtausenden der Missherrschaft und Misswirtschaft, der Zerstörung, der Kriege und Verbrechen, der Verleumdung und Lügeninformation und der Gottes- und Menschenverachtung, ist bewiesen, dass die Herrschaft und die Machenschaften der Widerstandleistenden zu nichts Gutem führen und diese Widerstandleistenden darum ihrem Gericht zugeführt werden müssen.

Die Zeit für die Beendigung der teuflischen Gewaltherrschaft ist gekommen und somit auch für die Wiederherstellung der göttlichen Schöpfung, in welcher all ihre Geschöpfe das für sie vorgesehene Glück erfahren werden und der Wille des „wahren Gottes“ verwirklicht sein wird. (Texte dazu in Mt 3:2, Lk 1:33, Joh 18:36, Kol 1:12-14, 2 Petr 1:10-11, Ofb 11:15)
Die Kernaussage des Evangeliums der HS ist also die, dass der Wille des höchsten Gottes geschieht, trotz des Zwischenfalles einer teuflischen Rebellion und die gesamte Schöpfung zur Ruhe und zum Glück durch das Königreich Gottes kommen wird. (Siehe Jes 55:8-11, Mt 6:10)

Die Zeit für die Beendigung der teuflischen Herrschaft und die Befreiung versklavter Menschen ist für uns heute am Ende der christlichen Ära angebrochen. Durch das „Wort“ Gottes, des Höchsten – den Messias und Weltrichter, wird die

Wiederherstellung eines verlorengegangenen „Paradieses“ erfolgen.

Durch die „Königreichsregierung“ wird sowohl allen lebenden als auch allen bereits verstorbenen Menschen Gerechtigkeit widerfahren.

Alle werden die gerechte Chance bekommen, sich *für* den Gehorsam gegenüber dem wahren Gott, die Möglichkeit der gerechten göttlichen Schulung und somit für ein Leben auf unabsehbare Zeit zu entscheiden – oder *dagegen,* um somit für ihr Gericht und die Nichtexistenz zu votieren.
In den kommenden tausend Jahren wird es durch das Königreich Gottes ohne den Einfluss von bösen geistigen Mächten zur Genesung der Schöpfung kommen, zum Aufbau einer friedlichen Menschenwelt und am Ende dieses tausendjährigen Reiches zur Beseitigung des Verleumders und seiner Teilhaber. (Siehe 1 Mos 3:15, „er wird Dir den Kopf zertreten ...“)

Diesem Königreich Gottes oder diesem „tausendjährigen Friedensreich Gottes“ wird, wie es aus „dem Plan des wahren Gottes“ zu erkennen ist, ein „Jubeljahr“ folgen, in welchem eine zweite Auferstehung stattfinden wird, wie es auch aus dem Vorbild des israelitischen Gottesstaates zu erkennen ist. (Siehe 3 Mos 25:8-18, Sabbatjahrgesetz und Jubeljahr)

Alles wird wieder in seinen ursprünglichen Zustand zurückgeführt werden. Danach wird der Wille Gottes sowohl im Himmel als auch auf Erden größtenteils erfolgt sein.

„Dein Königreich komme. Dein Wille geschehe wie im Himmel so auch auf der Erde.“ (Mt 6:10)

In diesem göttlichen Plan war von Anfang an all das berücksichtigt, was zu der von Gott vorgesehenen Zeit den Frieden, die Eintracht, Gerechtigkeit, Wahrheit, Zufriedenheit und das Glück, ja, die vollständige Harmonie im Universum wieder herstellen würde.
Auch wird in diesem göttlichen Plan berücksichtigt, dass jedem vernunftbegabten Geschöpf Gottes Gerechtigkeit widerfahren soll und dass die Folgen der Rebellion und die dazugehörigen Auswirkungen am Ende des Szenarios gerecht behandelt und beseitigt sein würden. Als Mahnmal oder als ein Präzedenzfall sollte das Szenario jedoch für „alle Ewigkeiten" erhalten bleiben oder als Präzedenzfall zur Verfügung stehen. (Siehe Jes 66:23-24)

Alle christlichen Religionen haben in ihrem menschlichen Bemühen, das Königreich Gottes auf Erden durch eine Christianisierung der Weltbevölkerung mit allen erdenklich unlauteren Mitteln aufzurichten und zum Weltfrieden durch sogenannte christliche Regierungen zu kommen, kläglich versagt. Viele der christlich religiösen Sekten, die sich kurz nach dem Ableben der Apostel im 2. und 3. Jahrhundert n. Chr. bildeten, hatten bereits zur Zeit der „Staatskirchengründung" im 4. und 5. Jahrhundert n. Chr. nicht mehr besonders viel mit der Wahrheit des Evangeliums zu tun. Durch die Übernahme griechischer Philosophien und religiöser Lehren aus dem Heidentum ist zwar der „Quantensprung" zur Staatsreligion gelungen, jedoch die reine Wahrheit, für die der Messias gekommen war, eingestanden hat und gestorben war, verwässert worden. So sind die „Früchte" aus den christlichen Religionen von heute bedeutend schlechter als z. B. die aus dem Buddhismus oder dem Konfuzianismus.

In den christlichen Regionen auf dieser Erde sind Betrug, Übervorteilung, Verbrechen, Gewalttaten, Mord sowie sexuelle Perversionen meist noch mehr verbreitet, als in manchen Regionen der Erde, in denen nichtchristliche Religionen beheimatet sind.

Vor allem aber sollte man auch bedenken, dass in den sogenannten christlichen Regionen der Erde die schlimmsten Kriege aller Zeiten geführt wurden und die gemeinsten und vernichtungsgewaltigsten Waffen erfunden, gebaut, erprobt und verwendet werden, durch welche sich die heutige Menschenwelt auch zum großen Teil selbst vernichten wird.

Der aufrichtige Mensch braucht nicht lange zu forschen, um herauszufinden, dass mit den sogenannten christlichen Religionen nichts mehr stimmen kann. Wie es dazu kam, lehrt uns die Geschichte.
In der Zeit bis zum Ableben der letzten Apostel, die über die Wahrheit wachten, die der Messias verkörperte, waren die verhältnismäßig wenigen Menschen, die der Wahrheit folgten, nur unbeliebte Gäste auf dieser Welt. Sie waren, was einleuchtend ist, kein Teil dieser Welt, wie auch ihr Herr, der Messias, offensichtlich kein Teil dieser Welt war. (Siehe Joh 17:14, 18:36)

Logischerweise wurden sie von den „Weltmenschen“, deren Gott und geistiger Vater der Verleumder ist, gehasst. Dennoch blieben sie ehrliche, gerechte, aufrichtige Leute, die sich weder am politischen noch am heidnisch-religiösen Geschehen beteiligten. (Siehe 1 Thes 4:11-12, Eph 4:28)

Sie waren fleißige Arbeiter oder Handwerker, die einerseits wegen ihrer Ehrlichkeit geachtet, andererseits aus demselben

Grund verhasst waren. Sie ließen sich nicht in das verleumderische, unehrliche, betrügerische und mörderische Weltsystem integrieren.
Sie hatten andere Wertmaßstäbe und waren in der Lage, die Lügen in den „Halbwahrheiten“, auf welchen das teuflische System beruht, zu erkennen und aufzudecken. Sie hatten ihre Augen stets auf die „Dinge droben gerichtet“ und nicht auf Dinge dieser Welt. Sie strebten ständig die Einheit mit ihrem Herrn, dem Messias, sowie seinem und ihrem Gott, dem allmächtigen Vater, an. (Siehe Gal 5:17-26, Joh 17:21)
Man fand sie in ihrem stetigen Bemühen, aus dem Erziehungsprogramm ihres Vaters Nutzen zu ziehen und ihrem Vater ähnlich zu werden. (siehe Mt 5:45-48)

Man fand sie in dieser Zeit in keiner Verwaltung, in keiner Armee, in keiner Partei, in keiner Regierungsverantwortung. (Siehe 1 Joh 2:15-17)
Die Wahrheit ließ sie damals noch verstehen, was es heißt, *„kein Teil der Welt“* zu sein. (Siehe Jak 4:4)
Sie waren *Fremdlinge* in dieser Welt. (Siehe 1 Petr 2:11, 1:16-19)

Sie hatten sich in dieser Zeit bis zum Tod als vorzügliche „Zeugen“ für Gott und seinen Christus erwiesen.
Nach dem Ableben der Apostel jedoch, im Besonderen nach dem Weggang des Apostels Johannes, wurden falsche Lehrer und falsche Führer und falsche Apostel in die Gemeinden eingebracht, die eine Verwässerung der Wahrheit betrieben, was allerdings auch vorausgesagt war. (Siehe 2 Thes 2:7-8, Apg 20:29-30)

Diese „falschen Apostel“ verwässerten die Wahrheit, sodass im Verlauf von wenigen Jahrhunderten viele verschiedene christliche Sekten entstanden, die sich gegenseitig bekämpften und das eigentliche Ziel und ihre Berufung aus den Augen verloren hatten. (Siehe 2 Petr 2:1-23, Hebr. 13:9, Jud 4)
Das Ziel des „Gottes dieser Welt“, des Widerstandleistenden, ist deutlich geworden. Sein Bestreben war vor allem darauf gerichtet, den wahren Gott der ersten Christen, der durch den Messias als sein genaues Abbild der Welt offenbart wurde, zu verfälschen und zu verändern und durch einen anderen Gott heimlich zu ersetzen, das Evangelium zu verfälschen und den reinen Zustand der Christen zu verunreinigen, um dann schließlich das „Eins“-Werden mit dem wahren Sohn und dem Vater zu vereiteln. (Siehe Apg 20:26-31, Joh 17:20-23)
Die Grundsatzlehren der HS wurden umgemünzt zu den Grundsatzlehren des Gottes dieser Welt. So wurde aus dem „einen Gott“, dem „Vatergott“, dem „Universalen Geist“ und dem Gott der Christen und dem Gott der Israeliten, der sich als ihr „Messias“ präsentierte, ein „dreieiniger Gott“. (Grundsatzlehren der HS in 1 Mos 9:6, 5 Mos 6:4, Jes 42:8, Sach 14:9, Mk 12:29, 1 Kor 8:6)

Aus der „sterblichen Seele“ des Menschen wurde eine „unsterbliche Seele.“ Aus dem „Grab“ oder „Totenreich“ wurde eine „Hölle“, in der Seelen gequält werden sollten. (Siehe 1 Mos 2:17, Ez 18:4, Mt 10:28, Pred 9:5,10) Aus einer „Aufseher-Stellung“ wurde eine „Stellvertreter-Christi-Stellung“. (siehe Mt 23:8-9) Aus einer Schöpfung wurde eine Evolution – und so könnte man die Liste der Verfälschungen beliebig fortsetzen, doch ein Wahrheitssucher wird diese Lügen und „Halbwahrheiten“ selbst herausfinden.

Der von der Welt getrennte wahre Christ wurde wieder in die Welt integriert, der Nachfolger des Messias, der zu Beginn der christlichen Ära kein Teil der Welt war, wurde wieder ein Teil dieser Menschenwelt. Der zur Freiheit berufene Anbeter des wahren Gottes, der sich seine Freiheit nur von dem wahren Gott einschränken lässt und nur einige wenige Prinzipien zu beachten hat, um seinem Herrn Jesus sowie seinem Gott und Vater zu gehorchen, wurde wieder unter die Herrschaft des Gottes dieser Welt versklavt, unter die Sünde und die dazugehörigen Unbilden.

Was „unter die Räder kam", war – einmal mehr – *die Wahrheit.* Selbst christlich-religiöse Gruppierungen in unserer heutigen Zeit, die sich von den etablierten Kirchen abgenabelt haben und versuchen, einen besseren „Weg" nahe der Wahrheit zu gehen, scheitern letztlich an der *„fortschreitenden Erkenntnis und der dazugehörigen Wahrheit". (1 Kor 13:9)* Es genügt nicht, mit weniger Wahrheit zufrieden zu sein. Es ist notwendig, nach der gesamten Wahrheit zu suchen und dann den Weg der Wahrheit bis zum Tod zu gehen. Wenn ich z. B. ein fremdes Land bereisen möchte, genügt es nicht, ein kleines Stück Landkarte von diesem fremden Lande zu haben und mich damit zufriedenzugeben, sondern ich muss eine Karte vom gesamten Land besitzen, um mich darin zu orientieren. Ebenso genügt es auch nicht, einen Teil biblischer Wahrheit zu kennen. Man muss im Verlauf seines Lebens nach der ganzen Wahrheit suchen. Dieses ist auch gemeint in Joh 17: *„3 ‚Darin besteht aber das ewige Leben, daß sie dich, den allein wahren Gott, und den du gesandt hast, Jesus Christus, erkennen.' Heilige sie durch die Wahrheit; dein Wort ist Wahrheit ..."*

Die „Wahrheit“ zu erwerben ist ein Lernprozess, der mehr oder weniger lange dauert, es ist ein „Weg“, den man mit dem „Messias“ zusammen gehen muss, weshalb man die neue Lehre des Messias vor zweitausend Jahren auch „den Weg“ nannte, und die Wahrheit muss der jeweiligen Wegstrecke (der Zeit) angepasst sein.

So stellt auch das „Einswerden“ mit dem Messias und dem Vater des Messias gemäß Joh 17:21 einen Lernprozess dar, der oft ein ganzes Leben lang dauert. Nur wer auf dem Weg der göttlichen Wahrheit bleibt, sie verinnerlicht, sie erfühlt und dadurch die göttliche Logik verstehen lernt und diese dann freudig annimmt und auf diesem „Weg“ weitergeht hinter dem Messias, der „verkörperten Wahrheit“, her, erreicht das Ziel.

Das Ziel ist die Einheit mit dem höchsten, alles belebenden „Universalen Geist“, den der Messias auch „meinen Gott“ nennt und dessen Logik, Gerechtigkeit und Wahrheit er zu verstehen und anzuwenden sucht. (Siehe Joh 17:21, Ofb 3:12, Ps 45:8)
Das Ziel ist auch Unsterblichkeit für solche, die während der christlichen Ära als „Wiedergeborene“ und „Erstgeborene“ mit dem kommenden Weltherrscher als Könige und Priester der übrigen Menschheit dienen werden, und ebenso ein Leben auf unabsehbare Zeit für solche, die von der göttlichen „Regierungsmannschaft“ vom Himmel aus regiert werden. (Weiteren Aufschluss durch Joh 8:31-32, 15:3-4, 1 Kor 15:51-56)

Die christliche Ära dauert inzwischen bereits 2.000 Jahre und man fragt sich, warum diese Zeit so lange dauern muss und was letztlich in dieser langen Zeit bewirkt wird? Wir haben zu Beginn des Kapitels gesagt, dass die christliche Ära eine Zeit des „Heils und der Wiedergeburt“ ist. Die nächste Frage, die sich stellt, ist die: Wie kommen Menschen, praktisch gesehen, in den Nutzen des „Heils“?

Um diesen Teil des Planes Gottes mit der Menschheit zu verstehen, ist es gut, sich an den Gottesstaat zu erinnern, der in der „Nachsintflutlichen Ära“ bestand. Die Israeliten sollten in dieser damaligen Zeit durch das Gesetz erzogen werden, wie dies Paulus deutlich machte. (Siehe Gal 3:24)
All diejenigen Israeliten, welche sich durch das Gesetz erziehen ließen, kamen dann in der folgenden Ära der „Christlichen“ über die Wiedergeburt in den Einflussbereich des Messias, wodurch sie in einer weiteren „Erziehungsperiode“ zu einer „privilegierten Klasse“ weiter erzogen werden konnten, und so kann man von solchen auch als Berufenen sprechen. (Siehe Joh 3:1-12, 2 Kor 5:17, 2 Tim 3:16-17)

Man könnte sagen, dass die christliche Ära eine weitere „Erziehungszeit“ darstellt, in welcher eine „Elite“ zu „Königen und Priestern“ erzogen wird, die letztlich dazu befähigt ist, die übrige Menschheit dazu zu erziehen, als Götter über die übrige Schöpfung zu herrschen. Ist dieser Prozess erfolgreich zu Ende gebracht, kann man dann von solchen „Erzogenen“ als „Auserwählte“ sprechen. (Siehe Ofb 14:4)

Um diese Angelegenheit besser zu verstehen, ist es für manche Menschen gut, wieder das Beispiel der Kindererziehung, welches wir bereits verwendeten, heranzuziehen.

Kinder machen unbestritten einige Erziehungsprozesse durch, bis sie selbst verantwortungsbewusste Erwachsene sind. Als Kleinkinder benötigen sie Gesetze, deren Gewicht durch Androhung von Strafen erhöht werden muss. Wir sagten bereits, dass Kleinkinder auf Grund ihrer Unwissenheit bestimmte Gesetze beachten müssen, damit für sie der vorzeitige Tod oder verschieden schwere Schäden abgewendet werden.

Nachdem die Kinder älter geworden sind und diese Zeit der totalen Unwissenheit überstanden haben, kommt eine Zeit, in welcher die Eltern den Kindern eine weitere Erziehung auf höherer Ebene zukommen lassen. Wie selbstverständlich beachten die immer erwachsener werdenden Kinder die ehemals gegebenen Gesetze. Sie wissen inzwischen, welche Konsequenzen verfehlte Handlungsweisen nach sich ziehen, und andererseits haben sie Dinge erlernt, wodurch sie in verschiedenen Situationen nicht mehr gefährdet werden, wie z. B. das Schwimmen oder angemessene Vorsicht walten zu lassen, bevor sie eine Straße überqueren. Doch auch als sogenannte „Halbwüchsige“ sind sie für das Leben als Erwachsene noch nicht reif, weil es noch ethische und moralische Grundsätze zu erlernen gibt. Als eine besonders schwierige Zeit stellt sich in solchen Fällen die Zeit der Pubertät dar.

Diese Entwicklung, die sich in jedem einzelnen Menschen abspielt, spielte sich auch im Verlauf von Jahrtausenden in der Menschheit ab.

Während der Zeit des „Israelitischen Gottesstaates“ vollzog sich an Menschen die „Kleinkindepoche“. Der „Vater-Gott“ wurde noch nicht als solcher vollständig registriert und es bedurfte einer Menge Gesetze mit dazugehörigen Strafankündigungen, um das Volk zu erziehen. Diejenigen Israeliten, welche sich intensiv mit ihrem Gesetz und ihrem Gott beschäftigten und aus den eigenen Fehlern und denen anderer lernten, erfuhren etwas über die „Mentalität“ und die Eigenschaften ihres Gottes. Die Nützlichkeit der Gesetze wurde ihnen bewusst, sodass die Erziehung etwas in den „ethischen“ und „moralischen“ Bereich hineinwachsen konnte.

Bei unserem Beispiel in Bezug auf Kindeserziehung aus einem vorherigen Kapitel stellten wir fest, dass Kinder, auf Grund sich mehrender Erfahrungen die Liebe und Sorgfalt ihrer Eltern hinter den von ihnen gegebenen Gesetzen erkennen können, vorausgesetzt, sie wurden in Liebe und mit Konsequenz erzogen. Diese Erkenntnis verursacht bei diesen Kindern, dass ihre eigene Liebesfähigkeit wächst, was sich dann sowohl den Eltern als auch anderen Menschen gegenüber bemerkbar macht. Doch diese Erkenntnis und dieses neue Gefühl, von den Eltern geliebt zu werden, obwohl die Eltern andererseits auch konsequent sind, hilft den werdenden Erwachsenen, sich auch mit den Fragen der Moral und Ethik besser auseinandersetzen zu können.

Bei alledem sind die Erfahrungen aus den Fehlern anderer Menschen hilfreich, um das eigene Leben entsprechend gestalten zu können.

Der Einzelne aus dem israelitischen Volk konnte während der Bestehens- Zeit des Gottesstaates feststellen, dass Missachtung von Gesetzen letztlich bestimmte Konsequenzen nach sich zog und die göttliche Gesetzgebung ein Zeichen von göttlicher Liebe dem einzelnen Israeliten gegenüber gewesen ist. Und so, wie es gemäß unserem Beispiel den erwachsen werdenden Kindern ergeht, wenn sich bei ihnen das Gefühl, geliebt zu werden, positiv auf die weitere Entwicklung aus-

wirkt, so konnte sich das Gefühl, von Gott geliebt zu werden, in jedem einzelnen Israeliten für eine weitere Erziehungsperiode positiv auswirken.
Zu Beginn der christlichen Ära machte es sich bemerkbar, welche Israeliten Nutzen aus ihrer ersten Erziehungsperiode gezogen hatten. Das Empfinden, von Gott geliebt zu werden und die Bereitschaft, solch eine selbstlose Liebe weiterzugeben, war ausschlaggebend dafür, ob der einzelne Israelit den Messias annahm oder nicht. Wenn somit die Pharisäer und Gesetzeslehrer trotz ihrer strengen Gesetzestreue den Messias samt seinen vorzüglichen Taten ablehnten, lag dies daran, dass sie sich von der göttlichen Erziehung durch ihr Gesetz nicht zur Liebe zu Gott und zur Barmherzigkeit gegenüber ihrer Mitmenschen hatten erziehen lassen. Den Grund dafür muss man allerdings bei dem einzelnen Menschen suchen. Wie sich in unserem Beispiel nicht jedes Kind durch die elterliche Liebe und Sorgfalt zur Nachahmung erziehen lässt, sondern einige selbstliebend und selbstsüchtig bleiben oder werden, so bewirkte auch die göttliche Erziehung im Falle vieler Israeliten nicht die selbstlose Liebe zu ihrem Gott, die sich dann in der nächsten Erziehungsperiode hätte positiv auswirken können.
Selbstsucht und Eigenliebe gehen natürlich Hand in Hand mit Überheblichkeit, Ungerechtigkeit und Unehrlichkeit, was im Fall der Pharisäer und Schriftgelehrten zu Beginn der christlichen Ära oft deutlich wurde. (Siehe Mt 27:18)

Als nun der Messias die nächste Erziehungsepoche einführte, herrschte zunächst einmal große Verwirrung in Israel. Niemand aus der israelitischen Bevölkerung verstand, was sich in dieser Zeit wirklich vollzog. Der Messias sprach davon, seinen Nachfolgern die „Wahrheit zu bringen, die sie frei zu machen vermag“, was von vielen falsch oder überhaupt nicht verstanden wurde. Was jedoch bei vielen Israeliten, vor allem bei Schriftgelehrten und Pharisäern, besonders provozierend wirkte, war die Nichtbeachtung *menschlicher Überlieferungen.* (Siehe Joh 8:32, Mt 15:2-3)

Was sich in dieser Zeit vollzog, war der Übergang von der ersten zur zweiten Erziehungsepoche, den man mit der „Zeit der Pubertät“ bei Jugendlichen aus unserem Beispiel der Kindererziehung veranschaulichen könnte. In dieser zweiten Phase der göttlichen Erziehungszeit von Menschen war das Mosaische Gesetz in seiner alten Form überholt, aber *nicht zunichte gemacht* worden. Eine neue Epoche mit einer dazugehörigen erweiterten, neuartigen Erziehung hatte von nun an begonnen. (Hinweise in Jer 31:22, Mt 9:17, 13:52, Lk 5:36)
Eine Art „Stein der Weisen“, die bereits im alten Gesetz zu finden war, jedoch wegen mangelndem Empfindungsvermögen noch nicht in ihrer Tragweite verstanden wurde, trat an die Stelle des alten Gesetzes. Dieses „Königliche Gesetz“, wie es auch später in den „christlich-griechischen Schriften“ genannt wurde, finden wir in 5 Mos 6:5 und 3 Mos 19:18, und unter normalen Umständen mussten alle Israeliten diese beiden Passagen gekannt haben. (Siehe Jak 2:8)

In 5 Mos 6:5 ist der Wortlaut wie folgt: *„5 Und du sollst den HERRN, deinen Gott, lieben mit deinem ganzen Herzen und mit deiner ganzen Seele und mit deiner ganzen Kraft.“*

In 3 Mos 19:18 lesen wir dann: *„18 Du sollst dich nicht rächen und den Kindern deines Volkes nichts nachtragen und* *sollst deinen Nächsten lieben wie dich selbst. Ich bin der HERR.“*

Dieses „Königliche Gebot“ wurde nun die Grundlage für die Zeit der christlichen Ära und auf diesem beruhte die notwendige Erziehung für Anwärter auf Positionen wie „König“ und „Priester.“ Das „Königliche Gebot“ war eigentlich eine Zusammenfassung des gesamten alten Gesetzes aus dem israelitischen Gottesstaat. Es würde, könnte man es heute konsequent anwenden, die gesamten Probleme der bestehenden Menschheit lösen – daher der Ausdruck „Stein der Weisen“.

Der Messias zitierte diesen Hinweis aus der israelitischen Gesetzessammlung, was wir in Mt 22:37-40 aufgezeichnet finden, wo gesagt wird: *„Du sollst den Herrn, deinen Gott, lieben mit deinem ganzen Herzen und mit deiner ganzen Seele und mit deinem ganzen Verstand. 38 Dies ist das größte und erste Gebot. 39 Das zweite aber ist ihm gleich: ‚Du sollst deinen Nächsten lieben wie dich selbst.‘ 40 An diesen zwei Geboten hängt das ganze Gesetz und die Propheten.“*

Wenn wir, um oben Gesagtes eventuell besser einordnen zu können, noch einmal auf unser Beispiel zurückkommen, stellen wir fest, dass ein Jugendlicher, der gerade die Pubertät hinter sich hat, die einfachen elterlichen Gesetze nicht mehr in der ehemals gegebenen Form nötig hat. Gesetze, die ihm verbieten, auf die Straße zu laufen oder am Teich zu spielen oder mit der Hand auf die heiße Herdplatte zu greifen oder nicht über das Balkongeländer zu klettern, braucht der Jugendliche nicht mehr, weil ihr Wert von ihm verstanden und akzeptiert und zur Selbstverständlichkeit wurde. Was ein solch junger Mensch für seine weiterführende Lebensphase braucht, sind Grundsätze und Prinzipien, welche ihm helfen können, ethischen oder moralischen Fragen und Problemen gerecht zu werden und solche beantworten oder lösen zu können. Hinter solchen Prinzipien stehen natürlich Erfahrungen, Eigenschaften und Gefühle.

Um auf unser Beispiel zurückzukommen und die praktische Seite etwas zu erhellen, könnte man sagen: Haben die Eltern eines Jugendlichen nicht des Öfteren gesagt: „Man wirft keine Steine oder Abfall in Nachbars Garten – man neckt keine alten Leute, sondern begegnet diesen respektvoll – man nascht Leckereien nicht heimlich alleine, sondern teilt diese mit seinen Geschwistern oder Freunden – man stiehlt keine Kirschen im Garten des Nachbarn, sondern bittet diesen um Erlaubnis, von seinen Kirschen essen zu dürfen – man stellt sich nicht krank, wenn es darum geht, eine Arbeit zu verrichten und lässt andere die Arbeit alleine tun, sondern man beteiligt sich an der Verrichtung der Arbeit – man räumt seinen Spielplatz oder sein Zimmer selbst auf und überlässt dies nicht den Eltern oder Geschwistern.“? So könnte man die Liste beliebig weiterführen. Die wenigen Beispiele mögen uns zu verstehen geben, dass, um friedlich und reibungslos mit seinen Mitmenschen und der Natur im Gleichklang leben zu können, andere Prioritäten gesetzt werden müssen, als sich selbst in den Mittelpunkt zu stellen und nur an die Befriedigung der eigenen Bedürfnisse und Wünsche zu denken, wie das bei allen Kindern naturgegeben ist.

Welche Erfahrungen, Eigenschaften und Gefühle hinter dem „Königlichen Gesetz“ in der Zeit der christlichen Ära stehen, wird aus den Worten des Messias deutlich. Die „Liebe“ findet sich in dem „Königlichen Gesetz“ als die neue Basis wieder, und – wie könnte es auch anders sein – der wahrhaftige Gott wird in den unangefochtenen Mittelpunkt gestellt. „Liebe Gott über alle Dinge“ ist die „Zauberformel“, die bei jedem Menschen, der sich wahrhaftig daran hält, bewirkt, dass sich alles um Gott und seinen Willen dreht. Jede Tat, jede Entscheidung, jeder Gedanke hat seinen Dreh- und Angelpunkt bei dem „Universalen Geist“ und solange dies bleibt, gibt es keine Kollision mit etwas anderem. Sollte diese Ordnung jedoch insofern geändert werden, dass etwas anderes, z. B. das eigene „Ich“, Menschen, Geld, Macht, Sucht oder sonst etwas im Mittelpunkt des Lebens eines Menschen steht, wird es zu unangenehmen Kollisionen mit dem „Universalen Geist“, der Natur, seinen Mitmenschen, mit sich selbst oder anderen Dingen kommen. Dadurch würde die „Lebensbahn“ eines Menschen exzentrisch verlaufen, was irgendwann zur Kollision und entsprechenden Problemen führen würde.

Wenn wir ernsthaft darüber nachdenken, verstehen wir auch, warum der Messias davon sprach, dass wir als Menschen „Eins werden“ sollten mit ihm selbst und seinem Vater, dem „Universalen Geist“.

Von sich sagte der Messias, aufgezeichnet in Joh 10:30, „Ich und der Vater sind eins“, was für uns bedeuten soll, dass der Messias in völliger Übereinstimmung mit seinem Vater ist und keine – auch nicht die kleinste – Meinungsverschiedenheit zwischen dem Vater und dem Sohn steht, und zu solch einer Einheit muss auch jedes einzelne „Kind Gottes“ kommen, sollte es die vollständigen Segnungen, die der wahrhaftige Gott über seine Schöpfung ausschüttet, erben wollen.

Der Messias nimmt in seinem Gebet, das er kurz vor seiner Hinrichtung im Beisein seiner Jünger sprach, Bezug auf diese Einheit. In Joh 17:20-22 lesen wir: *„Aber nicht für diese allein bitte ich, sondern auch für die, welche durch ihr Wort an mich glauben 21 damit sie alle* eins *seien, wie du, Vater, in mir und ich in dir, dass auch sie* in uns eins seien, *damit die Welt glaube, dass du mich gesandt hast. 22 Und die Herrlichkeit, die du mir gegeben hast, habe ich ihnen gegeben, dass sie eins seien, wie wir eins sind."*
Solch eine unüberwindliche Einheit zwischen den Menschen, dem einzelnen Menschen und dem Messias und zwischen dem einzelnen Menschen und dem „Universalen Geist", dem Vater-Gott, ist das Ziel der Erziehung von Menschen in der Zeit der christlichen Ära und führt dazu, dass der Gleichklang oder die Einheit zwischen Natur, Mensch und „Universalem Geist" wieder hergestellt wird, was schließlich für den Menschen Leben auf unabsehbare Zeit bedeutet und ihm das Privileg gibt, als „Gottähnlicher" über die übrige Schöpfung zu herrschen. Damit jedoch Menschen dieses Ziel erreichen können, hat der Vater seinen „Sohn", sein „Wort" (Logos), zur Erde gesandt. Johannes berichtet über diese Tatsache in Kapitel 1, Vers 14: *„Und das Wort wurde Fleisch und wohnte unter uns, und wir haben seine Herrlichkeit angeschaut, eine Herrlichkeit als eines Eingeborenen vom Vater, voller Gnade und Wahrheit."*
Das „Wort" Gottes wurde von Gott, dem Vater, zur Erde gesandt, damit Menschen versöhnt werden konnten mit Gott, dem Vater. Welche Menschen kamen denn dafür in Frage? Solche, die aus ihrer Erziehung durch ihr Gesetz einen für sie positiven Nutzen zogen. Unter den damaligen Israeliten waren

es diejenigen, welche bereits durch ihr Mosaisches Gesetz die Liebe, Fürsorge und das Interesse ihres Gottes verspürten. Diese wiedergeborenen Israeliten kamen damals in der christlichen Ära mit dem Messias in Verbindung und spürten über diesen Messias die göttliche Wärme und Liebe, die göttliche Wahrheit und Logik sowie ein aufrichtiges Interesse am einzelnen Menschen und folgten, von solchen Eigenschaften angezogen, diesem „Gesandten“ Gottes. Sie spürten das aufrichtige Interesse an ihnen, trotz göttlicher Konsequenz, und waren bereit dafür, sich einem weiteren „Erziehungskursus“ zu unterziehen, und damit wurden die Berufenen zu Auserwählten. (Siehe Joh 10:2-27)
So, wie in unserem Beispiel Eltern bei Jugendlichen die Grenzen ihrer Handlungsfreiheit mit zunehmendem Alter und zunehmendem Verständnis erweitern und trotzdem konsequent bleiben und auf moralischen und ethischen Grundsätzen beharren müssen, geschieht dies auch ab der Zeit der christlichen Ära mit all den Menschen, die als der „Same der Frau“ für „gehobenere Aufgaben“ prädestiniert werden.

Gleich zu Anfang der neuen Ära waren es Menschen aus dem israelitischen Volk, welche von der „Weiterbildung“, die der wahrhaftige Gott in die Wege geleitet hatte, Nutzen zogen, indem sie sich dem Messias anschlossen, und kurze Zeit später schlossen sich bereits Menschen aus Heidenvölkern dem Messias an, um in ein „Kindschaftsverhältnis“ zu dem wahren Gott zu kommen.

Auf diesem „neuen Erziehungsfeld“ geht es nicht mehr um geistige „Milchspeise“, wie sie über das Gesetz dargereicht wurde, wie z. B.: Darf ein Mensch Gott verleugnen? Darf man einen Menschen, ohne dass dieser eine todeswürdige Schuld auf sich geladen hat, töten? Kann man ein gottgefälliger Ehebrecher sein? Darf man, um seine Ehre zu retten, auch dann und wann zu einer Notlüge greifen? Diese oder ähnliche Fragen waren längst über das Mosaische Gesetz geklärt worden. Nein, auf diesem neuen „Erziehungsfeld“ mit einem erweiterten Lernprogramm geht es eher darum, sich selbst aus dem Mittelpunkt seiner Denk- und Handlungsweise zu stellen und sich die Eigenschaften anzuerziehen, die der wahrhaftige Gott und sein Messias aufweisen, und da der Messias, wie wir es bereits gelesen haben, das genaue Ebenbild des Vaters ist und in völliger Übereinstimmung mit ihm, können wir Menschen auch am besten von dem Messias lernen. Er wurde zum Menschen – genau wie wir, allerdings war er ein vollkommener Mensch. (siehe 1 Joh 4:2)

Er hatte eine solch große Liebe zu uns Menschen, dass er sein Leben für uns opferte. (Siehe Joh 15:13)

Er war gekommen, um für die Wahrheit Zeugnis abzulegen und uns den Vater-Gott zu offenbaren. (Siehe Joh 18:37)

Er kam zur Erde, um Königswürde zu empfangen. (siehe Joh 18:36-37)
Er kam zur Erde, um den dafür prädestinierten Menschen als der „Weg, die Wahrheit und das Leben“ zu dienen.
(Siehe Joh 14:6)

So könnte man die Liste darüber, wozu der Messias als Mensch auf die Erde kam, fortsetzen, was jedoch für jeden Einzelnen von uns noch wichtig ist, sind seine Worte aus Mt 11:28-30, wo der Messias sagt:

„28 Kommt her zu mir, alle ihr Mühseligen und Beladenen! Und ich werde euch Ruhe geben. 29 Nehmt auf euch mein Joch, und lernt von mir! Denn ich bin sanftmütig und von Herzen demütig, und ihr werdet Ruhe finden für eure Seelen; 30 denn mein Joch ist sanft, und meine Last ist leicht."

Der „einziggezeugte Sohn Gottes", der Messias, der von seinem Vater zu uns auf die Erde gesandt wurde, ist unser edelster Helfer. Die Einheit mit seinem Gott und somit auch mit unserem Gott und Vater zu erreichen, durch die wir dazu befähigt werden, in ein wahres Kindschaftsverhältnis zu dem wahren Gott, dem „Universalen Geist", zu kommen, um danach die Aufgaben in den Himmeln zu übernehmen, die für solche Heiligen vorgesehen sind, sollte für Wiedergeborene das edelste Ziel sein.

Für diese vom wahren Gott gegebenen „weiterbildenden Maßnahmen" ist die christliche Ära vorgesehen und auch ein neues Lehrbuch geschaffen worden, nämlich das Neue Testament.

Der Messias sprach einmal in einem anderen Bild davon, wenn er in Joh 4:35 sagte:

„Siehe, ich sage euch: Hebt eure Augen auf und schaut die Felder an! Denn sie sind schon weiß zur Ernte. 36 Der da erntet, empfängt Lohn und sammelt Frucht zum ewigen Leben."

Der Messias benutzte das Gleichnis von einer „Ernte", um zu zeigen, dass in der dafür vorgesehenen Zeit, eine Menge von Menschen eingesammelt werden, um der hervorragenden göttlichen Erziehung teilhaftig zu werden.

Wir können somit von der christlichen Ära auch als einer Zeit der „Einsammlung“ sprechen. Es ist also eine Zeit des *Heils*, der *Wiedergeburt*, der *Einsammlung*, eine Zeit der *Erziehung* und letztendlich auch eine Zeit der *Prüfung* für all diejenigen, die sich in dieser göttlichen „Universität“ eingeschrieben haben.
Wie kann jedoch der Einzelne, der in Berührung kommt mit dieser Thematik, einen Nutzen aus den „Darbietungen“ ziehen, die uns der „Allmächtige Gott“ zur Verfügung gestellt hat? Indem er sich damit beschäftigt, was bedeutet, dass er Interesse zeigen muss und beharrliche Nachforschungen anzustellen hat, um sich eine Grundlage für einen Glauben zu schaffen. Wenn er beharrlich forscht und sich Erkenntnisse über den Messias und dessen Vater und Gott erwirbt, mag er sich als ein Samen des „Weibes“ erweisen, wovon bereits in Gen 3:15 die Rede ist. Auf welche Weise beschafft der „Wahrheitssucher“ sich jedoch die für ihn nützliche Erkenntnis? (Siehe auch Joh 17:3) Ein Beispiel finden wir in dem „Neuen Testament“, dem „neuen Lehrbuch“.

Philippus findet den Nathanael und spricht zu ihm: „Wir haben den gefunden, von dem Mose in dem Gesetz geschrieben und die Propheten, Jesus, den Sohn des Josef, von Nazareth.“ 46 Und Nathanael sprach zu ihm: „Kann aus Nazareth etwas Gutes kommen?“ Philippus spricht zu ihm: „Komm und sieh!“
So wie Nathanael zuerst reagierte, so reagierten auch viele der Pharisäer und Schriftgelehrten, diese sagten auch, nachdem sie von dem Messias erfahren hatten: „Es kommt kein Prophet aus Nazareth.“ Und sie meinten, damit erübrige sich

eine weitere Prüfung. Nathanael jedoch hörte auf den Rat von Philippus: „Komm und sieh!“ Und er fand den Messias.

Wenn wir ein wenig aus dem göttlichen Plan verstehen möchten, wird es notwendig sein, dass wir uns intensiv mit der Materie beschäftigen, so wie es auch diejenigen Israeliten pflegten, welche aus dem „Gesetz“, ihren Erfahrungen und den Beispielen anderer Israeliten Nutzen zogen.

Johannes, der dem Messias vertrauteste Jünger, schrieb in seinem Evangelium die Worte: *„Denn so hat Gott die Welt geliebt, dass er seinen eingeborenen Sohn gab, damit jeder, der an ihn glaubt, nicht verloren geht, sondern ewiges Leben hat.“*

Lesen wir diese Worte und lassen sie nur bis in unseren „Kopf“ eingehen, wissen wir zwar, dass Gott für die Welt seinen Sohn gegeben hat und können auch noch große Worte darüber verlieren, haben jedoch keinen Nutzen davon. Warum nicht? Nun, gemäß dem „neuen Lehrplan“, den der wahrhaftige Gott für uns vorgesehen hat, ist es nötig, die Erkenntnis aus Joh 3:16 in unser *Herz hinabfließen* zu lassen. Wie lautet eine göttliche Voraussage? – *„Und ich werde ihnen ein Herz geben und werde einen neuen Geist in ihr Inneres geben, und ich werde das steinerne Herz aus ihrem Fleisch entfernen und ihnen ein fleischernes Herz geben.“ (Ez 11:19)*

Es genügt nicht, sich viele Erkenntnisse aufzuhäufen, um damit anderen imponieren zu können, nein, es ist in unserer Zeit nötig, dass wir die Erkenntnisse in unser „fleischernes Herz“ hinabfließen lassen, um somit zu *erfühlen*, was der wahrhaftige Gott, der Vater unseres Messias, für uns getan hat. Es würde also in unserem Beispiel bedeuten, dass wir über das „Gottesgeschenk“ und Gottes diesbezügliche Beweggründe nachsinnen müssen.

Diese Forderung seitens des wahren Gottes ist allerdings nicht neu – wir finden sie bereits im *Deuteronomium*, in 5 Mos 32:28-29:
„28 Denn sie sind eine Nation, die <allen> Rat verloren hat; keine Einsicht ist bei ihnen. (Paralleltext Jer 4:22)
29 Wenn sie weise wären, würden sie das verstehen, würden ihr Ende bedenken.“* (Würden* sie darüber nachsinnen..., siehe auch Ps 63:6, 77:12)
Um über eine Sache nachzusinnen, braucht man Zeit, man muss sich also Zeit nehmen zum „Nachsinnen“, und um beim Nachsinnen auch etwas zu verstehen, muss man sich dann und wann in die Lage anderer hineinversetzen und die Angelegenheit im Herzen hin und her bewegen. Tun wir das mit unserem Beispiel aus Joh 3:16, kommen wir beim Nachsinnen auf die Frage: Was würde ich opfern, um jemanden zu retten? Würde ich auch „das Liebste, was ich habe“, opfern wollen, um anderen zu helfen? Je intensiver wir eine Sache in unserem Herzen hin und her bewegen, um uns in sie hineinzufühlen, umso besser können wir etwas nachempfinden.
Was bewirkt solch ein intensives Nachsinnen bei uns, wenn wir bei unserem Beispiel bleiben? Die Wirkungsweise hängt natürlich von der Mentalität eines jeden Menschen ab. Eines sollte jedoch in jedem Falle bewirkt werden – es muss sich in uns eine tiefe, herzliche Dankbarkeit dem Gott gegenüber entwickeln, der solch ein Opfer für uns als einzelne Menschen gegeben hat und uns von seinem *„Herzblut“* schenkt.
Hätte dieser himmlische Vater, der „Universale Geist“, denn noch mehr für uns Menschen tun können? Ich sage: Nein!

Dankbarkeit unsererseits bewirkt nach solch einem Prozess des Nachsinnens entsprechende Empfindungen gegenüber diesem außerordentlich liebevollen Gott. Es wäre nichts außergewöhnliches, wenn ein Mensch spontan auf sein Angesicht fiele und diesem hochedlen Gott seinen herzlichsten Dank sagte für sein nicht zu übertreffendes Geschenk.

Auf alle Fälle bekommt man als Mensch, sofern man sich als ein „Samen der Frau“ erweist, ein persönliches Verhältnis zu diesem so wunderbaren „Universalen Geist“- dem Vater und Gott – als auch zu dessen Messias Jesus und zu jedem einzelnen wahren Christen.

Als der Messias auf Erden tätig war, standen die mit ihm lebenden Israeliten dem Messias näher als dem Vater, dem wahren Gott, und vermutlich haben sich diejenigen Menschen, die mit ihm Gemeinschaft hatten, sehr intensiv mit diesem Messias beschäftigt. Sie ahmten ihn nach und was sie sicherlich auch immer taten, sie besprachen miteinander so manche für sie neue Situation.

So kam nun auch die Zeit, als der Messias seine Begleiter auf seinen kommenden Tod vorbereiten musste. Er machte seine Nachfolger vorsichtig mit diesem Gedanken vertraut, wobei er die schriftlichen Vorhersagen verwendete, die besagten, dass er nach Jerusalem gehen werde, dort von den Schriftgelehrten, Ältesten und dem Hohepriester zu Tode gebracht und am dritten Tag danach auferstehen werde.

Nach dem Bericht aus Mt 16:21-23 war es Petrus als der Spontanste seiner Jünger, der ihn beiseite nahm und ihm Vorhaltungen machte. Eine typisch menschliche Reaktion – eine Reaktion von „Jugendlichen“, die sich selbst noch nicht aus dem Mittelpunkt ihres Lebens gerückt haben – doch der

Messias stutzte Petrus mit harschen Worten zurück. Auch so etwas kann einem Wahrheitssucher auf der „Hohen Schule Gottes" passieren. Dann heißt es, demütig zu sein und sich seiner „Kleinheit" bewusst zu bleiben und statt Gegenreden zu schwingen, sich mit der Sache tiefgründig auseinanderzusetzen. Zu der Zeit, als der Messias anfing, über seinen Tod zu sprechen, gab es für seine Nachfolger noch vieles zu lernen. (Siehe Joh 16:12)

Sie verstanden zu der Zeit noch nicht, dass der Messias sein Blut, das als Lösegeld für sie und viele andere Menschen benötigt wurde, spenden musste und sie erst danach als „Unterpfand" für eine „Gottessohnschaft" den Heiligen Geist erhalten konnten. Sie verstanden auch nicht, dass die den Vorvätern verheißene Königreichsregierung nicht von der Erde, sondern aus den Himmeln ihre Arbeit verrichten würde.

Sie verstanden auch noch nicht, dass bis zum Kommen der „göttlichen Weltregierung" noch eine geraume Zeit verstreichen musste, in welcher berufene Menschen die Chance erhalten sollten, in ein „Kindschaftsverhältnis" zu dem Vater des Messias zu kommen. Ja, sie wussten noch vieles nicht, aber das spielte nicht die große Rolle, sondern vielmehr konnten sich die Nachfolger des Messias darüber glücklich schätzen, dass sie den Messias angenommen hatten und an ihn glaubten. (Siehe Joh 3:18)

Nach der Ausgießung des Heiligen Geistes wurde die Situation für alle Nachfolger des Messias darum besser, weil der Heilige Geist als der „Tröster und Helfer" ihnen dazu verhelfen konnte, viele Weisheiten aus der Schrift richtig zu verstehen.

Das Feuer, welches durch den Messias angefacht wurde, fing an zu brennen.
(Siehe Lk 12:49)
Was für die Nachfolger des Messias, nachdem diese sich für ihn entschieden hatten und an ihn glaubten, während ihres gesamten restlichen Lebens am wichtigsten war, entnehmen wir den Worten des Messias selbst. Im Evangelium seines Jüngers Matthäus lesen wir auszugsweise Folgendes:
„Wacht also! Denn ihr wisst nicht, an welchem Tag euer Herr kommt 43 Das aber erkennt: Wenn der Hausherr gewusst hätte, in welcher Wache der Dieb kommt, so hätte er wohl gewacht und nicht zugelassen, dass in sein Haus eingebrochen wird. 44 Deshalb seid auch ihr bereit! Denn in der Stunde, in der ihr es nicht meint, kommt der Sohn des Menschen.“ (Mt 24:42-44)
(Siehe auch 2 Petr 3:16, 1 Kor 16:13, 1 Thess 5:2)

Es ist die „Wachsamkeit“, die hier von dem Messias angesprochen wird. Wachsamkeit im Hinblick auf seinen Glauben, seine Erkenntnis, seine Handlungsweise, sein Zeugniswerk, sein Gebetsleben, seine Freiheit und auf einige Dinge mehr. Alle Schreiber, die einen Anteil an dem biblischen Text des Neuen Testamentes hatten, wiesen in irgendeiner Form auf die Notwendigkeit der Wachsamkeit hin.
(Siehe 1 Petr 5:8, 1 Kor 3:10, Hebr 13:17)

Warum dieses wohl so notwendig ist, mag verschiedene Gründe haben. Da ist zum einen die Unachtsamkeit der Menschen, die sich durch die Gewohnheit einstellt. Ist für uns Menschen etwas neu, sind wir meistens auch wachsam, haben wir uns jedoch an etwas gewöhnt, hört die Wachsamkeit langsam auf. Doch der Widerstandleistende findet viele Möglichkeiten, um uns abzulenken, und seine fleißigen Helfer sind zu jeder Zeit bereit, unsere Aufmerksamkeit durch irgendwelche Dinge von dem Wichtigsten, unserem „Kindschaftsverhältnis“ zu dem wahren Gott, wegzuziehen und unsere Einheit mit dem Herrn Jesus, dem Christus, zu schädigen. Die Aufseher der ersten Christengemeinden hatten alle Hände voll zu tun, diesem nicht zu unterschätzenden Problem entgegenzutreten.

Heute mag dieses Problem noch größer sein, weil ständig nachkommende neue Ablenkungsmöglichkeiten einen immensen Raum im Leben der heute lebenden Menschen einnehmen. Nicht umsonst sprechen einige der Schreiber, die zum NT beigetragen haben, von der Zeit des Endes dieses Systems als einer sehr schwierigen Zeit. Auch der Apostel Paulus schrieb in seinem zweiten Brief an seinen Schüler Timotheus über die Endzeit und die dann vorherrschenden Verhältnisse unter den Menschen – nachzulesen in 2 Tim 3:1-14.

Natürlich wird sich die Situation in naher Zukunft noch zuspitzen, sodass das Leben jedes Bürgers in allen Ländern gefährdet sein wird.

So, wie bisher am Ende jeder Zeitepoche ein Fazit gezogen wurde und ein Gericht für Gerechtigkeit sorgte, wird auch am Ende der christlichen Ära ein Fazit gezogen und ein Gericht wird für Gerechtigkeit sorgen.

Die Voraussagen für das bevorstehende Systemende treiben einem den Schweiß auf die Stirn. Der wahrhaftige Gott und sein designierter Weltherrscher, der Herr Jesus, werden nach

dem Verursacherprinzip die Denk- und Handlungsweise aller heute auf Erden lebenden Menschen auf ihren Kopf zurückbringen. Der Messias, der über diese Zeit eine Voraussage gab, spricht von einer „Zeit der Drangsal, wie sie die Welt bis dahin nicht gesehen hat und auch später nicht mehr sehen wird". Was den Israeliten in den Jahren von 66-70 n. Chr. in Judäa und Jerusalem widerfahren ist, sollte eine kleine Vorschau dafür gewesen sein, was in Kürze der gesamten Erdbevölkerung widerfahren wird.
Die Zeit des „Heils" geht zu Ende – Wohl dem, der sich heute noch mit dem „Plan des wahren Gottes" hinsichtlich der Erde und der darauf lebenden Menschen beschäftigt!

****

Kapitel 10

Die Endzeit-Prophezeiung!

Endzeiten gab es, wie bereits erwähnt, schon einige innerhalb der Menschheitsgeschichte. So könnte man z. B. sagen, dass die Zeit, in der die ersten Menschen im Garten Eden lebten, zu Ende ging, also eine „Paradies-Endzeit“ war. Danach ging eine weitere Ära zu Ende, man könnte dieses Zeitalter „Vorsintflutliches Zeitalter“ nennen, somit könnte man von einer „vorsintflutlichen Endzeit“ sprechen.

Danach begann das „Nachsintflutliche Zeitalter“, welches vor etwa 2.000 Jahren zu Ende ging, und so könnte man am Ende dieses Zeitalters von der „Nachsintflutlichen Endzeit“ reden. Innerhalb dieses Zeitalters oder dieser „Ewigkeit“ findet man dann die Aufrichtung des Gottesstaates Israel. Aus der Nachkommenschaft Abrahams über seinen Sohn Isaak, der von Abrahams Ehefrau Sarah geboren wurde, entstammten dann die zwölf Stämme Israels. In der Verbindung Abrahams und der Magd Sarahs, Hagar, durch die Abrahams Sohn Ismael gezeugt wurde, hatten etwa sechs Jahre zuvor die arabischen Völker ihren Ursprung.

Der „Gottesstaat Israel“, vom wahrhaftigen Gott über sein Wort, den „Logos“, gegründet, kam etwa am Ende des „Nachsintflutlichen Zeitalters“ und zum Beginn der christlichen Ära im Jahre 70 n. Chr. zu seinem Ende, und man kann somit von der „Endzeit des israelitischen Gottesstaates“ sprechen. (Siehe Zeitalter o. Ewigkeit, EP 1.2)

Doch in dem großen Plan des wahren Gottes werden auch in der Zukunft noch einige „Endzeiten“ zu erwarten sein. So wird z. B. nach der christlichen Ära das tausendjährige göttliche Königreich unter dem Weltregenten Jesus, dem Christus, zu Ende gehen.

Ein weiteres Ende wird es für den Gott dieser Welt, den Verleumder, und seine Gefolgschaft geben, wenn für die gesamte Schöpfung sattsam bewiesen ist, dass die Herrschaftsform des Verleumders und dessen Umgangsweise mit seinen Verbündeten sowohl im Universum als auch auf Erden zur Selbstvernichtung führt.

Als letzte Endzeit in der uns Menschen gewährten „Zeitübersicht“ aus dem Plan Gottes käme dann das Ende des Ruhetages Gottes und der „Schöpfungswoche“. Wenn diese Endzeit dann vorbei ist und die durch die Aktivitäten des Widerstandleistenden entstandenen Unbilden und Probleme für das gesamte Universum ausgeräumt sind, würde der Wille des „Universalen Geistes“ sowohl im Himmel als auch auf der Erde vollständig geschehen sein.

Bevor jedoch solch eine Endzeit in Erscheinung tritt, lässt der „wahrhaftige Gott“ den jeweilig Betroffenen Hinweise und Informationen über die vor ihnen liegenden Veränderungen zukommen. Dieses ist auch eines der menschenfreundlichen Prinzipien des „wahrhaftigen Gottes“ und zeigt uns Menschen, wie intensiv das Interesse dieses „Universalen Geistes“ an unserem Wohl ist. Vorwarnungen bezüglich des Endes der christlichen Ära lässt er uns durch die Propheten Jesaja, Jeremia, Ezechiel, Amos oder auch durch andere zukommen.

Amos z. B. vermittelt uns in seinem Bibelbuch über dieses Prinzip des „wahren Gottes“ Folgendes:
„7 Nein, Gott der Herr tut nichts, ohne zuvor seinen Ratschluss seinen Knechten, den Propheten, geoffenbart zu haben. 8 Der

Löwe hat gebrüllt; wer sollte sich nicht fürchten? Gott der Herr hat geredet; wer sollte (oder müsste) nicht als Prophet reden.“ (Am 3:7-8)
(siehe auch Jes 42:8-9)

So finden wir sowohl in der gesamten HS als auch in der gesamten Menschheitsgeschichte Beweise dafür, dass der „Universale Geist“ seinen „vertrauten Propheten“ sein Vorhaben bekannt gemacht hat. Diese Vertrauten oder Propheten wiederum vermittelten diese göttliche Botschaft ihren Mitmenschen. Damit nichts von diesen göttlichen Nachrichten verloren gehen konnte, wurden diese in Büchern, die heute als gesammelte Werke „Bibel“ genannt werden, schriftlich festgehalten. Forschen wir heute in dieser längst vergangenen biblischen Geschichte hinsichtlich der göttlichen Voraussagen, so finden wir noch nach Jahrtausenden die Beweise dafür. Nehmen wir die Sintflut Katastrophe als ein solches Beispiel.

Nachdem, gemäß der in der HS vorgegebenen Zeitrechnung, etwa knapp 2.000 Jahre seit dem Bestehen der Menschheit verflossen waren, kam die große Flut über die gesamte Erde. Bevor es jedoch so weit kam, prüfte der wahrhaftige Gott die gesamte menschliche Gesellschaft auf ihre „inneren Werte“ hin, im Besonderen auch darum, weil sich durch die auf Grund der Geschlechtsbeziehungen zwischen materialisierten Engeln und Menschenfrauen nicht vorgesehene „Genmanipulation“ der Zustand der menschlichen Gesellschaft zur Selbstvernichtung hin beschleunigt wurde.

In dem Geschichtsbericht der Bibel wird uns 1 Mos 6:4-8 Folgendes offenbart:

„Zu jener Zeit waren die Riesen auf der Erde und auch später noch, solange die Gottessöhne mit den Menschentöchtern verkehrten und diese ihnen Kinder gebären. Das sind die Helden (die Recken), die in der Urzeit lebten, die hochberühmten Männer. Als nun der Herr sah, dass die Bosheit der Menschen groß war auf der Erde und alles Sinnen und Trachten ihres Herzens immerfort nur böse war, da gereute es ihn, die Menschen auf der Erde geschaffen zu haben, und er wurde in seinem Herzen tief betrübt. Darum sagte der Herr: ‚Ich will die Menschen, die ich geschaffen habe, vom ganzen Erdboden weg vertilgen, die Menschen wie das Vieh, das Gewürm, wie die Vögel des Himmels; denn ich bereue es sie geschaffen zu haben.' Noah aber hatte Gnade beim Herrn gefunden." (Ü. Hermann Menge)

Was der wahrhaftige Gott bei seiner Inspektion der Menschheit feststellte, hatte ihn „in seinem Herzen tief betrübt". (Siehe 1 Mos 6:6)

Auf dieser Grundlage konnte der Wille des wahren Gottes bezüglich der Menschheit und der Erde nicht verwirklicht werden. Eine Menschheit, die zufrieden und glücklich in größtmöglicher Freiheit sich der Erforschung der gesamten Schöpfung erfreuen sollte, die schöpferisch den vorbildlichen „Garten Eden" über die gesamte Erde ausbreiten sollte, ja, eine Menschheit, die als „Gottheit" die gesamte übrige irdische Schöpfung verwalten sollte, konnte mit der Menschheit, die der wahrhaftige Gott damals, ca. 120 Jahre vor der Sintflut, vor Augen hatte, nicht mehr verwirklicht werden.

Somit fasste der wahrhaftige Gott folgenden Entschluss.

„Mein Geist soll nicht für immer im Menschen erniedrigt sein, weil er ja Fleisch ist; so sollen denn seine Tage nur noch 120 Jahre betragen.“ (1 Mos 6:3)

Der wahrhaftige Gott gab dem Menschengeschlecht noch 120 Jahre Zeit, dann sollte das Ende für sie kommen, damit war also die „vorsintflutliche Endzeit“ festgelegt. Was in dieser „vorsintflutlichen Endzeit“ geschah, wird uns dann in 1 Mos 6,12-22 berichtet, was jeder in seiner Bibel nachlesen kann.

Der „Universale Geist“ hatte unter all den verkommenen Menschen doch noch einen gefunden, mit dem er vertraut werden konnte; er hieß Noah und hatte eine Familie, die aus einer Frau, drei Söhnen und drei Schwiegertöchtern bestand. Es waren also acht Personen, welche die Botschaft hinsichtlich des Vorhabens Gottes ihren Mitmenschen weitergeben konnten.

Diese wenigen Menschen waren die Zeugnisträger für den Eingriff Gottes in Form der Sintflut; das waren sie nicht nur dadurch, dass sie mündlich die göttliche Botschaft der damaligen Weltbevölkerung vermittelten, sondern auch dadurch, dass sie an dem Werk arbeiteten, durch welches sie überleben sollten - an der Arche. Die gesamte damalige Menschenwelt musste von dem Vorhaben, das der „Universale Geist“ mit der gesamten Erde hatte, gewusst haben; auch wenn dies nicht in dem Geschichtsbericht des Mose in Einzelheiten festgehalten wurde, so wussten in viel späterer Zeit doch noch Menschen davon, weil der Apostel Petrus diese Zeugnistätigkeit des Noah in seinem zweiten Brief erwähnte. In 2 Petr 2:5 beschrieb der Apostel Petrus den Noah als einen Prediger der Gerechtigkeit, wenn er sagt:

„ … und er hielt sich nicht davon zurück, eine ehemalige Welt zu strafen, sondern hielt Noah, einen Prediger der Gerechtigkeit, mit sieben anderen in Sicherheit, als er eine Sintflut über eine Welt gottloser Menschen brachte …“

Die gottlosen Menschen, die vor der großen Flut lebten, hatten also innerhalb der 120 Jahre bis zum Eintritt der Flut Gelegenheit, sich zu ändern und in ein passendes Verhältnis zu ihrem „Schöpfer-Gott“ zu kommen. Sie konnten unterrichtet sein, sie hatten sowohl das Wort als auch das Werk, welches Noah und seine Familie wirkten, doch wie die Geschichte zeigt, glaubte wohl niemand an die Botschaft der „Propheten-Familie“. Nur die Familie Noahs überlebte die Sintflut.

Es ist von Seiten des wahren Gottes sehr freundlich uns Menschen gegenüber, diese wichtigen Geschichten und Ereignisse in kleinen Büchern festgehalten zu haben. (siehe Bibel – EP 1.1)

Mündliche Überlieferungen würden solche Ereignisse und Geschehnisse im Verlauf von Jahrhunderten oder gar Jahrtausenden total verändern, genauso, wie dies im Falle der großen Flut zu beobachten ist. Es gibt nämlich in fast allen Volksstämmen der Erde mündlich überlieferte Geschichten von einer weltweiten Flutkatastrophe. Diese mündlichen Überlieferungen haben sich im Zeitverlauf so verändert, dass man sie heute kaum noch als Sintflutgeschichten erkennen kann.

So hatte der wahrhaftige Gott vor jeder für uns Menschen bedeutenden Veränderung, die er im Verlauf der Menschheitsgeschichte an der Erde oder den Menschen vollzogen hatte, die Betroffenen unterrichtet.

Auch vor dem in unserem Jahrhundert bevorstehenden Ende des christlichen Systems warnen uns die Schöpfergötter. Die Voraussagen hinsichtlich der Zeit des Endes des Weltsystems, in dem wir heute noch leben, wurden schon vor vielen Jahrhunderten schriftlich niedergelegt. Wir Menschen sollten uns diese Voraussagen unbedingt zu Gemüte führen.

Um einen einigermaßen plausiblen Überblick über die Geschehnisse in der Endzeit unserer Ära zu erhalten, ist es nötig, einige Endzeitvoraussagen zu beleuchten, um daraus eventuell einen Nutzen ziehen zu können.

Bei solch einer Betrachtung ist jedoch zu berücksichtigen, dass sich die Endzeit-Prophezeiungen ähneln und es oft nur einzelne Worte oder Begriffe sind, bedingt durch den technischen Fortschritt der Menschheit, die einem Wahrheitssucher helfen können, bestimmte Voraussagen in die entsprechende Zeit einzugliedern.
Die Prophezeiungen über eine weltweite Flut umfassen nur wenige Verse in der HS, und es waren Noah und seine Familie, die diese Voraussagen den damals lebenden Menschen durch Wort und Tat weitergaben. (Siehe 1 Mos 6:13-22, 2 Petr 2:5)

Voraussagen in Bezug auf den Niedergang des Gottesvolkes der Israeliten, seine Gefangenschaft auf Grund seines Ungehorsams und seiner Gottesverleumdungen und auch das Ende des Gottesstaates selbst, umfassten schon viele Kapitel in der Bibel – und sie sind nicht unbedingt chronologisch angeordnet. Bedeutende Weltereignisse, die in der „Gebrauchsanweisung für Menschen“, der Bibel, erwähnt werden und welche die gleichen Parameter aufweisen, wie z. B. die

Sintflut, das Ende des israelitischen Gottesstaates oder auch das Ende des christlichen Zeitalters, werden auch mit entsprechend gleichen Voraussagen belegt und haben oft auch Vorbilder in kleinerem Rahmen. Daher erwähnte der Messias, als er von dem „Ende der Weltzeit“ sprach, auch die Sintflut, indem er sagte:

„Aber wie die Tage Noahs waren, ... “ Danach erwähnte er Parameter, die zur Zeit Noahs Bedeutung hatten. Ebenso vergleicht auch der Apostel Petrus das Ende der christlichen Ära mit der Zeit Noahs und erwähnt Geschehnisse, die sowohl zur Zeit Noahs präsent waren als auch am Ende des christlichen Zeitalters präsent sein werden. (Mt 24:37-38, 2 Petr 3:5)

Einen weiteren sehr wichtigen Aspekt, der uns Menschen bei der Einordnung der Voraussagen Schwierigkeiten bereitet, ist die Tatsache, dass der wahrhaftige Gott mitunter sein Eingreifen verschiebt. Möglicherweise ändern einzelne Menschen, ganze Städte wie Ninive oder auch ganze Völker ihre Haltung und kommen zur Reue, so dass der wahrhaftige Gott diesen auf Grund seiner ausgeglichenen Eigenschaften wie der Liebe, der Gerechtigkeit, der Barmherzigkeit und Wahrhaftigkeit, eine Chance zum Weiterleben geben kann.
Der Apostel Petrus, der den Spöttern den Wind aus den Segeln nehmen will, indem er auf die vortrefflichen Eigenschaften des wahren Gottes hinweist, drückt sich hinsichtlich dieser Thematik in seinem zweiten Brief so aus: *„Der Herr ist mit der (Erfüllung seiner) Verheißung nicht säumig, wie manche Leute (in seinem Verhalten) eine Säumigkeit sehen, sondern ER übt Langmut gegen euch, weil ER nicht will, dass einige verloren gehen, sondern will, dass alle zur Buße (zum Gesinnungswechsel Mt 3:2) gelangen.“ (Menge Ü. 2 Petr 3:9)*

Der gerechte „Universale Geist“ sucht, wo immer die Möglichkeit besteht, nach dem *„Guten“* in den Menschen sowie nach einer Möglichkeit, den sündigen Menschen zum Sinneswandel zu führen, kann jedoch auf Grund seiner ausgewogen angewandten Eigenschaften keine Kompromisse machen. Wenn also der „Universale Geist“ einen gravierenden Eingriff machen muss, bei dem viele Millionen Menschen das Leben verlieren können – wie beispielsweise zur Zeit der „großen Flut“ – werden es sicherlich seine Eigenschaften wie Liebe, Barmherzigkeit und Gerechtigkeit sein, die dazu führen, dass der wahrhaftige Gott sein Vorhaben bekannt machen lässt. Auch mag es sein, dass der wahrhaftige Gott sein Gericht um der Menschen willen, die möglicherweise noch zur Sinnesumkehr kommen können, zeitlich etwas verschiebt, doch an seinen gerechten Prinzipien ändert der wahrhaftige Gott nichts.

Zu den göttlichen Prinzipien gehört, dass der „Universale Geist“ sein Vorhaben, bevor er einen gravierenden Eingriff unternimmt, den Betroffenen bekannt machen lässt. Wenn dennoch Menschen überrascht werden von einem göttlichen Eingriff, dann liegt es daran, dass solche Menschen der Mahnung nicht glaubten oder sie einfach ignorierten.
Da der wahrhaftige Gott die Entscheidungsfreiheit seiner Geschöpfe akzeptiert, zwingt er auch keinen Menschen dazu, etwas zu seinem Überleben zu tun, sondern überlässt jedem Menschen die Entscheidung darüber selbst. Was jedoch der wahrhaftige Gott aus seiner Liebe zu den Menschen und durch seine Barmherzigkeit ihnen gegenüber tut, ist, sie zu ermuntern, selbst etwas für ihr Überleben zu tun. Ezechiel schrieb neben anderen Propheten Folgendes darüber: *„Werft*

alle Übertretungen, durch die ihr euch gegen mich vergangen habt, von euch ab und schafft euch ein neues Herz und einen neuen Geist! Denn warum wollt ihr sterben, Haus Israel? Ich habe ja kein Wohlgefallen am Tode dessen, der sterben muß - so lautet der Ausspruch Gottes des Herrn, darum bekehrt euch, so werdet ihr leben!"

Diese menschenfreundliche Haltung der Schöpfergötter wird natürlich auch zusätzlich noch dadurch deutlich, dass sie uns hinsichtlich der kommenden Veränderungen Voraussagen geben, durch die wir erkennen können, wo wir im Strom der Zeit leben und was wir tun können, um schadlos das kommende Leid und die todbringenden Geschehnisse zu überleben.

Am Ende der „Nachsintflutlichen Ära" war es der Messias, der kurz vor seiner Hinrichtung die Frage der Apostel beantwortete, die nach Mt 24:2-4 lautete:

„Sage uns, wann wird das sein, und was ist das Zeichen deiner Ankunft und der Vollendung des Zeitalters?"

Diese Frage kam bei den Jüngern Jesu nach der Betrachtung der grandiosen Tempelanlage in Jerusalem auf. Später, nachdem es die Zeit erlaubte, gab der Messias seinen Jüngern die prophetische Voraussage hinsichtlich der Zeit des Endes des israelitischen Gottesstaates. Der mit seinem Gott und Vater „einige Messias" zeigt die gleiche Menschenfreundlichkeit, den gleichen Wunsch wie der „Universale Geist", sein Vater, in Bezug auf das Überleben von Menschen bei solch notwendigen Eingriffen. Seine Voraussagen hinsichtlich des Endes des israelitischen Gottesstaates erfüllten sich etwa dreißig Jahre später, doch seine erweiterten Voraussagen hinsichtlich des Endes unseres christlichen Zeitalters sind in unseren Tagen in Erfüllung begriffen.

Tatsächlich verbindet der Messias in seiner Prophezeiung die Endzeitgeschehnisse hinsichtlich des israelitischen Gottesstaates mit den Endzeitgeschehnissen am Ende unseres jetzigen Weltsystems.

Dieses hat allerdings auch mit der Fragestellung der Jünger des Herrn Jesus zu tun. Zu der Zeit, als sie die Fragen hinsichtlich des „Endes eines Systems“ stellten, konnten die Jünger selbst den gesamten Werdegang der Zeitabläufe und deren Abfolge noch nicht verstehen und erkennen. Erst später, nach der Ausgießung des Heiligen Geistes, begannen die Nachfolger des Messias die verschiedenen Geschehnisse in die richtige Zeitabfolge zu setzen und somit den gesamten Ablauf der Weltgeschichte zu verstehen. Daher auch ihre Fragestellung, nachdem der Messias die Andeutung machte:

„Wahrlich ich sage euch: Keinesfalls wird hier Stein auf Stein gelassen werden, den man nicht abbrechen wird.“ (Mt 24:2)

Der Schock, den diese Aussage des Messias bei seinen Jüngern auslöste, veranlasste sie später, zu einer günstigeren Zeit die Frage zu stellen:
„Sage uns, wann wird dies sein, und welches ist das Zeichen deiner Anwesenheit (Gegenwart) und des Abschlusses des Äons?“ (... des Zeitalters, der Ewigkeit).

Heute wissen wir mit Sicherheit: Die Jünger stellten eigentlich zwei Fragen, ohne es genau zu wissen. Sie wollten gerne wissen, wann die Zeit käme, in welcher der gigantische Tempel zerstört werden sollte, und da sie glaubten, die Zerstörung des Tempels würde mit der zweiten Gegenwart oder Anwesenheit des Messias verbunden sein, erweiterten sie ihre Frage mit den Worten: „*... und welches ist das Zeichen deiner Anwesenheit oder Gegenwart?*"

Mit Sicherheit wusste auch der Messias, dass eine Klärung der Zeitabfolge in der Vorstellung seiner Jünger zur Zeit der Fragestellung keinen Sinn machen würde, daher verband der Messias auch die Antworten auf ihre Fragen miteinander, was bedeutet, dass der Messias in einer Prophezeiung sowohl die Zeichen und Geschehnisse für die Zerstörung des Tempels in Jerusalem und das Ende des israelitischen Gottesstaates als auch die Zeichen und Geschehnisse, welche das Ende des heutigen Weltsystems oder des christlichen Zeitalters kennzeichnen sollten, vorhersagte.

Auf Grund der Kenntnis göttlicher Prinzipien weiß der Bibelkenner, dass der Messias mit seiner einzigen Endzeitprophezeiung sowohl das Ende des israelitischen Gottesstaates als auch das Ende der christlichen Ära oder des heutigen Weltsystems genau traf. Warum? Weisen etwa beide Systeme Parallelen auf? Genauso ist es. Und eben deshalb konnte der Messias mit einer einzigen Prophezeiung die Endzeiten sowohl des israelitischen Gottesstaates und somit auch der Nachsintflutlichen Ära, als auch unseres heutigen Weltsystems, des christlichen Zeitalters, voraussagen.

Außer den Voraussagen des Messias finden wir in der gesamten HS noch andere Propheten, die über das Ende unseres Weltsystems berichten.

Im Neuen Testament, den „griechischen Schriften", sind es fast alle Schreiber, die auf die eine oder andere Weise auf die Zeit des Endes dieses Weltsystems hinweisen. Der wahrhaftige Gott selbst gibt uns über seinen auferstandenen Messias und den Jünger Johannes, der am längsten von allen Aposteln lebte, in dem Buch der Offenbarung, welches dieser etwa um 98 n. Chr. schrieb, eine ausführliche Abfolge der christlichen Ära und im Besonderen eine Vorschau des Endes derselben.

Im Alten Testament oder den „hebräischen Schriften" vermitteln uns einige der Propheten in ihren prophetischen Büchern bereits eine ganze Menge über das Ende des Nachsintflutlichen Zeitalters. Wahrlich, der wahrhaftige Gott meint es sehr gut mit uns Menschen dadurch, dass er uns so vieles mit erstaunlicher Genauigkeit über die für uns Menschen so lebenswichtigen Geschehnisse berichten lässt.

Es ist sinnvoll, zunächst aus dem AT Voraussagen in Bezug auf Abschlusszeiten zu betrachten.

Bereits in der Thora (5 Bücher Mose) finden wir Endzeit-Voraussagen, die das irdische Gottesvolk betreffen. So lesen wir in 5 Mos 28:47-69, nachdem viele Unbilden aufgezählt wurden, die das Gottesvolk treffen sollten, wenn es seinen Gott verleugnet oder gegen ihn rebellieren würde, über Geschehnisse, die bereits Geschichte wurden. Besonders markante Passagen wie im Vers 49 wollen wir nur kurz einordnen. Der wahrhaftige Gott würde sein Volk der Vertilgung preisgeben, indem er *„ein Volk herbeiführte, das so schnell wie ein Adler daherfliegt, ein Volk, dessen Sprache du nicht verstehst, ein Volk mit wild trotzigem Angesicht, das auch auf einen Greis keine Rücksicht nimmt und mit keinem Kind Erbarmen hat"*.

Eine erste Erfüllung dieser schrecklichen Geschehnisse erlebte das Gottesvolk im achten Jahrhundert v. Chr., als ein Teil des Volkes Israel von den Ägyptern weggeführt wurde und der bedeutendere Teil der Israeliten nach der völligen Zerstörung aller Dörfer und Städte sowie der Stadt Jerusalem und des salomonischen Tempels im siebenten Jahrhundert v. Chr. in die babylonische Gefangenschaft getrieben wurden.

Die in der Voraussage beschriebenen unmenschlichen Verhältnisse, welche sich in dieser Zeit nicht ereigneten, trafen dann im ersten Jahrhundert n. Chr. das israelitische Volk, als die römischen Heere unter dem Heerführer Titus, dem Sohn des Kaisers Vespasian, im Jahre 70 n. Chr. die Dörfer und Städte sowie das gut befestigte Jerusalem samt seinem Tempel (Herodianischen Tempel) dem Erdboden gleich machten.

Doch wie schon öfter erwähnt, gab es damals wiederum einen kleinen Überrest, der bereute, sich zurückbesann und mit allen seinen Kräften die Gunst seines Gottes durch Gehorsam und Unterordnung unter den göttlichen Willen suchte. (Siehe 5 Mos 28:62)

Im sechsten Jahrhundert v. Chr. war es auch ein Überrest von ein paar Zehntausenden Israeliten, der auf Grund der Anordnung eines der beiden Eroberer der Medopersischen Weltmacht, Cyros, der bereits als der Befreier dieses Überrestes von Jesaja (44:29) vorausgesagt war, in ihre Heimat zurückkehrte und unter Bedrängnissen Jerusalem und den Tempel in verkleinertem Maßstab wieder aufbaute.
(Informationen liefern folgende Schrifttexte in Dan 9:1-19, Esra Kap. 1, Jes 44:26-29, 45:1-4, Neh Kap. 12-13)

Im ersten Jahrhundert der christlichen Ära waren es diejenigen – „ein kleiner Überrest“ – aus dem israelitischen Volke, die Jesus, den Christus, als den von dem wahren Gott gesandten Messias erkannten, ihm glaubten und ihn annahmen. Diese verstanden, dass der israelitische Gottesstaat zu seinem Ende kommen musste, dass das Gesetz von dem Messias erfüllt wurde und in dieser christlichen Ära der sekundäre Teil des Samens Abrahams „herausgerufen“ und vervollständigt werden musste. Sie verstanden auch, dass sie von dem Gesetz des israelitischen Gottesstaates frei gemacht werden mussten, allerdings auch kein Teil der Welt werden durften und sie ihren Sinn und ihr Herz als eine „neue Schöpfung“ auf eine andersartige Lebensform richten mussten, auf die „Dinge in den Himmeln“ und eine Auferstehung als „geistige Söhne Gottes“, was für sie nicht nur eine neue Erfahrung war, sondern auch eine neue Glaubensvision erforderte.

Sie verstanden wie auch alle wahren Nachfolger des Messias aus anderen Nationen, dass sie nur unbeliebte Gäste in dieser von dem „Verleumder Gottes“ beherrschten Welt waren. Da sie jedoch das göttliche Gesetz in ihrem Herzen hatten und vom Wunsch beseelt waren, mit ihrem Herrn, dem Messias, und ihrem Gott und Vater „Eins“ zu werden, mussten sie dann auch mit entsprechender Verfolgung rechnen.
(Biblischen Aufschluss über oben Gesagtes finden wir in Lk 22:19, 20,28-30, Gal 3:23-4:9, Kol 3:1, Apg 10:44-48, 11:2-4,18, Joh 17:15-26.)

Die übrigen Menschen des israelitischen Volkes, welche damals den Messias nicht annahmen, sondern eine menschliche Lösung ihrer falsch verstandenen Prophezeiungen sowie ihrer eigenen Wünsche und Hoffnungen suchten, traf im ersten Jahrhundert die oben erwähnte Voraussage mit erbarmungsloser Wucht. Auch später in den darauffolgenden zweitausend Jahren erfüllten sich Teile der Voraussage, wie wir sie bereits in 5 Mos Kap. 28 finden, in einzelnen Zeitabschnitten.

Gewisse Gelehrte sprechen davon, dass sich die Geschichte wiederholt und genau dieses Phänomen wird uns durch die sich wiederholenden Erfüllungen biblischer Voraussagen bestätigt, was natürlich aus dem Verhalten der Betroffenen resultiert, die prinzipiell immer wieder die gleichen Fehler machen.

Über die Verhältnisse am Ende unserer Ära und der noch in der Zukunft liegenden Endzeitabschnitte, finden wir in dem Bibelbuch Jesaja in den Kapiteln 24 bis 35 eine ganze Menge Prophezeiungen.

Diese Voraussagen betreffen das Schicksal des Volkes Israel, die Schicksale der umliegenden Völker sowie das Geschick der gesamten Weltbevölkerung, ja, auch die Verfahrensweise des wahren Gottes und seines Messias mit dem Verleumder und den sich ihm angeschlossenen rebellischen Engeln.

Im Kapitel 24 beginnt der Prophet Jesaja sogleich, über die gesamte Erde zu prophezeien. Die deutlichen Angaben, die von Jesaja hier gemacht werden, sollte niemand versuchen, „kleinzureden“.

Niemand sollte sich von dem „Versucher“ und Verleumder des „Universalen Geistes“ dazu verleiten lassen, die Worte dieser Voraussage abzuschwächen oder weit wegzuschieben. Selbstverständlich sehen die Ungläubigen und Unehrlichen, also all diejenigen, die gern unter der Herrschaft des Gottes dieser Welt stehen, durch diese Voraussage ihr eigenes Verderben in naher Zukunft vor ihren Augen. Natürlich kann jedermann die Wahrheit von sich schieben oder sie zudecken oder sie gar bekämpfen, nur wird es niemandem etwas nützen, weil Wahrheit und Gerechtigkeit jeden Menschen irgendwann einholen werden.

Die Prophezeiung aus Jes 24 beginnt mit den Worten: „Wisset wohl", was sagen will: „Gebt euch keinen Illusionen hin, gedenkt der Tatsache, dass es der wahrhaftige Gott zulässt, dass sowohl die Menschheit als auch rebellierende Engel die Früchte und Folgen der geistlichen Erziehung durch den „Gott dieser Welt" über Jahrtausende hin selbst ernten werden. Das Endresultat der geistigen Leitung durch den Verleumder wird die Selbstvernichtung sein – wie vom wahren Gott vorausgesagt: *„... die Erde wird entvölkert und verödet, ihr Aussehen entstellt und ihre Bewohner zerstreut."*

Wenn der wahrhaftige Gott diese Geschehnisse auf sich nimmt, indem er sagt: *„Ich entleere die Erde ..."*, kann das durchaus bedeuten, dass der wahrhaftige Gott die Geschehnisse überwacht und ihnen entsprechende Grenzen setzt, er es aber den selbstzerstörerischen Erdbewohnern überlässt, sich selbst und ihre Werke zu vernichten. (Siehe auch Ez 38:16, Jes 14:16-17,20-21)
Es wird sich in dieser Zeit des Gerichtes niemand, weder reich noch arm, weder berühmt noch unberühmt, ungeschoren aus der Verantwortung stehlen können, indem er einen schnellen Tod sucht. Es wird eine Zeit des Gerichts sein, in der jeder noch lebende Mensch für seine Taten zur Rechenschaft gezogen wird und seinen Lohn erhält oder die Konse-

quenzen seines Fehlverhaltens aufarbeiten muss. (Siehe Jes 24:2, Lk 21:22, Ps 110:5-6)
Doch warum muss etwas so Schreckliches geschehen? Die Antwort finden wir in Jes 24:4-6. Noch vor der Entvölkerung der Erde wird zunächst erwähnt: *„...es trauert die Erde, ... sie verwelkt, ... sie verschmachtet ...“* Ja, selbst die *„Höchsten des Erdenvolkes verschmachten ...“*, der *„Erdkreis verwelkt und entweiht liegt die Erde da unter ihren Bewohnern ...“*.

Wie ist es so weit gekommen? Jesaja antwortet: *„Die Bewohner haben die Gebote übertreten, das Gesetz überschritten, den in der Urzeit geschlossenen Bund gebrochen ...“*

Die Folge der Vergehen der Erdbewohner ist: *„Darum verzehrt ein Fluch die Erde und ihre Bewohner müssen ihre Verschuldung büßen; darum sterben die Bewohner der Erde aus und von den Sterblichen bleiben nur wenige übrig.“*

Das Weltgericht, von dem wir hier sprechen, welches gottesfürchtige, wahrhaftige Christen in naher Zukunft erwarten, ist die Auswirkung des in Jes 24:6 erwähnten „Fluches“. Die Erdbewohner haben sich an der Erde schuldig gemacht, und für diese Verschuldung müssen sie nun die Konsequenzen tragen.

Es kommt nicht von ungefähr oder aus einer Laune des wahren Gottes heraus. Vielmehr ist es so, wie es die Prophezeiung andeutet: *„... trauert die Erde, sie verwelkt, sie verschmachtet ... unter ihren Bewohnern.“*
Dieser Prozess, welcher sich bereits über viele Jahrhunderte oder Jahrtausende auf der Erde hinzieht, das ungerechte Blutvergießen, die Unterdrückung und Selbstsucht, der Hass und der Nationalismus, die Herrschsucht und Habgier, jede

Art von Verbrechen und die Vernichtung der Ressourcen der Erde, die Beschädigung des kybernetischen Systems der Erde, ist in unseren Tagen zum Höhepunkt gekommen und eskaliert. Dies sind die Auswirkungen der geistigen Führung des Gottes dieser Welt, des Widerstandleistenden und seiner Helfer, die sich die Menschheit selbst erwählt hat.
Nicht nur der Urvater der Menschheit, Adam, hatte sich die „Partei“ dieses Gottes erwählt, nein, jeder einzelne Mensch, auch der, welcher in diesen letzten Tagen durch das Weltgericht verurteilt wird und sein Leben verliert. Die wahrhaftigen Nachfolger des Messias und diejenigen, die durch deren Zeugnis, welches in dieser Endzeit noch gegeben wird, auf der Seite des wahren Gottes Stellung beziehen und somit für den wahrhaftigen Gott eintreten, werden den Auswirkungen dieses „Fluches“, der die Erde in Kürze treffen wird, entgehen können. (Siehe Jes 24:13-16, Mk 13:10, Lk 21:22)

Durch die schrittweise Selbstzerstörung der rebellierenden Engel und der auf Erden lebenden Menschen ist auch die Streitfrage in Verbindung mit der Rebellion eines der bedeutendsten Engel-Fürsten für die gesamte Schöpfung beantwortet.

Wenn also der Prophet Jesaja in Jes 24:4-11 davon spricht, dass die Erde „entweiht“ wurde, dass die Menschen *„die Gebote übertreten, das Gesetz überschritten, den in der Urzeit geschlossenen Bund gebrochen haben“*, so meint der wahrhaftige Gott, der durch Jesaja spricht, damit nicht irgendein Gebot aus der Sammlung der Gebote des Gottesstaates der Israeliten, sondern vielmehr hat er die den Menschen gegebenen Aufgaben und den der Erde zugeordneten programmierten Geist mit seinen Selbsterhaltungsmechanismen aus der Urzeit im Blick.

Sollte der Mensch also ursprünglich nicht ein mächtiger, liebevoller, gerechter, barmherziger, weiser und wissender „Gott“ für die animalische Schöpfung sein? Sollte der Mensch nicht den beispielhaften „Garten Eden“, den ihm sein wahrhaftiger Gott als Muster gegeben hatte, nach und nach über die übrige Erde ausbreiten? Sollten die sich vermehrenden Menschen nicht mit einer paradiesischen Natur und mit ihrem „Universalen Geist“ in Frieden und Glück leben?

Sollten die auf einer von einem konstruktiven und friedlichen Geist beherrschten Erde lebenden Menschen nicht an göttlicher Weisheit zunehmen, um nach entsprechenden Reifeprozessen erweiterte Erkenntnisse zu gewinnen und größere Verantwortung zu übernehmen? Setzen sich nicht die Regierungen der meisten Länder der Erde über die für den Fortbestand der Erde so wichtigen „Urgesetze“ Gottes hinweg, wodurch Gewalttaten und Verbrechen mehr und mehr gefördert werden und die Kosten, welche durch die angerichteten Straftaten verursacht werden, eine immer schwerere Last für die übrige Menschheit bilden?

Hat der Mensch nicht die zu dem „Ur-Bund“ gehörenden Anordnungen bezüglich des „Lebens“, des „Blutes“, der „Ehegemeinschaft“ oder der Kindeserziehung außer Acht gelassen, sich dadurch immense Schuld aufgeladen und Probleme geschaffen, die er nicht mehr in den Griff bekommen kann? (Siehe 1 Mos 9:4-6, 5 Mos 12:16, Apg 15:28-29, Mt 19:3-10, Spr 13:24)

Hat also der Mensch nicht den „Ur-Bund“ mit dem wahren Gott gebrochen? Ist der Mensch nicht das Gegenteil eines liebevollen, gerechten, wahrhaftigen, barmherzigen, weisen und wissenden „Gottes“ für die irdische Schöpfung geworden?

Doch nicht genug damit, dass die Menschheit weder Liebe zu dem wahren Gott – zur Wahrheit und zur Gerechtigkeit zu ihren Kindern und Mitmenschen – noch zu der Natur hat, in den letzten Jahrzehnten übertrat sie ein weiteres „Urgesetz“, das der wahrhaftige Gott in seine gesamte Schöpfung hineingelegt hatte. Es sind nur ein paar Worte, doch diese sind unvorstellbar existentiell. Sie lauten *„ ... je nach ihrer Art ...“*!

Durch die Genmanipulationen übertritt der gottlose Mensch nun auch noch dieses aus der Urzeit stammende und für den Kreislauf der Natur existentielle Gesetz, ohne wirklich zu wissen, welche fatalen Katastrophen er dadurch heraufbeschwört. Getrieben von den Eigenschaften seiner eigenen Götter, von Habgier, Hochmut, Hass, Selbstsucht, Machtsucht, Mordlust, Lügen, Übervorteilung, Verantwortungslosigkeit, Untreue – um nur einige zu nennen – wird auf fast allen Gebieten der Forschung fleißig an der Selbstzerstörung gearbeitet.

Die selbstzerstörerischen Errungenschaften jedoch werden als segenbringender Fortschritt hoch gelobt.
(Stützen der Gedankenfolge sind in 1 Mos 1:26, 2:15, 4:10, 9:4-6, 5 Mos 6:5, 3 Mos 19:18, Mt 22:37-40.)

Die vorausgesagten schrecklichen Geschehnisse, die in den nächsten Jahrzehnten über die Erde kommen, sind die Antwort des von dem wahrhaftigen Gott in die Erde hineingelegten, strukturierten und programmierten Geistes auf die sträfliche menschliche Missachtung der elementaren göttlichen Forderungen! Vorausgesagt ist: *„Darum sterben die Bewohner der Erde aus und von den Sterblichen bleiben nur wenige übrig.“*

Die hier beschriebenen „Wenigen“, die übrig bleiben, werden solche sein, welche in der materialistischen, teuflischen Weltherrschaft – nach einem dritten Weltkrieg- durch das Zeugnis der beiden „Zeugen“ von der bevorstehenden Übernahme der göttlichen Weltregierung, welches noch einmal um die Erde gehen wird, auf der Seite der Schöpfergötter Stellung beziehen und ihre Lauterkeit dem wahrhaftigen Gott gegenüber unter Beweis stellen.

Was danach in den kommenden Versen in Jes 24:7-12 gesagt wird, erleben heute schon Milliarden von Erdenbürgern. Für diese „Milliarden“ hat *„der lustige Paukenschlag schon aufgehört.“* Für sie ist bereits *„verschwunden alle Freude.“* Diese leben bereits ohne Hoffnung oder Zukunftsvision und kämpfen täglich den härtesten Kampf ums Überleben.
Doch es wird noch schlimmer kommen. Alle Erdbewohner – auch die Intellektuellen – werden von diesen Drangsalen getroffen werden, es wird ein gründliches und gerechtes Gericht sein, dem sich niemand entziehen kann. In dieser so schwierigen Zeit gewährt der wahrhaftige Gott der Menschheit noch einmal liebende Güte, indem er die Botschaft von der Übernahme der Weltregierung durch Gottes Gesalbten, seinen Messias, noch einmal um die Erde gehen lässt. (Siehe Mt 24:14, Mk 13:10)
Der wahrhaftige Gott säubert die Erde nicht und lässt „Gerechte“ dabei umkommen, sondern er lässt Menschen, die nach Wahrheit und Gerechtigkeit suchen, aus dem „Ozean“ von Verbrechern, Gewalttätern, Mördern und Lügnern heraussuchen, was durch die Verkündigung dieser „guten Bot-

schaft“ geschieht. Doch wer sollte diese Botschaft verkündigen? Teilweise kommen solche aus dem Volk der Israeliten selbst, denn unter diesem Volk muss es noch solche geben, die den Messias willkommen heißen und somit auch diese „gute Botschaft“ kennengelernt haben. Jedenfalls ist der wahrhaftige Gott nicht ungerecht und rafft mit all den zum Tod verurteilten „Erdenverbrechern“ auch solche hin, die in ihrem Herzen aufrichtig nach Wahrheit und Gerechtigkeit, nach Frieden und Liebe suchen. Es ist ein Grundprinzip des wahren Gottes, die „Gerechten“ nicht mit den Ungerechten zu verderben. (Bestätigt wird dies in Mt 13:49, 1 Mos 6:7-8, 18:20-33, 19:30, Mt 24, Lk 21, Mk 13, Ofb 10:11,11:3.)
Vor jedem Gericht des wahren Gottes wurde sein Vorhaben den Menschen bekannt gemacht, damit der „Gerechte“ noch eine Chance bekam. So wird es auch vor dem vor uns liegenden schlimmsten Gericht der Erdgeschichte sein. Unter dem Gesichtspunkt der modernen Medien von heute ist ein solches Zeugnis innerhalb kürzester Zeit an alle Menschen auf Erden kein Problem mehr. (Siehe Jes 24:13-16, Mt 24, Mk 13, Lk 21, 2 Petr 2:5)

Während noch eine ansehnliche Zahl von Menschen auf das Zeugnis, das gegeben wird, reagiert, wird es nach und nach zu einer weltweiten Anarchie kommen.

Die ungerechten Erdbewohner werden dem in Vers 6 erwähnten Fluch nicht entgehen, wie es dann auch in Jes 24:17-18 beschrieben wird. Durch die für den größten Teil der Weltbevölkerung so reizvolle Beschäftigung, mit Waffen zu hantieren, andere Menschen damit zu töten oder zu verletzen, gemäß den Empfindungen und dem Beispiel ihres Gottes, des Widerstandleistenden, werden die noch fruchtbringenden Landstriche nicht nur verwüstet, sondern auch nicht mehr beackert und bebaut, was zu gravierenden Hungersnöten führt und danach zu Seuchen, weil niemand die Berge von Leichen, welche die Menschen sich in dieser Zeit schaffen werden, so schnell beseitigen kann. (Siehe Lk 21:11)

Was allerdings dann in den beiden folgenden Versen offenbart wird, muss jedem Menschen „an die Nieren gehen“.

Die Begriffe die wir in Jes 24:19-20 finden, weisen bereits auf mehr als einen „Welt-Nationen-Krieg“ mit ABC-Waffen hin, der in den Voraussagen angekündigt wird. Vermutlich wird es in unserem Sonnensystem gravierende Veränderungen geben. Ein Pol-Sprung könnte die Beschreibung aus dieser Passage bewirken oder riesige Meteoriten, Asteroiden oder Kometen, welche die Erde treffen. Wenn wir auch andere Voraussagen, die das Thema behandeln, berücksichtigen, z. B. in Jes 13:9-15 oder Mt 24:21-22, und dabei beachten, wie manche Übersetzer den ersten Vers aus Jes 24 wiedergeben, z. B. Begriffe wie *„Erde umpflügen“* oder *„Oberfläche umkehren“* oder *„verheert die Erde“* oder *„entstellt ihr Aussehen“*, dann ist vermutlich der schlimmste Horrorfilm, den Menschen von solch einem Szenario gedreht haben, ein Märchenspiel gegenüber dem, was in diesem vor uns liegenden Gericht über die Menschheit und die Erde hereinbrechen wird.

Lesen wir aus den Vorhersagen des Messias über diese Zeit in Mt 24, Mk 13, Lk 21, so erfahren wir die vollständige Tragweite dieser Menschheits-Vernichtung, wenn der Messias darüber sagt (auszugsweise): *„... Denn jene Tage werden eine Drangsals Zeit sein, wie eine solche seit dem Anfang, als Gott die Welt schuf, bis jetzt noch nicht dagewesen ist und wie auch* *keine je wieder kommen wird. (Dan 12:1) Und wenn der Herr (Gott) diese Tage nicht verkürzt hätte, so würde kein Fleisch (Menschen) gerettet werden; aber um der Auserwählten Willen, die ER erwählt hat, hat ER diese Tage verkürzt." (Ü. H. Menge)*

Warum dieses Gericht für die Menschheit und die Erde so gravierend sein wird, ergibt sich aus der Tatsache, dass der allmächtige „Universale Geist" nicht nur wie bei der Flutkatastrophe die „Menschheit" richten wird, sondern er auch die gesamte Hinterlassenschaft der teuflischen Regentschaft aus den vergangenen Jahrtausenden vollständig, sowohl aus den Himmeln als auch von der Erde, beseitigen muss. (Siehe 1 Mos 6:11, 6:13, 7:23)

Alles, was sich heute „moderne Errungenschaft" nennt, ob auf dem Gebiet der Wissenschaft, der Wirtschaft, des Verkehrswesens, des Bauwesens, des Transportwesens des Kommunikationswesens, des Agrarwesens oder welchem Gebiet auch immer, und das noch an die alte „Weltgesellschaft" erinnern könnte, wird von der Erde beseitigt – so, wie es der Prophet Jesaja in Kapitel 13 und 24 sagt, der wahrhaftige Gott *„verheert die ganze Erde, – ER wird sie zur Öde machen – ER will sie von ihrer Stätte wegrücken, – ER entvölkert die Erde und verödet sie, – Er wird die Erde umpflügen, ihr Angesicht entstellen."*

Man wird auf ihrer Oberfläche nichts mehr von alledem finden, was noch an die „alte Welt" mit ihrer teuflischen Herrschaft, ihrer unmenschlichen Lebensweise, ihrer „Modernität" oder „Zivilisation" erinnert.

Der Messias, der bereits designierte König der ganzen Erde, wird einen völligen Neuanfang machen, und somit wird sich der Wille des wahren Gottes durchsetzen. (Siehe Mt 6:10)

Das ist der Grund warum es *„eine Drangsal geben wird, wie sie die Erde bis heute noch nicht gesehen hat noch je wieder sehen wird."*
Ein weiterer Grund ist der, dass der Verleumder des wahren Gottes und seine Anhänger, ein Heer von bösartigen, unsichtbaren geistigen Wesen – böse Geister, Dämonen, Teufel und Satane genannt – zu ihrer Festnahme und ihrem Gericht kommen werden. (Hinweise in Mt 8:28, Mak 5:11-13)

Nachdem inzwischen sattsam bewiesen ist, dass nach der Herrschaftsmethode des Verleumders und auf Grund seiner Umgangsweise mit seinen Mitbewohnern sowohl im Himmel als auch auf der Erde als Quintessenz nur Elend, Not, Leid, Schmerz, ja, die Selbstvernichtung oder Selbstzerstörung erreicht wird, hat es der „Universale Geist" nicht länger nötig, die widerstandleistenden Gottesverleumder bestehen zu lassen. Die Zeit für ihre Festsetzung sowie für ihre Sühnung ist mit dem kommenden Weltgericht gekommen. (Siehe Mk 5:6-8, Mt 8:29, Jak 2:19, Jes 24:21-23, Ofb 12:7-12, 20:1-3)

In Jes 24:21-23 wird über die Festnahme und die Festsetzung der bösen himmlischen, also geistigen Mächte prophezeit. Wir verstehen also, dass die Festnahmen dieser immens mächtigen und starken Geistwesen Auswirkungen auf die Ordnung des Universums und im Besonderen auf die der bewohnten Erde haben werden. (Siehe Ofb 12:12)

Jesaja spricht in diesen Versen von *„dem Heer der Höhe in der Höhe und den Königen der Erde auf der Erde ..."*.

Zweifellos handelt es sich hierbei um den Hauptverleumder und seine Anhänger, die sich in den Himmeln, den Weiten des Universums, aufhielten und weiterhin um all diejenigen „geistigen Oberherrscher", die über die jeweiligen Länder oder Volksgruppen auf der Erde herrschen, sowohl sichtbar als auch für unsere Augen unsichtbar. („Könige der Erde", siehe Dan 10:12-14)
Die offene Bekämpfung dieser mächtigen, intelligenten, bösen Geistwesen wird sich, wie auch in den Voraussagen angedeutet, auf die Ordnung im Universum auswirken, so wird *„der bleiche Mond erröten und die glühende Sonne erbleichen ... Und die Sterne werden vom Himmel fallen ...“*. (siehe Lk 21:25-27, Mk 13:24-26)

Danach wird die Königreichsherrschaft des wahren Gottes, um die der Messias seine Nachfolger beten lehrte, auf der Erde beginnen. (Siehe Mt 6:10)
Der seit langer Zeit designierte Weltherrscher, der Sohn des lebendigen Gottes, wird mit dem kleinen Überrest von Gläubigen aus dem Volk der Israeliten und auch aus der Weltbevölkerung auf dem Berg Zion erscheinen, wodurch das göttliche Königreich eingeläutet sein wird. (Siehe Ps 2, Ofb 14:1)

Aus dem im Kapitel 25 des Buches Jesaja aufgezeichneten Lied oder Gebet erfährt der Leser noch einige Einzelheiten von Geschehnissen aus der Zeit der Drangsal. Im zweiten Vers wird von der „Stadt" gesprochen, welche von Menschen entleert und niedergerissen wurde.

Eine eindrucksvolle Einzelheiten-Beschreibung dieser Stadt liefert uns die Offenbarung des Johannes in Kapitel 17 und 18. Dort wird diese Stadt „Babylon, die Große" genannt, und gründliche Nachforschungen ergeben, dass es sich bei dieser geheimnisvollen Stadt um eine Veranschaulichung für ein religiöses Gebilde handeln muss.

Die bedeutendsten Werkzeuge des „Gottes dieser Welt", welche dazu benutzt wurden, den wahren Gott zu verleumden und die gesamte Menschheit in die Irre zu führen, waren „Religionen".

Studiert man die Merkmale dieser „Stadt" aus dem Bericht der Offenbarung, kommt man zu dem Schluss, dass es sich bei dieser „Stadt" um die „Oberherrschaft der Religionen" handeln muss.

Alle großen Religionen dieser Welt, ganz gleich, welcher „Couleur", lehren Halbwahrheiten und haben zusammen die auf Erden lebende Menschheit hinsichtlich der Wahrheit über den wahren Gott betrogen.

Die christlichen Religionen jedoch werden deshalb von dem wahrhaftigen Gott so gnadenlos verurteilt, weil sie ihr in geistigem Sinne „eheliches Verhältnis" mit dem Herrn Jesus, dem Messias und dessen Vater dadurch gebrochen haben, dass sie zu einem Teil der Welt wurden und sich mit den politischen Machthabern engstens verbündeten.

Darum wird in Ofb 17 und 18 von diesem „Weltreich christlicher Religionen" als der „großen Hure" gesprochen und auch der Vergleich mit einer großen Stadt gemacht. „Hure" wird sie also deshalb genannt, weil sie in Wirklichkeit mit den politischen Regenten, also mit den unter der Herrschaft des Gottes dieser Welt stehenden Regierungen, intimste Beziehungen unterhält und, um im biblischen Bildvergleich zu sprechen, „Hurerei" trieb und treibt und dadurch auch im Besonderen die

Interessen des Gottes dieser Welt fördert und die Interessen des wahren Gottes und dessen Christus bereits seit ihrer Gründung als Staatsreligion vernachlässigt hat.

Diese sinnbildliche „Hure“ (siehe Ofb 17:18) ist zwar der Meinung, niemand könnte sie aus ihrer Stellung herausheben, verkennt allerdings die Absicht und vor allem die Macht des wahren Gottes und seines Gesalbten.

Wie es auch in den Voraussagen des Christus zu finden ist, wird die Beseitigung dieser sinnbildlichen „Stadt“ oder „Hure“ in der Phase zwischen den Geschehnissen, die als „ein Anfang der Bedrängnis -Wehen“ und die damit einhergehende Verkündigung der „guten Botschaft“ sowie die danach folgende „große Drangsal“ bezeichnet werden, erfolgen.

In Verbindung mit der Beseitigung der christlichen und danach aller anderen Religionen aus der Menschenwelt wird die Aufrichtung einer atheistischen, materialistischen Weltregierung vorausgesagt. (Materialistisch- atheistische Weltdiktatur, siehe 2 Thess 2:3-4)

Die durch den Widerstandleistenden bewirkte Aufrichtung einer atheistischen und diktatorischen Weltregierung wird wieder einmal die Menschheit irreführen, wie das durch den Verleumder während der gesamten 6.000 Jahre Menschheitsgeschichte geschehen ist. Der Verleumder will durch diese Szenerie den Eindruck vermitteln, dass diese Weltdiktatur das in der HS vorhergesagte Königreich Gottes wäre. Es wird also – wie so oft – eine „Vortäuschung falscher Tatsachen“ sein. Die atheistische und materialistische Weltdiktatur wird einen solch einschränkenden Druck auf die noch Gläubigen ausüben, dass diese in völliger Isolation ein außerordentlich bedrängtes Dasein führen müssen und in dieser Zeit noch viele von ihnen ihr Leben verlieren werden. (siehe Ofb 13:11-18)

Mit dieser Weltregierung will der Verleumder allerdings erwirken, dass alle noch auf Erden lebenden Menschen den einen Gott anbeten, wie es deutlich aus den Worten in Ofb 13:4 hervorgeht, nämlich den Widerstandleistenden und Verleumder des wahren Gottes, den verabscheuungswürdigen „Gott dieser Welt". Wenn das geschehen ist, kommt die Zeit für den eigentlichen Eingriff des wahren Gottes und seines Messias.

Es beginnt nun die Zeit schwerster Drangsale, die Zeit der heißen Phase des Weltgerichtes, in der alle noch lebenden Menschen erkennen werden, dass nun tatsächlich der wahrhaftige Gott, der „Universale Geist", deutlich sichtbar und spürbar in das Geschehen eingreift. Bis zu diesem Zeitpunkt haben der wahrhaftige Gott und sein Messias nur über die Selbstzerstörung des Gottes dieser Welt und seiner irdischen Gefolgschaft sowie über ihre Auserwählten gewacht. Doch nun bringen der wahrhaftige Gott und sein designierter Weltherrscher ihre eigenen Waffen zum Einsatz. Naturkatastrophen werden für alle noch lebenden Menschen eine Bedrohung darstellen, durch welche Millionen Menschen ihr Leben verlieren werden. Es ist auch nicht auszuschließen, dass für uns sichtbare, unbekannte, außerirdische Geschöpfe mit unvorstellbaren Techniken an der Beseitigung der Gefolgschaft des Verleumders teilhaben werden. (Siehe Dan 2:43-45, Jes 13:3-5, 13:9-15, 24:16-23, 27:1, 29:1-8,13-16, Mt 24:15-31, Lk 21:20-28)
Nun ist auch die Zeit für die Einsetzung des bereits seit langem designierten Weltherrschers gekommen. Nicht, dass alle

Milliarden Menschen, die heute die Erdbevölkerung bilden, bereits umgekommen sind, wenn der messianische Weltherrscher seine Herrschaft antritt – nein, dieser vom wahren Gott eingesetzte Weltherrscher wird über seine Feinde seine Herrschaft beginnen und über diese „mit eisernem Zepter herrschen". (Siehe Ps 2:8-9, 110:2, Lk 21:22, 5 Mos 32:35)

Was uns Menschen dann noch am Leben erhalten kann, sind Aufforderungen, wie wir sie in Ps 22:10-12 lesen, wo gesagt wird: *„10 Und nun, ihr Könige, handelt verständig; lasst euch zurechtweisen, ihr Richter der Erde! 11 Dient dem HERRN mit Furcht, und jauchzt mit Zittern!* (Paralleltexte Phil 2:12, Hebr. 12:28) *12 Küsst den Sohn, dass er nicht zürne und ihr umkommt auf dem Weg; denn leicht entbrennt sein Zorn. Glücklich alle, die sich bei ihm bergen!"* („Küsst seine Füße mit Zittern…")

Oder wir lesen die Worte, die der Apostel Petrus schrieb: *„Wir erwarten aber nach seiner Verheißung neue Himmel und eine neue Erde, in denen Gerechtigkeit wohnt. Deshalb, Geliebte, da ihr dies erwartet, befleißigt euch, unbefleckt und tadellos von ihm im Frieden befunden zu werden!"* (Paralleltexte Ofb 21:1, Jes 60:21)

Jeder einzelne Mensch ist gefragt, und jeder muss für sich selbst einstehen und auch für sich selbst Verantwortung übernehmen. Niemand kann anderen Menschen die Schuld für das Gericht, was ihm widerfährt, zuschieben – nicht den Kirchen, nicht den Priestern, Wissenschaftlern oder Politikern, den Eltern oder Lehrern – jeder ist in dieser Endzeit des Weltsystems für sich selbst verantwortlich.

Weil dem so ist, sollte sich auch jeder einzelne Mensch dringend mit dieser Thematik beschäftigen. Die Zeit bis zum Beginn der „Endzeit“ dieses Weltsystems ist für die gesamte Weltbevölkerung äußerst kurz geworden, und niemand kann, um in einem Beispiel zu sprechen, wie mit einem Schalter, den man umlegt, sein Verhältnis zu dem Messias und dem wahren Gott plötzlich umkehren. Es ist, wie wir bereits betrachtet haben, schon etwas mehr erforderlich, um die Schöpfergötter zu verstehen. Da sind zum einen Erkenntnisse bezüglich der göttlichen Wahrheit und Logik oder Kenntnisse über die Schöpfung, die eventuell zum Glauben führen, weil ja der Glaube einen wesentlichen Teil der Grundlage für ein gutes Verhältnis zum wahrhaftigen Gott darstellt. Zum anderen wäre da das Verhältnis zum Messias, der schließlich der oberste Weltherrscher sein wird und das so wesentliche Loskaufopfer gestellt hat, welches auch vorhanden sein muss, sowie die Hilfe des Heiligen Geistes, die auch nicht jedem, der selbst glaubt, in einem Verhältnis zu dem wahren Gott zu stehen, gegeben wird.

Um also einen „Parteiwechsel“ zu vollziehen, um es mit unserem bekannten Bild zu veranschaulichen, ist schon eine gewisse Zeit und Anstrengung erforderlich. Zeit zu verschwenden, indem man erst einmal abwarten möchte, um zu sehen, wie sich die Sache entwickelt, kann heute für jeden von uns zum Verhängnis werden – darum meine ernsthafte Ermunterung, sich sofort mit der Thematik zu beschäftigen.

****

Kapitel 11

Die Wiederherstellung des „Garten Eden“!

Der seit langer Zeit designierte Weltherrscher, der Herr Jesus, der während der vergangenen 2.000 Jahre auf dem Thron zur Rechten seines Gottes und Vaters saß, wird für alle nach der oben erwähnten „großen Drangsal“ noch lebenden Menschen deutlich sichtbar erscheinen. er wird die Weltherrschaft antreten, was für die Auserwählten, sowohl aus dem Überrest des israelitischen Volkes als auch dem Überrest aus der übrigen Weltbevölkerung, eine hoch erfreuliche Situation sein wird, für die jedoch noch auf Erden lebenden Ungerechten eine Zeit der Drangsale. Warum wird die Regentschaft des Messias als Weltherrscher für die noch lebenden ungerechten Menschen eine Zeit der Drangsale sein? Es lässt sich dadurch erklären, dass Ungerechte eine gerechte Herrschaft verabscheuen, und das Königreich Gottes, die göttliche Weltregierung, ist nun mal eine gerechte Weltherrschaft. (Das Prinzip finden wir in Spr 29:27)

In den dann folgenden Jahrzehnten oder Generationen werden mehr Menschen sterben als geboren werden. Der Weltherrscher und seine Regierungsmannschaft werden mit „eisernem Zepter“ über die noch übrig gebliebene Menschenwelt herrschen und veranlassen, dass der Verleumder Gottes eingekerkert wird. (Siehe Ofb 20:1-3)

Während der Zeit des Königreiches Gottes werden keine unsichtbaren, bösartigen, Verbrechen und Gewalttaten fördernden Geistesmächte über die noch lebende Menschheit Macht ausüben, nein, sie sind bereits für die Zeitdauer des Königreiches dingfest gemacht. (Siehe Ofb 5:10, 2:26-28, 1 Kor 6:2-3)

Die Situation in dieser Zeit wird für die noch lebenden Menschen so sein, wie sie bereits in Mal 3:18-19 vorhergesagt und in Jes 65:17, 20,22,25 veranschaulicht ist.
Bevor das messianische Königreich Gottes, des Höchsten, mit dem Wiederaufbau einer gereinigten „neuen Erde“ beginnen kann, müssen alle Dinge, die noch an die alte, von dem Verleumder Gottes beherrschte Welt erinnern könnten, verschwunden sein, so ähnlich, wie es durch die Sintflut geschehen ist, und damit werden auch die vorausgesagten Passagen aus Jes 13:1-3, 24:1-3,19-20 verständlich. (Siehe Jes 13:12, 24:3, 6 Mt 24:22)

Die 1.000 Jahre der Königreichsherrschaft des Messias werden in dem Zeitstrom der Schöpfungsgeschichte, wenn wir dafür das Prinzip aus 3 Mos 25 zu Grunde legen (ein Schöpfungstag zu 7.000 Jahren), das 49.000ste Jahr innerhalb der gesamten Schöpfungswoche sein. Die in dieser Zeit auf Erden lebenden Menschen werden alle nur noch einen Gott kennen, den wahrhaftigen und höchsten, gerechten „Universalen Geist“, den Gott der Liebe, des Friedens und des Glücks, den Gott und Vater des Messias und seiner Heiligen, welche vom Himmel aus ihren guten, für Menschen und Erde nutzbringenden Einfluss in das Geschehen auf Erden einbringen werden. Die Erde wird voll der Erkenntnis über diesen wahren Gott und seinen Messias sein. (Siehe Jes 11:9)

Die zur Vollkommenheit kommende Menschheit wird sich an dem Aufbau und der Wiederherstellung einer „neuen Erde“ in vollkommener Gesundheit und Lebenskraft beteiligen. Alle dann lebenden Menschen werden im Gegensatz zu der heutigen Menschheit die ungeahnten Weisheiten, die in der

Natur verborgen sind, erforschen, verstehen und zum Nutzen aller Beteiligten auch anwenden.

Was Religion betrifft, kann man sagen, dass sie sich auf den knappen Ausspruch des Messias aus Mt 22:37-39 beschränkt, wo er Folgendes sagt:

„Du sollst den Herrn deinen Gott lieben mit deinem ganzen Herzen und mit deiner ganzen Seele und mit deinem ganzen Verstand. ... Du sollst deinen Nächsten lieben wie dich selbst.“
Die dann lebenden Menschen werden weder das kybernetische System, welches der wahrhaftige Gott in die Schöpfung hineingelegt hat, beschädigen oder gar zerstören noch ihre Herrschaft über die Pflanzen- und Tierwelt zu deren Schaden ausüben. Vielmehr werden die dann lebenden Menschen ihre Kenntnisse und ihr Wissen zum Wohle, zum Frieden und zum Glück aller Beteiligten, sowohl der Menschen- als auch der Tier- und Pflanzenwelt, anwenden. Sie werden wahrhaftig über die Pflanzen und Tierwelt als Götter „herrschen“. (Siehe 1 Mos 1:26, herrschen=hüten)

Obwohl es allen unter der messianischen Regierung gut geht, werden dennoch einige als Sünder mit hundert Jahren sterben und Jünglinge mit hundert Jahren verflucht werden, wie es durch manche Propheten vorausgesagt wurde. (Siehe Jes 65:20)

Vermutlich werden jedoch die Meisten von ihnen um ihres Lebens willen nach den dann bestehenden Regeln leben.

Was jedoch bedenklich macht, ist die Tatsache, dass nach diesem tausendjährigen Königreich Gottes durch die Freilassung des Verleumders wiederum sehr viele Menschen dem wahren Gott und seinem Messias den Rücken kehren werden. (Siehe Ofb 20:7-10)

Wenn dies geschieht, wie es uns in der Offenbarung beschrieben wird und wir es in Ez 38 erkennen können, wird es jedoch keine Drangsal mehr geben, wie wir sie für die vor uns liegende „Endzeit der christlichen Ära“ erwarten.

Die sich als vollkommene Menschen dem „Gottesverleumder“ anschließen, werden mittels Feuer vom Himmel sogleich beseitigt werden. (siehe Ez 38, Offb 20:7-10) Für diejenigen, die aus wahrer Liebe und Treue zum wahren Gott seinem „Wort“ treu geblieben sind, wird die Vernichtung der Rebellen ohne besondere Unbilden sein. (Siehe Ofb 19:13) Die Rebellen werden – wie es aus der Offenbarung hervorgeht – durch göttliches Feuer verzehrt werden und der „Gottesverleumder“ wird dort landen, wo sich bereits der „Lügenprophet“ und das „wilde Tier“ befinden – in der „Gehenna“. (siehe WG 1.1, Gehenna: Tod) Diese werden, wie es uns durch die Worte aus Ofb 20:14-15 verdeutlicht wird, den „zweiten Tod“ sterben, was bedeutet, dass sie im Verlauf einer bestimmten Zeit zur Nichtexistenz zurückkehren werden. Der erste Tod wird in dieser Zeit, in welcher der „Teufel“ in den „Feuer See“ geworfen wird, auch in die „Gehenna“ (Feuer See) geworfen und somit beseitigt, was bedeutet, dass es für Menschen, die nach der Beseitigung des ersten Todes gegen den wahren Gott oder seinen Messias rebellieren, keine Auferstehung mehr geben wird. Eine Auferstehung wird es nur für solche geben, die den ersten Tod gestorben sind, solange dieser „erste Tod“ noch existiert. (Siehe 2 Tim 1:10, Ofb 2:11,20:14)

Somit wird am Ende des Königreiches Gottes, um das Gläubige im Mustergebet des Herrn Jesus mit den Worten bitten: „Dein Reich komme zu uns, dein Wille geschehe...“ (Mt 6:10), der „Wille“ Gottes zumindest teilweise geschehen sein, womit jedoch der Plan des wahren Gottes mit der Menschheit und der Erde noch nicht abgeschlossen ist.

Die Aufgabe des „Wortes Gottes“ (Logos), den Willen des Vaters vollständig zu tun, ist noch nicht gänzlich erfüllt. Selbst wenn das Königreich Gottes, das etwa 1.000 Jahre andauern wird, beendet sein wird, steht noch eine Option offen. Was geschieht mit den Milliarden Menschen, die in den vergangenen 6.000 Jahren Menschheitsgeschichte verstorben sind und keine Gerechtigkeit erfahren haben? Oder was geschieht mit den Wiedergeborenen, welche die Gelegenheit, als „Könige und Priester“ mit dem Messias zu herrschen, nicht ergriffen haben? (Siehe Jes 55:11, Ofb 19:13, 20:4, Joh 11:24, 1 Kor 15:13)

Um diesen Teil aus dem Plan des wahren Gottes zu verstehen, ist es zunächst nötig, das göttliche Zeitprinzip aus 3 Mos 25:8-24 zu berücksichtigen, wo auch von dem „Jubeljahr“ die Rede ist, dem 50. Jahr im Zeitablauf des Gottesstaates der Israeliten.

Im Gegensatz zu dem teuflischen Weltsystem, in dem wir heute leben und in dem alle paar Jahrzehnte Kriege vom Zaun gebrochen werden müssen, um den Hunger der Widerstandleistenden zu stillen und noch einmal einen neuen Anfang machen zu können, hat der wahrhaftige Gott in seinem vor 2.000 Jahren zu Ende gegangenen „Gottesstaat“ eine bessere Lösung für einen Neuanfang befohlen. In jedem 50. Jahr, nachdem das 49. Jahr bereits ein Sabbatjahr gewesen ist, wurde in diesem „Jubeljahr“ für das gesamte israelitische Volk ein Neuanfang gemacht.

Der Besitzstand aller Familien und die Standesverhältnisse wurden zurückgesetzt, und alle Familien des Volkes der Israeliten hatten die Möglichkeit, einen Neuanfang zu machen. Alle bekamen eine neue Chance. Für alle ruhte die tägliche Arbeit. Die Beschäftigung bestand darin, die Eigentumsverhältnisse für alle wieder auf einen „ursprünglichen Stand“ zu bringen. (Siehe 3 Mos 25:13,17)

Mit diesem Prinzip im Sinn muss man die Zeitspanne des 50. Jahrtausends in der Weltgeschichte (innerhalb einer Schöpfungswoche) betrachten.
Nach dem tausendjährigen Königreich Gottes ist die gesamte Erdbevölkerung in einen Zustand gebracht worden, der etwa dem Zustand unserer Ureltern ähnlich sein dürfte – vor ihrer Entscheidung vor ca. 6.000 Jahren, zu sündigen – nur mit dem Unterschied, dass sie inzwischen zumindest theoretisch wissen, was es bedeutet, „gut“ oder „böse“ zu sein. (Siehe 1 Mos 8:22, „neue Erde“, 2 Petr 3:13)

Was nun in dem „Jubeljahr“ geschieht, ist (wie oben erwähnt) die Rückführung zum ehemaligen Urzustand, wobei zu berücksichtigen ist, dass nach jedem „Jubeljahr“ im Vorbild nicht alle Dinge präzise und genau zurückgeführt werden konnten, etwa so, wie sie nach der Einnahme und der Verteilung des „verheißenen Landes“ gewesen sind.

Gewisse Veränderungen waren natürlich auch in jedem Jubeljahr zur Zeit des israelitischen Gottesstaates zu erwarten. In dem großen „Jubeljahr“ im Zeitgeschehen des wahren Gottes ist es ähnlich. Durch das Königreich Gottes wird ein gewisser „Urzustand“ wiederhergestellt, was bedeutet, dass das kybernetische System für Pflanzen und Tiere und Erdboden wiederhergestellt sein wird, dass die Spuren des teuflischen Weltsystems der Vergangenheit beseitigt, die Erde und auch die Meere wieder gereinigt und mit einer gesunden Meeres- und Landtierpopulation bewohnt sein werden.

Ist dieser Zustand nach dem tausendjährigen Königreich Gottes wiederhergestellt, erfolgt das, woran Tausende und Abertausende Menschen in den vergangenen Jahrtausenden glaubten, nämlich die Auferstehung! Wahrhaft gottgläubige Menschen der Vergangenheit glaubten an eine Auferstehung, obwohl sie nicht wussten, wann, wie und in welcher Form eine solche Auferstehung vonstattengehen könnte. (Siehe 1 Sam 2:6, Ps 16:10, Jes 26:19, Ez 37:1-14, Hiob 19:25-27, Dan 12:2-3)

In Joh 5:28-29 spricht der Messias folgende Worte in Bezug auf Auferstehung: *„Wundert euch nicht darüber, denn die Stunde kommt, in der alle, die in den Gedächtnisgrüften sind, seine Stimme hören und herauskommen werden, die, welche Gutes getan haben, zu einer Auferstehung des Lebens, die, welche Schlechtes getrieben haben, zu einer Auferstehung des Gerichts.“* Ähnlich wie im Falle des Todes, den wir in zwei Arten kennen, gibt es auch bei der Auferstehung zwei Arten. Im Falle des Todes ist schon deutlich geworden, dass es aus dem ersten Tod eine Auferstehung gibt, wobei es bei dem zweiten Tod zur Nichtexistenz kommt. (siehe Joh 11:24-25, Ofb 2:11, 20:6, 20:14, 21:8, Ofb 20:13-15)

Im Falle der Auferstehung sind auch zwei Arten für die gesamte Menschheit relevant, die wir uns näher anschauen müssen. Da wäre nun, wenn wir sie der Reihe nach betrachten, die „erste Auferstehung“.

Diese „erste Auferstehung“ begegnet uns oft im Neuen Testament. Sie betrifft solche Menschen, die als „Heilige, Erstlinge, Söhne des Lichts, Braut Christi, Könige und Priester, Brautführer“ und ähnlich benannt werden und bezieht sich auf die Auferweckung zu „himmlischem Leben“. (Siehe Luk 20:34-38, Apg 2:24, 1 Kor 15:20-23,42,51-53, 1 Thess 4:13-17, Luk 20:35-36, Joh 8:51, Ofb 20:4-6)
Zu den Gläubigen, die in den neuen Bund aufgenommen wurden und werden, der durch das Blut des Messias vor 2.000 Jahren rechtskräftig wurde und die auch von dem Apostel Paulus als „eine neue Schöpfung“ bezeichnet werden, gehören Menschen aus der israelitischen Bevölkerung sowie Menschen aus den Heidennationen. (siehe Apg 11:2-18) Sie waren von dem wahren Gott dazu berufen, die Verheißungen Gottes an seinen „Freund Abraham“ zu verwirklichen. Sie wurden von verschiedenen „Hürden“ in eine „Hürde“ gesammelt und unter einen Hirten, den Messias, gestellt. (siehe 1 Petr 2:9, Offb 5:9-10, Joh 10:16)

Wir verstehen also, dass die in der HS gekennzeichnete erste Auferstehung nur für solche Menschen Anwendung finden kann, die als wahrhaft Gläubige in der „Gleichheit des Christus sterben“ und somit auch in der „Gleichheit des Christus auferstehen werden“ – es sind Menschen, die während der Zeit der christlichen Ära durch Heiligen Geist wiedergeboren werden und inmitten der um sie herum feindlichen Welt dem Christus und dem Vater-Gott bis auf den Tod ihre Treue und Lauterkeit bewahren.

Einige solcher, die noch in der letzten Phase des Endes dieses Systems am Leben sind, werden „verwandelt werden in einem Nu …“, um danach in den Himmeln ihre Aufgaben in

Verbindung mit ihrem Messias und der auf Erden lebenden Menschen zu übernehmen. Das ist die „Erste Auferstehung" von der die Schrift spricht. (Siehe Phil 3:10-11, 1 Thess 4:14-17, Hebr. 11:35)

Die andere – „allgemeine Auferstehung", die für die allgemeine Menschheit vorgesehen ist, wird gegenüber der „Ersten Auferstehung" sowohl in Joh 5:28-29 als auch in Ofb 20:4-6 erwähnt. Dort wird folgender wichtiger Hinweis gegeben: *„Die übrigen der Toten kamen nicht zum Leben, bis die tausend Jahre zu Ende waren." (Offb 20:5)*

Nachdem also das tausendjährige Königreich Gottes zu Ende ist, kommt nun die allgemeine Auferstehung zur Anwendung. Lesen wir noch einmal die Passage aus Joh 11:23-24: *„Jesus sprach zu ihr: ‚Dein Bruder wird auferstehen.' Martha sagte zu ihm: ‚Ich weiß, dass er auferstehen wird in der Auferstehung* am letzten Tag.*'"*

Martha als Israelitin glaubte, dass es am *„letzten Tage"* eine Totenauferstehung geben würde. Menschen würden auf einer paradiesischen Erde auferstehen und ihnen würde Gerechtigkeit zuteil. Das gehörte auch zu Marthas Glauben.

Wie in Ofb 20:11-14 berichtet wird, werden Bücher aufgetan, um die Toten zu richten, wobei auch das „Buch des Lebens" aufgeschlagen wird. Alle Toten – sowohl diejenigen, für die das Meer zum Grab wurde, als auch alle anderen, die sich im „Totenreich" befinden, werden nach dem gerichtet, was in den Büchern über sie steht, doch sollten ihre Namen nicht in dem Buch des Lebens gefunden werden, kommen sie in den „Feuer See", die „Gehenna", und wie wir bereits wissen, bedeutet der „Feuer See“ den „zweiten Tod“ oder die Nichtexistenz. (siehe WG 1.1)

Solche aus dem Totenreich (Hades), die in dem „Buch des Lebens“ gefunden werden, haben die Aussicht, auf einer „neuen Erde“ auf unabsehbare Zeit zu leben. Tod und Totenreich oder „Hades“ (WG 1.2) werden danach nicht mehr benötigt, weil es in dem Plan Gottes, des Höchsten, keine Notwendigkeit mehr für ein Totenreich oder für einen „Hades“ gibt. Verstehen wir also, dass in diesem letzten Jahrtausend aus dem in der Bibel aufgezeichnetem Teil des göttlichen Planes auch allen Menschen, die jemals hier auf Erden gelebt haben, Gerechtigkeit zukommen wird, außer denen natürlich, die bereits durch die erste Auferstehung zu himmlischem Leben kamen, und denen, die in einer Gerichtsperiode bereits gerichtet wurden.

Sie werden mittels der göttlichen Vorkehrung der zweiten Auferstehung entweder zum Leben auf unabsehbare Zeit auf einer „neuen Erde“ kommen oder zu ihrem Gericht und danach „in die Gehenna“, was den zweiten Tod und somit die Nichtexistenz bedeutet.

Sollte also wider Erwarten in dem dann bestehenden „neuen Himmel“ oder auf der dann bestehenden „neuen Erde“ ein vollkommener Mensch oder aber auch ein Engel gegen den wahren Gott rebellieren wollen, was gemäß seiner freien Willensentscheidung durchaus noch möglich wäre und ihm unbenommen bleibt, wird für solchen sogleich der Feuer See bereit stehen, also der zweite Tod oder die Nichtexistenz. (Siehe Mt 23:33, 5:22)

Das Szenario, welches der Verleumder und seine Verbündeten während ihres Bestehens durch ihre Rebellion im Universum heraufbeschworen haben, wird für alle Ewigkeiten als „Prüfstein“ oder als „Lehrbeispiel“ für den Begriff „BÖSE“ zur Verfügung stehen.

Die Aussagen der HS hinsichtlich der folgenden 2.000 Jahre sind nicht so ausführlich beschrieben. Was jedoch über die vor uns liegenden zwei Jahrtausende in der Schrift berichtet wird, ist mit all den Vorstellungen, die in der übrigen Schrift gemäß der göttlichen Logik gegeben werden, im Einklang.

*

Kapitel 12

Die Mittel zur Wiederherstellung des Urzustandes!

„Dein Wille geschehe, wie im Himmel so auch auf der Erde!“

Von der Tatsache ausgehend, dass der Wille des höchsten Gottes geschehen wird, ganz gleich, welche Zwischenfälle sich im Verlauf der Zeit sowohl im Himmel als auch auf Erden ereignen werden, möchten wir nun an die Frage herangehen, welches wohl das Mittel ist, dessen sich der wahrhaftige Gott bedient, um einen gewissen „Urzustand“ wiederherzustellen. Bei dieser Frage erinnern wir uns an das, was der engste Freund und Jünger des Messias, Johannes, in seinem Evangelium über seinen Herrn schrieb: *„1 Im Anfang war das Wort (Logos), und das Wort war bei Gott, ...“* (in der Gemeinschaft mit Gott: hingewandt zu Gott, der Ausdruck „das Wort“ (griech. „Logos“) bezeichnet hier wie auch in 1:14 und Ofb 19:13 den Gottessohn als den Offenbarer und Willensvollstrecker Gottes) *„... und Gott (göttlichen Wesens) war das Wort. 2 Dieses war im Anfang bei Gott. Alle Dinge sind durch dieses (Wort) geworden (geschaffen), und ohne dieses ist nichts geworden (von allem) was geworden ist. (Menge Ü., Joh 1:1-4)*

Das „Wort“ (griech. „Logos“) war der Willensvollstrecker des „Universalen Geistes“, der Verwirklicher der göttlichen Logik und der „einziggezeugte Gott“.

Was den „Logos“ anbetrifft, ist diese Erkenntnis eine Wahrheit, welche die Grundvoraussetzung für ein richtiges Verständnis der gesamten Zusammenhänge des göttlichen Plans mit der Menschheit sowie der Handlungsweise des „Universalen Geistes“ mit seiner gesamten Schöpfung bildet.

Ebenso wichtig ist die Tatsache, dass *„alles Sichtbare und Unsichtbare, ... was besteht, durch ihn und* für ihn *erschaffen wurde." (Kol 1:16-17)*

Auch im AT erfahren wir etwas über das Verhältnis zwischen dem höchsten Gott und seinem „Wort", wenn wir in Jes 55:10-11 lesen:

„Denn gleich wie der Regen und der Schnee vom Himmel herabfällt und nicht dorthin zurückkehrt, sondern er habe denn die Erde getränkt und befruchtet und sie zum Grünen gebracht, so dass sie dem Sämann Samen und dem Essenden Brot gegeben hat - ebenso verhält es sich auch mit meinem Wort, das aus meinen Munde hervorgeht; es kehrt nicht leer (wirkungslos) zu mir zurück, sondern erst dann, wenn es das ausgerichtet hat, was ich gewollt habe, und das zustande gebracht hat, wozu ich es gesandt habe." (Menge Ü.)

Wenn der allmächtige, alles belebende „Universale Geist" etwas möchte und seinen Willen zum Ausdruck bringt, wird sein Wille durch den Willensvollstrecker, das „Wort" (Logos), zur Ausführung gebracht. Der Gelehrte Paulus nimmt in seinem Brief an die Kolosser auch einmal Bezug auf diese Tatsache, wenn er dort Folgendes ausführt:

„In diesem *(Jesus Christus) haben wir die Erlösung, nämlich die Vergebung der Sünden; 15* er *ist ja das Ebenbild des unsichtbaren Gottes, der Erstgeborene aller (der gesamten) Schöpfung; ..."*

(A.Ü. „der Erstgeborene vor allem Geschaffenem")

„16 denn in ihm (d.h. durch seine Vermittlung) ist alles geschaffen worden, was im Himmel und auf der Erde ist, das

Sichtbare, wie das Unsichtbare, mögen es Throne, oder Herrschaften, Mächte oder Gewalten sein; alles ist durch ihn und für ihn *(vergl. V20) geschaffen worden, - 17 und er ist vor allem, (steht über allem) und alles (oder das ganze Weltall) hat in ihm seinen Bestand." (Menge Ü., Kol 1:14-17)*

In Anbetracht dieser Erkenntnis versteht man auch 1 Mos 1:1 *„Im Anfang schuf* Götter *Himmel und Erde ..."*

Die Heilige Schrift vermittelt uns also, dass es für den „Universalen Geist-Gott" einen Willensvollstrecker gibt, welcher der göttlichen Logik Geltung verschafft und auch gleichzeitig der „einziggezeugte Sohn" und „einziggezeugte Gott" ist.

„Niemand hat Gott jemals gesehen, der eingeborene Sohn, (Ä.Ü. der einzig gezeugte Gott) der an des Vaters Brust liegt, der hat Kunde (von ihm) gebracht." (Joh 1:18)

Dieser Willensvollstrecker des „Universalen Geistes", der auch der Rechtfertiger seines Vaters ist, spielt die Hauptrolle bei der Wiederherstellung des „Urzustandes" im Hinblick auf die Erde und die Schöpfung auf ihr. Bereits nach der lebenswichtigen Entscheidung der beiden ersten Menschen im Garten Eden, nach dem Ungehorsam gegenüber dem wahren Gott und der Hinwendung zum „Lügner und Verleumder", erfahren wir schon etwas über den Plan des wahren Gottes hinsichtlich seiner Wiederherstellung des Friedens und Glücks im gesamten Universum. Die Worte Gottes, die wir in 1 Mos 3:15 lesen, geben uns diesen Hinweis:

„15 Und ich werde Feindschaft setzen zwischen dir und der Frau und zwischen deinem Samen und ihrem Samen. Er wird dir den Kopf zermalmen, *und du wirst ihm die Ferse zermalmen." (Menge Ü, Joh 8:44)*

Spätestens nach diesen Worten des wahren Gottes bestand in den Weiten des Universums wie auch auf der Erde Feindschaft zwischen dem Verleumder des wahren Gottes und den in übertragenem Sinn „weibesgleichen“ Engelheerscharen in den Himmeln – auch Feindschaft zwischen der sinnbildlichen Frau Gottes, die hier auf der Erde durch den „Israelitischen Gottesstaat“ dargestellt wurde und dem Widerstandleistenden sowie Feindschaft zwischen dem hier auf Erden geborenen Messias und dem Widerstandleistenden sowie Feindschaft zwischen der bildlichen „Braut“ des Messias, die nach dem Opfertod Jesu „herausgerufen“ wurde, und dem Verleumder samt dessen „Nachkommenschaft“.

Diese Feindschaft bleibt über unsere Ära hinaus bis zur vollständigen Beseitigung aller Verleumder und Widerstandleistenden bestehen.
(Texte, welche die Gedanken belegen: Jes 54:5, Jer 2:2-3, Hos 2:4-5, Lk 2:34-35, Mt 2:13-15, 12:39, Joh 17:15-17, Ofb 21:2)

Im gesamten Universum – einschließlich der Erde – existierten nun zwei Parteien und zwischen diesen bestand Feindschaft. Natürlich besteht diese Feindschaft auch zwischen den Menschen auf Erden, die im Gegensatz zu ihren Ureltern dem wahren Gott aus Liebe gehorchen wollen und allen anderen, welche sich dem Verleumder unterstellen. Einer von diesen Gottesfürchtigen war, noch vor der großen Flut, wie es aus dem Bericht aus 1 Mos 5:21-24 hervorgeht, Henoch.

In dem Bericht aus 1 Mos 3:8-19 lässt uns der wahrhaftige Gott bereits einiges darüber wissen, was uns die Prophezeiungen über den Messias, die später gegeben wurden, besser verstehen hilft.

So spricht der wahrhaftige Gott, wie es aus Gen 3:15 hervorgeht, zunächst sein Urteil über die „Schlange“, die in diesem Bericht als ein Synonym für den Widerstandleistenden, den verleumderischen Engelfürsten steht, der bereits vor dem Verführungsakt in Eden in seinem „Herzen“ zum Rebellen wurde. (Siehe Ez 28:15) Dieser Rebell, der auch landesüblich „Satan“ und „Teufel“ genannt wird, sollte also von nun an „verflucht“ sein.

Ihm wurden Einschränkungen auferlegt, was in den folgenden Worten deutlich werden sollte: *„Auf dem Bauch sollst du kriechen und Staub fressen.“*

Außer von der göttlichen Tafel, an der sich Geistwesen, die dem wahrhaftigen Gott gehorsam sind, ernähren, schnitt der höchste Gott diesen Rebellen auch davon ab, was ihm vorher zu geistiger Weiterbildung diente. Er wurde, wie es durch den Propheten Ezechiel ausgedrückt wird, vom „Götterberg verstoßen“, wodurch er von den Weisheiten und Erkenntnissen, die den dort Anwesenden zuteilwerden, ausgeschlossen.

Zwischen ihm inklusive derer, die er „zeugen“ würde, d.h. solcher, die er einerseits von der übrigen „weibesgleichen“ Engelorganisation des wahren Gottes auf seine Seite oder in seine „Partei“ bringen würde und andererseits durch Beeinflussung zu ebenfalls gegen den wahren Gott rebellierenden Menschen machte, und all jenen, welche auf der Gottesseite Stellung beziehen würden, sollte Feindschaft bestehen.

Der höchste Gott wollte seinen Willen gewahrt sehen. Er wollte seine eigenen Eigenschaften wie Liebe und Freude, Gerechtigkeit und Wahrheit, Frieden und Ordnung, Weisheit und Barmherzigkeit in seiner gesamten Schöpfung gewahrt wissen, weshalb er diesen Schritt tat und diese Grenze zog zwischen den Rebellen und den gehorsamen Geschöpfen, welche den wahrhaftigen Gott und seine Gerechtigkeit lieben.

Aber auch das symbolische „Weib“ und eine buchstäbliche Frau sollten Samen oder Nachkommenschaft hervorbringen, von welchem dann der primäre Same, der Messias, der Schlange, dem Widerstandleistenden, den Kopf zermalmen würde.

So sollten also die dem wahren Gott treuen himmlischen Geschöpfe einen erwählen, der dem Verleumder den Kopf zermalmte. Der Verleumder des wahren Gottes jedoch würde allerdings diesem ausersehenen „Samen des Weibes“ auch „in die Ferse stechen“.

Die sinnbildlich „himmlische Frau“ des wahren Gottes, seine ihm treue Engelorganisation, erwählte als den „Samen“, welcher der „Schlange“ den Kopf zermalmen sollte, aus ihren Reihen das „Wort“ (Logos) aus. Aus einer weiteren bildlichen „Frau“ Gottes, dem israelitischen Gottesstaat, wurde dieser vorausgesagte Samen, welcher der „Schlange den Kopf zermalmen sollte“, nun für die Menschheit sichtbar hervorgebracht.

Von einer *buchstäblichen* Frau aus dem israelitischen Gottesstaat wurde dieser „Samen“ geboren, womit sich der Kreis, der durch die Prophezeiung aus 1 Mos 3:15 begonnen wurde, wieder schloss. (siehe Lk 1:31-33, Gal 4:4, Joh 18:37)

Doch bis zum ersten Kommen des Messias vor 2.000 Jahren ließ der wahrhaftige Gott hin und wieder Prophezeiungen, die auf diesen Messias hinwiesen oder über Einzelheiten in Verbindung mit dem Messias berichteten, durch seine Propheten veröffentlichen.

(Einzelheiten in Kapitel 8 und 9 des Buches)

(Siehe 1 Mos 12:3,17:1, 49:10, 2 Mos 19:6, Jes 9:6-7, Mi 5:1-3)

Der „Universale Geist“ machte somit erst einmal teilweise deutlich, auf welche Weise und mit welchen Mitteln er seinen Willen zur Vollendung bringen wollte. Um keinen Zweifel für wahrhaftig suchende Israeliten aufkommen zu lassen, wurde in Bezug auf den Messias dessen Kommen und Tätigkeit vorausgesagt. Eine ansehnliche Anzahl von weiteren Voraussagen wurde gemacht, welche jedoch, und das ist für die Wahrheitsfindung äußerst wichtig, von jedem „Suchenden“ gründlich inspiziert werden mussten. All jene Israeliten, welche auf ihre „menschliche Weise“ die Voraussetzungen hinsichtlich des Messias suchten, konnten ihn natürlich zur Zeit seines Erscheinens nicht erkennen. Als Beispiel dafür dient uns die Passage aus Joh 1:43-47.

Eine nur oberflächliche Erkenntnis gestattet es niemandem, den Messias zu erkennen. Alle Israeliten, die ernstlich an der Verheißung des wahren Gottes interessiert waren, mussten schon etwas tiefer in die damit verbundenen Gegebenheiten eindringen, wodurch jemand natürlich auch sein aufrichtiges und wahrhaftes Interesse zeigte. So kam es, dass die meisten Pharisäer den Messias als solchen nicht erkannten. Zum einen hatten sie eine aus ihrer Mentalität heraus falsche, aber eingefleischte Vorstellung von dem Messias und zum anderen erforschten sie nicht wirklich, ob sich die zu dem Messias gegebenen Voraussagen auch wirklich an diesem „Jesus, dem Christus“, erfüllten. So verwarfen viele Pharisäer den Messias bereits, nachdem sie erfahren hatten, dass dieser aus Nazareth kommt, was allerdings nicht seine Geburtsstadt war. (siehe Joh 3:1-2)

Beim Erscheinen dieses „Samens“ oder des „Messias“ geschahen damals vor etwa 2.000 Jahren schon einige außergewöhnliche Dinge. In den Tagen des Herodes, des Königs von Judäa, wurde eine verlobte Jungfrau aus dem Stamm Juda ohne Zutun eines Mannes schwanger. Ein halbes Jahr zuvor wurde eine Verwandte von ihr, die bereits in hohem Alter war, „guter Hoffnung“. Es berichteten bei der Geburt eines Knäbleins in Bethlehem zu Anfang des Oktobers Hirten, die von den Weiden kamen, von einer außergewöhnlichen Erscheinung. Engelheerscharen kündigten ihnen den Messias an.

Da gab es einen sehr alten Propheten namens Simeon und eine alte Prophetin namens Anna im Tempel zu Jerusalem, welche das Knäblein als den kommenden Messias willkommen hießen. Da gab es Astrologen, die aus dem fernen Osten kamen und den neugeborenen König willkommen heißen wollten.

Diese Geschehnisse und noch mehrere solcher außergewöhnlichen Begebenheiten kündigten vor etwa 2.000 Jahren den Messias an.

Es ging eine Unruhe durch das ganze Volk, und mit Sicherheit begannen einige Schriftgelehrte, in der Schriftrolle des Daniel nach der Zeit zu forschen, in der dieser Fürst oder Gesalbte erscheinen sollte.
(siehe Dan 9:20-27, Jes 7:14, Mt 1:23, 2:1-6, Lk 1:36-2:8-17, 2:25-38)

Nach diesem Aufscheinen bei der Geburt des Messias kam bald alles noch einmal zur Ruhe, und es gingen 30 Jahre ins

Land, bis es wieder zu einem Aufruhr im israelitischen Volk kam. Es ging dieses Mal um denselben Menschen, nur kam es bei diesem Aufscheinen des Messias zur Eskalation.

Augenzeugen der damaligen Geschehnisse berichteten davon, dass dieser außergewöhnliche Mensch, Jesus (Immanuel) genannt, auch besondere außergewöhnliche Fähigkeiten besaß. Er war sehr weise, ohne die damaligen Hochschulen besucht zu haben und er kannte die heiligen Schriften wie kein anderer. Er war so sanftmütig und mitfühlend, so gütig und hilfsbereit, barmherzig und voller guter Taten. Nicht, dass er reich war – nein – er selbst hatte keinen irdischen Besitz, aber er war ein außergewöhnlicher Lehrer, ein außergewöhnlicher Prophet, einer, der Wunder wirkte und dabei selbst tote Menschen wieder lebendig machte, und er ließ nichts Ungereimtes auf seinen Gott kommen. Ja, in seinem Eifer für seinen Gott verzehrte er sich.

So dauerte es auch nicht lange, bis die gesamte israelitische Bevölkerung von ihm wusste. Seine guten Taten sprachen sich schnell herum und das gemeine Volk hielt große Stücke auf ihn. Ja, man suchte ihn zum König zu machen. (siehe Joh 6:14-15)

Doch da gab es auch eine andere Gruppe. Diese konnte sich nicht so sehr für diesen außergewöhnlichen Menschen begeistern. Bei Aristokraten des Volkes, den Schriftgelehrten, Pharisäern, Sadduzäern und Zeloten, bei all denen, die sich im Verlauf der Zeit Monopole und Pfründe erworben hatten und der Meinung waren, sie seien die ersten Anwärter auf die Führung im Königreich Gottes, wuchsen Unwillen und Eifersucht und maßlose Wut über diesen Menschen heran. Dieser

Mensch, den bereits viele der „kleinen Leute" für den verheißenen Messias hielten, passte überhaupt nicht zu der Vorstellung und in das Klischee, welches sich diese Oberschicht von dem Messias gemacht hatte.

„Und deswegen gingen die Juden daran, Jesus zu verfolgen, weil er diese Dinge am Sabbat tat. 17 Er aber antwortete ihnen: ‚Mein Vater hat bis jetzt fortwährend gewirkt, und ich wirke fortwährend.' 18 Deswegen suchten die Juden tatsächlich umso mehr, ihn zu töten, weil er nicht nur den Sabbat brach, sondern Gott auch seinen eigenen Vater nannte, wodurch er sich Gott gleichmachte." (Joh 5:16-18)

Er selbst sagte von sich, was aus der Schrift des Propheten Jesaja entnommen war:

„Der Geist des Herrn ist auf mir, weil er mich gesalbt hat, Armen gute Botschaft zu verkündigen; er hat mich gesandt, Gefangenen Freiheit auszurufen und Blinden, daß sie wieder sehen, Zerschlagene in Freiheit hin zu senden, auszurufen ein angenehmes Jahr des Herrn. ... heute ist diese Schrift vor euren Ohren erfüllt." (Jes 61:1)

Doch er sagte noch vieles mehr über sich, was den Aristokraten des israelitischen Volkes überhaupt nicht passte, was jedoch dazu beitrug, zu erkennen, wer er wirklich war, was er wollte und warum er es so wollte. (siehe Joh 7:25-30)

Wenn man den Zweck seines Kommens einmal zusammenfassen möchte, kommt man zu folgendem Schluss: Der Messias erfüllte in dieser Zeit einen Teil der Verheißung, die der wahrhaftige Gott seinem Vorvater Abraham gegeben hatte, einen Teil der Verheißung, die dem David und Salomo gegeben wurde und einen Teil aus dem großen Plan des wahrhaftigen Gottes, durch den die Himmel, die Erde und die Menschheit mit dem wahren Gott wieder versöhnt werden sollten.

Ja – dieser Jesus, der Christus oder Immanuel, war der vom wahren Gott gesandte und verheißene Messias, das „Wort Gottes“, derjenige, durch den sich die gesamte Menschheit segnen sollte und nicht nur das „israelitische Volk“. (siehe 1 Mos 22:18)

Aus dem israelitischen Volk hatten jedoch die meisten Menschen keinen Glauben, bis auf verhältnismäßig wenige Ausnahmen. Dass sie die Pläne Gottes mit der Menschheit nicht verstehen konnten, ist zu entschuldigen, dass sie jedoch dem Messias trotz seiner großen Machttaten nicht glauben wollten, ist unentschuldbar. Wie bereits Habakuk, einer der alten Propheten, sagte: *„Siehe die verdiente Strafe für den, der nicht aufrichtig ist! Der Gerechte aber wird durch seinen Glauben leben.“*
So bestätigen alle Schreiber des NT, dass es der Glaube ist, der auf den Weg zum Leben führt. (siehe Röm 1:16-17, Hebr 11)

Wenn also Menschen nicht glauben können oder nicht glauben wollen, werden sie versuchen, ihre Ziele über ihre eigenen menschlichen Vorstellungen zu erreichen. Beispiele aus dem Gottesstaat des Volkes Israel haben wir in Fülle.

Nachdem nun der Messias erschienen war und durch seine Taten beweisen konnte, dass er „von dem wahren Gott ausgesandt wurde“, waren es nur wenige Israeliten, die sich durch ihr „Gesetz“ hatten „erziehen“ lassen und dadurch auch den Glauben aufbrachten und sich daraufhin dem Messias anschlossen, ihn annahmen und danach den für sie entsprechenden Segen erfuhren. Zwar verstanden diese Anhänger des

Messias den Plan Gottes mit dem israelitischen Volk (und in erweitertem Sinne mit der Menschheit) auch nicht vollständig, doch sie verhärteten sich deshalb nicht gegen ihren Gott, sondern glaubten auf Grund ihrer Erziehung durch ihr Gesetz und dessen, was sie hörten, sahen und fühlten.

Sie glaubten, dass dieser Jesus der Christus ist, der den Thron ihres Vorvaters David wieder aufrichten würde, um auf ewig darauf zu sitzen und zu herrschen. Was sie nicht wussten, war die Antwort auf die Frage: Wann wird das sein?

Deshalb stellten seine Jünger dem damals bereits vom Tode auferstandenen Messias die Frage: *„Herr, stellst du in dieser Zeit das Königtum für Israel wieder her?“ (Apg 1:6)*

Seine Antwort war selbst für die Glaubenden verblüffend, aber auch richtungsweisend. Er sagte ihnen: *„Euch kommt es nicht zu, Zeiten und Fristen zu wissen, die der Vater vermöge seiner eigenen Machtvollkommenheit festgesetzt hat.“*

Niemand unter den sterblichen Menschen konnte bis dahin auch nur annähernd den so umfassenden Plan Gottes zur Wiederherstellung des Friedens im Universum erkennen, und selbst die Engel wussten nicht, wie sich der Wille des wahren Gottes letztlich erfüllen und mit welchen Mitteln dieser Wille verwirklicht werden sollte. (siehe 1 Petr 1:12)

Diese Situation änderte sich jedoch mit der Ausgießung des Heiligen Geistes. Der Heilige Geist werde, nach den Aussagen des Herrn Jesus selbst, den zurückgebliebenen Jüngern ein Tröster und Helfer sein und sie in die ganze Wahrheit einführen. (Siehe Joh 14:15-17, 16:12-15)

Im Nachhinein können wir heute bestätigen, dass erst nach der Ausgießung des Heiligen Geistes der Plan, mittels dessen der „Universale Geist“, der „Vater-Gott“, über sein „Wort“ einen gewissen „Urzustand“ im Universum wiederherstellen wird, besser verstanden wurde. Aufrichtige Nachfolger des Messias haben für ihre Nachwelt schriftlich all das niedergelegt, was zum Verständnis hinsichtlich des Planes Gottes nötig ist.
Zwar hatten die ersten Christen anfangs noch die Vorstellung, die zweite „Gegenwart des Herrn“ selbst erleben zu können, doch diese Erwartung erfüllte sich für sie nicht, bewirkte allerdings für den einzelnen Christen, *„sein Äußerstes zu tun, um schließlich vor ihm fleckenlos und makellos und in Frieden erfunden zu werden“*, wie es Petrus ausdrückte in 2 Petr 3:14.

Die Autoren des Neuen Testamentes gaben sich viel Mühe, die Vorbilder und Parallelen in Bezug auf den Messias aufzuzeigen. Besonders der Apostel Paulus, der sich als der Apostel für die Menschen aus den „heidnischen Nationen“ verstand, weist uns viele Beispiele und Parallelen auf, die uns heute zum Verständnis verhelfen.

So zeichnet der Apostel Paulus das Bild vom Messias als einem Bräutigam auf und das einer Gruppe seiner Nachfolger, welche zur „Ersten Auferstehung“ kommen würden, als einer Braut. Dieses Bild tritt dann später in der Offenbarung wieder in Erscheinung. (Siehe 2 Kor 11:2-3, Ofb 21:2)

Auch benutzt Paulus den Vergleich zwischen Adam und dem Messias, um zu zeigen, welchen Nutzen die Menschheit durch den Messias als den „zweiten Adam“ hat. (Siehe 1 Kor 15:22, 45,46)

Des Weiteren spricht Paulus auch von einer „neuen Schöpfung“, womit er all jene meinte, die mit dem Messias und seinem Vater „Eins“ werden, vom Geiste des wahren Gottes gezeugt und somit Wiedergeborene sind und einen Anteil an der Wiederherstellung des „Urzustandes“ sowohl im Universum als auch auf Erden haben werden. (Siehe Joh 17:22,23, 2 Kor 5:17, Gal 6:15, Joh 3:5-6)

Aber auch aus anderen Briefen, welche wir im NT finden, erfahren wir genügend über die Mittel, mit welchen der wahrhaftige Gott den Frieden und das Glück oder den Urzustand im Universum wiederherstellen wird.

Wenn wir verstanden haben, dass es das Wort Gottes, der „Logos“ oder der „Erstgeborene aller Schöpfung“ oder der „einzig gezeugte Gott“ ist, der die Hauptlast und Hauptverantwortung trägt und die Hauptrolle in dem Plane des wahren Gottes spielt, um das gesamte Szenario in Verbindung mit der Erde wieder in seinen friedlichen Urzustand zu bringen, dann haben wir richtig verstanden.

Doch neben dem Messias als der Hauptfigur in dem Plan Gottes, des „Höchsten“ spielt auch die „neue Schöpfung“ ihre Rolle und ebenso auch der Heilige Geist.

Ist die „neue Schöpfung“, zu der auch die „Braut Christi“ gehört, oder sind die Auserwählten, Heiligen, Gerechten oder die, die „in der Gleichheit seines Todes sterben werden“, selbst auch von der Errettung durch den Messias abhängig?

Nun, für diese ist der Messias oder der „zweite Adam“, wie ihn Paulus bezeichnete, in erster Linie gestorben, und für diese kommt zuerst das „Loskaufopfer“ zur Geltung.

Alle jene, welche zur ersten Auferstehung kommen, standen und stehen selbst, nachdem sie die Wiedergeburt erfahren haben, unter dem „Fluch der Sünde“, der durch unseren Urvater Adam über alle seine Nachkommen gebracht wurde.

All diese konnten sich nicht selbst von der Sündhaftigkeit reinigen und von dem daraus folgenden Tod befreien, auch nicht auf Grund des den Israeliten gegebenen vollkommenen Gesetzes. Weil nun diese „Erstlinge“, wie sie der Apostel Paulus auch nennt, einen Anteil daran haben, der übrigen Menschenwelt zu einem Leben auf unabsehbare Zeit zu verhelfen, muss für sie in erster Linie das Loskaufopfer zur Anwendung kommen.

Somit musste der Messias als Mensch zu uns kommen, wie es Paulus ausführte, als der „zweite Adam“, der seine Vollkommenheit bewahrte, der auch wegen der Vollkommenheit nicht von einem fleischlichen Mann gezeugt werden konnte, sondern durch den Heiligen Geist gezeugt wurde. Dieser „zweite Adam“ musste dann auch als ein vollkommener Mensch sterben, eben darum, weil durch sein Blut (seine Seele) Menschen, die durch den „ersten Adam“ unter den Fluch der Sünde und den „Gott dieser Welt“ verkauft wurden, durch ein berechtigtes „Lösegeld“ wieder freigekauft werden konnten. (Siehe Apg 20:28) Lesen Sie auch das Buch Ruth dazu.

So entscheidend, wie also unser Urvater Adam ehemals durch seine Entscheidung gegen den wahren Gott sündhaft wurde und in seiner Sündhaftigkeit Verderben und Tod über seine Nachkommen brachte, so hatte der „zweite Adam“, der Messias, seine Vollkommenheit bewahrt und durch seinen

Tod die Möglichkeit geschaffen, die Menschen aus ihrer ausweglosen Situation zu retten.
Es war also in dem Plan des „Universalen Geistes“ nicht vorgesehen, dass der „zweite Adam“, also der Messias selbst, durch das Eingehen einer Ehe und durch Zeugung von Kindern eine neue Menschheitspopulation hätte hervorbringen sollen. Dadurch wäre mit Sicherheit die „Zwei-Parteien-Gesellschaft“ nicht beendet worden. (siehe Gen 3:15, Röm 5:14-16, 1 Kor 15:21,22,45-49)

Nein, der wahrhaftige Gott sah in seinem Plan vor, auf Grund des von seinem Messias geopferten vollkommenen Lebens die durch das israelitische Gesetz dazu vorbereiteten, willigen und wiedergeborenen Israeliten und auch die wiedergeborenen Heiden vollkommen zu machen. (Siehe MW 1.1 – Blut, 1 Mos 9:4-6, 3 Mos 17:10-16)

Um es anders auszudrücken, sollten die durch den Geist Gottes willigen Wiedergeborenen durch das von dem Messias erbrachte Loskaufopfer von Sünde und Tod für eine „Unverweslichkeit“ in den Himmeln befreit werden, um hernach mit ihrem Herrn, dem Christus, als „Priester und Könige“ der übrigen Menschheit zu helfen, zum „Leben auf unabsehbare Zeit“ zu kommen.

Die Heilige Schrift benutzt das Wort „erkauft“, um auszudrücken, dass der wahrhaftige Gott willige wiedergeborene Menschen durch das geopferte Blut (die Seele) des Messias dem Verleumder Gottes abkauft.

„Menschen von allen Arten“ müssen dadurch von Sünde und Tod während der Zeit der christlichen Ära befreit werden, in erster Linie die „Erstlinge“ oder „Heiligen. (siehe Buch „Ruth“)

In Apg 20:28-29 erwähnt der Apostel Paulus diese Tatsache, indem er sagt: *„Gebt daher acht auf euch selbst und das gesamte Herdlein, unter das euch der Geist, der heilige, zu Aufsehern gesetzt hat, um die herausgerufene Gemeinde Gottes zu hirten, die er sich, durch das Blut seines eigenen Sohnes angeeignet hat. Mit einem hohen Preis seid ihr erkauft worden; werdet daher nicht Sklaven der Menschen.“ (Konkordantes NT Pforzheim, 1 Kor 7:23)*

„Würdig bist du, die Rolle zu nehmen und ihre Siegel zu öffnen, da du hingeschlachtet wurdest und uns für Gott mit deinem Blut erkauft hast.“ (Ü. H. Menge, Ofb 5:9)

Somit verstehen wir auch, dass der Messias, der „Spross aus dem Stumpfe Isais“, nicht hätte ein Mensch bleiben können, um dann als Mensch ewig auf dem „Thron Davids“ zu bleiben. Nein, er musste als vollkommener Mensch kommen, um das Gesetz zu erfüllen, sein Loskaufopfer zu erbringen, des Weiteren, um als die „Wahrheit“ seinen Vater zu offenbaren und um als Erster über die Auferstehung „den Weg“ zur Unverweslichkeit zu beschreiten. Somit konnte der Messias von sich selbst auch mit Recht sagen: *„Ich bin der Weg, die Wahrheit und das Leben, niemand kommt zum Vater außer durch mich.“ (Joh 14:6)*

Wie jedoch erwähnt, hatte der wahrhaftige Gott neben dem Messias, der die Hauptrolle sowie die Hauptverantwortung für die Wiederherstellung des Friedens und der Ordnung im Universum haben würde, weitere Mittel, bei denen es sich um Helfer handelt, die dem Messias bei seinem Bemühen, den Willen seines Vaters umzusetzen, zur Seite stehen. Es sollte ein „Mitarbeiterstab“ zur Durchführung des Willens Gottes,

„ein auserwähltes Volk, eine königliche Priesterschaft" zuerst ins Dasein kommen. Diese Tatsache wurde bereits durch die Prophezeiungen aus der Zeit des „israelitischen Gottesstaates" deutlich. Lesen wir dazu in 2 Mos 19:6:

„'Und ihr, ihr werdet mir ein Königreich von Priestern und eine heilige Nation werden. ' Dies sind die Worte, die du zu den Söhnen Israels sprechen sollst." (Siehe 1 Mos 17:6,16, 35:11, 1 Kor 4:8, 2 Tim 2:12, Ofb 5:10, 20:4-6)

Sind oder waren denn die Israeliten eine heilige Nation und ein „Königreich von Königen und Priestern"? Nun, bis heute war es nur ein Überrest aus dem Volk Israel, der bereits vor 2.000 Jahren dem Messias folgte, während der vergangenen 2.000 Jahre waren es einzelne Israeliten oder kleinere Gruppen, die sich zum Glauben an den Messias durchkämpften.

Das israelitische Volk als Gesamtheit ist inzwischen ein „Teil der Welt" geworden und handelt wie alle übrigen Nationen der Welt und versucht seit 2.000 Jahren auf seine menschliche Weise, prophetische Voraussagen zu erfüllen. In unserer Zeit wird jedoch wieder ein Überrest aus diesem heute bestehenden Volk zu einer Nation von „Königen und Priestern" herausgerufen werden. Solche müssen allerdings auf den Boden der Realität herunterkommen und – ohne Vorbedingungen oder besondere Privilegien zu erwarten – den Messias annehmen und seinen Forderungen nachkommen, genauso, wie dies auch all die anderen unbeschnittenen Menschen aus den Nationen tun müssen.

Viele Jahrhunderte nach den alten Voraussagen greift der Apostel Petrus diesen Gedanken wieder auf, indem er in 1 Petr 2:7-10 Folgendes sagt:

„7 Für euch nun ist er (der Christus) *kostbar, weil ihr Gläubige seid; für die Ungläubigen aber ist derselbe Stein, den die Bauleute verworfen haben, [das] Haupt der Ecke geworden 8 und ein Stein des Anstoßes und ein Fels des Ärgernisses. Diese straucheln, weil sie dem Wort ungehorsam sind. Gerade dazu sind sie auch bestimmt worden. 9 Ihr aber seid ein auserwähltes Geschlecht, eine königliche Priesterschaft, eine heilige Nation, ein Volk zum besonderen Besitz, damit ihr die Vorzüglichkeit dessen weit und breit verkündet, der euch aus der Finsternis in sein wunderbares Licht berufen hat. 10 Denn einst wart ihr kein Volk, jetzt aber seid ihr Gottes Volk; ihr wart die, denen keine Barmherzigkeit erwiesen worden war, seid jetzt aber die, denen Barmherzigkeit erwiesen worden ist."*

Petrus und auch andere Schreiber des NT zeigen alle die gleichen Gedanken auf, wenn es um die Erfüllung der im AT gegebenen Voraussagen hinsichtlich der Aufgaben für diejenigen geht, die aus dem Gottesstaat der Israeliten gläubig den Messias annehmen würden. Paulus nennt in Gal 3:24 das Gesetz, welches dem israelitischen Gottesstaat gegeben wurde, einen *„Erzieher auf Christus hin"*. Somit verstehen wir, dass der wahrhaftige Gott seinen Gottesstaat auch gründete, um die darunter Lebenden auf den Christus hin zu erziehen, um aus dieser Volksgruppe den Messias hervorzubringen und die Israeliten auf ihre Aufgaben, die sie mit dem Messias zusammen ausführen sollten, vorzubereiten. Genau darauf wurde in den Voraussagen, welche Abraham, Isaak, Jakob oder auch David gegeben wurden, hingewiesen. (Siehe 1 Mos 17:6 und Kapitel 8 des vorliegenden Textes: „Das Ende des Gottesstaates!")

Die ersten Nachfolger des Herrn Jesus waren gläubige, „wiedergeborene“ Israeliten. Etwas später nach dem Tod des Messias bekamen die ersten „wiedergeborenen“ Menschen aus anderen Nationen ebenfalls das Vorrecht, zu dem Volk von „Priestern und Königen“ zu gehören, *„um mit dem Christus für tausend Jahre (innerhalb des Königreiches Gottes) zu herrschen“*. (Siehe Ofb 5:10, 20:4-6, Mt 6:10)

Die ersten Menschen aus den übrigen Nationen, welche zu Christen wurden, waren solche, die eng mit dem israelitischen Volk zusammen lebten, auch ihre „Nächsten“. Diese hatten Gelegenheit, sich mit dem Gesetz und den religiösen Angelegenheiten der Israeliten auseinanderzusetzen und die Tatsachen zu prüfen. So verwundert es nicht, dass die ersten beiden Heiden, ein äthiopischer Kämmerer der Königin von Äthiopien und ein römischer Zenturio aus der römischen Besatzungsmacht, zu Christen wurden. Die Geschichten über beide Bekehrungen kann man in Apg 8:26-40 und Apg 10 nachlesen.

Doch wie reagierten daraufhin die Christen aus dem israelitischen Volk? Wurde denn nicht dem israelitischen Volk die bestimmte Verheißung gegeben? Erinnern wir uns noch einmal an die Verheißung, welche dem Abraham gegeben wurde: *„Und in deinem Samen werden sich alle Nationen der Erde segnen.“ (Gen.22:18)*

Der Gelehrte Paulus behandelt diese Frage in seinem Brief an die Gemeinde in Galatien und gibt im dritten Kapitel folgende Erklärung darüber: *„14 So sollte der Segen Abrahams durch Jesus Christus für die Nationen kommen, damit wir den verheißenen Geist durch unseren Glauben empfangen könnten .... 16 Nun wurden die Verheißungen Abraham und seinem*

Samen zugesagt. Es heißt nicht: ‚Und den Samen‘ wie im Falle vieler solcher, sondern wie im Falle eines einzigen: ‚Und deinem Samen‘, welcher Christus ist.“ (Gal 3:14-16)

Es sollte klar sein, dass derjenige, welcher die Hauptrolle bei der Wiederherstellung zum Urzustand der irdischen Peripherie spielt, der Messias ist und erst dann, wenn dieser in den wichtigen Prophezeiungen vorhergesagte Messias gekommen sein würde und die Basis für die folgenden Schritte gelegt hätte, die weiteren „Mittel zur Wiederherstellung des Urzustandes“ beschafft werden konnten.

Was für den „sekundären Samen“ über „Sarai“ vorausgesagt wurde, lautet wie folgt: *„... Ja ich will sie segnen, dass sie zu ganzen Völkern werden soll; sogar Könige von Völkerschaften sollen von ihr abstammen.“ (Hermann Menge Ü., 1 Mos 17:16)*

Somit lag es also nahe, dass die ersten „wiedergeborenen“ Mitregenten und Priester, welche ebenfalls an der Wiederherstellung des „Urzustandes“ Anteil haben sollten, aus dem Volk der Israeliten kamen, weil sie über Sarah vorausgesagt wurden und demzufolge dem Messias näher standen als Menschen aus den Heidennationen, was jedoch nicht bedeutet, dass Menschen aus den Heidennationen von diesem Vorrecht ausgeschlossen werden sollten. (siehe Mt 15:22-28)

Das Zeichen seitens des wahrhaftigen Gottes, welches keinen Zweifel daran lassen konnte, dass die Bekehrung von Menschen aus anderen Nationen innerhalb des Willens Gottes gewesen ist, war die Ausgießung des Heiligen Geistes auf die Wiedergeborenen aus den Heidennationen. (siehe Apg 10:43-48)

Diese „Neuheit“ schockte zunächst einmal die Christen aus dem israelitischen Lager, doch hatte nicht ihr Herr, der Messias, bereits davon gesprochen? Ja, er hatte bereits davon gesprochen, z. B. in Joh 10:16, wenn er dort sagte: *„16 Und ich habe andere Schafe, die nicht aus diesem Hof sind; auch diese muss ich bringen, und sie werden meine Stimme hören, und es wird eine Herde, ein Hirte sein."*

Auch er hatte diese Tatsache mehrere Male in seiner Handlungsweise praktisch bekundet, einmal der phönizischen Frau gegenüber oder ein anderes Mal auch den Samaritern gegenüber. (siehe Mt 15:22-28, Joh 4:5-43, Apg 11:1-18)

Nun sollte also die Gesamtheit der „Schafe" aus zwei „Hürden" unter einen „Hirten" kommen, und dieser Hirte war Jesus, der Messias.

Christen aus dem Volk Israel reagierten zunächst ziemlich „sauer" darauf, weil sie der Meinung waren, dass solche bevorrechteten Auserwählten nur aus dem Gottesstaat kommen würden, doch nachdem Petrus der Gemeinde über seine Erfahrungen mit dem römischen Centurio Cornelius berichtete, erkannten sie nun doch, dass es wohl der Wille des wahren Gottes gewesen ist, dass auch aus den Heidenvölkern „Berufene", „Wiedergeborene" und „Auserwählte" herauskommen sollten.

Die Angelegenheit mit den „Auserwählten" oder den „Heiligen" oder den „Erstlingen", oder wie sie auch sonst noch im NT bezeichnet werden, ist deshalb neu, weil es in der ursprünglichen Schöpfung nicht vorgesehen war, dass Menschen in den Himmeln wie Engel leben sollten. So verstehen wir auch, dass der Gelehrte Paulus von einer „neuen Schöpfung" spricht. In 2 Kor 5:17 drückt sich Paulus so aus: *„Wenn also jemand in Christus ist, so ist er eine neue Schöp-*

fung (oder neu geschaffen), *das Alte ist vergangen, siehe ein Neues ist entstanden.“*

Oder in Gal 6:15 drückt er sich so aus: *„Denn weder auf die Beschneidung noch auf das Unbeschnittensein kommt es an, sondern nur auf eine neue Schöpfung, und alle, die nach dieser Richtschnur wandeln werden, über die komme Friede und göttliches Erbarmen, nämlich über das „Israel Gottes.“*

Zu diesem „Israel Gottes“ – wie es Paulus hier ausdrückt – gehören all diejenigen, die durch Glauben an den Messias und durch den „Folgemarsch“ in seinen Fußspuren diesem Messias folgen und die Zeugnistätigkeit, die für sie vorbehalten ist, ausüben. Paulus und auch andere Schreiber des NT bemühen sich auf die verschiedenste Weise, die Vorbilder hinsichtlich dieser Auserwählten zu erklären.

So schreibt der Apostel Paulus, der auch schon über den Messias als dem „Samen Abrahams“ spricht, auch von den „Heiligen“ als der „Nachkommenschaft“ Abrahams.

In Gal 3:26-29 schrieb Paulus Folgendes:

„26 Ihr alle seid tatsächlich Söhne Gottes durch euren Glauben an Christus Jesus. 27 Denn ihr alle, die ihr in Christus getauft worden seid, habt Christus angezogen. 28 Da ist weder Jude noch Grieche, da ist weder Sklave noch Freier, da ist weder männlich noch weiblich; denn ihr alle seid einer in Gemeinschaft mit Christus Jesus. 29 Überdies, wenn ihr Christus angehört, seid ihr wirklich Abrahams Same, Erben hinsichtlich einer Verheißung.“

Wer sind nun eigentlich diese Heiligen, die auch verschiedentlich schon als der „sekundäre Teil“ des Samens Abrahams im Gegensatz zu dem Messias als „primärem Teil" des Samens Abrahams dargestellt wurden? Um diese Frage zu verstehen, wird es notwendig sein, eine Fiktion zu betrachten.

Versetzen wir uns in das irdische Paradies, also ca. 6.000 Jahre zurück, und nehmen wir an, Eva hätte damals anders reagiert auf das Angebot der Schlange, hätte richtig reagiert und das Angebot der Schlange zurückgewiesen, um zunächst einmal mit ihrem Ehegatten Adam Rücksprache zu halten, und angenommen, Adam hätte danach diese für beide Menschen neue Situation mit Gott besprochen, von dem gesagt wird, dass *„ER sich um die Tageszeit der Brise im Garten aufhielt und den Menschen rief." (1 Mos 3:8)*, so wären vorab erst einmal einige Unklarheiten und Fragen beseitigt worden und der Mensch wäre erst einmal nicht der Sünde zum Opfer gefallen. Angenommen, die beiden Ureltern hätten Nachkommen in Vollkommenheit gezeugt, welche ebenfalls unter dem gleichen Gebot wie ihre Eltern gestanden hätten: *„Aber vom Baum der Erkenntnis des Guten und des Bösen, von dem darfst du nicht essen; denn sobald du von diesem isst, musst du des Todes sterben" (1 Mos 2:17)* – was wäre mit Sicherheit geschehen?

Mit Sicherheit hätte sich auch eine „Zweiklassen-Gesellschaft" gebildet. Ein Teil der Menschheit hätte sich über das Gebot Gottes hinweggesetzt, ohne dass sofort etwas geschehen wäre, ein anderer Teil, vermutlich ein sehr kleiner Teil, hätte sich an das Gebot Gottes gehalten und es wäre auch zunächst nichts geschehen. Innerhalb einer Zeitspanne von 1.000 Jahren wären dann die Übertreter verstorben, sodass die anderen Menschen die Folgen der Gebotsübertretung hätten erkennen können. (Zeitmaß: ein Tag bei Gott wie tausend Jahre – siehe 2 Petr 3:8, Ps 90:4)

Danach hätte sich die Gruppe derer, welche dem Gebot Gottes gehorchten, wieder geteilt, weil einige Menschen nicht aus Liebe zu Gott, sondern aus Furcht vor dem Tod gehorsam geblieben wären. Andere wiederum hätten weiterhin das Gebot Gottes übertreten, wären jedoch durch den Einfluss des Verleumders und Widerstandleistenden zu noch bedeutend schlimmeren „Boshaftigkeiten" verleitet worden. Innerhalb der beiden Parteien hätten sich also weitere Gruppen gebildet – unter den Gehorsamen wären solche gewesen, die in Todesfurcht weiterhin gehorsam geblieben wären – und unter den Ungehorsamen wären solche gewesen, welche aus Boshaftigkeit, angestachelt durch den Verleumder, sehr schlimme Gräueltaten verübt hätten. Mit Sicherheit hätten manche von diesen Übeltätern aus Wut die Gehorsamen getötet, sodass der wahrhaftige Gott die Gehorsamen, bevor diese ermordet werden konnten, von der Erde hätte wegnehmen müssen, ähnlich wie im Falle Henochs. (Siehe 1 Mos 5:24)

Andererseits hätten solche, welche ungehorsam wurden, im Nachhinein doch lieber den Schritt des Ungehorsams rückgängig gemacht, was jedoch unter solchen Umständen nicht mehr möglich gewesen wäre.

Nun nehmen wir weiterhin an, die Gruppe der Ungehorsamen hätte sich im Verlauf der Zeit selbst zerfleischt und zu existieren aufgehört – was wäre übriggeblieben? Zwei Gruppen von Menschen, welche das Gebot des wahren Gottes befolgt hätten. Unter diesen Gehorsamen hätte der wahrhaftige Gott solche gefunden, welche aus Liebe zu Gott, zur Wahrheit, zur Gerechtigkeit, zum Frieden, aus Liebe zum Glück darüber, mit dem wahren Gott zusammen zu wirken, dem ausdrücklichen Gebot des wahren Gottes gehorsam geblieben wären. Die andere Gruppe wäre dem Gebot des wahren Gottes gegenüber auch gehorsam gewesen, allerdings aus Todesfurcht, aus der Furcht heraus zu sterben.

Welche der beiden Gruppen hätte denn nun für alle Zeiten eine Gefahr dargestellt? Natürlich die zweitgenannte Gruppe. Aus dieser Gruppe hätten zu allen Zeiten wieder Rebellen hervorgehen können. Aus der ersten Gruppe jedoch, aus den Menschen, welche aus Liebe zu ihrem Gott dessen Gebot gehalten hätten, wären vermutlich keine Rebellen mehr hervorgegangen.

Wie wir den wahren Gott aus der HS kennen und wie sich dieser wahrhaftige Gott durch die Natur zeigt, wünscht sich dieser universale Lebengeber Menschen, welche aus Liebe zu seiner Person und seinen Eigenschaften mit ihm völlig „Eins" werden möchten. Der wahrhaftige Gott, der selbst barmherzig, gütig und gnädig ist, der gerecht und wahrhaftig ist, der ein Gott der Liebe, der Ordnung und des Friedens ist, der allweise, allwissend, allmächtig und der Quell und Geber des Lebens ist, dieser „Universale Geist" wünscht sich in seinem gesamten Universum Geschöpfe, denen er einen freien Willen zugesteht, die jedoch *mit ihm* auf Grund ihres freien Willens in all seinen Eigenschaften *„Eins"* sein möchten. (siehe Joh 17:22-23)

Die Heiligen und die Gerechten, die „neue Schöpfung" oder die Auserwählten, sind also solche Menschen, die den wahren Gott wegen seiner Eigenschaften lieben und diesem Gott mit ihrer freien Willensentscheidung gehorchen möchten. Damit diese nun aus der gesamten Menschheit herausgerufen werden können, ist Jesus Christus notwendig in seiner Rolle als Messias, als „Adam-Ersatz", als Loskaufopfer, als Vermittler und Hohepriester, als Offenbarer des Vaters und wahren Gottes, als der „Weg, die Wahrheit und das Leben“, als ewiger König auf Davids Thron, als Weltregent, als oberster Weltrichter, als Hauptmittel zur Wiederherstellung des Urzustandes.

Die Fiktion soll uns erkennen helfen, welche Eigenschaften die Wiedergeborenen, Heiligen und Auserwählten oder „Erstlinge“ in diesem Plan des wahren Gottes haben müssen.

Auf Grund der Wirklichkeit, der wahrhaftigen Geschehnisse in unserer Menschheitsgeschichte, hat der wahrhaftige Gott in seinem Plan zur Wiederherstellung des Urzustandes einen bestimmten „Weg“ vorgesehen, über den er all seinen Geschöpfen gegenüber gerecht wird. Außerdem lässt er auf rationalste Weise jedem seiner vernunftbegabten Geschöpfe die für ihn besten Chancen zukommen.

Nachdem die Rolle des Messias zunächst dargestellt ist, möchten wir den Heiligen oder denen, welche „zum Weg“ gehören, wie sie zu Beginn des christlichen Zeitalters auch genannt wurden, noch ein wenig Aufmerksamkeit schenken. In der Zeit der irdischen Tätigkeit des Messias scharten sich solche um ihn, welche die Segnungen des Königreiches erleben wollten. Wie bereits geschildert, waren schon bei der Geburt des Messias gewisse Aufscheinungen von außergewöhnlichen Ereignissen, die bereits durch die Propheten vorausgesagt waren, zu sehen. Interessierte Israeliten erwarteten eigentlich den Messias auf Grund ihres Wissens aus den Büchern der Propheten oder auf Grund der Ereignisse bei der Geburt desselben und schauten ständig nach ihm aus. So geschah es zur gegebenen Zeit, dass Johannes, der Täufer, seine Tätigkeit als Vorläufer des Messias etwa 6 Monate vor dessen Erscheinen begann. Er rief die Israeliten zur Buße auf und ermunterte sie dazu, sich zur Sündentilgung im Wasser taufen zu lassen.

Johannes, der Täufer, wusste aus den Prophezeiungen, wer der Messias sein sollte und war mit ihm auch persönlich bekannt. So machte er, nachdem sich auch der Messias hatte taufen lassen und der Geist Gottes auf ihn kam, um auf ihm zu bleiben, diesen Messias öffentlich bekannt.

Nachdem daraufhin einige Israeliten den Messias gefunden hatten, machten diese sowohl in ihrem Verwandten- als auch Bekanntenkreis diese Tatsache bekannt. Ein solches Ereignis wird uns in Joh 1 berichtet:

„Andreas, der Bruder des Simon Petrus, war einer von den beiden, die es von Johannes gehört hatten und hinter Jesus her gegangen waren. 41 Dieser traf zuerst seinen Bruder Simon und sagte zu ihm: ‚Wir haben den Messias (den Gesalbten den Christus) gefunden.‘ Er führte ihn dann zu Jesus; dieser blickte ihn an und sagte: ‚Du bist Simon der Sohn des Johannes; du sollst Kephas (d. b. Fels) *heißen.‘“*

Auf diese Weise scharte sich eine ansehnliche Menge Menschen um den Messias, darunter auch Frauen. Und nachdem der Christus predigte, Kranke heilte, Dämonen austrieb und andere Wunder vollbrachte, wurde seine Nachfolgerschaft immer umfangreicher. Sollten nun alle diese zu „Heiligen“ werden oder waren das alles Berufene und Wiedergeborene? Waren alle diese, die damals mit ihm gingen und sich oft in seiner Nähe aufhielten, echte Nachfolger, solche, die als Auserwählte in Frage kommen würden? Entnehmen wir die Antwort aus Joh 6:1-69, was Sie bitte in der eigenen Bibel nachlesen möchten.

Zunächst wird uns dort davon berichtet, dass der Messias einer großen Volksmenge von ca. 5.000 Menschen predigte und ihnen danach durch ein Wunder ein Abendbrot zukommen ließ. Die Volksmenge war begeistert von dem Messias und wollte ihn zum König machen, doch der Christus entzog sich diesem Vorhaben. Noch war seine Zeit, sich als König zu präsentieren, nicht gekommen. Am folgenden Tag suchte ihn die Volksmenge und fand ihn schließlich auf der gegenüberliegenden Seite des Sees. Nun beginnt für diese Menschen, welche am vorherigen Tag den Messias zum König machen wollten, eine Prüfung. Erinnern wir uns noch an unsere Frage: Könnten alle Nachfolger, welche sich damals dem Messias anschlossen, „Heilige“ oder „Auserwählte“ werden?

Ab dem Vers Joh 6:26 analysiert der Messias ihre Beweggründe: Warum suchten sie ihn? Sein Urteil: *„Wahrlich, wahrlich, ich sage euch: Ihr sucht mich nicht, weil ihr Zeichen gesehen, sondern weil ihr von den Broten gegessen habt und satt geworden seid.“*

Die Volksmenge fragt: *„Was sollen wir tun, um die Werke Gottes zu wirken?“*

„Als Antwort sprach Jesus zu ihnen: ‚Dies ist das Werk Gottes, daß ihr Glauben an den ausübt, den jener (Gott) ausgesandt hat.“

Das Zeichen, welches der Messias einen Tag vorher für sie alle gewirkt hatte, war ihnen nicht genug. Sie spielten darauf an, von Gott ernährt zu werden wie ihre Vorfahren in der Wildnis. Offensichtlich hatten sie bei Weitem nicht verstanden, welche Aufgaben der Messias haben sollte und was es für sie bedeutete, wenn das Königreich Gottes kommen würde.

Der Messias beginnt, ihnen eine „geistige Ernährung“ zu verabreichen. Er versucht, ihnen zu erklären, dass er selbst im übertragenen Sinn für sie – die Israeliten – das Manna sein würde, durch welches ihre Vorfahren die Wüstenwanderung überlebten.

Offensichtlich war ihr Sinnen auf irdische Dinge gerichtet, nicht auf himmlische – ein Zeichen dafür, dass sie keine „Wiedergeburt“ erlebt hatten. Sie verstanden nicht, dass all das, was ihre Vorfahren erlebten, Vorbilder für eine andere Ära hatten sein sollten. Jeder Versuch des Messias, ihr Denkvermögen auf ein höheres geistiges Niveau zu heben, scheiterte schon im Ansatz. Dazu kommt etwas sehr Tragisches – sie sind überheblich, sie wollen den Versuch nicht einmal wagen, die geistigen Worte des Messias zu verstehen, was durch die Tatsache belegt wird, dass sie keine Fragen stellten.

Der Messias schraubt mit folgender Aussage die Prüfung zum Höhepunkt: *„Wer sich von meinem Fleisch nährt und mein Blut trinkt, hat ewiges Leben, und ich werde ihn am letzten Tag zur Auferstehung bringen; 55 denn mein Fleisch ist wahre Speise, und mein Blut ist wahrer Trank. 56 Wer sich von meinem Fleisch nährt und mein Blut trinkt, bleibt in Gemeinschaft mit mir und ich in Gemeinschaft mit ihm.“*

Ist die Reaktion der Volksmenge so, wie sie sich für Heilige oder Auserwählte geziemt? Erinnern wir uns an unsere Urmutter Eva. Wie hatte Eva auf ihre Prüfung durch die „Schlange“ reagiert? (Siehe MW 1.2)

Erinnern wir uns an unsere fiktive Geschichte. Unter solchen, welche Gott Gehorsam zollten, waren viele, deren Beweggrund Selbstsucht war. Nur wenige gehorchten dem wahren Gott aus *Liebe*, nur wenige gehorchten Gott, weil sie *Wahrheit, Gerechtigkeit, Frieden und Ordnung* liebten und suchten.

Lesen wir in Joh 6:60, von welcher Einstellung sie sich führen ließen: *„Viele nun von seinen Jüngern die es gehört hatten sprachen: ‚Diese Rede ist hart, wer kann sie hören.'"*

Wie war ihre Reaktion daraufhin? *„Von da an gingen viele seiner Jünger zurück und gingen nicht mehr mit ihm."*

Was blieb nun übrig von den Tausenden, die dem Messias nachgelaufen waren? Die Antwort finden wir in Joh 6:67-69:

„Da sprach Jesus zu den Zwölfen; ‚wollt ihr etwa auch weggehen?' Simon Petrus antwortete ihm: ‚Herr, zu wem sollen wir gehen? Du hast Worte ewigen Lebens; und wir haben geglaubt und erkannt, dass du der Heilige Gottes bist.'"

Gerade einmal zwölf Menschen, von welchen sich einer später noch abwandte und zum Verräter wurde, waren Wiedergeborene, hatten ein vorbereitetes Herz und kamen als Heilige und Auserwählte in Frage.

An diesem Geschehnis, welches der Messias und seine treuen Apostel erlebten, kann der Betrachter von heute erkennen, welche inneren Beweggründe bei all denjenigen vorherrschten, die sich wieder von dem Messias abwandten. Wie bereits in unserer Fiktion geschildert, gehören solche Menschen zweifellos zu der Gruppierung, die zwar die göttlichen Gebote beachten würden, allerdings nicht aus Liebe zu Gott, seiner Gerechtigkeit und Wahrheit, seinem Frieden und Glück, sondern aus Selbstsucht.

Mit solchen Beweggründen lassen sich nicht die Voraussetzungen erfüllen, die für Heilige zur Erfüllung ihrer Aufgaben notwendig sind. In unserer Fiktion stellten wir fest, dass all diejenigen Menschen Heilige wären, die dem wahren Gott aus Liebe zu ihm selbst und seinen Eigenschaften gehorchen würden. Obwohl die Jünger Jesu damals den Sinn des von dem Messias Gesagten auch nicht völlig verstanden, blieben sie dennoch bei ihm – warum?

Petrus gab die Antwort: *„Herr, zu wem sollen wir gehen? Du hast Worte ewigen Lebens; und wir haben* geglaubt *und erkannt, daß du der Heilige Gottes bist.“*

Was der Apostel Petrus hier herausstellte, ist für alle Heiligen eine Art Schlüssel, nämlich: Der Messias hatte *„Worte ewigen Lebens“*, sie hatten damals *„geglaubt“* und sie hatten *„erkannt“*, dass der Messias der *„Heilige Gottes“* ist.

Wiedergeborene, Heilige und Auserwählte haben also ein Empfinden für „Worte ewigen Lebens“, sie haben Glauben für all die Dinge, die mit dem wahren Gott und seinem Plan zur Wiederherstellung des „Urzustandes“ zusammenhängen und sie erkennen auch, von welcher Partei eine Sache ausgeht, ob von dem wahren Gott oder von dem Gott dieser Welt, dem Verleumder. (Siehe Mk 9:38-41)

Diese Unterscheidungsgabe wird ihnen durch die „Wiedergeburt“ und den Heiligen Geist zuteil; durch ihre Wiedergeburt aus „Wasser und Geist“ (...und zwar „Heiligen Geist“...) vermögen sie genau zu unterscheiden, ob etwas von dem wahren Gott oder von dem Verleumder stammt.

Die Israeliten aus dem Gottesstaat Israel waren eigentlich generell durch ihre Abstammung bereits „Berufene“, wie es Paulus ausdrückte, und das „Gesetz war ihr Erzieher zu Christus hin“. Leider waren nur sehr wenige von ihnen bereit, sich erziehen und auch auserwählen zu lassen. Der Messias wies öfter auf diese Tatsache hin. Zum einen in einer Predigt in seiner Heimatstadt Nazareth, nachzulesen in Lk 4:16-30, zum anderen macht er diese Tatsache durch ein Gleichnis deutlich, das in Mt 22:2-14 zu finden ist. Betrachten wir seine Predigt in Nazareth, stellen wir fest, dass er bei dieser Ansprache hauptsächlich herausstellen will, dass Menschen anderer Nationen eher als Auserwählte in Frage kommen als die Israeliten selbst.

Aus seinem Gleichnis vom „Hochzeitsmahl des Königs“ geht das Gleiche hervor. Diejenigen, die schon lange geladen sind, wollen nicht kommen und haben allerlei Ausreden dafür. Darum werden all jene eingeladen, welche man auf den „Straßen findet“, aber auch unter denen befinden sich solche, welche des „Hochzeitsmahls“ nicht würdig sind, und diese werden wieder aus der „Hochzeitsgesellschaft“ ausgeschlossen.

Fassen wir die Vorgehensweise des wahren Gottes zusammen, kann man Folgendes sagen:

Der „sekundäre Samen Abrahams“ besteht also in Wahrheit aus solchen Personen, welche – hätten unsere Ureltern nicht gesündigt – dem wahren Gott aus Liebe gehorsam geblieben wären. Diese Berufenen, Wiedergeborenen und Auserwählten sind ihrem Herrn, dem Messias, im Wesen gleich – sie sind vom Heiligen Geist gezeugte Wiedergeborene und eine vergleichsweise „neue Schöpfung“. (Siehe Mt 13:34-35, Joh 13:34-35, Mt 22:38, Röm 15:5-6, 2 Kor 1:22, Joh 3:3, 2 Kor 3:6)

Sie sind wie ihr Herr Jesus bereit, für die Wahrheit und Gerechtigkeit des wahren Gottes einzutreten und selbst ihr Leben für die Interessen des wahren Gottes, seines Messias oder ihrer Brüder zu geben. (Siehe Hebr. 1:9, Jak 1:2-3, Joh 15:20)

Sie hassen wie ihr Herr das „Böse“ und geben unbeirrt sowohl von ihrem Herrn als auch von dem wahren Gott und dessen Vorhaben Zeugnis. (Siehe Ps 45:8, Joh 17:18)

Sie befolgen die Gebote Gottes und nehmen Zucht an, wenn solche von dem wahren Gott angewandt wird. (siehe Apg 15:28-29, Jak 2:8, Hebr. 12:5)

Sie haben als „Unterpfand ihrer Gotteskindschaft“ den Heiligen Geist. (Siehe 2 Kor 1:22)

Nur wenn sie diesen Kriterien entsprechen, können sie mit „Unverweslichkeit“ versehen werden, nachdem sie ihren irdischen Lauf beendet, bis auf den Tod ihre Treue unter Beweis gestellt und wie ihr Herr die Welt besiegt haben. (siehe 1 Kor 15:50, Joh 16:33, Offb 12:11)

Dann werden sie als „Brüder ihres Herrn Jesus Christus“ zu himmlischem Leben auferweckt und in den Himmeln auch die Aufgaben übernehmen, zu denen sie der „Universale Geist“ prädestiniert hat. (Siehe Joh 20:17, Ofb 5:9-10)

Bisher haben wir über den Hauptrechtfertiger, über das „Wort Gottes“ (Logos) als den Messias gesprochen, ebenso haben wir über den „sekundären Samen Abrahams“, über die „Auserwählten, Erstlinge, Wiedergeborenen, Heiligen und Kinder Gottes“ gesprochen, doch nun möchten wir auch über

die Rolle des Heiligen Geistes sprechen, weil der Heilige Geist einen bedeutenden Anteil daran hat, den Urzustand wiederherzustellen. (Siehe A1.6)
Wie wir bereits erörterten, stellt sich der „Heilige Geist Gottes“ als der Verwalter der gesamten Habe des „Universalen Geist-Gottes“ und seines „Sohn-Gottes“ dar. Es ist ein intelligenter, für alle Aufgaben prädestinierter, mit allen Notwendigkeiten ausgerüsteter und programmierter, auch personifizierter, mächtiger Verwalter der gesamten Habe der beiden uns bekannten Schöpfergötter. (Siehe – das prophetische Beispiel in 1 Mos 24)

Für die Zeit der christlichen Ära spielt der Heilige Geist auch eine Hauptrolle. Nachdem das Wort Gottes (Logos) als der Messias seine wichtige Rolle auf Erden zu Ende gebracht hatte, kündigte er selbst den „Helfer und Tröster“, den Heiligen Geist an:

„... Ich will den Vater bitten, und er wird euch einen anderen Helfer geben, damit er für immer bei euch sei: 17 den Geist der Wahrheit, den die Welt nicht empfangen kann, weil sie ihn weder sieht noch ihn kennt. ... Der Helfer aber, der Heilige Geist, den der Vater in meinem Namen senden wird, dieser wird euch alle Dinge lehren und euch an alle Dinge erinnern, die ich euch gesagt habe.“ (Joh 14:16-17,26)

Zum ersten Mal trat dieser von dem wahren Gott gesandte Helfer und Tröster etwa zehn Tage, nachdem der Herr Jesus in den Himmel aufgefahren war, in Erscheinung. *(Siehe Apg 2:1-13)*

Damals legte sich der Heilige Geist ausschließlich auf Nachfolger des Messias, welche zu dem israelitischen Volk gehörten; und sogleich bewirkte dieser Heilige Geist ein Zeugniswerk in vielen verschiedenen Sprachen, sodass viele der zu dieser Zeit in Jerusalem befindlichen Besucher ein Zeugnis über den auferstandenen Messias in ihrer Landessprache bekamen.

Nach diesem Ereignis wurde das Zeugniswerk über den Messias, über sein Wirken, seine Bedeutung, seine Aufgaben, seine Auferstehung und Wiederkehr richtig angefacht. Über weitere Auftritte des Heiligen Geistes wird uns in Apg 4:31, 8:4-17 und ab 10:44 berichtet, was Sie bitte in der eigenen Bibel nachlesen können.

In einem dieser Berichte wird davon erzählt, dass nach einer Verfolgung der Nachfolger des Herrn Jesus Philippus zu den Samaritern verschlagen wurde und dann diesen das Evangelium verkündete. Die Jünger des Messias in Jerusalem hörten davon und entsandten sogleich Petrus und Johannes nach Samaria, um den dort gläubig gewordenen durch Gebet und Handauflegen den Heiligen Geist zu vermitteln.

Ein weiterer spektakulärer Auftritt des Heiligen Geistes erfolgte etwa dreieinhalb Jahre nach der Hinrichtung des Messias im Haus des römischen Centurio Cornelius.

(Hauptmann, – Centurio; den Bericht darüber finden wir in Apg 10)

Im Hause Cornelius erfüllte sich dann das, was der Messias bereits in Joh 10:16 ankündigte. Wiedergeborene Menschen außerhalb des israelitischen Volkes wurden ab dieser Zeit aufgenommen in die „Gemeinschaft der Heiligen“, die Gemeinschaft der „geistigen Nachkommenschaft“ Abrahams oder in das „Israel der Verheißung“.

Ab dieser Zeit wurde nun auch den heidnischen Völkerschaften das Evangelium verkündet und aus allen Nationen konnten „wiedergeborene“ oder „geistgezeugte“ Menschen zu „Heiligen“ werden. (siehe Gal 6:15-16)

Lesen wir in den griechischen Schriften (im NT), so finden wir eine Reihe von Begebenheiten, in welchen der Heilige Geist seine Aufgaben erfüllte.

Bei der ersten Ausgießung des Heiligen Geistes in Jerusalem bewirkte dieser, dass die davon betroffenen Menschen in fremden Sprachen sprechen konnten und plötzlich den Mut und die Kraft hatten, Zeugnis über den Messias und das Evangelium zu geben.

Des Weiteren bewirkte der Heilige Geist, wie es der Messias bereits erwähnte, dass sich die von diesem Geist erfüllten Menschen an all das erinnern konnten, was sie von ihrem Messias erfahren hatten und diese Erkenntnisse auch richtig einzuordnen vermochten.

Auf diese Weise erlangten sie über die Lehren des Messias Verständnis und vermochten bei allen Gelegenheiten, selbst vor Königen und anderen hohen Amtsträgern, Zeugnis abzulegen. Er war also ein „Helfer“ und nicht zuletzt ein Tröster, welcher die in fast ständiger Verfolgung lebenden wahren Christen trösten musste.

Weiterhin hatte dieser Heilige Geist auch die Oberaufsicht über das Predigt- und Zeugniswerk, welches die Nachfolger des Messias über immer weitere Teile der damaligen Menschenwelt ausdehnten.

(Berichte finden wir in Mt 28:19, Mk 1:8, 13:11, Joh 3:6-8, 4:23-24, 14:17,26, 16:13, Apg 1:8, 2:4, 8:15-17,29-40, Apg 16:6-7, 20:23, 21:11, 2 Petr 1:21, Jud 20.)

Der Heilige Geist ist also für die Heiligen ein Helfer und Tröster während ihres irdischen Aufenthaltes, er leitet das Zeugniswerk und steht den Heiligen in vielfacher Hinsicht zur Seite. Selbstverständlich werden auch Engel benötigt, um den göttlichen Plan zu fördern und damit werden auch sie Teilhaber an der Erfüllung des göttlichen Planes. Die Hauptaufgaben und die Hauptlast zur Wiederherstellung der Ordnung und des Friedens für alle dem wahren Gott treuen Wesen trägt jedoch der „Logos“ – das Wort Gottes – der „einziggezeugte Sohn des Universalen Geistes“.

Dieser „Logos“ hat sich freiwillig für das Loskaufopfer gestellt, er hat dadurch freiwillig und aus Liebe zu seinem Vater und den schwachen Menschen den Willen seines Vaters getan. Er hat seinen Vater geehrt und verherrlicht und sich natürlich dadurch auch seine eigene Verherrlichung durch seinen Gott und Vater erbeten. Somit wurde dieser „Logos“, dieser „einziggezeugte Gott“, von seinem Vater, dem „Universalen Geist“, auch für ewig zum „Weltregenten“ und „Weltrichter“ auf „Davids Thron“ bestimmt. (siehe Jes 6:8, Joh 16:6-11, Hebr. 2:5-13, Joh 17:4-5, Joh 5:22, 1 Kor 15:22-28)

Da nun das „Wort“ des wahren Gottes all diese verschiedenen Rollen übernehmen sollte, war es nicht nur notwendig, dass er aus dem Tod zur Auferstehung kam, sondern auch, dass er ein weiteres Mal hier auf der Erde erscheinen würde. (Siehe Hebr. 1:6, Mt 24:3)

Wann würde der inzwischen von seinem Gott und Vater verherrlichte Messias wieder auf dieser Erde gegenwärtig sein? Diese Frage stellten dem von der Erde scheidenden Messias auch seine Jünger vor 2.000 Jahren.

„Sage uns doch; wann wird dies geschehen? Und welches ist das Zeichen deiner Ankunft *(Wiederkunft) und der Vollendung (des Endes) der Weltzeit?“*

Als der Herr Jesus vor etwa 2.000 Jahren über dieses nie wiederkehrende Szenario am Ende unseres christlichen Zeitalters sprach, fasste er die gesamten Endzeitprophezeiungen der vor ihm gelebt habenden Propheten in einer sehr kurzen Form zusammen.

Um insofern persönlichen Nutzen aus den Endzeitprophezeiungen der HS zu ziehen, dass man sein jetziges Leben darauf einstellen könnte, ist es sinnvoll, die Endzeitvoraussagen, die der Messias selbst gegeben hat, in einem folgenden Kapitel zu besprechen.

**

Kapitel 13

Vorbild und letzte Auflage der Endzeit-Prophezeiungen!

Der alles durchdringende und belebende universale, allmächtige Geist ist am Leben des einzelnen Menschen interessiert, wie wir dies schon einige Male erörtert haben. Zwei Zeugnisse zu nennen, möge genügen; es sind diese in Ez 18:23 und Joh 3:16, wo gesagt wird:

„‚Habe ich etwa Wohlgefallen am Tode des Gottlosen?‘ So lautet der Ausspruch des Herrn – ‚… und nicht vielmehr daran, daß er sich von seinem bösen Wandel bekehrt und am Leben bleibt.‘“ (Ezechiel)
„Denn so sehr hat Gott die Welt geliebt, dass er seinen eingeborenen Sohn hingegeben hat, damit alle, die an ihn glauben, nicht verloren gehen, sondern ewiges Leben haben.“ (Johannes)

Dieses Interesse am Menschen bewirkt auch, dass der wahrhaftige Gott die Menschen vor Unbilden warnt oder schützt. Selbst die oft von uns Menschen als unliebsam empfundenen Gesetze, die wir von dem wahren Gott haben, sind zu unserem Schutz. (Siehe Pred 12:13-14)

Wenn nun größere Veränderungen in den Augen Gottes nötig sind, wie z. B. vor der Sintflut, als die Menschheit vor einer Selbstvernichtung stand und der wahrhaftige Gott eingreifen musste, ließ er durch seine Propheten die Menschen warnen.

Im Falle der Sintflut ließ Gott durch Noah und seine Familie alle auf Erden lebenden Menschen über ca. 120 Jahre hinweg warnen, in anderen Fällen waren es Nationen oder einzelne Menschen, die Gott warnen ließ. (Siehe 2 Petr 2:5, 2 Sam 12:1-7)

Bei all den Bemühungen des wahren Gottes, die Menschen irgendwie zu erretten, verletzt er jedoch nicht das Selbstbestimmungsrecht der einzelnen Menschen, nein, Gott lässt den Menschen ihre freie Willensentscheidung. (Siehe 1 Mos 2:15-17, Pred 12:13-14, 2 Kor 5:10)

So lässt sich dieser für uns Menschen unvorstellbare und allmächtige Geist so weit zu uns herab, dass er uns Menschen sogar darum bittet, „mit ihm versöhnt“ zu werden. (Siehe Röm 5:10, Kol 1:18-20)

Aus dieser prinzipiellen Einstellung des wahren Gottes heraus verstehen wir auch, wenn die Geschehnisse am Ende des israelitischen Gottesstaates und auch am Ende unserer christlichen Ära vorausgesagt wurden. Unser allgemein menschliches Problem in diesen Situationen ist, dass wir solche Warnungen nicht ernst nehmen oder solchen Voraussagen nicht glauben. Da der wahrhaftige Gott uns nicht zwingt, unser Leben zu retten, sondern unser Handeln unserem Willen überlässt, muss meistens die Mehrheit der in solchen Krisenzeiten lebenden Menschen die vorausgesagten Unbilden ertragen, und nicht selten kostet das Nichtbeachten der Vorwarnungen den Menschen das Leben. Wir Menschen haben somit kein Recht, dem wahren Gott Vorwürfe zu machen.

Vor der „großen Flut“ waren es Noah und seine Familie, welche die Botschaft von der Flut ihren Zeitgenossen übermittelten. Als Beweis ihrer Prophezeiung bauten sie während der 120 Jahre bis zum Eintreten der Flut zur eigenen Rettung eine

Arche. Die vielen für uns lehrreichen Ereignisse wurden dann später in einem Geschichtsbericht schriftlich festgehalten.

Am Ende der Nachsintflutlichen Ära endeten zur Zeit des Erscheinens des Messias zwei weitere Zeitepochen. Zum einen endete die Nachsintflutliche Ära, die etwa 2.000 Jahre dauerte, und es endete der israelitische Gottesstaat, wonach die christliche Zeitepoche begann. (siehe Lk 21:5-6, Mk 13:1-2)

In dieser Zeit gab es wiederum gravierende Veränderungen, die damals nicht sogleich die gesamten Weltverhältnisse veränderten, zunächst aber umso mehr das israelitische Volk berührten. Es stand in dieser Zeit zuerst für die Israeliten und dann etwas später für die Menschen der übrigen Welt eine Veränderung an. Der israelitische Gottesstaat hatte mit dem Kommen des Messias seinen Zweck erfüllt, denn der Messias war geboren und „erfüllte das Gesetz“. (siehe Mt 5:17-18)

Es musste nun zu einer weiteren, einer weiterführenden Ära kommen. Gemäß den Voraussagen hinsichtlich des Messias sollte dieser ewig auf dem Thron Davids sitzen und die Menschen der gesamten Erde sollten sich durch diesen segnen. (Siehe 1 Mos 18:18, 22:18)

Außerdem war vorausgesagt, dass aus dem israelitischen Volk Könige und Priester hervorgehen werden, welche den Messias in seinen Aufgaben unterstützen sollten. Wie konnten diese den Urvätern des Volkes bereits gegebenen Prophezeiungen Wirklichkeit werden?

Diese Frage stellten sich mitunter auch die Engel Gottes und warteten sehnlichst auf eine Antwort. (Siehe 1 Petr 1:12) Ihre Frage wurde in der Zeit des Wechsels - von der Nachsintflutlichen zur christlichen Ära - teilweise beantwortet.

Im Plan des wahrhaftigen Gottes war vorgesehen, dass der Messias zu der von Gott bestimmten Zeit kommen sollte, um als vollkommener Mensch das Gesetz zu erfüllen.

Sein vollkommenes Leben musste er opfern, um den „Wert“ dieses Opfers für solche zur Verfügung zu stellen, welche mit ihm zusammen als „Könige und Priester“ der übrigen Menschheit zum Leben auf unabsehbare Zeit verhelfen. (siehe Ofb 1:5-6)

Um diesem göttlichen Plan zu entsprechen, war es notwendig, dass eine weitere Zeitepoche auf das Ende des israelitischen Gottesstaates folgte.

Es musste die Ära sein, in welcher aus Berufenen und den „wiedergeborenen“ Menschen aus sowohl dem israelitischen Volk als auch der übrigen Weltbevölkerung „Erstlinge“, Heilige oder Auserwählte herausgesammelt werden konnten, wie es uns im NT berichtet wird. (Siehe Jak 1:18, Röm 8:23)

Diese Veränderung beim Wechsel der beiden Zeitabschnitte war in dem Plan des wahren Gottes notwendig, für die meisten des Gottesvolkes jedoch unverständlich. Göttliche Verfahrensweisen sind für uns Menschen oft unverständlich, weil die göttliche Logik eine andere ist, als die ungerechter Menschen, weshalb auch in dieser neuen Ära besonders der Glaube gefragt ist. (Siehe Jes 55:8-9)

Wir lesen darum im Brief an die Hebräer in Kapitel 11: *„Ohne Glauben aber kann man Gott unmöglich wohlgefallen, denn wer sich Gott nahen will, muss glauben, dass es einen Gott gibt und dass er denen, die ihn suchen, ihren Lohn zukommen lässt.“*

Im Falle der israelitischen Bevölkerung gab es neben dem Problem des Glaubens auch das Problem, die Verfahrensweise ihres Gottes nicht akzeptieren zu wollen.

Der Apostel Paulus bringt diese Frage in seinem Brief an die Römer auf den Punkt, wenn er dort schreibt:

„Der aufrichtige Wunsch meines Herzens und mein Gebet zu Gott für sie geht dahin, dass sie gerettet werden; denn ich muss ihnen das Zeugnis ausstellen, dass sie Eifer für Gott haben, aber leider nicht in der rechten Erkenntnis. Denn weil sie die Gottesgerechtigkeit verkannt haben und dagegen beflissen sind, ihre eigene Gerechtigkeit zur Geltung zu bringen, haben sie sich der Gottesgerechtigkeit nicht unterworfen." (Röm 10:1-3)

Diese Feststellung des Apostels Paulus will uns sagen, dass vor allem die Intellektuellen des israelitischen Volkes ihre eigenen Vorstellungen darüber hatten, wie sich die Voraussagen, die ihren Vorvätern gegeben wurden, zu erfüllen hatten. Von diesen Vorstellungen wollten sie nicht lassen, sie wollten von „ihrer eigenen Gerechtigkeit", wie es Paulus sagte, nicht abgehen. Das führte dann logischerweise dazu, dass sie den Messias ablehnten, obwohl dieser ihnen unverfälschliche Beweise für seine Stellung lieferte. (Siehe Jes 9:1-41, Joh 3:1-2)

In seiner Güte und auch seiner Liebe hatte allerdings ihr Gott schon Jahrhunderte früher Voraussagen über diesen „Zeitenwechsel" aufschreiben lassen. Jesaja und Ezechiel sind nur zwei der Propheten, die auf den Zeitenwechsel hinweisen und Einzelheiten kommender Ereignisse aufgeschrieben haben.

Der Messias wusste dies und goss das Wichtigste aus den Voraussagen alter Propheten hinsichtlich des Zeitumbruches in eine neue Form, mit deren Inhalt er wiederum seinen Zeitgenossen und schließlich auch uns heute helfen konnte. Man könnte diese Voraussagen als „Übergangsvoraussagen“ oder auch als „Endzeit-Prophezeiungen“ bezeichnen. (Siehe Mt 24, Mk 13, Lk 21)

Da dem damaligen Gottesstaat, doch vor allem seinen Menschen, solch gravierende Veränderungen bevorstanden, war es nicht nur freundlich von dem Messias, sondern sogar notwendig, diese Voraussagen zu erörtern und sie seinen Nachfolgern zu vermitteln.

Die Gelegenheit dazu kam – kurz bevor der Messias von den Intellektuellen seines Volkes zur Hinrichtung den Römern übergeben wurde. Bei seinem letzten Passahbesuch im Tempel von Jerusalem machten ihn seine Nachfolger, die späteren Apostel, auf die aufwendigen Steine und Bauten des Tempels aufmerksam, was den Messias dazu veranlasste, über das Geschick dieses aufwendigen Tempels zu sprechen. Es war an einem einzigen Abend, an welchem die so folgenträchtigen Worte, die uns in den drei Evangelien von Matthäus, Markus und Lukas aufgeschrieben wurden, zur Sprache kamen.

Wie bereits im achten Kapitel ausführlich beschrieben, erlebte der größte Teil der israelitischen Bevölkerung in der zweiten Hälfte des ersten Jahrhunderts, hauptsächlich jedoch in den Jahren von 66 bis 70 n. Chr., eine so verheerende Drangsal-Zeit, wie sie die Israeliten bis dahin nicht gesehen hatten.

Es war für die damals lebenden Israeliten nicht deshalb so ausnehmend schrecklich, weil eine Zeitepoche von einer anderen abgelöst wurde, was hätte still vonstattengehen können, sondern wegen anderer Gründe, die von ihnen selbst abhingen. Wie bereits in vorangegangenen Kapiteln beschrieben, lehnte die „große Masse“ des Volkes – allen voran die Intellektuellen – den Messias ab. Paulus spricht davon, dass sie diese Haltung auf Grund ihrer „eigenen Gerechtigkeit“ einnahmen, welche sie vor die „Gerechtigkeit Gottes“ stellten. Gott handelte also nicht so, wie sie sich das vorstellten, weshalb sie das göttliche Angebot ablehnten.

Wie bereits oben erwähnt, zwingt der wahrhaftige Gott niemanden zu seinem Glück, doch ein Prinzip seiner Erziehungsmethode ist, dass er ihnen die Folgen ihrer Handlungsweisen zukommen lässt. (Siehe 1 Mos 2:16-17, Ps 18:25-27)

Im Fall des israelitischen Volkes führten die Folgen ihrer Entscheidungen am Ende ihres Gottesstaates zu einer solch verheerenden Drangsal, wie sie es bis zu dieser Zeit nicht erlebt hatten. Erinnern wir uns nur kurz an die Ursachen für diese schrecklichen Folgen.

Sie nahmen den Messias während seiner etwa dreieinhalbjährigen Tätigkeit nicht an, weil sie an seiner Gerechtigkeit Anstoß nahmen. Aus Eifersucht verlangten die Volksführer von dem damaligen Stadthalter Pontius Pilatus gegen dessen Willen, ihren Messias an ein Kreuz zu heften. Als Pontius Pilatus ihren Messias auf Grund eines Brauchtums zum Passahfest freilassen wollte, erwählte sich das israelitische Volk stattdessen „Barabbas-Jesus“, einen Raubmörder der Zeloten. (Siehe Joh 18:39-40)

Sie bekannten sich zum Cäsar, indem sie *„Wir haben keinen König außer dem Cäsar“* schrien und somit den Messias als ihren König ablehnten. *(Joh 19:15)*

Sie nahmen das gerechte Blut ihres Messias auf sich und auf ihre Kinder, indem sie schrien: *„... sein Blut komme über uns und unsere Kinder." (Mt 27:25)*

All diese Wünsche, die sie in Verbindung mit der Ablehnung des Messias vorbrachten, wurden ihnen in den noch etwa 35 Jahren bis zum schmählichen Ende des Gottesstaates Israel erfüllt.

Diese hier noch einmal erwähnten Parameter sind deshalb so wichtig, weil sie in unserer Zeit noch einmal eine Erfüllung haben werden. Aus diesem wichtigen Grund wird es auch notwendig sein, sich verschiedene Einzelheiten aus der damaligen Geschichte einzuprägen, weil sie uns eben in unserer heutigen Zeit wieder begegnen. Bei der Betrachtung der Endzeit-Prophezeiungen ist es einerseits notwendig, Einzelheiten zu erkennen und andererseits die Prinzipien aus der Geschichte zu verstehen. Den Beginn der Vorbildsituation könnten wir in übertragenem Sinn in die Zeit des Endes des 19. Jahrhunderts und des Anfangs des 20. Jahrhunderts verlegen. In dieser Zeit erfolgte eine Art „Erweckung" unter einer Menge von Christen, die bewirkte, dass sich Gruppen bildeten, welche das Kommen des Messias ankündigten, was durch die etablierten christlichen Kirchen nicht geschah. Es waren damals, um einige zu nennen, die Christliche Wissenschaft, die Darbysten, die Gemeinde Christi, die Ernsten Bibelforscher, die Mormonen, die Neuapostolische Kirche, die Siebenten-Tags-Adventisten, die Pfingstbewegung und andere mehr.

In dieser in christlichen Kreisen sogenannten „Erweckungszeit" begannen, wie dies in dem Gleichnis von den „zehn Jungfrauen" auch beschrieben wird, aufrichtige Christen, den

Messias zu erwarten. Im genannten Gleichnis heißt es in Mt 25:1-13 auszugsweise: *„Als aber der Bräutigam auf sich warten ließ, wurden sie alle schläfrig und schliefen ein.“*

Tatsächlich kam es so, dass sich nämlich – wie im Gleichnis beschrieben – nur noch die Hälfte von den ehemaligen „zehn Jungfrauen“ heute noch in der Lage befindet, mit ihrem Licht und dem jetzt kommenden „Bräutigam“ in das „Königreich“ und zur „Hochzeit“ einzugehen.

In diesen Jahrzehnten, der Zeit der „Erweckung“, spielte sich in der Neuzeit das ab, was sich in unserem Vorbild noch zur Zeit der Geburt des Messias abspielte, als damals einige treue und gottesfürchtige Israeliten den kommenden Messias erwarteten – wie oben beschrieben. (siehe Lk 2:25-28)

Das nun folgende Ereignis, das im Vorbild damals durch die Geburt des Messias Aufmerksamkeit erregte, ereignete sich im Gegenbild im zwanzigsten Jahrhundert zur Zeit des ersten Weltkrieges. Welch seltsame Verbindung, mag nun der Leser denken. Versetzen wir uns jedoch zurück in diese Zeit. Der Same Abrahams, der auf einem ewigen Thron Davids herrschen sollte und durch den sich alle Nationen der Erde segnen sollten, wurde geboren, und dieses Ereignis wurde sowohl von Israeliten als auch von Heiden (die Weisen aus dem Morgenland) damals bekannt gemacht. Die „kleinen Leute“ von damals, die Hirten, denen diese Botschaft durch Engel vermittelt wurde und all jene, welche durch sie von diesem Ereignis wussten, waren außerordentlich erfreut über diese Nachricht.

Die Intellektuellen der damaligen Zeit jedoch, welche von „Weisen aus dem Morgenland“ und von den Priestern des

Volkes Israel unterrichtet wurden, waren allerdings außerordentlich beunruhigt über diese Nachricht. Wir erinnern uns noch daran, dass der König Herodes, der damals – von Rom eingesetzt – die Herrschaft über Judäa innehatte, sehr interessiert an diesem neugeborenen „König der Juden“ war. Er bangte so sehr um seinen Thron und um die Zukunft seiner Söhne, dass er zwei Jahre später, nachdem er davon erfahren hatte, alle unter-zwei-jährigen Knaben in Bethlehem und Umgebung ermorden ließ. Der Bericht sagt darüber:

„Da ergrimmte Herodes sehr, als er sah, dass er von den Weisen hintergangen worden war; und er sandte hin und ließ alle Jungen töten, die in Bethlehem und in seinem ganzen Gebiet waren, von zwei Jahren und darunter, nach der Zeit, die er von den Weisen genau erforscht hatte. 17 Da wurde erfüllt, was durch den Propheten Jeremia geredet ist, der spricht: 18 ‚Eine Stimme ist in Rama gehört worden, Weinen und viel Wehklagen: Rahel beweint ihre Kinder, und sie wollte sich nicht trösten lassen, weil sie nicht <mehr> sind.‘“ (Mt 2:2,16-18)

Worum ging es wirklich? Es ging um die Herrschaft, – nicht nur um die Herrschaft des Königs Herodes, sondern um die seines „Clans“, ja, es ging darum, dass der Wille Gottes nicht geschehen sollte, denn der Widerstandleistende wollte dieses Ereignis selbst verhindern, wie uns dies in der Offenbarung des Johannes berichtet wird, wo es im zwölften Kapitel heißt: *„4 Und der Drache stand vor der Frau, die im Begriff war, zu gebären, um, wenn sie geboren hätte, ihr Kind zu verschlingen. 5 Und sie gebar einen Sohn, ein männliches <Kind>, der alle Nationen hüten soll mit eisernem Stab[a]; und ihr Kind wurde entrückt zu Gott und zu seinem Thron.“ (Ofb 12:4-5)* (Siehe auch Mt 2:13, 1 Petr 5:8)

Deshalb also bemühte sich der König Herodes so sehr, den kommenden „König der Juden“ zu verhindern.

Zu Beginn des 20. Jahrhunderts geschah es ähnlich, was jedoch den allermeisten Menschen, ja, fast allen Menschen in unserer Zeit nicht bewusst wurde, wie es im Vorbild damals auch den allermeisten Israeliten nicht bewusst wurde, dass der Messias geboren war.

Der „Erste Weltkrieg“ war, wie es der Begriff schon verdeutlicht, etwas Besonderes bis zu dieser Zeit. Es war ein Weltkrieg, in den alle bedeutenden Länder auf Erden verwickelt waren. Doch worum ging es eigentlich in diesem Krieg? Es ging in Wahrheit um die Vorherrschaft über die übrigen Nationen auf Erden.

Eine Nation wollte sich gewaltsam über alle anderen Nationen erheben, um diese zu beherrschen und somit das Forum zu schaffen, über welches ein Widerstandleistender dann seine Gesamtherrschaft über die Erde ausüben könnte. Dieses gelang so damals nicht, wie wir aus der Geschichte wissen, und das hat den Grund darin, dass gemäß Ofb 6:2 ein gewisser Reiter auf einem weißen Pferd – mit einem weißen Gewand bekleidet und einem Bogen in seiner Hand – begann, über die Erde zu reiten, um „siegend zu siegen“. Ja, die apokalyptischen Reiter begannen damals ihren Ritt, und der erste Reiter hatte einen Sieg errungen.

So, wie es der Widerstandleistende zur Zeit der buchstäblichen Geburt Jesu versäumte, den Messias zu „verschlingen“, wie es uns die Offenbarung verdeutlicht, so konnte der Widerstandleistende in der Neuzeit nicht verhindern, dass der designierte Weltherrscher, der Messias, über die Geschehnisse in dieser Übergangszeit wacht und sie gemäß dem Willen seines Vaters leitet, was durch den ersten der apokalyptischen Reiter veranschaulicht werden sollte. (Siehe Ofb 6:2)

Wie damals im Vorbild die religiösen Führer der Israeliten versäumten, das Kommen des Messias zu proklamieren und ihre Gläubigen auf dieses Ereignis vorzubereiten, so versäumten es die christlichen Führer der nominellen Christenheit der Neuzeit, die Menschheit auf das Kommen des Königreiches Gottes hinzuweisen und sie darauf vorzubereiten. Eine weitere Parallele ist, dass die geistigen und religiösen Führer des Vorbildvolkes dem damaligen Herrscher Herodes dazu verhalfen, den Geburtsort des Messias ausfindig zu machen und damit auch zu dem Massaker in Bethlehem und der Umgebung beitrugen. Diese Ereignisse hatten ihre gegenbildliche Spiegelung darin, dass der erste Weltkrieg inmitten der Christenheit ausgebrochen ist und dass die geistigen und religiösen Führer der Christenheit maßgeblich an der Aufrichtung des Völkerbundes und der späteren Vereinten Nationen beteiligt waren und damit auch dem israelitischen Holocaust den Weg bereiteten, statt den Messias als Weltkönig zu präsentieren und sich hinter den Messias zu stellen.

Wie bereits oben erwähnt, kommen in „unseren Tagen“ mehrere Komponenten zusammen. Was wir zuletzt betrachtet haben, waren die für alle Menschen sichtbaren Ereignisse der Aufscheinung der Geburt des Messias in unserem Vorbild. Wenn wir uns an dieser Stelle in unsere Vorbildsituation einblenden, sehen wir, wie wichtig es für König Herodes damals war, den „Erben der Verheißung“, den Messias, zu beseitigen. Er scheute sich nicht, viele israelitische Knaben zu ermorden.

Auch im Gegenbild findet sich diese Vorbildsituation in dem zweiten Weltkrieg und dem dazugehörigen Holocaust im gesamten christlichen Europa, besonders jedoch im „Nazi"-Deutschland unter Hitler und in Russland unter Stalin.

Der unsichtbare Widerstandleistende setzt alles daran, die Aufrichtung des Königreiches Gottes zu verhindern, und da er bereits seit langem vom „Götterberg" verstoßen ist, auf welchem die Geheimnisse des wahren Gottes besprochen werden, hat er von den wirklichen Geschehnissen aus dem „Plan Gottes mit der Erde" keine genauen Kenntnisse. Auch der König Herodes hatte zu seiner Zeit keine genauen Kenntnisse über den Verbleib des neugeborenen Messias. (Siehe Ez 28:14, Jes 14:12-14)

Doch möchte der Widerstandleistende und Verleumder des wahren Gottes nicht nur das Königreich Gottes verhindern, sondern auch eine eigene Weltregierung aufrichten, was im 20. Jahrhundert unter anderem auch dazu geführt hat, dass der Kommunismus ins Leben gerufen wurde. Eine kommunistische Weltregierung hätte dem Verleumder Gottes auch noch „gut gestanden", oder aber auch eine „Nazi-Weltherrschaft", gebildet von einer „Herrenrasse", wäre sicherlich im Sinne des Widerstandleistenden gewesen. In diesen beiden Fällen wären auch *augenscheinlich* die Voraussagen in Bezug auf den wiederkommenden Messias zur Erfüllung gekommen, denn leicht hätte man den in diesen Zeiten lebenden Menschen Karl Marx oder auch Adolf Hitler als die wiedergekommenen Messiasse „verkaufen" können. (Siehe Mt 24:4-5)

Allerdings erfüllt sich die Voraussage des Messias hinsichtlich kommender Messiasse auch sehr buchstäblich, indem nämlich in den letzten beiden Jahrzehnten tatsächlich hier und da Menschen auftreten, die sich als den wiedergekommenen Messias oder als Jesus Christus ausgeben.

Dank des auf dem weißen Pferd sitzenden und in weiße Kleider gehüllten Reiters, der um die Erde reitet, wurden die verheerenden Folgen dieser Szenarien erst einmal abgewendet. (Siehe Ofb 6:2)

Die Geschehnisse in der Zeit des zweiten Weltkrieges eröffnen uns noch einiges mehr. Bereits nach dem ersten Weltkrieg, nachdem keine der größeren Nationen einen wirklich überragenden Sieg hatte davon tragen können, durch welchen sie dann zu einer Art von Weltpolizei hätte auftreten können, wurde der Völkerbund gegründet – ein Bündnis für eine friedlichere und für alle Menschen bessere Welt. Diese Einrichtung entstand in der christlichen Welt und man kann sagen, dass dieser Völkerbund gemäß den Vorstellungen christlicher Führer eine Art „Überregierung“ über möglichst alle Nationen werden sollte – eine interessante Parallele zu den Bemühungen der israelitisch-religiösen Führer aus dem Vorbild, welche ebenfalls gemäß ihrer menschlichen Vorstellung die göttlichen Prophezeiungen hatten verwirklichen wollen.

Nicht über den Messias wollten sie sich in ihre von Gott vorgesehene Rolle einbringen lassen, sondern auf ihre menschliche Weise, durch Krieg und Sieg und mittels Gewalttätern wie beispielsweise „Jesus Barabbas“, dem Zeloten, statt mit Jesus, dem Christus oder später durch die Rottenführer Simon (Sohn Gioras), Jochhanan oder Eleaser. (siehe Joh 18:38-40)

Wir erkennen die Parallele in der Neuzeit darin, dass die christlichen Führer nicht auf den designierten König Jesus Christus als den obersten Weltregenten und Friedenbringer setzten, sondern auf Bündnisse. Nach dem ersten Weltkrieg war dies der Völkerbund und nach dem zweiten Weltkrieg die Vereinten Nationen.

Der Versuch der israelitischen Führer aus dem Vorbildvolk, göttliche Angelegenheiten auf menschliche Weise zu erzwingen, hatte dem israelitischen Volk im Jahr 70 n. Chr. das unrühmliche Ende gebracht, was in unserem Spiegelbild der Neuzeit auch an der Christenheit vollzogen werden muss. (siehe Offb 17-18, Jes 21:9)

Es ist nicht von der Hand zu weisen, dass unsere heutige Welt eine „Überregierung“ benötigt. In Anbetracht der Tatsachen, dass die gesamte Welt inzwischen sehr „klein“ geworden ist, dass wir uns öfter als einmal mittels unserer Waffenarsenale vernichten könnten, dass die Diskrepanzen zwischen den Nationen in Bezug auf Kultur, Religionen, gerechte Verteilung der natürlichen Ressourcen der Erde, Grenzen, Bevölkerungszuwachs, Gefälle zwischen armen und reichen Ländern und anderes ständig größer werden und einer friedlichen Lösung bedürfen, erfordert es natürlich eine über allen Nationen stehende „Über-Regierung“, die eine Gleichschaltung der grundlegenden Normen bewirken könnte, die ein friedliches Untereinander oder Nebeneinander garantieren.

Doch welche von allen Regierungen, die es im Augenblick auf Erden gibt, wäre für die Lösung solch übermenschlicher Probleme geeignet?

Keine menschliche Regierung vermag eine zufriedenstellende, allen Menschen gerecht werdende Regierung zu stellen. Das wird in der Bibel schon festgestellt, und darum braucht die Menschheit nichts dringender, als die „göttliche Weltregierung“ oder das bekanntere „Königreich Gottes“. (Spr 29:2, Pred 8:9)

Warum aber muss es denn gerade das Königreich Gottes sein, das als „Überregierung“ für die gesamte Erde in Frage kommen sollte?

Weil diese „göttliche Weltregierung“ gerecht und unbestechlich sowie kostenlos für die Erdbevölkerung sein wird und immer und auf schnellstem Weg für Gerechtigkeit sorgen kann und wird, weil sie über den Aufbau, die Funktion und die Erhaltung der gesamten Schöpfung genau Bescheid weiß und weil sie keine Ungerechtigkeiten und Niederträchtigkeiten dulden wird, weil sie allen Bürgern, welche ihr unterstehen, die größte Freiheit bieten und Boshaftigkeit und Ungerechtigkeit gebührend bestrafen wird, was sich allerdings ebenfalls nicht zu Lasten der übrigen Bevölkerung auswirken wird. Sie wird dafür sorgen, dass die übrige Schöpfung keinen Schaden erleidet, sondern dass der Schaden, der durch die diabolischen Machenschaften der heutigen Weltbevölkerung verursacht wird, wieder repariert wird und dass die Menschheit unter ihrer Herrschaft mit der übrigen Natur lebt und nicht gegen die Natur. Sie wird die Wahrheit über den wahren Gott und dessen Gerechtigkeit sowie die Wahrheit über die Entstehung der gesamten Schöpfung offenbaren.

Man könnte noch unendlich viele Gründe dafür anführen, warum es so nötig ist, dass die göttliche Weltregierung beginnen muss, über die Erde zu herrschen, doch ich möchte es bei diesen genannten Gründen belassen. (Ps 9:8-10, 19:8-10, Kol 1:16-17, Jes 65:20-22)

Welche Aufscheinung aus unserer Vorbildsituation wird denn nun als Nächste erscheinen? Im Vorbild erscheint nun der Vorläufer des Messias, Johannes, der Täufer. Dieser Bote Gottes, der vor dem Herrn Jesus herging, bereitete das Volk der Israeliten auf den kommenden Messias vor, indem er verkündete:

„Tut Buße! Denn das Reich der Himmel ist nahe gekommen!“

„Denn dieser ist der, von dem durch den Propheten Jesaja geredet ist, der spricht: Stimme eines Rufenden in der Wüste: Bereitet den Weg des Herrn, macht gerade seine Pfade!“ (Mt 3:3)

Das Spiegelbild in unseren Tagen ist eine Gruppe von gottesfürchtigen Menschen, welche weltweit auf die Zeit des kommenden Messias als Weltregent hinweist.

Bevor wir nun auf unserem geistigen „Weg“ in die Zukunft „abtauchen“, sollten wir uns das bisher Betrachtete noch einmal durch die Worte des Messias verinnerlichen. Drei Evangelien sind es, die darüber berichten, Matthäus, Markus und Lukas. In Mt 24:3-6 wird darüber Folgendes gesagt: *„3 Als er aber auf dem Ölberg saß, traten seine Jünger für sich allein zu ihm und sprachen: „Sage uns, wann wird das sein, und was ist das Zeichen deiner Ankunft und der Vollendung des Zeitalters?* (Zeitalter, griech. „Äon“) *4 Und Jesus antwortete und sprach zu ihnen: Seht zu, daß euch niemand verführe! 5 Denn viele werden unter meinem Namen kommen und sagen: Ich bin der Christus! Und sie werden viele verführen. 6 Ihr werdet aber von Kriegen und Kriegsgerüchten hören. Seht zu,* *erschreckt nicht! Denn es muss geschehen, aber es ist noch nicht das Ende.“*

In diesen vier Versen umfasste der Messias die Zeitspanne von etwa 50 bis 66 n. Chr. und in der Neuzeit die Jahre vom Beginn des 20. Jahrhunderts bis in unsere heutige Zeit hinein. Diese Geschehnisse haben wir heute lebenden Menschen entweder selbst erlebt oder wir kennen sie aus der neuzeitlichen Geschichte.

Der Messias fasst diese Zeit in seinen kurz gefassten Endzeitprophezeiungen in den wenigen Versen von Mt 24:4-6, Mk 13:5-7 und in Lk 21:8-9 zusammen, wobei er betont: *„ ... diese Dinge müssen geschehen, aber es ist* ***noch nicht*** *das Ende.“*

Den Beginn des Endes, also der „heißen Phase“ oder den Anfang des Endes und den Beginn des neuen Zeitalters müssen wir in den kommenden Jahren erwarten und uns je nach unserer Mentalität darauf vorbereiten.
Was jedoch als Nächstes zur Sprache kommt, sind Ereignisse, welche sich in der nahen Zukunft abspielen werden und in unserem Vorbild in den Jahren von 66 bis 70 n. Chr. bereits Geschichte wurden.

In diesen dreieinhalb Jahren unseres Vorbildes spielte sich die heiße Phase des Geschehens fast ausschließlich in Jerusalem ab. Vespasian hatte mit seinem Heer im gesamten palästinensischen Raum die Ruhe und die Ordnung weitestgehend wiederhergestellt – ein Phänomen, welches wir in unserer Zeit als die Nachkriegszeit, in der wir noch leben, erkennen können – doch die Verursacher all der Unruhen und Bedrängnisse, der Mörderei und Leiden waren noch immer nicht beseitigt, sondern konzentrierten sich in einer Stadt - in

Jerusalem. Für die sich in Sicherheit wähnenden Intellektuellen, Priester, Heeresführer, Bürger und Verbrecher jeder Art brach nun die Zeit der größten und schwersten Drangsal an, welche die Israeliten bis dahin gesehen hatten. Wer bis zu dieser Zeit aus der Stadt Jerusalem geflohen war, musste die schrecklichen Drangsale, welche die Stadtbewohner erleiden sollten, nicht miterleben, und dazu gehörte auch die Mehrzahl der Christen, welche die durch ihren Messias vorhergesagten Ereignisse ernst genommen hatten. (Siehe Mt 24:15-20, Ofb 18:4)

Da der Messias diese katastrophale Zeit auf den kleinsten Nenner bringt, wäre es sinnvoll, vor dem Einstieg in unsere Zukunft seine Worte darüber noch einmal zu lesen:

„7 Denn es wird sich Nation gegen Nation erheben und Königreich gegen Königreich, und es werden Hungersnöte und Erdbeben da und dort sein. 8 Alles dies aber ist der Anfang der Wehen. 9 Dann werden sie euch in Bedrängnis überliefern und euch töten; und ihr werdet von allen Nationen gehasst werden um meines Namens willen. 10 Und dann werden viele verleitet werden und werden einander überliefern und einander hassen; 11 und viele falsche Propheten werden aufstehen und werden viele verführen.“ (Siehe 2 Petr 2:1, Apg 5:36,37, 1 Tim 4:1,2)

„12 und weil die Gesetzlosigkeit überhandnimmt, wird die Liebe der meisten erkalten;“ (Siehe Dan 9:27, 2 Tim 3:2-4, Ofb 2:4)

„13 wer aber ausharrt bis ans Ende, der wird errettet werden. 14 Und dieses Evangelium des Reiches wird gepredigt werden auf dem ganzen Erdkreis, allen Nationen zu einem Zeugnis, und dann wird das Ende kommen. Wenn ihr nun den

Gräuel der Verwüstung, von dem durch Daniel, den Propheten, geredet ist[a], an heiliger Stätte stehen seht, wer es liest, der merke auf! [a: Lk 17,31]" (Siehe Dan 9:27, 11:31, Apg 6:13)

„16 dann sollen die in Judäa auf die Berge fliehen; 17 wer auf dem Dach ist, soll nicht hinabsteigen, um die <Sachen> aus seinem Haus zu holen[a]; 18 und wer auf dem Feld ist, soll nicht zurückkehren, um seinen Mantel zu holen[a]. 19 Wehe aber den Schwangeren und den Stillenden in jenen Tagen! [a: Siehe Lk 17,31]"

Der Messias musste die Ereignisse, welche sich am buchstäblichen Ort zugetragen haben und die Ereignisse, welche am Ende der „Weltzeit" weltweit geschehen sollten, in eine Form gießen.

So spricht er davon, dass sich Nation gegen Nation erheben wird, was in unserer heutigen Zeit auf einen unkontrollierten „Welt-Nationen-Krieg" hindeutet. Solch ein Szenario ist für unsere Zeit keine Unmöglichkeit mehr. Es müsste sich nur eine Nation oder ein Terrorist finden, der den ersten Schritt dazu tut, und von solchen gibt es bereits genug. Danach wäre ein Weltbrand mittels all der Waffen, welche die verschiedenen Nationen besitzen, fertig.

Die biblischen Voraussagen zeigen uns die Richtung. Da es sich in dieser vor uns liegenden Zeit auch um eine Zeit des Gerichtes in göttlichem Sinne handelt, sind für uns auch die Vorhersagen hinsichtlich des Gerichtes von Belang. Es ist Petrus, der uns darüber unterrichtet, dass das Gericht Gottes „an seinem Hause" beginnen wird. Er schrieb:

„7 Denn die Zeit <ist gekommen>, dass das Gericht anfange beim Haus Gottes; wenn aber zuerst bei uns, was <wird> das

Ende derer <sein>, die dem Evangelium Gottes nicht gehorchen?“ (1 Petr 4:7)

(Siehe Jes 10:12, Jer 25:29, Luk 23:29-31)

Der Apostel Petrus hatte bei seiner Überlegung sicherlich Jes 10:12, Ez 9:6 oder auch Jer 25:29 im Sinn, überträgt jedoch das Prinzip dieser Aussagen der alten Propheten auf das neue „Haus Gottes“, die „Christenheit“.

So wie in unserem Vorbild die Lunte zum Eingreifen der römischen Weltmacht von aufsässigen israelitischen Rebellen gelegt wurde, so muss nun auch in unserer heutigen Zeit die Lunte, die zum Anfang des „Welt-Nationen-Krieges“ führt, von religiösen Rebellen gelegt werden. Diese Lunte wird in unserer Zeit gelegt werden, wenn das israelische Waffenlager in Megido unschädlich gemacht wird.

Wie es jedoch in der Praxis so ist, explodiert ein Pulverfass nicht gleich nach der Zündung der Lunte, sondern erst dann, wenn die Lunte abgebrannt ist, was auch im vorliegenden Fall so sein wird.

Der wahrhaftige Gott handelt jedoch nach Prinzipien, und da er mit seinem buchstäblichen Volk Israel noch eine „Rechnung offen hat“, wird die eigentliche „Explosion“ oder der eigentliche Beginn des „Welt-Nationen-Krieges“ (oder eines dritten Weltkrieges), der kurz vor uns steht, an dem buchstäblichen Volk Gottes, der israelitischen Nation, die heute eine fragwürdige Rolle inmitten der Weltnationen spielt, beginnen. Einer der alten Propheten, Jeremia, der auch das Szenario des Systemendes in seinem prophetischen Buch streifte, sagt im Kapitel 25 folgendes:

„29 Denn siehe, bei der Stadt, über der mein Name ausgerufen ist, beginne ich Unheil zu wirken, und ihr, solltet ihr etwa ungestraft bleiben? Ihr werdet nicht ungestraft bleiben; denn ein Schwert rufe ich <herbei> über alle Bewohner der Erde, spricht der HERR der Heerscharen.“

Im Vorbild-Szenario waren es eigene „falsche Messiasse“, die ihrem Volk großen Schaden zufügten und so mag es auch heute geschehen. Im Spiegel der heutigen Zeit gesehen, könnten aus den eigenen Reihen der Israeliten solche auftreten, die ihrem eigenen Volk Schaden zufügen, was jedoch noch nicht zu einem „Weltbrand“ führen würde.

Was jedoch das „geistige Israel“, die Christenheit anbetrifft, so werden die „Gotteskrieger“ oder „falschen Messiasse“ solcher Regierungen, welche der Meinung sind, dass sie ihre Verfahrensweisen oder ihr Regierungssystem der gesamten übrigen Welt aufzwingen oder überstülpen müssen, durch ihre kriegerischen Auseinandersetzungen der gesamten Welt großen Schaden zufügen.

Wie vor etwa 2.000 Jahren das israelitische Volk auf eigene menschliche Weise die Verheißungen ihres Gottes verwirklichen wollten, so gibt es auch heute viele buchstäbliche, doch vor allem „geistige Israeliten“, solche, die meinen, auf menschliche Weise göttliche Vorhersagen erfüllen zu können, die nach ihren Vorstellungen die Verheißungen des wahren Gottes mit Gewalt verwirklichen möchten und so mit äußerst fragwürdigen Mitteln und Methoden ein Paradies schaffen wollen. (Siehe Jes 30:15-17)

Dieses „geistige Israel“, die Christenheit, erkennt – genau wie auch sein „Bruder“, das buchstäbliche Israel vor 2.000

Jahren – den Messias Jesus Immanuel als Weltherrscher in der Form, wie ihn der wahrhaftige Gott über die gesamte Erde einsetzen möchte, nicht an. (Siehe Jes 29:13-14)

Diese Tatsache ergrimmt den wahren Gott so sehr, dass er in unserer Zeit sein Gericht zum Vollzug bringen wird, welches er an dem israelitischen Volk beginnt und an dem „geistigen Israel“, der Christenheit, vollendet.

Doch wie es bereits des Öfteren in der Menschheitsgeschichte vorgekommen war, wird dies zu einer Zeit geschehen, zu der es jedermann am wenigsten annimmt. Der Apostel Paulus gibt uns darüber folgenden Hinweis:

„1 Was aber die Zeiten und Zeitpunkte betrifft, Brüder, so habt ihr nicht nötig, dass euch geschrieben wird. 2 Denn ihr selbst wisst genau, dass der Tag des Herrn so kommt wie ein Dieb in der Nacht.“ (Siehe Mt 24:36,43)

„3 Wenn sie sagen: Friede und Sicherheit! Dann kommt ein plötzliches Verderben über sie, wie die Geburtswehen über die Schwangere; und sie werden nicht entfliehen.“ (1 Thess 5:1-3)

Der Hinweis des Apostels Paulus, den dieser natürlich auch aus den Schriften der alten Propheten entnommen hat, hilft uns, den Beginn des kommenden „Welt-Nationen-Krieges“ zumindest einigermaßen zu rekonstruieren.

Möglicherweise wird das israelitische Volk in der kommenden Zeit innenpolitisch erst einmal Schaden nehmen. Außenpolitisch wird man dann mit der Hilfe einflussreicher Nationen einen Frieden zwischen Israelis und den umliegenden arabischen Nationen finden – vor allem den Palästinensern – der natürlich militärisch gesichert sein muss. Bei diesen Friedensbemühungen werden auch die anderen Konflikte zwi-

schen kleineren Nationen, die auch meistens aus religiösen Unterschieden entstehen und geführt werden, zumindest oberflächlich beigelegt werden. (Siehe Mt 24:15, Dan 9:24)
Daraufhin wird die gesamte Welt erleichtert aufatmen, weil man der Meinung ist, nun seien „Friede und Sicherheit" näher gerückt, was das Zeichen dafür sein wird, dass ein plötzliches Verderben über die Israeliten kommen wird – wie es uns Paulus beschreibt. Dieses plötzliche Verderben kann vom ärgsten israelitischen Feind ausgehen oder aber auch von Terroristen und besteht, wie es uns durch den Propheten Jesaja vermittelt wird, in einem atomaren Holocaust, der auf das Waffenarsenal der Israelis in Megido abzielt.
In Mt 24:15 erwähnt der Messias den in Dan 11:31 erwähnten „Gräuel der Verwüstung, der an heiliger Stätte steht", auf den die Feinde Israels ihr Augenmerk gerichtet haben.

Damit ist das „Pulverfass" gezündet!

Jesaja drückt die Situation wie folgt aus:

„1 Wehe Ariel, Ariel, <du> Stadt, wo David lagerte! (Jerusalem - Gottesherd) Fügt Jahr zu Jahr, lässt die Feste kreisen! 2 Aber ich werde Ariel bedrängen, dass es Weh und Wehgeschrei geben wird. Dann wird sie mir wie ein Ariel (Gottesherd) sein. (Gemeint ist Jerusalem, d. h. so blutig und qualmend wie ein Altar.) 3 Und ich werde mein Lager ringsum gegen dich aufschlagen und dich mit einem Wall einschließen und Belagerungswerke gegen dich errichten. 4 Dann bist du erniedrigt und wirst aus der Erde reden, und aus dem Staub wird deine Rede dumpf ertönen. Und deine Stimme wird sein wie die eines Totengeistes aus der Erde, und aus dem Staub (vom Erdboden her) wird deine Rede flüstern. 5 Aber wie feiner Staub

wird die Menge deiner Feinde sein und wie dahinfahrende Spreu die Menge der Gewalttätigen. Und plötzlich, in einem Augenblick, wird es geschehen: 6 Vom HERRN der Heerscharen wird sie heimgesucht werden mit Donner und Erdbeben und großem Getöse, <mit> Wind und Sturm und mit der Flamme eines verzehrenden Feuers. 7 Und wie ein Traum, <wie> ein Nachtgesicht wird die Menge all der Nationen sein, die Krieg führen gegen Ariel, und alle, die gegen sie und ihre Befestigung zu Felde ziehen und sie bedrängen." (Jes 29:1-7)

„7 Siehe, ihre Helden schreien draußen, die Friedensboten weinen bitterlich. 8 Verödet sind die Straßen, der Wanderer zieht nicht mehr hindurch. Man hat den Bund ungültig gemacht, die Städte verworfen, keinen Menschen geachtet. 9 Es vertrocknet, es welkt das Land. Beschämt steht der Libanon da, er ist schwarz geworden. Scharon ist einer Steppe gleich geworden, Baschan und Karmel schütteln <ihr Laub> ab." (Jes 33:7-9)

Was nach dieser Zündung des „Welt-Nationen-Krieges" erfolgt, spiegelt sich in unserer Zeit darin wieder, dass die Feinde Israels über dasselbe herfallen werden, um es auszurotten, woran sie jedoch schließlich von anderen Atommächten gehindert werden. Dennoch wird für Israeliten auf der gesamten Erde noch einmal eine Verfolgung eintreten, die jedoch am Ende des „Welt-Nationen-Krieges" beendet sein wird.

Wie viele der gelagerten Vernichtungswaffen während dieses dritten Weltkrieges zum Einsatz kommen, ist schwer zu sagen, doch eines geht aus den Voraussagen hinsichtlich dieser Zeit deutlich hervor – es wird zu einem weltweiten „Menschenschlachten" kommen, in dem alle vorhandenen Vernichtungswaffen eingesetzt werden, welche Menschen sich geschaffen haben. Die gesamte Region des Nahen Ostens wird brennen, was natürlich zu einer Umweltkatastrophe führen wird, wie sie die Welt bis dahin auch noch nicht gesehen hat.

Der Messias bringt die Situation, ohne auf Einzelheiten einzugehen, auf den Punkt, indem er sagt:

„Tatsächlich, wenn jene Tage nicht verkürzt würden, so würde kein Fleisch gerettet werden; aber um der Auserwählten willen, werden jene Tage verkürzt werden.“ (Siehe Mt 24:22, Mk 13:20)

Zu der Länge der Zeit dieses furchtbaren Szenarios kann ich nichts Genaues sagen, diese Zeit eines solchen „Welt-Bürgerkrieges“ wird jedoch, wie es der Messias sagte, „um der Auserwählten willen abgekürzt werden“.

Im Vorbild wurde die furchtbare Zeit der Drangsal dadurch abgekürzt, dass Vespasian nach Rom abziehen musste, um das Amt des Kaisers zu übernehmen, und in dieser kurzen Zwischenzeit (von keinem ganzen Jahr etwa) konnten diejenigen, die in dieser „Drangsal-Zeit“ noch zu Christen wurden, schnell in die Berge fliehen. Als jedoch Titus mit seinem Heer erschien, war es für jede Rettung zu spät.

In naher Zukunft wird der begonnene „Welt-Nationen-Krieg“ nach einer gewissen Zeit durch einen vermutlich kosmischen Eingriff abgebrochen, durch ein „Wort des wahrhaftigen Gottes“ – „um der Auserwählten willen werden jene Tage verkürzt werden“, so sagt es die Prophezeiung voraus – denn das folgende Ereignis steht schon an – die Beseitigung der Religionen, wobei die großen Religionen in unserem Weltsystem hart getroffen werden, wie der Islamismus und die christlichen Religionen, das „geistige Israel“.

Der wahrhaftige Gott wird bewirken, dass die Weltführer das geistige und buchstäbliche Unruhe- und Kriegspotential, welches in fast allen Religionen verborgen ist, erkennen und deutlich machen und sich darüber einig werden, die Religionen zu beseitigen, um überhaupt eine Basis zum Frieden zu erreichen.

„Gott gab es ihnen ins Herz, seinen Gedanken, ja ihre eigenen Gedanken auszuführen“, sagt die Bibel darüber in Ofb 17:17.

Damit werden sich die Voraussagen erfüllen, welche dieses Szenario in Einzelheiten beschreibt. (Siehe Ofb 17-18, Jes 13:1-5)
Dieser Vorgang wird einen Aufstand unter der noch bestehenden Erdbevölkerung verursachen, während die eine Gruppe erfreut ist über die Beseitigung der Religionen, werden noch viele andere Menschen nach Religion schreien.
In dieser Zeit werden sich die Übriggebliebenen der israelitischen Bevölkerung, die den atomaren Holocaust und die weltweite Verfolgung überlebt hat, mit Hilfe israelitischer und weltlicher Gläubiger zu dem Messias Jesus Immanuel bekennen und *„aus dem Staube heraus mit gedämpfter Stimme“* ihren wahrhaftigen Gott um Vergebung bitten. (Siehe Jes 29:4, Mt 24:9-14, Mk 13:9-13, Lk 21:12-18, Ofb 7:9-17, 10:11, 11:3-12)

Durch das „Erschüttern aller Nationen der Erde“ werden sich diejenigen heraussieben, welche bis dahin noch unentschlossen dem „Friedensreich“ des „Universalen Geistes“ gegenüberstanden oder sich bis heute dafür nicht interessieren konnten, so dass nicht nur das restliche israelische Volk noch zum Glauben kommt, sondern auch viele Menschen aus allen Nationen der Erde (die in Mt 24:22 erwähnten Auserwählten).

Viele dieser zum Glauben kommenden Menschen, der Auserwählten, von denen der Messias in seiner Prophezeiung spricht, derentwegen der „Welt-Nationen-Krieg" auch abgebrochen wird, werden sich nicht unbedingt in Religionsorganisationen sammeln, sondern lediglich den Messias als den Erlöser, Erretter und „Weltherrscher" anerkennen, ihn willkommen heißen und ihm zu Diensten stehen. (siehe Hag 2:6-7, Ofb 7:3-4, 9-14)

Der Widerstandleistende samt seiner bösen Engel, die aus den Himmeln auf die Erde verbannt wurden, wie es uns in der Vorschau aus Ofb 12:7-12 angezeigt und bereits von Daniel angesprochen wurde, hat eine bedeutende Niederlage erfahren und wird in seiner Wut die Verfolgung aller an den wahren Gott, seinen Messias und sein Königreich glaubenden Menschen aufnehmen. (Siehe Ez 31:16, Dan 12:1-3)

Die Verfolgung der buchstäblichen Israeliten in Israel, die in Form eines atomaren Holocaust beginnen wird, nachdem sich der Verleumder seiner erniedrigten Lage bewusst wurde, dehnt sich danach auf alle Israeliten weltweit aus, obwohl durch die Geschichte erwiesen ist, dass Kultur, Gesetzgebung und Lebensstil der in alle Welt zerstreuten Israeliten bereichernde und positive, ja, segensreiche Auswirkungen auf all die Nationen hatten, unter welchen sie lebten. Doch da die Israeliten im Kollektiv den Anschluss an die neue Ära, die christliche Ära, durch die Ablehnung des Messias verpasst hat und damit ihre Gottesverbindung abgerissen ist, werden sie leider wieder einmal Opfer der Wut des „Weltgottes", des

Widerstandleistenden. Doch nicht nur die buchstäblichen Israeliten fallen einer Verfolgung seitens des „Weltgottes“ anheim, sondern auch die „geistigen Israeliten“, die wahrhaftigen Christen, die dann auch mit den buchstäblichen Israeliten eine Einheit im Glauben bilden werden. (Beide werden „eine Herde unter einem Hirten werden“.)

Diese aus blinder Wut resultierende Verfolgung wird eine Amtshandlung des „gefallenen schirmenden Cherubs“ sein, nachdem er sich seiner erniedrigten Lage bewusst ist. (Siehe Ofb 12:13-17, Hos 2:4-15, Jes 14:12-17)

Um einen Frieden und eine Sicherheit gemäß den Vorstellungen und unter dem Kommando des erniedrigten Verleumders herbeizuführen, wird eine Nation, welche mit ihrer Mentalität und ihren Eigenschaften dem Verleumder am besten passt und die heute schon dafür bereit gemacht wird, hochstilisiert. Aus dieser Nation wird ein Emblem konstatiert, welchem sich alle Menschen auf Erden unterordnen müssen. Diejenigen, die sich nicht unterordnen wollen – das werden voraussichtlich nur noch wahrhafte „Christusanhänger“ aus sowohl der jüdischen Bevölkerung als auch aus allen übrigen Nationen sein – werden es so schwer haben, ihr Leben zu fristen, dass sie fast nicht mehr bestehen können. (Aufschluss darüber gibt es in Ofb 13:7-8,15-17.)

In dieser Zeit, in welcher der Widerstandleistende auf der Erde agiert und eine materialistische Weltregierung installiert, werden diesem auch „Schlüssel zu einem Abgrund gegeben“, aus welchem er dann die furchtbaren Geister entfesselt, welche die Menschen schrecklich quälen werden. (Siehe Ofb 9:1-12)

Auch andere, nicht biblische Voraussagen, welche furchtbare Ereignisse für unsere Erde voraussagen, werden in dieser Zeit ihre Erfüllung finden, denn es werden – wie es in der Offenbarung vorhergesagt wird – der Widerstandleistende und seine Helfer in ihrer großen Wut in dieser Zeit eines Gerichtes den noch lebenden Menschen unsägliches Leid zufügen. Die Offenbarung sagt darüber:

„12 Darum seid fröhlich, ihr Himmel, und die ihr in ihnen wohnt! Wehe der Erde und dem Meer! Denn der Teufel ist zu euch hinabgekommen und hat große Wut, da er weiß, dass er <nur> eine kurze Zeit hat." (Ofb 12:12)

Der Verleumder hat nur wenig Zeit, um sein Selbstzerstörungswerk zu vollbringen, und die gesamte Endzeit-Epoche wird eine Zeit sein, in der nach „dem Recht verfahren wird", wie es der Messias selbst sagte. (Siehe Lk 21:22)
Es bedeutet für all diejenigen Menschen, die sich nicht bekehren lassen zum Glauben an den Messias als den Erlöser, Retter und Weltherrscher, dass sie gemäß ihrer Lebensweise entsprechende Vergeltung erhalten werden. Die Qualen, welche die in dieser Zeit lebenden „Weltmenschen" (also alle, die das „Zeichen des wilden Tieres an ihrer Hand oder ihrer Stirn tragen werden", siehe Ofb 13:16-17), ertragen müssen, widerspiegeln ihre eigene Lebensweise, ihre Handlungsweisen während ihres Lebens, ja, ihre eigene Mentalität, und somit werden die Qualen für die verschiedenen Menschen auch verschieden sein. Für die in dieser Zeit gekennzeichneten „Weltmenschen" wird die Zeit des Endes dieses Weltsystems auch ihr Gericht bedeuten. Sie werden die Folgen ihrer Vergehen gegen Gott, ihre Mitmenschen, die Natur und gegen sich selbst ertragen müssen. (Siehe Ofb 9:18,21, 14:9,11)

Nachdem nun alle diese verschiedenen Ereignisse wie das Aus-den-Himmeln-Werfen des Verleumders, der atomare Holocaust über Israel, die Bestrafung der umliegenden Feinde Israels, ein dritter, atomarer Weltkrieg, die Abkürzung desselben durch einen vermutlich kosmischen Eingriff, die Beseitigung aller Religionen, die Aufrichtung einer materialistischen Weltregierung, die Verkündigung „der guten Botschaft von der Aufrichtung des Königreiches Gottes“ sowie die Verfolgung der Königreichserben- und Verkündiger, abgelaufen sein werden, wird der vom wahren Gott designierte Weltherrscher die den Holocaust überlebt habenden und gläubig gewordenen Israeliten sammeln. Dieser Überrest hat inzwischen seine Verfehlungen erkannt, eingesehen und bereut und sich willig unter die Herrschaft des Messias gestellt. Somit wird dann auch, wie es Paulus bereits aussprach, *„ ... ganz Israel errettet werden ....“* (Siehe Ofb 14:1-5, Jes 12:1-5, 10:20-22, Röm 11:26)

Inzwischen werden sich zwei Weltimperien herausgebildet haben – Großmächte, welche allerdings jetzt bereits bestehen. Das erste entstammt dem „Meer“ und stellt letztlich auch die Vorbildherrschaft unter dem aus den Himmeln geworfenen Verleumder. Das zweite kommt aus der „Erde“, besteht allerdings heute auch schon. Dazu wird von dem ersten „wilden Tier“ noch ein „Bild“ gemacht, welches eigentlich in seiner Grundform auch schon vorhanden ist, dem Leben eingehaucht wird und zu großer Macht und zu großem Einfluss verholfen wird. (Siehe Ofb 13:1-10, 13:11-18)

Mit diesem „Dreigespann“ wird der Verleumder seine materialistische Weltherrschaft, die eine Imitation des Königreiches Gottes sein wird, ein paar Jahre aufrechterhalten. Während dieser Zeit geschehen zwei „Ernten". Einerseits werden all jene gläubigen Menschen „geerntet", welche unter dem Druck und unter der Verfolgung der teuflischen Weltregierung gelitten haben, aber nicht zu Tode gekommen sind. Sie werden eingesammelt und ihrer Berufung zugeführt. (Siehe Ofb 14:14-16)

Die beiden Zeugen – die Gläubigen aus dem buchstäblichen Israel sowie echte Christen aus dem „geistigen Israel", welche in dieser Zeit noch einmal das intensive Zeugniswerk verrichtet haben – werden in den Himmel entrückt, wodurch sich keine „Heiligen und Auserwählten" mehr auf der Erde befinden werden. (Siehe Ofb 11:3-12)

Danach wird die zweite Endzeit-Phase eintreten. Nun wird der seit langem designierte Weltkönig Jesus Christus, der Messias, seine Herrschaft mit seiner „eisernen Keule" antreten und mit der Beseitigung der für den wahren Gott unbrauchbaren Menschen und der Festsetzung des Verleumders im „Abgrund" beginnen. Diese zweite Endzeit-Phase wird mit der vollständigen Veränderung von Land- und Meermassen beendet werden. Nach diesem Eingriff wird alles, was man heute kennt und zur Zivilisation gehört, „untergepflügt" sein, nichts mehr wird noch an die „alte Welt" erinnern – so, wie nach der Sintflut alles verändert war und nichts mehr an die Zeit davor erinnerte. (Siehe Jes 24:1-11, Ofb 14:14-20, Ofb 19:11-20:3)

Diese letzten Ereignisse, das letzte Aufbäumen der dann noch bestehenden Nationen gegenüber der installierten göttlichen Weltregierung, bewirken den „Zornesausbruch des wahren Gottes". Dieser geschieht nicht wegen seines buchstäblichen Volkes Israel – das ist bereits Geschichte – auch nicht wegen der Christenheit, denn das Gericht über die Religionen ist dann auch bereits vorüber. Der heftige Zornesausbruch über die Nationen der Erde geschieht deshalb, weil diese unter der globalen Herrschaft des Widerstandleistenden, welche den „König aller Könige und den Herrn aller Herren“ trotz all der schrecklichen Geschehnisse und des gründlichen Zeugnisses der beiden in der Offenbarung genannten Zeugen nicht anerkennen möchte, sich dem vom Universalen Geist eingesetzten Weltherrscher – dem „Christus“ – nicht unterordnen wollen. (Siehe Ps 2:1-9, 83:3-6)

Die Phase in der Endzeit und Übergangszeit dieses Weltsystems wird, außer von dem Messias, von einigen der ersten Christen mit dem verglichen, was zur Zeit der Sintflut geschah. (Siehe Mt 24:37-42, 2 Petr 2:5)

Bereits im zweiten Psalm wird auf diesen Zeitabschnitt Bezug genommen:

„1 Warum toben die Nationen und sinnen Eitles die Völkerschaften? 2 Es treten auf Könige der Erde, und Fürsten tun sich zusammen gegen den HERRN und seinen Gesalbten: 3 ‚Lasst uns zerreißen ihre Bande und von uns werfen ihre Stricke!‘ 4 Der im Himmel thront, lacht, der Herr spottet über sie. 5 Dann spricht er sie an in seinem Zorn, in seiner Zornglut schreckt er sie: 6 ‚Habe doch ich meinen König geweiht auf Zion, meinem heiligen Berg!‘ 7 Lasst mich die Anordnung des HERRN bekanntgeben! Er hat zu mir gesprochen: ‚Mein Sohn bist du, ich habe dich heute gezeugt. 8 Fordere von mir, und ich will dir die Nationen zum Erbteil geben, zu deinem Besitz die Enden der Erde. 9 Mit eisernem Stab magst du sie zer-

schmettern, wie Töpfergeschirr sie zerschmeißen.‘ 10 Und nun, ihr Könige, handelt verständig; lasst euch zurechtweisen, ihr Richter der Erde! 11 Dienet dem HERRN mit Furcht, und jauchzt mit Zittern! 12 Küsst den Sohn, dass er nicht zürne und ihr umkommt auf dem Weg; denn leicht entbrennt sein Zorn. Glücklich alle, die sich bei ihm bergen!“ (Ps 2:1-12)
Nachdem die von dem Verleumder installierte Weltherrschaft einige Jahre besteht und die Gläubigen, welche vom Himmel her den Messias als Weltherrscher unterstützen, nicht mehr auf der Erde weilen, wird der Widerstandleistende über seine Weltregierung alle noch bestehenden Herrscher der Erde gegen den inthronisierten Messias aufbringen.

Wie es bereits im zweiten Psalm gesagt wird, tun sich „die Könige der Erde zusammen gegen seinen Gesalbten“.

(Wir kennen das Prinzip aus dem Turmbau zu Babylon, siehe 1 Mos 11:1-9.)

Auch der letzte Versuch der Widerstandleistenden, eine funktionierende Weltherrschaft als Alternative zur göttlichen Weltregierung aufzurichten, wird schließlich scheitern. Die noch bestehende Erdbevölkerung wird zwar globalisiert sein, es wird unter ihnen keine religiösen Unterschiede mehr geben und man wird sich als „Weltbürger“ fühlen, doch die aufkommenden Probleme, welche ihre Ursachen in den verschiedenen Kulturen und negativen Eigenschaften wie Nationalismus, Unehrlichkeit, Selbstsucht, Hass, Habgier, Lieblosigkeit, Mordlust und etliche andere haben, werden von der teuflischen Weltdiktatur nicht beseitigt werden können. Es wird so kommen, wie es in Dan 2:43 vorausgesagt wurde. Die verschiedenen Kulturen werden sich nicht vermischen lassen. Es wird zwar zu einer vermischten Weltbevölkerung kommen, einer labilen „Welt-Volksgemeinschaft“, die jedoch letztlich keine Einheit bildet. Diese „Welt-Volksgemeinschaft“ wird einerseits stark und hart wie Eisen sein und andererseits brüchig und schwach wie Lehm. Die verschiedenen Kulturen sowie die negativen Eigenschaften der Menschheit werden eine Vereinheitlichung aller Erdenbewohner nicht zulassen. Dann wird seitens des Widerstandleistenden das Prinzip angewendet, was schon seit Jahrtausenden Verwendung findet – ein „böser Feind“ wird ausfindig gemacht, der angeblich für alle Unbilden und Probleme, mit denen die Weltregierung des Widerstandleistenden nicht fertig wird, verantwortlich ist.

Wer aber ist dieser Feind? Die sich dann auf Erden befindliche teuflische Weltregierung wird ihren Finger auf den vom „Universalen Geist“ designierten und inthronisierten Weltregenten „Jesus Immanuel“ richten, auf den Christus und seinen Herrschaftsanspruch, um ihm dann den Krieg zu erklären. Solch eine Kriegserklärung ergeht, weil es sich ja schließlich um irdische Angelegenheiten handelt, an die „Wenigen, die übrig bleiben“, welche nicht zu den Auserwählten gehören, die bereits in die himmlischen Regionen entrückt wurden, sondern welche die Neugestaltung oder Neuerschaffung der Erde überleben sollen. (Siehe Ofb 16:13-14,16, Ps 2:1-12)

In dieser Endphase jedoch kommt es hinsichtlich der Ablehnung des göttlichen Königreiches zur Eskalation. Der Vater und Gott des Gesalbten Jesus, der ergrimmt ist gegen diese Intriganten, verweist auf seine eigenen Verordnungen aus Ps 2:1-9 und ermuntert den Messias, die Nationen zu zerschlagen, wendet sich dann aber gleichzeitig an die Rebellen in den Versen 10-12 mit der Ermahnung, sich dem Herrn der Erde „mit Furcht und Zittern“ unterzuordnen. Im letzten Buch der Bibel wird die Situation wie folgt beschrieben.

„Und ich sah drei unreine inspirierte Äußerungen, [die aussahen] wie Frösche, aus dem Maul des Drachen und aus dem Maul des wilden Tieres und aus dem Mund des falschen Propheten ausgehen. 14 Sie sind tatsächlich von Dämonen inspirierte Äußerungen und vollbringen Zeichen, und sie ziehen aus zu den Königen der ganzen bewohnten Erde, um sie zu versammeln zum Krieg des großen Tages Gottes, des Allmächtigen.“ (Ofb 16:13-14)

Diese Provokation seitens der teuflischen Weltmacht und der übrigen Könige der Erde und des „wilden Tieres“ sowie ihres Anführers, des „Drachens“ selbst, führt dazu, dass Gott, der Vater des Messias, ins Geschehen eingreift, was zu den bereits erwähnten globalen Veränderungen führt. Der Messias deutete in seinen Voraussagen dieses Geschehen nur an, als er sagte:

„29 Aber gleich nach der Bedrängnis jener Tage wird die Sonne verfinstert werden und der Mond seinen Schein nicht geben, und die Sterne werden vom Himmel fallen, und die Kräfte der Himmel werden erschüttert werden. 30 Und dann wird das Zeichen des Sohnes des Menschen am Himmel erscheinen; und dann werden wehklagen alle Stämme des Landes, und sie werden den Sohn des Menschen kommen sehen auf den Wolken des Himmels mit großer Macht und Herrlichkeit.“ (Siehe Jes 13:10, Ez 32:7,8, Joe 4:15, Am 5:20b, Jes 34:4, Ofb 6:13)

Jesaja, einer der Propheten, welcher das Vorrecht hatte, Einzelheiten über die Zeit der Drangsal zu vermitteln, berichtet in seinen ersten 35 Kapiteln seines Buches eine ganze Menge über diese Zeit der globalen Veränderungen, welche, wie bereits erwähnt, mit der Sintflut Ähnlichkeit haben. In Jes 13:9-13 lesen wir auszugsweise:

„9 Siehe, der Tag des HERRN kommt, grausam mit Grimm und Zornglut, um die Erde zur Wüste zu machen; und ihre Sünder wird er von ihr austilgen. 10 Denn die Sterne des Himmels und seine Sternbilder werden ihr Licht nicht leuchten lassen. Die Sonne wird finster sein bei ihrem Aufgang, und der Mond wird sein Licht nicht scheinen lassen. 11 Und ich werde am Erdkreis die Bosheit heimsuchen und an den Gottlosen ihre Schuld. Ich werde der Anmaßung der Stolzen ein Ende machen und den Hochmut der Gewalttätigen erniedrigen. 12 Ich will den Sterblichen seltener machen als gediegenes Gold und den Menschen <seltener> als Ofirgold. 13 Darum werde ich die Himmel erzittern lassen, und die Erde wird aufbeben von ihrer Stelle beim Grimm des HERRN der Heerscharen und am Tage seiner Zornglut.“

(Siehe auch Jes 24:1-6,17-23, 27:1, Ez 30:3, Joe 2:1, 63:4, 66:17, Ps 104:35, Zef 1:15, Ez 32:7,8, Joe 2:10, Am 8:9, Spr 11:31, Dan 4:34)

Alle Prophezeiungen in Bezug auf die Zeit des Endes dieses Weltsystems und der Aufrichtung des göttlichen „Königreiches“ geben Hinweise auf eine derart massive Veränderung des gesamten Globus, dass am Ende dieses Szenarios wiederum das Angesicht der Erde so verändert sein wird, dass Globen und Weltkarten aus heutiger Zeit unbrauchbar geworden sein werden und nur noch wenige Menschen übrig bleiben werden, mit welchen der Weltherrscher, der „Christus“, seine neue Ära beginnen wird. Die einfach klingenden Worte „siehe, ich mache alles neu“ bergen für uns Menschen dermaßen viele lebensbedrohliche Ereignisse, dass wir uns diese Auswirkungen heute einfach noch nicht in ihrer gesamten Tragweite vorstellen können. (Siehe Lk 21:26)

Wenn in den Voraussagen davon gesprochen wird, dass die Erde „taumelt“ oder die Sonne sieben mal heißer sein würde, könnten wir davon ausgehen, dass ein „Polsprung“ vonstatten geht, oder wenn die Rede davon ist, dass er die Erde umpflügt, könnten wir Menschen von einem Bombardement durch Asteroiden oder Meteoriten ausgehen, und wenn der Schöpfer der Erde davon spricht, dass er das Angesicht der Erde verändert, so sind unsere Globen und Landkarten, welche wir heute benutzen, danach unbrauchbar geworden. (Siehe Ofb 19:11-21)

Der wahrhaftige Gott ist jedoch gerecht, selbst dann, wenn er im Zorn handelt. All diejenigen Menschen, welche in dieser Zeit umkommen werden, haben ihre Chancen vertan, was heißen soll, dass sie solch ein Urteil verdient haben. Sie wollten eine gerechte Weltregierung nicht und haben sich völlig bewusst auf die Seite der „Ungerechten“ gestellt. Die „Wenigen“, die nach diesem Szenario „übriggeblieben“ sind, werden die Grundlage für eine neue Generation von Menschen bilden – unter dem Messias als Weltherrscher im Königreich Gottes und unter der „Könige-und-Priester-Schar“, welche als „Erstlinge“ aus der Menschheit in der Zeit der christlichen Ära herausgerufen wurden.

Nach diesen unvorstellbaren Veränderungen auf der Erde wird der Verursacher des gesamten Szenarios, der Widerstandleistende, in das für ihn bereitete Gefängnis geschafft werden, damit die heranwachsende Menschheit von seinen Niederträchtigkeiten während der Königreichsherrschaft von tausend Jahren verschont bleibt. (Siehe Ofb 20:1-3)

So ähnlich wie zur Zeit der „großen Flut“ ein Gericht über die damals lebende Menschheit ergangen ist und nur acht Menschen überlebten, wird in naher Zukunft ein weiteres Mal ein Gericht über die Menschenwelt ergehen, bis, wie es uns durch die Schrift vermittelt wird, nur noch „Wenige“ übriggeblieben sind. Nur wird es bei dem kommenden Gericht nicht Wasser sein, das die Oberfläche der Erde verändern wird, sondern „Feuer“, wie es auch Petrus ausdrückte. (Siehe 2 Petr 3:7)

„3 und zuerst dies wisst, dass in den letzten Tagen Spötter mit Spöttelei kommen werden, die nach ihren eigenen Begierden wandeln 4 und sagen: ‚Wo ist die Verheißung seiner Ankunft? Denn seitdem die Väter entschlafen sind, bleibt alles so von Anfang der Schöpfung an.‘ 5 Denn denen, die dies behaupten, ist verborgen, daß von jeher Himmel waren und eine Erde, die aus Wasser und durch Wasser Bestand hatte, <und zwar> durch das Wort Gottes, 6 durch welche die damalige Welt, vom Wasser überschwemmt, unterging. 7 Die jetzigen Himmel und die <jetzige> Erde aber sind durch dasselbe Wort aufbewahrt und für das Feuer aufgehoben zum Tag des Gerichts und des Verderbens der gottlosen Menschen.“

(Siehe Jes 5:19, Hes 12:22, Mt 24:48, 1 Mos 1:1,6-10, Ps 24:2, 33:6)

Lässt ein „Gott der Liebe“ solch ein schauriges Szenario zu? Menschen, die diese Frage stellen, sollten sich auch fragen: Wie würde ich einen Gott beurteilen, der die Menschheit nicht davon in Kenntnis setzt, was sie auf Grund ihrer gottlosen, habgierigen und selbstzerstörerischen Handlungsweisen über sich bringt? Was müsste man von einem „gerechten Gott“ halten, der die Wünsche, Gefühle und Hoffnungen von Gerechtigkeit liebenden Menschen unberücksichtigt ließe?

Was die Menschheit in Kürze ertragen muss, sind einfach nur die Folgen ihrer perversen ethischen und moralischen sowie sozialen Einstellungen und ihrer schizophrenen Denk- und Handlungsweisen auf jedem Gebiet des menschlichen Lebens. Diese „Weltmenschen“ möchten den widerstandleistenden Geist, der die Ursache all der irdischen Probleme darstellt, nicht loslassen, sie möchten sich weiterhin diesem unterstellen und damit das ständige Kämpfen, die Ungerechtigkeiten, das Lügen und Betrügen, das Töten und Quälen sowie all die weiteren Gesetzlosigkeiten nicht aufgeben. Niemand kann darum sagen, der „Universale Geist“ sei lieblos oder ungerecht. Er lässt der Menschheit lediglich die Folgen ihrer Entscheidungen und Handlungen zukommen, wie er es im Falle der ersten Menschen und des israelitischen Gottesstaates bereits getan hat.

Ich möchte in Verbindung damit noch einmal darauf hinweisen, dass der wahrhaftige Gott, der „Universale Geist“, nicht unser „Butler“ ist, der immer dann reagieren muss, wenn wir „am Schnürchen ziehen“ oder mit den „Fingern schnippen“. Er wird uns nicht von den Folgen einer gegen ihn, die Natur und gegen sich selbst gerichteten Lebensweise automatisch befreien. Der wahrhaftige Gott ist ein Verfechter von Gerechtigkeit, von Wahrhaftigkeit, Liebe, Ordnung und Frieden. Er lässt Gnade und Barmherzigkeit solchen zukommen, die dafür in Frage kommen, und sein vorgesehener Weltregent, der Messias, ist seinem Vater gleich, weswegen in der folgenden Ära, der Zeit der „göttlichen Weltregierung“, auch Liebe und Wahrheit, Friede und Ordnung, aber auch Gerechtigkeit herrschen werden.

Die wahrhaftigen Schöpfergötter wissen, dass böse Menschen nicht dadurch gut werden, dass ihnen Gunst erwiesen wird. (Siehe Pred 8:11)

Sie haben uns das bereits durch Jesaja mitgeteilt, der uns in Jes 6:10 lesen lässt: *„10 Wird dem Gottlosen Gnade zuteil, lernt er nicht Gerechtigkeit, im Lande der Geradheit handelt er unrecht und sieht nicht die Hoheit des Herrn.“* (Siehe Pred 8:11, Hos 11:7)

Um all denjenigen Menschen, die jemals auf Erden gelebt haben und „Böses“ hassten, gerecht zu werden, bleibt dem wahren Gott keine andere Wahl, als den bösen Menschen die Folgen ihrer Denk- und Handlungsweise zukommen zu lassen, sie zu richten und, wenn sie es verdient haben und sich nicht ändern wollen, sie nach der Aufarbeitung ihres „Netto-Unrechtes“ in die Nichtexistenz zu entlassen.

Für jene Menschen, welche die Eigenschaften des wahren Gottes – Liebe, Wahrheit, Gerechtigkeit, Friede, Ehrlichkeit, Selbstbeherrschung und die anderen positiven Eigenschaften – lieben, wird in Zukunft das Königreich Gottes, die „göttliche Weltregierung“, Gerechtigkeit herbeiführen, denn wie wir in Spr 29:27 lesen, ist *„27 Ein Gräuel für die Gerechten (ist) der*

Übeltäter, aber ein Gräuel für den Gottlosen ist, wer redlich <seinen> Weg <geht>.“

Somit lässt der wahrhaftige Gott, der „Universale Geist“, beiden Gruppen – den *„bösen“*, aber auch den *„guten Menschen“* – Gerechtigkeit zuteilwerden und lässt ihnen die Folgen oder die Früchte ihrer Eigenschaften und ihrer Handlungsweisen zukommen.

Doch mit der Aufrichtung des Königreiches Gottes ist der für uns Menschen offenbarte Plan Gottes mit der Erde und der Menschheit, der uns in der Gebrauchsanweisung für Menschen eröffnet wird, immer noch nicht zu Ende. Gott gewährt uns, noch ein paar tausend Jahre in die Zukunft zu blicken, was wir in den folgenden Kapiteln tun möchten.

***

Kapitel 14

Der „neue Himmel“ und die „neue Erde“!

Endlich ist es soweit! Allumfassende Sicherheit und ein echter weltweiter Friede sind durch den neuen „Geist“, der über die Erde herrscht, garantiert. Der neue schöpfergöttliche Geist hat es geschafft: „Endlich – Sicherheit und Friede!“ Wahrhafte Sicherheit und wahrhafter Friede werden den dann lebenden Menschen garantiert sein.

Doch – ähnlich wie damals nach der weltweiten Flut – wird es auch am Anfang des „messianischen Königreiches“ sein. Die wenigen Menschen, die nach den Worten des Propheten Jesaja noch übrig bleiben, werden vor einer völlig neuen Situation stehen. Alles wird anders sein, dennoch werden die Lebensgrundlagen vorhanden sein, und alle müssen im wahrsten Sinne des Wortes „von vorne anfangen“. Alle müssen sich eine Unterkunft schaffen, für Nahrung und Kleidung sorgen und sich langsam mit den neuen Gegebenheiten anfreunden. Den Luxus und die Bequemlichkeiten, welche manche der Überlebenden auf Grund weniger zivilisierter Völker des alten Systems und der Ausbeutung der Ressourcen der Erde hatten und ihnen von daher noch bekannt sind, werden verschwunden sein, und ab sofort müssen sie *mit* der Natur leben, was manchen schwerfallen wird, doch: Sie haben überlebt!

Mit der Hilfe der „neuen Himmel“, der Könige und Priester, welche aus dem für Menschen unsichtbaren Bereich der Himmel den auf der Erde lebenden Menschen weiterhelfen werden, kommt bald Freude auf und der Fortschritt auf der Basis der göttlichen Weisheit wird zügig vorangehen. Doch irgendwann im Verlauf von Jahrhunderten wird es leider auf der „neuen Erde“ Menschen geben, die nicht zufrieden sein werden mit ihrer neuen Freiheit und der neuen gerechten Regierung, mit dem echten Frieden und der allgegenwärtigen Sicherheit. Ihnen fehlt das entsprechende Maß an wahrhaftiger Liebe zum wahren Gott, zu ihren Mitmenschen und natürlich auch zur göttlichen Gerechtigkeit und Wahrheit.

Diese Menschen möchten ihre Freiheit, wie das auch heute geschieht, auf Kosten anderer Erdbewohner erweitern und dadurch wieder Unordnung und Unfrieden schaffen, wie wir dies bereits aus Offb 20:7-9 erfahren haben. (siehe Spr 10:21)

Solche „Unzufriedenen“ wird man während der gesamten „Königreichsherrschaft“ finden, und einige von diesen werden bereits im Verlauf dieser Zeitepoche rebellieren, wodurch jedoch die Sicherheit und der allumfassende Frieden nicht beeinträchtigt werden. (siehe Jes 56:13-16, 65:17-25, Mt 13:33)

Durch die Propheten Jesaja und Maleachi und den Messias selbst wird dieses Thema aufgegriffen und z. B. Folgendes darüber gesagt: *„Und ihr werdet wieder (den Unterschied) sehen zwischen dem Gerechten und dem Ungerechten, zwischen dem, der Gott dient, und dem, der ihm nicht dient.“ (Mal 3:18)*

Trotz der optimalen Voraussetzungen von Seiten der himmlischen Regierung, von Seiten vieler, dem wahren Gott zugetaner Menschen, von Seiten der Umwelt und aller Voraussetzungen für ein glückliches Leben auf einer vollkommen sauberen Erde, werden unter dem Königreich Gottes noch Menschen rebellieren wollen oder in sonst einer Form gegen ihre Umwelt, ihre Mitmenschen und letztlich gegen ihren „Weltkönig“ aufbegehren.

Diese Menschen werden den alles durchdringenden Weltfrieden sowie die allumfassende Sicherheit nicht schätzen, sondern Übervorteilung suchen und sich nach einer krankmachenden Bequemlichkeit auf Kosten ihrer Mitmenschen sehnen. Die gerechte Regierung, welche aus dem Himmel fungiert, duldet jedoch keine Ungerechtigkeiten und Übervorteilung mehr. Lügen und Betrug gehören der Vergangenheit an und werden nicht mehr geduldet. (siehe Jes 2:4, Hos 4:1-3)

Alle Menschen müssen auch eine Sprache sprechen, das bedeutet, dass fast alle eine Sprache erlernen müssen. Dazu kommt, dass jeder Erdenbürger auch körperlich arbeiten muss, denn körperliche Arbeit und die damit verbundene Bewegung ist für die Gesundheit des Menschen so wichtig wie das Essen, Trinken und Atmen. Außerdem müssen sich schließlich alle nachkommenden Menschen um eine neue „Bleibe“ bemühen. Zersiedelung ist angesagt, weil nur dadurch der Mensch seiner Aufgabe als „Verwalter“ im Sinne der Schöpfergötter richtig nachkommen kann.

Wenn die HS uns darüber belehrt, dass der wahrhaftige Gott „die Erde umpflügt“, ihr Angesicht verändert, so dass man des alten Systems „nicht mehr gedenkt und dieses auch nicht mehr in den Sinn kommt“, bedeutet dies, dass alles, was heute zur sogenannten Hochkultur gehört, einfach „untergegraben“ ist – in der Erde vergraben, damit niemand mehr an diese Zeit der Ungerechtigkeit, des Mordens und der Selbstzerstörung erinnert wird – ähnlich, wie es auch nach der weltweiten Flut gewesen war. (siehe Jes 24:1,3, 13:7-11)

Vieles in der damals bestehenden Welt wurde durch die Wassermassen „untergegraben“, so dass wir heute einen Teil des damaligen Bestandes, die daraus resultierten „Bodenschätze“ zum Beispiel, mitunter aus großer Tiefe heben müssen oder Meeressedimente auf den hohen Bergen finden. (siehe Jes 65:17-25)

Zwei Beispiele aus der Schrift vermögen uns zu helfen, die Situation zu verstehen – zum Ersten der Bericht aus 2 Mos 15:22-16:10 und zum Zweiten der Bericht aus Esra 3:11-13.

Zunächst zum ersten Beispiel: Das israelitische Volk lebte über 400 Jahre in Ägypten. In der letzten Zeit seines Aufenthaltes in Ägypten wurde es zum Sklavenvolk, es wurde schlecht behandelt, was soweit ging, dass seine männlichen Nachkommen von den Ägyptern ermordet wurden, weil die Ägypter sich vor diesem „großen Volk“ fürchteten. Sie mussten für die Ägypter Baumaterialien herstellen und wurden dabei unmenschlich behandelt. Wo immer die Ägypter eine Möglichkeit sahen, das israelitische Volk zu unterdrücken, taten sie dies. Was jedoch noch einigermaßen in Ordnung ging, war die Versorgung hinsichtlich der Ernährung. Nachdem nun durch den Vermittler Moses das gesamte Volk der Israeliten samt einer großen Zahl von Mischlingen und Fremdlingen durch außergewöhnliche Wunder ihres Gottes aus der ägyptischen Knechtschaft befreit war und sie durch das Schilfmeer hindurch gegangen waren und dabei zusehen konnten, wie die Heere der Ägypter in den Fluten umkamen, fingen viele von ihnen bereits nach wenigen Wochen zu rebellieren an. Sie lehnten sich gegen den Vermittler Moses auf, was eigentlich ein Aufbäumen gegen ihren Gott gewesen war. Liest man den kurzen Bericht darüber in 2 Mos 15-16, fragt man sich, wie es möglich war, dass Menschen nach solch einer Machterweisung Gottes eine derartige Unzufriedenheit und Undankbarkeit an den Tag legen konnten.

Das zweite Beispiel handelt fast 1.000 Jahre später. Nachdem ein Überrest, hauptsächlich aus dem Stamm Juda, von dem medo-persischen Eroberer Babylons, „Cyros“, zu ihrer Heimat zurückgesandt worden war, um dort den Tempel und die Stadt Jerusalem wieder aufzubauen, die 70 Jahre verödet dagelegen hatten, spielte sich das ab, was wir in Esra 3:10-13 lesen. Die Fundamente des neuen Tempels waren gelegt und die Priester gaben ein Fest für das Volk.

Was geschah bei diesem Ereignis? In den Versen 12-13 wird gesagt:

„Viele aber von den Priestern, den Leviten und den Familienhäuptern, nämlich die alten Leute, die den früheren Tempel noch mit eigenen Augen gesehen hatten, begannen, als man den Grund zu diesem Haus legte, laut zu weinen, während die Menge ihre Stimme zu freudigem Jubel erhob. Man konnte aber den Schall des Freudengeschreis von dem lauten Weinen im Volk nicht unterscheiden, denn das Volk erhob ein gewaltiges Jubelgeschrei, so dass der Schall weithin zu hören war.“

Wie man an diesem Beispiel erkennt, „weinten die Alten dem Früheren nach“, wie es bis heute sprichwörtlich ist.

Nach der Aufrichtung der „neuen Erde“ kann die Situation auf Erden ähnlich sein. Es kann erwartet werden, dass besonders in der ersten Zeit des tausendjährigen Königreiches Gottes Gefühle und Handlungen, wie wir sie in den oben genannten Beispielen erfahren haben, unter der neuen Bevölkerung aufkommen. Doch haben einige von diesen nicht das

Ende des heute bestehenden Systems überlebt, mag manch einer fragen?

Ja, sie haben überlebt, was jedoch nicht heißt, dass sie bereits vollkommene Menschen für ein gerechtes Königreich Gottes sind. Ein Rest Maß an Ungerechtigkeit ist noch immer in der Seele eines jeden dann lebenden Menschen, und solche, die geboren werden, müssen während des Königreiches Gottes Gerechtigkeit lernen – oder anders ausgedrückt – die göttliche Logik erlernen, was wiederum bedeutet, dass sie auch bereit sein müssen, um der Gerechtigkeit willen an sich unangenehme, aber heilsame „Einschnitte“ vorzunehmen. (siehe Jes 65:13-16, 26:9)

Nicht alle unter dem Königreich lebenden Menschen werden bereit sein, solche Einschnitte an sich vorzunehmen, und so wird es kommen, wie es bereits in Jes 65:17-20 vorausgesagt wird:

„Denn wisset wohl; ich werde einen neuen Himmel und eine neue Erde schaffen, so daß man der früheren Zustände nicht mehr gedenken wird und sie keinem mehr in den Sinn kommen sollen ... 20 „Es soll dort als dann keinen Säugling von nur wenigen Tagen und keinen Greis mehr geben, der seine Tage nicht voll auslebt; sondern als Jüngster wird der Hundertjährige sterben und wer nur hundert Jahre alt wird, als ein vom Fluch getroffener ***Sünder*** *gelten.“*
Doch nicht nur solche Menschen, die den Übergang von dem alten System zum neuen System überleben, werden mit dem „Anziehen einer neuen gerechten Persönlichkeit“ zu arbeiten haben, nein, auch die in diesem Königreich Gottes Wiedergeborenen werden im Verlauf ihres neuen Lebens Gerechtigkeit

erlernen müssen. Sollten sie jedoch keine „neue gerechte Persönlichkeit anziehen“ wollen, ergeht es ihnen wie all den anderen Sündern. Sie werden nach einer gewissen Zeit unfruchtbarer Versuche seitens der „Priester und Könige“, aufmüpfigen Menschen zur Sinnesänderung zu verhelfen, sterben. (siehe Jes 65:20)

Die Prioritäten, die dann von dem „neuen Himmel“ gesetzt werden, sind zu denen, die heute gesetzt sind, geradezu entgegengesetzt. Diejenigen der unter dem „neuen Himmel“ lebenden Menschen, welche Gerechtigkeit und Recht, Wahrheit und Frieden suchen, werden auch entsprechend gesegnet. Im Kapitel 65 in den Versen 13 und 14 schreibt Jesaja:
„Fürwahr, meine Knechte werden essen, ihr aber sollt hungern! Fürwahr, meine Knechte werden trinken, ihr aber sollt Durst leiden Fürwahr, meine Knechte werden sich freuen, ihr aber sollt beschämt dastehen! Fürwahr, meine Knechte werden jubeln vor Herzenslust, ihr aber sollt schreien vor Herzeleid und laut wehklagen in Verzweiflung!“

Wir verstehen demnach, dass unter dem „neuen Himmel“ und auf der „neuen Erde“ nach den Aussagen der Heiligen Schrift kein Unrecht, keine Rebellion und keine Sünder über längere Zeit geduldet werden. Es braucht, um Missetäter zu überführen, keine aufwendige Beweislast erbracht zu werden, die in unserer heutigen Zeit immense Summen Geldes verschlingt und sich oft über Jahre hinzieht, um danach doch nichts zu nützen. Von Seiten der himmlischen Regierung werden solche Missetäter überführt und behandelt (gemäß Jes 65:13-14) und wenn es nötig wird, weil sie sich nicht ändern möchten und sich damit auch für die Nichtexistenz entschieden haben, durch den Tod in die Nichtexistenz entlassen. (siehe 2 Petr 3:13, Offb 21:1-8, Jes 65:17)

Der „neue Himmel“ im Königreich Gottes ist selbstverständlich auch organisiert. Wie wir bereits erörtert haben, wird der Messias Jesus, der „Christus“, die oberste Herrschaft ausüben. Sein Gott hat ihm bereits alle Macht und Verantwortung in die Hände gelegt. (siehe Ps 8:7-10, 1 Kor 15:22-28)

Mit diesem Oberherrscher werden dessen treueste Nachfolger, die von der Erde mit seinem Blut erkauft wurden, die „Erstlinge“, „Heiligen,“ „Berufenen und Auserwählten“, welche während des christlichen Zeitalters mit dem Messias „Eins“ wurden, eine königliche Herrschaft ausüben oder auch als Priester für die auf der „neuen Erde“ befindlichen Menschen dienen. (siehe Offb 2:26-28, 3:21, 5:9-10, 20:4)

Ein irdisches Beispiel dafür, wie der „neue Himmel“ und die „neue Erde“ organisiert sein werden, finden wir in 2 Mos 18:13-27, wo Mose als ein Vorbild für den Messias nach einem Rat seines Schwiegervaters eine Führungsmannschaft organisierte.

Er setzte Oberste ein – die Schrift sagt darüber:

„... tüchtige, gottesfürchtige, zuverlässige Männer, die für keine Bestechung zugänglich sind. Obermänner über Eintausend, über Einhundert, über Fünfzig und über Zehn. Diese hatten dem Volk zu jeder Zeit Recht zu sprechen; die schwierigen Sachen aber legten sie dem Mose vor, aber alle geringfügigen Sachen entschieden sie selbst.“

Der wahrhaftige Gott ist ein „Gott der Ordnung“ und es ist nur recht und billig, wenn auch der „neue Himmel“ und die

„neue Erde“ auf solche oder ähnliche Weise organisiert ist: Zuallererst ist Christus der Oberkönig und „Hohepriester“, danach kommen solche, die als Könige, Priester, Fürsten und Aufseher ihre Aufgaben in dem „neuen Himmel“ ausfüllen, und dann folgt die irdische Bevölkerung der Überlebenden und Wiedergeborenen.
Wie der „alte Himmel“ einen bösartigen und zerstörerischen Einfluss auf die meisten heute lebenden Menschen ausübt, so wird der „neue Himmel“ einen positiven, ermunternden, aufbauenden Einfluss auf die dann lebenden Menschen ausüben. (siehe Hiob 33:13-28)

Die gerechte göttliche Regierung wird die „Gerechten“ segnen und den weniger Gerechten Zucht zukommen lassen. Sie wird in allen Fällen jedoch die freie Willensentscheidung eines jeden Menschen respektieren. (siehe Jes 65:13-15,20)

Niemand sollte sich vorstellen, dass nach der Übernahme der neuen Weltregierung in einem Augenblick alles friedlich und gerecht sein wird. Nein, „sein Wille“ kommt nach und nach zur Geltung, ohne dass die Prinzipien und Grundsätze des „gerechten Gottes“ verletzt werden.

Heute lebende Menschen, die unseres ungerechten Weltsystems müde sind, fragen sich, wieso es sein kann, dass es trotz eines gerechten Weltsystems immer noch Rebellen geben wird. Die Gründe dafür muss man in den Herzen der Menschen suchen. Menschen, welche nicht aus ihrem Herzen heraus Gerechtigkeit und Wahrheit lieben, denen die göttliche Logik unangenehm ist, halten ihrer *Vorteile wegen* gewisse Grundsätze. (siehe Joh 6:66)

Menschen, welche nicht die aufrichtige Bereitschaft mitbringen, die göttliche Logik zu erlernen, werden immer eine potentielle Gefahr für ein gerechtes Weltsystem sein. Aus diesem Grund muss solchen geholfen werden. Oder sie müssen abgesondert und wenn sie sich für ihre Nichtexistenz entschieden haben, in diese entlassen werden. (siehe Jak 2:8, Joh 17:20-24, Röm 8:2, 5 Mos 6:4-5, 10:12, Mt 22:37)

Der wahrhaftige Gott wünscht sich von den Menschen, aus ihren Herzen heraus geliebt zu werden. Er weiß, dass das Risiko für diejenigen Menschen, die ihn aus ihrer Seele heraus lieben, sehr gering ist, ein ewiges Leben dazu zu missbrauchen, gegen ihn zu rebellieren.

*„Darin besteht die **Liebe** zu Gott, dass wir seine Gebote halten und seine Gebote sind nicht schwer“*, schreibt Johannes. (siehe 1 Joh 5:1-3, Joh 14:15,23)

Die Liebe zu Gott und seinen gerechten Grundsätzen führt nicht dazu, Unruhe und Streitigkeiten sowie die daraus resultierenden Unbilden heraufzubeschwören, sondern dazu, mit dem „Universalen Geist“ und seinen Mitmenschen „Eins“ zu werden. (siehe Joh 17:20-21)

Da der wahrhaftige Gott ein Gott der Ordnung und des Friedens ist, möchte er sich nicht ständig mit Rebellionen und Querelen beschäftigen, sondern die Menschen auf die Probe stellen, bevor er ihnen ein immerwährendes Leben zuordnet. (siehe 1 Mos 2:9, 5:7, Mal 2:5-6, 1 Kor 14:33, Phil 4:9,7, Lk 10:6, Röm 5:1)

Aus diesem Grund hat der wahrhaftige Gott in seinem Plan einen in dieser „Ewigkeit“ letzten Akt vorgesehen, der uns in der Offenbarung eröffnet wird. Es wird darüber gesagt:

„7 Und sobald die tausend Jahre zu Ende sind, wird der Satan aus seinem Gefängnis losgelassen werden, 8 und er wird ausziehen, um die Nationen, die an den vier Ecken der Erde [sind], irre zu führen, Gog und Magog, um sie zum Krieg zu versammeln. Die Zahl dieser ist wie der Sand am Meer. 9 Und sie rückten über die Breite der Erde vor und umringten das Lager der Heiligen und die geliebte Stadt. Aber Feuer kam aus dem Himmel herab und verzehrte sie. 10 Und der Teufel, der sie irreführte, wurde in den Feuer- und Schwefelsee geschleudert, wo [schon] sowohl das wilde Tier als auch der falsche Prophet [waren]; und sie werden Tag und Nacht gequält werden für immer und ewig." (Offb 20:7-10) (siehe Offb 20:1-3)

Viele der dann lebenden Menschen werden den wahren Gott, weil sie ihn nicht tatsächlich aus ihrer Seele heraus lieben und darum auch nicht mit ihm „EINS" geworden sind, zu dem Zeitpunkt ihrer Herausforderung verleugnen, was einer Rebellion gleichkommt.

Eine solche Möglichkeit gibt die wahrhaftige Gott der gesamten auf einer neuen Erde lebenden Menschheit dadurch, dass er den Verleumder am Ende der tausendjährigen „Weltregierung Gottes" auf die Erde freilässt. Danach wird der für die Menschen unsichtbare Widerstandleistende mittels seiner bösartigen Geisteshaltung wiederum Einfluss auf die unter dem Königreich Gottes stehende Menschheit nehmen und solche, denen die wahre Liebe zu dem König und dem wahren Gott im Herzen fehlt, zur Rebellion veranlassen.

Allerdings wird die dann bestehende himmlische Regierung dafür sorgen, dass die Gefolgschaft des Verleumders, die rebellierenden Menschen, durch ein göttliches Feuer gezielt beseitigt werden, noch bevor sie Untaten begehen, deren Folgen sie wieder aufarbeiten müssen. Der Widerstandleistende selbst wird danach in den bildlichen „Feuerpfuhl“ (die Gehenna) geworfen. (siehe Offb 20:7-10)

Menschen, die dann noch auf Erden leben, haben das Privileg, ihren Gott zu lieben und die für sie vorgesehene Aufgabe, als „Götter von der Erde“ über die übrige Schöpfung zu herrschen, zu übernehmen und erhalten von ihrem Gott die Gabe des ewigen Lebens auf „unabsehbare Zeit“. Es wird dann für sie so sein, als hätten sie im „Garten Eden“ von dem „Baum des Lebens“ gegessen und den „Baum der Erkenntnis von Gut und Böse“ ignoriert.

Welche erweiterten Aufgaben die dann lebende Menschheit noch bekommen wird, können wir noch nicht im Einzelnen wissen, weil in dem Plan Gottes, der in der „Gebrauchsanweisung für Menschen“ aufgezeigt ist, darüber nichts gesagt wird. Man könnte sich jedoch vorstellen, dass in der auf das „Königreich“ folgenden Ewigkeit, in dem sogenannten tausendjährigen „Jubeljahr“ (der zweiten Auferstehung), diejenigen, die zur Vollkommenheit gekommenen „irdischen Götter“, denen helfen können, die zum Gericht während des „Jubeljahres“ auferstehen werden.

Diese auf Herz und Nieren geprüften, vollkommen gemachten Menschen, welche dem wahren Gott und seinem „Wort“ gegenüber dankbar und treu sind und diese von Herzen lieben, könnten einen hilfreichen Einfluss auf die im „Jubeljahr“ Auferstehenden ausüben und einigen dieser Auferstandenen helfen, sich für den wahren Gott und sein „Wort“ zu entscheiden.

Damit hätte sich am Ende des tausendjährigen Königreiches Gottes fast all das erfüllt, worum der Messias seine

Nachfolger zu beten lehrte, wenn es heißt: *„Dein Name werde geheiligt, dein Reich komme zu uns, und dein Wille geschehe, wie im Himmel so auch auf der Erde.“*

Der Name des wahren Gottes, der eine mittelbare Darstellung seiner Handlungs- und Verfahrensweise ist, wird geheiligt werden, das tausendjährige „Reich Gottes“ wird dazu beigetragen haben, dass den gerechten und den wahrhaft liebenden Menschen Gerechtigkeit und Glück zuteil wurde, was, um es anders auszudrücken, bedeutet, dass diese wahrhaft liebenden Menschen in die geistige Sphäre des alles belebenden Geistes integriert sein werden.

Die Feinde des wahren Gottes und seines „Wortes“, welche sich absolut nicht in die geistige Struktur des „wahren Gottes“ einordnen wollen, werden zum größten Teil beseitigt sein und der „Wille Gottes“ wird *fast* verwirklicht worden sein, *„wie im Himmel, so auch auf der Erde“*. (siehe Mt 6:9-10)

Ist damit der Plan des wahren Gottes mit unserer Erde und der darauf lebenden Menschheit zum Ende gekommen?

Nun, der Plan des wahren Gottes mit seiner Schöpfung ist vermutlich noch weit umfangreicher, doch nach dem „Jubeljahr“, das auf das tausendjährige Königreich Gottes folgt, ist in der Heiligen Schrift zunächst einmal ein Endpunkt des Planes Gottes hinsichtlich der Erde gesetzt.

Was uns für die Zeit nach der göttlichen „Weltregierung“ in dem darauffolgenden „Jubeljahr“, dem Zeitalter der „allgemeinen Auferstehung“, noch angedeutet wird, ist allerdings noch wert, betrachtet zu werden.

****

Kapitel 15

Der Gerichtstag Gottes!

Alle Eigenschaften des alles belebenden „Universellen Geistes“ kämen aus dem Gleichgewicht, wäre mit dem Königreich Gottes der Plan des „Höchsten“ mit den Menschen und der Erde zu Ende. Während des „tausendjährigen Königreiches“ wird der Messias als „Weltherrscher“ mit seinen von der Erde erkauften „Königen und Priestern“ die Wiederherstellung eines gewissen „Urzustandes“ erarbeiten. Wie steht es jedoch um die Milliarden anderer Menschen, die je auf Erden gelebt haben, welche nicht zur ersten Auferstehung kommen, welche auch nicht am Ende des christlichen Weltsystems gerichtet werden oder nicht zu einer Wiedergeburt unter dem Königreich Gottes gekommen sind? Wie wird all diesen Menschen Gerechtigkeit zuteilwerden?
Der „Universale Geist“ wird keinem der Erdenbewohner gegenüber ungerecht sein. Darum kommt nach dem Königreich Gottes eine weitere tausendjährige „Gerichtszeit“ für viele Menschen. In diese Zeitepoche würde gemäß dem göttlichen Plan *„die Zeit der allgemeinen Auferstehung“* (zweite Auferstehung) fallen. In Offb 20 lesen wir darüber, wie diejenigen, welche der *ersten* Auferstehung teilhaftig werden, mit ihrem Herrn, dem Messias, ihre Aufgaben als „Könige und Priester“ in den Himmeln übernehmen, wonach dann im Vers 5 gesagt wird, dass die übrigen der Toten erst nach tausend Jahren zu einer Auferstehung kommen werden. Johannes schrieb:

„4 Und ich sah Throne, und sie setzten sich darauf, und das Gericht wurde ihnen übergeben; und <ich sah> die Seelen derer, die um des Zeugnisses Jesu und um des Wortes Gottes willen enthauptet worden waren, und die, welche das Tier und

sein Bild nicht angebetet und das Malzeichen nicht an ihre Stirn und an ihre Hand angenommen hatten, und sie wurden lebendig[A] und herrschten mit dem Christus tausend Jahre. 5 Die übrigen der Toten wurden ***nicht lebendig****, bis die tausend Jahre vollendet waren. Dies ist die erste Auferstehung.“* (A – „lebten“)
Im kleinen Vorbild, welches wir in der Zeit des israelitischen Gottesstaates finden, war dieses 50. Jahr im israelitischen Kalender das sogenannte „Jubeljahr“. (Jobeljahr – siehe 3 Mos 25:8-34)

Wenn wir uns erinnern, folgte dieses „Jubeljahr“ (Jobeljahr) auf das 49. Sabbatjahr. (Jedes siebente Jahr war ein Sabbatjahr, 7x7=49 Jahre, demnach folgte der siebenten Sabbatjahrperiode, dem 49. Jahr, ein „Jubeljahr“ oder „Jobeljahr“)

Wenn ein Schöpfungstag einer Sabbatjahrperiode von 7.000 Jahren entspricht, von der wir ausgehen, ist am Ende des 49.000sten Jahres die Schöpfungswoche um, doch da gemäß unserem Vorbild das 50. Jahr ein Jubeljahr gewesen ist, würden zu den 49.000 Jahren noch eintausend Jahre für den „Tag des Gerichtes“ hinzugezählt werden müssen. Damit hätten wir das Vorbildsystem aus dem israelitischen Gottesstaat auf die gesamte „Schöpfungsepoche“ umgelegt, so dass am Ende der gesamten Schöpfungsperiode ein gewisser „Urzustand“ wiederhergestellt wäre.

Das Jubeljahr war damals dazu vorgesehen, die Besitzverhältnisse sowie die Familienverhältnisse wieder in einen *gewissen* „Urzustand“ zurückzuführen. Jede israelitische Familie bekam durch das Jobeljahr eine „neue Chance“. Mit diesem Vorbild im Hintergrund ist es angebracht, in der Heiligen

Schrift das zu betrachten, was über die allgemeine Auferstehung zum Gericht (oder die *zweite* Auferstehung) geschrieben steht.

Das israelitische Volk hatte eine Vorstellung von einer Auferstehung, obwohl es auch damals schon Gruppierungen gab, die weder an eine Auferstehung noch an Engel noch an „überirdische Dinge" glaubten. (Sadduzäer)

So erkennt der Leser der Worte aus Joh 11:23-25 den Glauben des israelitischen Volkes an eine Auferstehung.

In einem Ort namens Bethanien lebte damals eine gläubige israelitische Familie, es war Lazarus mit seinen beiden Schwestern, Martha und Maria. Lazarus, ein Freund des Messias, verstarb eines Tages. Nachdem dieser Lazarus bereits vier Tage tot war, kam der Messias in dieses Trauerhaus. Aus dem kurzen Gespräch, welches sich zwischen einer der Schwestern von Lazarus, Martha, und dem Messias ergab, erkennen wir, dass die Israeliten an eine Auferstehung glaubten. Wir lesen:

„Jesus erwiderte ihr: 'Dein Bruder wird auferstehen!' Martha antwortete ihm: ‚Ich weiß, dass er bei der Auferstehung am ***jüngsten*** *Tage auferstehen wird.'"*

Martha glaubte also an eine Auferstehung „am jüngsten Tag". („Jüngster" Tag bedeutet „letzter" Tag, der letzte Tausend-Jahr-Tag)

Der Herr Jesus hatte jedoch damals anderes im Sinn. Er war dazu bereit, seinen Freund Lazarus noch an demselben Tage auferstehen zu lassen. So erklärte er:

„Ich bin die Auferstehung und das Leben; wer an mich glaubt wird leben, wenn er auch stirbt, und wer da lebt und an mich glaubt, wird in Ewigkeit nicht sterben!"

Der Messias hatte vor, seinen Freund Lazarus auferstehen zu lassen und machte bei dieser Gelegenheit noch einmal klar, dass der Glaube an ihn zu einer Auferstehung für solche führt, die verstorben sind und zum ewigen Leben sowie einer vorzeitigen Auferstehung für solche, die in ihrem Leben an ihn glaubten.

Martha und Maria, die beiden Schwestern, wie auch ihr Bruder Lazarus, der verstorben war, glaubten an den Herrn Jesus als den Christus oder Messias und auch an eine Auferstehung „am jüngsten Tage".
Aus vielen Aussagen des Messias erfahren wir, wie selbstverständlich eine Auferstehung für ihn war, und aus dem schriftlichen Zeugnis sowohl des Alten als auch des Neuen Testaments kann man leicht erkennen, mit welcher Selbstverständlichkeit über eine Auferstehung gesprochen wurde. (siehe Hiob 19:25-27, Ps 16:8-10, Dan 12:2,13, Joh 11:25,24, 6:39-40,44, Apg 1:22, 23:6, 24:15)
Wann sollte diese Auferstehung vonstattengehen? „Am jüngsten Tage." Wann sollte dieser jüngste Tag sein?

Aus der Offenbarung erfahren wir etwas über diese Frage. Nachdem im 20. Kapitel der Offenbarung darüber berichtet wird, dass „ein Engel den Teufel, den Drachen, die alte Schlange, den Satan" (den Verleumder und Widerstandleistenden, den Gott dieser Menschenwelt) in Fesseln gelegt, in einen Abgrund gestoßen und diesen dann verschlossen hatte und nachdem im Himmel ein Gericht etabliert wurde, durch welches die Märtyrer aller Zeiten in ihr Amt als „Könige und Priester mit dem Christus für tausend Jahre" eingesetzt wurden und somit die erste Auferstehung (siehe Offb 20:6) vonstattengegangen war, wird dann im Vers 5 gesagt: *„... die Üb-*

rigen der Toten aber lebten bis zum Ablauf der tausend Jahre nicht wieder auf.“ Das bedeutet, dass die allgemeine oder die zweite Auferstehung *nach* dem „tausendjährigen Königreich Gottes“ vonstattengehen wird, und das wäre der „jüngste Tag“, wie es die Schwestern des Lazarus auch glaubten.

Das Prinzip des Jubeljahres, übertragen auf das „Jüngste Gericht“, hilft uns zu verstehen, dass in dieser Zeit der zweiten Auferstehung alles, was durch irgendwelche Umstände, durch „Zeit und Unvorhergesehenes“, durch Verarmung oder andere Verhältnisse verschiedenster Art in eine „Schieflage“ gekommen ist oder sogar eine ungerechte Behandlung erfahren hat, wieder zurückgeführt, vergolten und weitestgehend richtiggestellt werden musste.

Der wahrhaftige Gott wird also allen Menschen, die je auf Erden gelebt haben, durch sein „Wort“, seinen Messias, Gerechtigkeit zukommen lassen, wozu schließlich das Jüngste Gericht – oder mit anderen Worten – *„der Tag des Gerichtes“* im Plan des „wahren Gottes“ vorgesehen ist. (siehe Jes 9:5-6, Ps 2:6-8, Joh 12:34, Apg 17:31)
Einzelheiten über den Ablauf dieses Gerichtes haben wir sehr wenige, man kann sowohl aus dem Vorbild, dem „Jubeljahr“, einige prinzipielle Schlüsse ziehen als auch aus einigen Aussagen des Messias über diese Gerichtszeit. (siehe Mt 12:38-41, 23:33, Mk 12:38-40, Lk 10:10-16, 11:29-32, 20:46-47, Joh 5:25-29, Offb 20:11-15)

Der „Gerichtstag“ oder das „Jüngste Gericht“ oder die Zeit der „zweiten Auferstehung“ spielt in der Frage der Gerechtigkeit des wahren Gottes gegenüber der Menschheit eine äußerst bedeutende Rolle. In dieser Zeit werden der Messias und seine Helfer ihre Rolle als „Weltenrichter“ innehaben und allen Menschen, die in dieser Zeit zur Auferstehung kommen, Gerechtigkeit zukommen lassen. Bei diesem Gericht wird es solche Menschen geben, die das Leben auf unabsehbare Zeit zugesprochen bekommen, aber auch solche, die der „Gehenna“ nicht entfliehen werden. (siehe Ge Hinnom Tal Hinnom WG 1.1)

Lesen wir die Passage aus Offb 20:11-15, erkennen wir daraus, dass es auch ein „Buch des Lebens“ geben wird, in welchem die Namen derjenigen aufgezeichnet sind, die ein „ewiges Leben“, in ihrem Falle auf der regenerierten Erde, zugesprochen bekommen. Es heißt in Offb 20:12: *„Aber eine andere Buchrolle wurde geöffnet; es ist die Buchrolle des Lebens.“* Jeder ehemalige Erdbewohner, dessen Name in dieser Buchrolle gefunden wird, wird zu ewigem Leben kommen. Alle Erdenbewohner, deren Namen jedoch nicht in dieser Buchrolle des Lebens gefunden werden, kommen nach ihrer Gerichtsperiode in die sogenannte „Gehenna“, was den „zweiten Tod“ bedeutet, aus welchem es keine Auferstehung mehr gibt, weil der zweite Tod letztendlich die Nichtexistenz bedeutet.

Alle Menschen, die also jemals auf der Erde gelebt haben, mit Ausnahme derer natürlich, die einer „Ersten Auferstehung“ für würdig erachtet wurden und derer, die am Ende der christlichen Zeitepoche bereits gerichtet wurden sowie derer, die unter der göttlichen Weltregierung zur Wiedergeburt kamen, werden eine Einzelbehandlung bekommen, wie es der Text im Vers 13 sagt: *„Sie werden als Einzelne gerichtet gemäß ihren Taten.“*

Als der Messias auf Erden weilte, erwähnte er selbst in einigen Situationen dieses „Gericht“ und in Verbindung damit, die „Gehenna“. (Gehenna, gehinnom, siehe WG 1.1)

Wir lesen z. B. in dem Text aus Mt 23 ab dem Vers 13 bis zum Vers 33 von den Anklagen, die der Messias damals gegen die geistlichen Führer des Volkes Israel vorbrachte. Er stellte, nachdem er vieles aus den Heucheleien der Pharisäer angeführt hatte, in dem Vers 33 die Frage:

„Wie wollt ihr dem Strafgericht der „Gehenna“ entrinnen?“
Dieser Hinweis des Messias lässt uns verstehen, wie es auch in Offb 21:8 verdeutlicht wird, dass es nach verpassten gerechten Möglichkeiten, sich ändern zu können, nicht mehr möglich sein wird, dem Urteil zu entgehen, in der „Gehenna“ zu enden.

In Offb 21:8 wird der Satz wie folgt zu Ende gebracht, *„ihr Teil wird in dem See werden, der mit Feuer und Schwefel brennt: dies ist der zweite Tod.“*
In der griechischen Bibelübersetzung (Septuaginta LXX /GG1.2) ist das deutsche Wort 'Tod' mit 'thanatos' wiedergegeben, was Tod im allgemeinen Sinne von natürlichem, geistigem und ewigem Tod bedeutet. Wenn also in verschiedenen Texten von einem „zweiten Tod“ die Rede ist und mit dem entsprechenden Text auch Feuer und Schwefel in Verbindung gebracht werden, muss es sich um das Urteil handeln, welches für die entsprechende Person „Nichtexistenz“ bedeutet, nachdem sie ihr gerechtes Gericht und die vorgesehene Aufarbeitung ihrer willentlichen „Netto-Verfehlungen“ erfahren hat.

Verdeutlicht wird dies auch durch die Aussage des Messias aus Mt 10:28, wo er sagt:

„Und fürchtet euch nicht vor denen, die den Leib töten, die Seele aber nicht zu töten vermögen; fürchtet aber vielmehr den, der sowohl Seele als Leib zu verderben vermag in der „Hölle“. (Hölle = Gehenna, griech. geenna)

Wenn also Menschen nur den Leib eines Menschen zu vernichten vermögen, bleibt die Seele erhalten, was bedeutet, dass es in jedem Fall zu einer Auferstehung dieses Menschen kommen wird, sei es zu der *ersten* Auferstehung am Ende der christlichen Zeitepoche, zur Wiedergeburt während des Königreiches Gottes oder sei es zu der *zweiten* Auferstehung im „Jubeljahr“ am Tag des „Jüngsten Gerichtes“ oder *„am jüngsten Tage“*, wie es Martha ausdrückte.

Die Seele des bestimmten Menschen, das bedeutet die mit dem Wort „Seele“ zusammengefasste Struktur seiner Eigenschaften, Neigungen, seiner Mentalität, seines Charakters oder auch der Identität des bestimmten Menschen, hat in vielen Fällen ein „Recht darauf, [in einem Körper] wiederzukommen“, ein Recht darauf, „wieder als lebendige Seele Anteil am Geschehen zu haben“, und dieses Recht bleibt so lange bestehen, bis ein entsprechendes Urteil gefällt wurde – und zwar von einem der himmlischen Richter.

Menschen die der ersten Auferstehung teilhaftig werden, kommen in kein Gericht, sondern bekommen bei ihrer ersten Auferstehung einen geistigen Leib. [Körper] (Joh 5:24, Mt 7:2) Menschen, die zu der zweiten Auferstehung am „Jüngsten Tag“ kommen, werden als „Einzelne“ gemäß ihren Taten gerichtet, welche in den „Büchern“ festgehalten wurden, und

erscheinen ihre Namen in dem „Buch des Lebens“, wird diesen ein „Leben auf unabsehbare Zeit“ auf der dann wiederhergestellten Erde zugesprochen, um als Götter über die irdischen Schöpfungen zu agieren oder die irdische Schöpfung zu verwalten. Alle anderen Menschen, deren Namen nicht in dem „Buch des Lebens“ gefunden werden, werden verurteilt und nachdem sie ihr „Gericht“ durchlebt haben, der „Gehenna“, der Nichtexistenz zugeführt. (siehe Mt 10:28, Lk 12:4-5, Mt 18:9, Mk 9:43-47, Mt 5:27-30)
Nachdem der Messias und seine Nachfolger im Verlauf von einigen Jahren in ihrem gesamten Heimatland die gute Botschaft vom herannahenden Königreich Gottes gepredigt hatten, gab es Menschen, aber auch ganze Gemeinden, die weder den Messias noch seine Jünger und ihre Botschaft annehmen wollten – und das, obwohl der Messias viele außergewöhnliche Machttaten vollbrachte. (Mt 10:5-15)

Bei einigen Gelegenheiten machte der Messias damals für seine Jünger deutlich, welch schlechte Position sowohl der Einzelne als auch ganze Gemeinden am „Jüngsten Tag“ zur Zeit des Gerichtes haben würden. Wir lesen dazu in Mt 11:20-24:
„20 Dann fing er an, die Städte, in denen die meisten seiner Machttaten geschehen waren, zu tadeln, weil sie nicht bereuten: 21 ‚Wehe dir, Chorazin! Wehe dir, Bethsaida! Denn wären in Tyrus und Sidon die Machttaten geschehen, die bei euch geschehen sind, so hätten sie längst in Sacktuch und Asche bereut. 22 Daher sage ich euch: Es wird Tyrus und Sidon am ***Gerichtstag*** *erträglicher ergehen als euch. 23 Und du, Kapernaum, wirst du vielleicht bis zum Himmel erhöht werden? Zum* ***Hades*** *hinab wirst du kommen; denn wenn die Machtta-*

ten, die in dir geschehen sind, in Sodom geschehen wären, es wäre bis zum heutigen Tag geblieben. 24 Daher sage ich euch: Es wird dem Land Sodom am Gerichtstag ***erträglicher*** *ergehen als dir.'"* (siehe auch Lk 10:15)

Was die Schriftgelehrten anbetrifft, so haben wir bereits über ihre schlechte Position gesprochen. Diese lehnten den Messias trotz besseren Wissens ab, was für sie keine Chancen für eine erste Auferstehung bedeuten sollte, also eine Auferstehung zu himmlischem Leben. Zum Zweiten werden diese am „Tag des Gerichtes" auferstehen, aber auch dann kaum Chancen haben, dem Urteil, in die „Gehenna" geworfen zu werden, zu entgehen. (siehe Offb 21:8)
Wenn wir die Worte aus Mt 11:20-24 analysieren, bemerken wir, dass auch die Bewohner aus Chorazin, Bethsaida und Kapernaum keine Chancen haben, an der ersten Auferstehung Anteil zu haben, sondern vielmehr in das „Gericht" kommen werden, denn alle, die an der ersten Auferstehung Anteil haben, kommen nicht ins Gericht. (siehe Joh 5:24, Offb 20:6, Mt 10:5-15, 11:20-24)

In dieser Zeit des Gerichts, also am „Jüngsten Tag", würden ihnen andere große Sünder, welche wegen ihrer übermäßigen Versündigung bereits eine göttliche Vernichtung erfuhren, wie Menschen aus Sodom und Gomorra zum Beispiel, gegenübergestellt, und von diesen wegen ihrer Halsstarrigkeit verurteilt werden.

Warum das? Der Messias gibt die Antwort mit den Worten: *„Denn wenn die Machttaten, die in dir geschehen sind, in Sodom geschehen wären, es wäre bis zum heutigen Tage geblieben."*

Die überwältigenden Beweise der Machttaten oder Wunder, welche der Messias unter seinen Landsleuten vollbrachte, hätten also die Sodomiten, Sidonier oder Tyrer zur Umkehr veranlasst, darum sagt der Messias, *„wird es dem Lande Sodom am Gerichtstage erträglicher ergehen."*

Wir erkennen also, dass sowohl die Sodomiten als auch die Bewohner oben genannter Städte ihr Unrecht in der Zeit des Gerichtes werden sühnen müssen, um danach der Vollstreckung ihres Urteils zugeführt zu werden.
Darum verwendet der Messias in dieser Passage (Mt 11:23) auch das Wort „Hades" (griech. Hades) und nicht das Wort „Gehenna" – eben deshalb, weil es sowohl für die Bewohner von Sodom und Gomorra als auch für die ablehnenden Israeliten eine Auferstehung gibt, eine Auferstehung aus dem „Hades", wenn auch zum „Gericht".
Wie wir bereits betrachtet haben, wird der „Hades", nachdem seine Funktion nicht mehr benötigt wird, auch in den „Feuersee" geworfen werden. (siehe WG 1.1)

In Offb 20:14 heißt es kurz: *„14 Und der Tod und der Hades wurden in den Feuersee geworfen. Dies ist der zweite Tod, der Feuersee."*

Die „Gehenna" oder dieser „Feuersee" wird allerdings für alle Zeiten bestehen bleiben, weil er als Möglichkeit zur „Nichtexistenz" all derjenigen dienen wird, die eventuell in späterer Zeit noch einmal rebellieren möchten.
Somit wird er auch, für alle mit Bewusstsein ausgestatteten Geschöpfe Gottes als Mahnmal dienen. (siehe 1 Kor 15:52)
Jesaja machte schon seinerzeit am Ende seines Buches im 66. Kapitel auf diese Tatsache aufmerksam. Nachdem Jesaja

in den Versen 22 bis 23 von dem „neuen Himmel“ und der „neuen Erde“ berichtete und von dem, was dort lebende Menschen unter anderem tun werden, sagt er dann im Vers 24 folgende Worte:
„24 Geht man aber hinaus, dann muss man die Leichen der Männer ansehen, die von mir abtrünnig wurden, denn ihr Wurm stirbt nicht, und ihr Feuer lischt nicht, ein Schauder sind sie allem Fleisch.“ (Buber Ü.)
Ähnlich drückte sich der Messias aus, wenn er in Mk 9:47-48 sagte:
„Und wenn dein Auge dich straucheln macht, so wirf es weg; es ist besser für dich, einäugig in das Königreich Gottes einzugehen, als mit zwei Augen in die Gehenna (geenna) geworfen zu werden, 48 wo ihre Made nicht stirbt und das Feuer nicht ausgelöscht wird.“
Wie schon oft erwähnt, zwingt der wahrhaftige Gott keines seiner Geschöpfe, gehorsam zu sein, macht jedoch auch sehr deutlich, dass willentlicher Ungehorsam und Rebellion ihre Folgen haben und aufgearbeitet werden müssen und dass sein Lebensgeist Widerstandleistenden keinesfalls über längere Zeit erhalten bleibt.

Der wahrhaftige Gott, der „Universale Geist“, gibt seiner Schöpfung auch ein enormes Maß an Freiheiten, wie uns dies durch viele Passagen in der HS deutlich wird. Rebellion oder willentlichen Ungehorsam gegenüber schöpfergöttlichen Prinzipien und Grundsätzen, dulden jedoch die Schöpfergötter auf Dauer nicht. (siehe 1 Kor 14:33, Röm 15:33, Eph 2:14-17)

Der Messias samt seiner Regierungsmannschaft ist – wie ihr „Gott und Vater“ – selbst auch vollkommen und gerecht. Sie werden keinem jemals auf Erden gelebt habenden Menschen gegenüber ungerecht sein. Nein, dies wird auf keinen Fall vorkommen, so dass spätestens nach dem „Gerichtstag“ oder nach dem „Jüngsten Tag“ allen jemals auf Erden gelebt habenden Menschen Gerechtigkeit widerfahren sein wird.

Niemandem wird mehr Sühne auferlegt als die, die er sich selbst „verdient“ hat („Netto-Verschuldung“) und niemand wird ein härteres Urteil erfahren als das, welches er sich selbst „erarbeitet“ hat. Viele werden allerdings zur „Nichtexistenz“ zurückgeführt werden, nachdem sie ihr Unrecht gesühnt haben.
Sehen wir uns den gesamten Text aus Offb 20:11-15 noch einmal an: *„11 Und ich sah einen großen weißen Thron und den, der darauf saß. Vor ihm entflohen die Erde und der Himmel, und keine Stätte wurde für sie gefunden. 12 Und ich sah die Toten, die Großen und die Kleinen, vor dem Thron stehen, und Buchrollen wurden geöffnet. Aber eine andere Buchrolle wurde geöffnet; es ist die Buchrolle des Lebens. Und die Toten wurden nach den Dingen gerichtet, die in den Buchrollen geschrieben sind, gemäß ihren Taten. 13 Und das Meer gab die Toten heraus, die darin waren, und der Tod und der Hades gaben die Toten heraus, die darin waren, und sie wurden als einzelne gerichtet gemäß ihren Taten. 14 Und der* ***Tod und der Hades*** *wurden in den Feuersee geschleudert. Dies bedeutet den* ***zweiten Tod: der Feuersee.*** *15 Und jeder, der im Buch des Lebens nicht eingeschrieben gefunden wurde, wurde in den Feuersee geschleudert.“*
Dieser „jüngste Tag“ oder das „Jüngste Gericht“ oder der „Tag des Gerichtes“ geht irgendwann zu Ende. Jeder einzelne Mensch, der jemals auf dieser Erde gelebt hat, wird dann eine gerechte Behandlung erfahren haben.

Wenn der jüngste Tag zu Ende gegangen sein wird, ist nach der Zeitannahme, die wir gemäß 3 Mos 25 zu Grunde legten, auch eine Schöpfungswoche zu Ende.

Danach würde eine weitere Schöpfungswoche anbrechen, worüber jedoch die HS nichts mehr berichtet. Mit dem Ende des „jüngsten Tages“ ist auch das Ende des göttlichen Planes mit der Erde und den darauf lebenden Menschen erreicht.

Der Wille des „Universalen Geistes“, der auch ein Gott der Ordnung und des Friedens ist, wird dann vollständig verwirklicht sein. (siehe Joh 14:27, 1 Kor 14:33)

Der Friede und die Ordnung in unserem Himmel- und Erdbereich werden durch die Aktivitäten des „Logos“, des „einziggezeugten Gottes“ und Sohnes sowie Hauptrechtfertigers des „Universalen Geistes“ wiederhergestellt sein. Für die dann existierenden Geschöpfe Gottes wird die ruhige, friedliche, lebens- und existenzbejahende Zeit wiedergekommen sein. Sollte tatsächlich irgendein Geschöpf Gottes noch einmal die Ruhe und den Frieden stören wollen, bleibt ihm dies unbenommen, die Gehenna steht noch immer bereit für solche Rebellen, doch das Szenario, welches die Erde und die Himmel während der dann vergangenen 8.000 Jahre Menschheitsgeschichte gemäß der biblischen Zeitrechnung erlebten, wird sich nicht wiederholen.

Die Beweislage in Bezug auf die durch die Rebellion des Verleumders Gottes aufgeworfenen Fragen in der gesamten Schöpfung ist eindeutig und bedarf keiner weiteren Antworten mehr. Jedes der Geschöpfe des wahren Gottes hat seinen Platz und seine befriedigende Tätigkeit, die nimmer ausgehen wird.

Bis dahin ist es jedoch noch ein weiter Weg für uns in der heutigen Zeit. Natürlich möchte ich gerne zugeben, dass wir heute lebenden Menschen keinen leichten Stand haben, sofern wir in den Spuren unseres Herrn Jesus gehen. Doch bedenken wir auch, dass viele Menschen, welche die wunderbare Hoffnung aus der „Gebrauchsanweisung für Menschen" nicht haben, mitunter noch mehr leiden müssen. Gläubige und Heilige im Kindschaftsverhältnis mit dem wahren Gott sind zwar kein Teil der Welt und werden daher zwar auch von der Welt verfolgt – die Hoffnung und Zuversicht, die Wärme, der Glaube, ja, die Gewissheit, nach dem Verlassen dieser Welt Anteil an der göttlichen Familie in den Himmeln zu haben, lassen die momentanen Unbilden jedoch gänzlich verblassen. Darum kann ich Menschen, welche erst begonnen haben, den Weg hinter dem Messias herzugehen, nur ermutigen, sich durch nichts davon abhalten zu lassen, diesen Weg weiterzugehen. Welche Schritte dazu nötig sind, möchte ich im letzten Kapitel besprechen.

*****

Kapitel 16

Eine Möglichkeit für jeden!

Wahrscheinlich werden einige Menschen, welche mit dieser Lektüre in Berührung kommen, das Erfahrene als Unsinn abtun oder sich darüber ärgern. Es wäre nicht verwunderlich, nein, es müsste sogar so sein, weil der „Universale Geist", wie wir bereits festgestellt haben, zwischen der Partei, welche von dem Verleumder des wahren Gottes angeführt wird und der Partei, die sich hinter den Rechtfertiger des wahren Gottes, den Messias, stellt, Feindschaft gesetzt hat. (siehe 1 Mos 3:15)

So erklärt es sich auch, dass bei Weitem die allermeisten Menschen, die irgendwann einmal aufgestanden sind, um eine göttliche oder auch eine andere Wahrheit zu verkünden, wie z. B. Galileo Galilei oder Nikolaus Kopernikus oder die Propheten Gottes in alter Zeit oder auch die ersten Christen, von den übrigen Menschen verfolgt wurden und nicht selten ihr Leben verloren. Wenn sich jedoch nur wenige Menschen provozieren lassen und hinter die Wahrheiten kommen, haben doch wenigstens diese Wenigen als ein „Überrest" eine echte Chance, in den Genuss der göttlichen Liebe, Gerechtigkeit und des göttlichen Friedens zu kommen, um in den kommenden „Ewigkeiten" eine Rolle zu spielen. (siehe Mt 5:10-12, 23:34-36, Lk 6:20-23)

Nachdem wir gesehen haben, dass man den „Universalen Geist" nicht dort findet, wo man ihn am meisten vermutet und die „göttliche Weltregierung" noch nicht in das Bewusstsein der Menschheit gelangt ist, stellt sich die Frage danach, *„wo wir den wahren Gott finden können"*, und *wie wir uns unter die göttliche Weltregierung stellen können!*

Nun kommen wir in den religiösen Bereich. Alles was wir bisher erörtert hatten, hat nach meinem Begriffsverständnis nichts mit Religion zu tun. Es sind meistens Fakten, die es für uns Menschen zu wissen und zu berücksichtigen gilt. Sind wir nun mit diesen Fakten einverstanden – oder so ausgedrückt – sind wir im Großen und Ganzen mit den schöpfergöttlichen Grundsätzen und Prinzipien einverstanden, dann kommt Religion ins Spiel. Religion besteht eben nur darin, sich für bestimmte Götter oder eben nur für einen Gott zu entscheiden, deren Werte, Grundsätze und Prinzipien, deren Logik sozusagen man übernehmen möchte, diesem oder diesen man für ihre Eigenschaften und Gaben danken möchte und um deren Hilfe und Leitung man für den eigenen Lebensweg bittet.

Es ist richtig, wenn man sagt, dass nicht alle christlich-religiösen Gruppen, von denen es heute über 1.500 gibt, von den Wahrheiten des „Wortes Gottes“ gleich weit entfernt sind. Einige Gruppierungen halten sich in manchen Bereichen noch sehr eng an die Wahrheit des Gotteswortes und die dazu gehörenden Lehren und *Lebensweisen,* doch alle weichen in mehr oder weniger vielen Punkten von der Wahrheit des Wortes Gottes ab.

Gemäß dem vom Messias gegebenen Gleichnis von den „zehn Jungfrauen“, welche die zweite „Gegenwart“ des „Herrn“ erwarten, demnach nicht von solchen, die zu den nominellen Christen gezählt werden müssten, ist es nur die Hälfte, die durch eine genügende „Ölreserve“ ihr Ziel erreicht, und diese muss noch ihre Lampen in Ordnung bringen. (siehe 1 Sam 15:22, Gal 1:8, Apg 17:11, 1 Kor 14:29, Mt 25:13)

Besonders im letzten Jahrhundert der christlichen Ära schlichen sich – in großem Stil und ohne aufzufallen – Okkultismus und Spiritismus in den verschiedensten Formen in die christlichen Denominationen ein. Über die christliche Wissenschaft, christliche Psychologie, über Visualisierung oder weiße Magie oder anderen, ähnlich neuen „evangelikalen" Okkultismus kommen viele der sogenannten christlichen Gruppierungen in die Lage, dass sie, wie es einst der Messias voraussagte, „die wahrhaftigen Christen töten würden in der Meinung, Gott einen heiligen Dienst erwiesen zu haben". (zu finden in Joh 16:2-3)

Weil dem so ist, wird auch in Offb 18:23-24 von „Babylon, der Großen", dem „Religionsweltreich", nicht nur gesagt, „dass in ihr das Blut von Propheten und Heiligen gefunden wurde", sondern auch, „dass sie mit ihren Verführungen (Zauberkünsten oder Spiritismus) alle Völker verführt hat".

Besonders in den christlichen „Auffangbecken" in Form von christlichen Denominationen sollten wohl brauchbare Heilige „erzogen" werden. Doch schaut man genau hin, so findet man in den meisten davon, vor allem in den besonders großen Gruppierungen, eine „Schlangen- und Otternbrut". (siehe Lk 3:7, Mt 12:34)

Es wäre ein schier unmögliches Unterfangen, alle christliche Richtungen, die es heute gibt, auf den Wahrheitsgehalt ihrer Lehren hin zu durchforschen. Was wir jedoch tun können, ist, sich der „Gebrauchsanweisung für Menschen" zuzuwenden als der am wenigste verfälschten Anleitung, um mit dem Messias und dessen Gott und Vater „Eins" zu werden. (siehe Joh 17:19-22)

Wie bereits erwähnt, wird im sogenannten Alten Testament der Bibel bereits auf die „wahre Religion“ hingewiesen, wenn „Salomo, der Weise“ in den letzten Sätzen seines Buches „Prediger“ die Quintessenz von alledem, was der Mensch dem wahren Gott gegenüber schuldig ist, zusammenfasst, wenn er dort Folgendes sagte: *„13 Das Endergebnis des Ganzen lasst uns hören: Fürchte Gott und halte seine Gebote! Denn das <soll> jeder Mensch <tun>. 14 Denn Gott wird jedes Werk, es sei gut oder böse, in ein Gericht über alles Verborgene bringen.“*

Heute haben wir ein erweitertes schriftliches Zeugnis, in das ein bedeutender Teil der „Erdgeschichte“ integriert ist, wir nennen es „Neues Testament“ und es ist in den ersten Jahrhunderten n. Chr. zur „Bibel“ hinzugefügt worden. In diesem Teil der Bibel gibt uns der Weiseste aller Menschen, der Messias, die Quintessenz der wahren Religion auf eben so „kurzem Nenner“, wie es einst Salomo tat. Eine dieser Aussage in Bezug auf die wahre Religion finden wir in dem Evangelium, das Matthäus schrieb, wo es heißt: *„Du sollst den Herrn, deinen Gott, lieben mit deinem ganzen Herzen und mit deiner ganzen Seele und mit deinem ganzen Verstand. Dies ist das größte und erste Gebot.“ (5 Mos 6:5)*

„Das zweite aber ist ihm gleich: „Du sollst deinen Nächsten lieben wie dich selbst. ... An diesen zwei Geboten hängt das ganze Gesetz und die Propheten.“

(siehe 3 Mos 19:18, Mt 22:37-39)
Dieses „königliche Gesetz“, welches nur auf zwei Geboten beruht, ist die Grundlage für die „wahre Religion“ und die Grundlage dafür, in der „Partei“ des wahren Gottes einen Platz zu finden, sofern wir Menschen uns für ein friedliches,

glückliches und zufriedenstellendes Leben auf unabsehbare Zeit entscheiden wollen. (siehe Jak 2:8, Röm 8:2, 13:8-10, Mt 22:36-40)

Heute gibt es vereinzelte Menschen, die ihr Leben den Interessen des „wahren Gottes“ und seines Messias verschrieben haben, und die immer wieder auf die Interessen des Messias hinweisen.

Auch heute gibt es für jeden Menschen die Möglichkeit des aufrichtigen Gebetes „im Geiste und in der Wahrheit“, ortsunabhängig, ohne jedwede Zeremonien, Reliquien oder sonstige Auflagen. (siehe Joh 4:23-24)

Außerdem hilft der wahrhaftige Gott denen, die nach der „Wahrheit“ ernstlich suchen, mittels eines Helfers, des Heiligen Geistes. Was jedoch ein „Wahrheitssucher“ mitbringen muss, ist absolute Ehrlichkeit und Gerechtigkeitsliebe und Glauben daran, dass es einen „Gott“ gibt. (siehe Joh 1:47, Hebr 11:6)

Betrachten wir doch einmal anhand einiger weniger Schrift-Texte die Möglichkeiten, welche uns helfen, den Messias und den wahren Gott kennenzulernen.

Möglichkeiten hinsichtlich des *Gebets* finden sich in Ps 6, Apg 10:1-5, Spr 15:8, Lk 6:12, Joh 14:23-24, hinsichtlich Menschen, die für die Wahrheit Zeugnis geben, wie die Propheten in Jes 55:3-4, Apg 20:24-32, Eph 4:11-14, Offb 12:17, oder hinsichtlich des Heiligen Geistes in Mk 1:8, 13:11, Joh 14:26, Apg 1:8, 2:2-4, hinsichtlich der Früchte, die aus der wahren Anbetung wachsen, in Jak 2:8, Mt 22:37-40, Röm 13:8, Gal 5:22-26 und über den Wert des *„Wortes Gottes“* finden wir in 2 Tim 3:16-17, 2 Petr 1:19-21 oder Ps 119 etwas.

Oder hinsichtlich eines *einzigen Opfers* für die Sünden vieler Menschen erfahren wir mehr in Joh 3:16, Hebr 2:9-10, 1 Tim 2:5-6, Eph 1:7.

Hinsichtlich eines *Vermittlers* finden wir Aufklärung in 1 Tim 2:5, Joh 14:13, Gal 3:19-22, Hebr 8:6, 9:15, 12:24 und hinsichtlich eines *Hohepriesters* lesen wir etwas in Hebr 2:17-18, 3:1, 4:14-15, 7:27.

Wir sehen also, dass der „Universale Geist“ uns auch heute nicht im Stich lässt, sondern uns alle erdenklichen Mittel zur Verfügung stellt, ihn zu finden. Wir können und sollten auch von allen diesen Vorkehrungen, die uns heute noch zur Verfügung stehen, Gebrauch machen.

Auch gibt es in unserer heutigen Welt eine große Anzahl von Übersetzungen der Heiligen Schrift, von denen einige die urzeitlichen Aussagen präziser wiedergeben, andere jedoch weniger präzise. Doch aus allen Bibelübersetzungen kann man lernen, was der „Universale Geist“ von uns Menschen erwartet, um zum Glauben und in ein vielversprechendes Verhältnis zu ihm zu kommen, vorausgesetzt natürlich, dass wir auch von den restlichen Hilfen, die uns zur Verfügung stehen, vor allem dem Gebet, Gebrauch machen.

So werden wir aus der Heiligen Schrift erfahren, dass zunächst alle Wegweiser auf den Messias gerichtet sind, auf den „Weg, die Wahrheit und das Leben“. Er ist Vermittler zwischen dem „Universalen Geist“ und uns Menschen, er ist auch unser aller Loskaufopfer, „Hohepriester“, „Herr“ und König und nicht zuletzt auch der kommende Weltherrscher und Weltrichter. (siehe Joh 14:6, 1 Tim 2:5-6, Eph 1:7, Ps 2)

Dieser Messias als „der Weg, die Wahrheit und das Leben" ist auch der Rechtfertiger seines Gottes und Vaters sowie der Wiederhersteller und Bewahrer der „göttlichen Logik". (siehe Joh 1:17-18, 20:17-18, 17:4)

Er ist es, der mit seinem Gott und Vater auch in völliger Übereinstimmung ist, weshalb er auch sagen konnte: *„Ich und der Vater sind eins." (Joh 10:29-30 oder Joh 17: 9-11,20-21)*
Alle Menschen, die den wahren Gott, den „Universalen Geist", gefunden haben, und dies geht nur über seinen Messias, den Herrn Jesus, können irgendwann in ihrem Leben die gleiche Aussagen machen wie ihr Messias. Auch sie mögen einmal sagen können: „Ich und der Vater sind Eins."
Alle den „wahren Gott" liebenden Menschen und von dem „wahren Gott" geliebten Menschen werden irgendwann einmal in völlige Übereinstimmung mit dem „Sohn" und dem „Vater" kommen und so mit ihnen „Eins" sein. (siehe Joh 17:21-22)

Sie werden aus einer dichten Finsternis, in der sie schlafend verharrten, in ein helles Licht kommen und erwachen, und *„sie werden die Wahrheit erkennen und die Wahrheit wird sie frei machen."* (Apg 26:17-18, Joh 8:31-32)

Durch eine solche „Parteinahme" auf der Seite der Schöpfergötter haben diese Menschen die Aussicht, innerhalb der göttlichen Familie auf ewige Zeiten eine Rolle in dem Plan Gottes zu spielen und kommen nicht in ein göttliches Gericht. (siehe Joh 3:17-19)

Zunächst jedoch muss sich der Wahrheitssuchende eine Basiskenntnis oder ein Hintergrundwissen aneignen, was mit Hilfe der „Gebrauchsanweisung für Menschen" und des Heiligen Geistes geschehen kann. Durch das „Wort Gottes" lernt der Wahrheitssucher den „wahren Gott", seine Eigenschaften, seine Gerechtigkeit, seine Wahrheit, seine Liebe und seine Forderungen kennen.

Wenn er dann mit diesen göttlichen Eigenschaften und Forderungen vertraut ist und sie akzeptieren kann und durch diese Erkenntnis ein fester Glaube in seiner Seele entwickelt wurde, muss er sich im persönlichen Gebet an den Messias, den einzigen Vermittler zwischen dem „wahren Gott" und uns Menschen, wenden und mit diesem vertraut und befreundet werden.

Parallel zu dieser Entwicklung läuft das Bemühen des Wahrheitssuchenden darauf hinaus, die „Frucht des Geistes" in seinem Leben zu entwickeln, die dann auch sichtbar wird. Dabei werden die „Früchte des Fleisches" mehr und mehr zurückgedrängt und verlieren mit der Zeit ihren Einfluss auf den sich aufrichtig bemühenden Menschen. Die „Früchte des Fleisches" oder auch „Werke des Fleisches" sind folgende: *„Unzucht, Unreinheit, Ausschweifung, Hurerei, Götzendienst, Zauberei, Feindschaften, Hader, Eifersucht, Zornausbrüche, Selbstsüchteleien, Zwistigkeiten, Parteiungen, Neidereien, Trinkgelage, Völlerei und dergleichen. Von diesen sage ich euch im Voraus, so wie ich vorher sagte, dass die, die so etwas tun, das Reich Gottes nicht erben werden."* (siehe Gal 5: 19-21, 1 Tim 5:24, 20, Eph 4:31, 21)

Dazu im Gegensatz sind die „Früchte des Geistes", welche die „Früchte des Fleisches" ablösen müssen, *„Liebe, Freude, Friede, Langmut, Freundlichkeit, Güte, Treue, 23 Sanftmut, Enthaltsamkeit oder Selbstbeherrschung. Gegen diese ist das Gesetz nicht <gerichtet>. Die aber dem Christus Jesus angehö-*

ren, haben das Fleisch samt den Leidenschaften und Begierden gekreuzigt.“ (siehe Gal 5:22-24, Röm 1:26-32, Eph 5:8-17, Eph 5:9, Kol 3:12, 1 Tim 1:9, 24)

Ist sich dann der Wahrheitssucher irgendwann auf Grund seiner neu gewonnenen Erkenntnis in seinem Herzen schlüssig, auf der Seite des „wahren Gottes“ Stellung beziehen zu wollen in dem Bewusstsein, dass ihm seine neue Einstellung und Geisteshaltung die Verfolgung seitens seiner weltlichen „Umgebung“ einbringen wird, so ist die Zeit gekommen, sich dem „wahren Gott hinzugeben“.

Die Hingabe eines Menschen an den „wahren Gott“ geht im Verborgenen vor sich, sollte jedoch auch öffentlich bekundet werden. Es ist eine Vereinbarung zwischen dem betreffenden Menschen und dem „wahrhaftigen Gott“, über dessen Vermittler, den „Hohepriester“ Jesus Christus, wobei der Mensch keine Bedingungen stellen kann. Er muss sich bedingungslos und vollständig dem „Universalen Geist“ hingeben, was ihm allerdings dann, wenn er sich das entsprechende Hintergrundwissen angeeignet hat, nicht mehr schwerfallen wird. Nun hat ein solcher Mensch eine Religion und nicht nur „eine Religion“, sondern in Wahrheit die wahrhaftige Religion. Ob eine Religion gut oder schlecht ist, zeigt sich an den Auswirkungen oder an ihren „Früchten“, um es mit der Veranschaulichung, die der Messias verwandte, zu sagen.

Bewirkt seine Religion, mit der übrigen Schöpfung in Übereinstimmung zu sein, sie zu erhalten oder zu fördern, oder bewirkt seine Religion, seine Umwelt zu zerstören und sich so der eigenen Lebensgrundlage zu berauben? Bewirkt seine Religion, mit anderen Menschen in Frieden zu leben, oder bewirkt sie eher, andere zu übervorteilen, gegen sie zu kämpfen oder über sie zu herrschen? Bewirkt seine Religion, Hilfsbedürftigen selbstlos zur Seite zu stehen, bis diese selbständig mit ihrem Problem fertig werden? Man könnte noch eine Menge Fragen stellen, die helfen, den Unterschied zwischen einer guten und einer schlechten Religion zu erkennen, doch diese mögen genügen, um zu verstehen, dass es die Früchte sind, die eine Religion als eine gute oder eine schlechte auszeichnen.

Bereits dann, wenn der sich auf „dem Weg“ befindliche Wahrheitssucher in ein freundschaftliches Verhältnis zu seinem Herrn Jesus Christus gekommen ist, wird er von einer inneren Wärme, einem inneren Frieden sowie von Furchtlosigkeit beseelt werden. Wenn dann der Wahrheitssuchende sich dem „wahren Gott“ hingibt, kommen zu dem oben Genannten eine reine Freude und ein Gefühl des Glückes und der Dankbarkeit, der Sicherheit sowie die Furchtlosigkeit vor den Unbilden dieses Weltsystems und gegenüber dem Tod, hinzu. Eine tiefe Liebe zu dem wahren Schöpfergott und Vater aller „Gotteskinder“ entwickelt sich, was andere Menschen, die nicht in solch einem Verhältnis stehen, weder verstehen noch verspüren können. Bibelschreiber weisen auf diese Veränderungen im Leben eines ernsthaften „Gottsuchers“ in ihren Briefen und in den Evangelien hin.

Durch die Annahme der neuen geistigen Struktur, der Geistesstruktur des „Universalen Geistes, werden alle diese Veränderungen bewirkt. (siehe Röm 8:14-17, Gal 4:4-9, Joh 8:51-52, Hebr 2:15)

Alle diejenigen „Gottsucher“, die in ein solches „Kindschaftsverhältnis“ zu dem wahrhaftigen Gott gekommen sind, gehören zu der göttlichen Familie, zu welcher auch der Hauptrechtfertiger des Vaters, Jesus, der Christus, gehört sowie auch die dem „wahren Schöpfergott“ treu gebliebenen Engel.

Solche Menschen werden nach ihrem irdischen Ableben eine Auferstehung zu himmlischem Leben mit einem dafür vorgesehenen geistigen Leib erhalten, um danach einen Platz in der Regierungsmannschaft des Messias auszufüllen, oder sie werden „zur Zeit der letzten Posaune in einem Nu verwandelt werden“, wie es Paulus in 1 Kor 15:51-52 vermittelt, um danach als geistige Kinder Gottes in den Himmel aufgenommen zu werden, um in der Regierungsmannschaft des Christus tätig zu sein. Sie werden nicht in das für alle anderen Menschen vorgesehene Gericht Gottes kommen. (siehe 1 Kor 15:42-44, Joh 5:24, Joh 3:17-19)

In dieser Hingabe an den wahren Schöpfergott, den „Vater“, ist die Hingabe an den Messias sowie den Heiligen Geist eingeschlossen. Diese Hingabe kommt öffentlich durch die Taufe zum Ausdruck, welche im „Namen des Vaters, des Sohnes und des Heiligen Geistes“ durchgeführt wird, wie wir dies aus der HS kennen. (siehe Mt 3:13-17, 28:19-20)

Die persönliche Hingabe an den „Universalen Geist“, seinen Sohn und den Heiligen Geist, der wesentlichste Schritt im Leben eines Menschen, sollte, wenn es irgend geht, durch eine Wassertaufe öffentlich bekannt gemacht werden. So hielten es auch die ersten Christen, nachdem sie eine Erkenntnis erworben hatten, durch welche sie zum wahren Glauben kamen und nachdem sie sich in ihrem Herzen dem „universalen Schöpfergott“ hingegeben hatten. (siehe Apg 2:41, 8:36-38)

Durch diese verschiedenen Schritte hat man dann sinnbildlich einen „Parteiwechsel“ vollzogen. Man ist von nun an kein „Teil der Welt“ mehr, man ist ein wahrhaftiges „Kind Gottes“ und wird somit auch in die „schöpfergöttlichen Familie“ aufgenommen. Der Messias sprach selbst über dieses Thema in seinem Gebet zu seinem Vater und Gott, noch bevor er als Mensch vor knapp 2.000 Jahren hingerichtet wurde.

Im Johannes-Evangelium in Kapitel 17 spricht er davon und in Vers 14 sagt er: *„Ich habe ihnen dein Wort gegeben und die Welt hat sie gehasst, weil sie nicht von der Welt sind, wie ich nicht von der Welt bin. 16 Sie sind nicht von der Welt wie ich nicht von der Welt bin.“*

In diesen Worten, die der Messias selbst redete, findet sich das wieder, was bereits vor fast 6.000 Jahren festgelegt wurde und wir in 1 Mos 3:15 lesen können, wo der „Universale Geist“ Feindschaft setzt zwischen dem Verleumder Gottes und der übrigen Engelfamilie und zwischen dem „Samen der Schlange und dem Samen des Weibes“.

Diese damals festgelegte Feindschaft ist im Besonderen im Fall des Messias und demzufolge auch der wahrhaften Christen deutlich sichtbar geworden. Der Messias ließ noch während seiner Lebenszeit als Mensch unter seinen Jüngern nie Zweifel daran, dass seine ihm treuen Nachfolger oder Menschen, die an der Wahrheit festhalten, auch verfolgt würden.

„Wenn sie mich verfolgen, dann werden sie auch euch verfolgen.“ So oder mit ähnlichen Worten wies er auf diese Tatsache hin. (siehe Joh 15:18-20, Apg 9:4, 1 Kor 4:12)

Verfolgung war also schon immer ein Merkmal von wirklich wahren Christen, auch in unserer Zeit heute. (siehe Apg 17:16-34)

Die Menschen, die zur Welt gehören, d. h. die nicht in einem „Kindschaftsverhältnis“ zu dem wahren Gott stehen – und das sind fast alle, denen wir begegnen werden – merken sehr bald, wenn sie es mit einem „Kind Gottes“ zu tun haben. Das wahrhafte „Kind Gottes“ sticht heraus in der Welt, ist einfach anders als „Weltmenschen“, ob diese eine Religion ausüben oder nicht.

Es dauert nicht lange, dann fühlen sich diese „Weltmenschen“, von denen viele auch einer Kirche angehören mögen, verurteilt durch die freundlichen, liebevollen und gerechten Handlungsweisen und Redeweisen eines echten Christen, ja, in umfassendem Sinne von dessen andersartigem Verhalten, seinem andersartigen Geiste. (siehe Joh 16:1-3: 1 Petr 2:23)

Die Tatsache, dass sie sich verurteilt fühlen oder sich beschämt vorkommen, bewirkt, dass sie den „Außenseiter“ verfolgen. Meistens beginnt solch eine Verfolgung mit Spott. Nicht selten enden solche Verfolgungen mit handfesten Problemen für den wahren Christen. Nur sehr selten kommt es vor, dass sich solche „Weltmenschen“ für den Glauben des Christen interessieren und der wahre Christ ihnen ein Zeugnis geben kann.

Wahre Christen sind einfach kein „Teil der Welt“, obwohl sie noch in dieser Welt leben müssen. Der Messias bat damals seinen Gott in dem Gebet, aus welchem bereits zitiert wurde, darum, seine Nachfolger nicht aus der Welt wegzunehmen, sondern über sie zu wachen, indem er sagte: *„Ich* *bitte nicht, dass du sie aus der Welt wegnimmst, sondern dass du sie bewahrst vor dem Bösen.“ (Joh 17:15)*

So wie der Messias der größte Zeuge für seinen Vater, den wahren Gott und dessen Logik gewesen ist, so sollten seine Nachfolger „Zeugen“ von dem Messias sein und damit werden sie auch Zeugen von dem „Universalen Geist“, dem Gott und Vater des Messias und all den Angelegenheiten sein, die mit ihnen zu tun haben, wobei in unserer Zeit die *Proklamation der göttlichen Weltregierung* verbunden ist.

Darum müssen die wahren Nachfolger des Messias in dieser ihnen feindlichen Welt bis zu ihrem Ableben von der Erde wach und treu bleiben und für die „Wahrheit Zeugnis geben“, was heute bedeutet, den nun in Kürze kommenden *Weltkönig, den Messias „anzumelden“*. (siehe Joh 17:18,20-23, Lk 24:44-49, Röm 10:10, Mt 24:42)

Zeugen zu sein für den Messias Jesus und dessen Vater, für ihre Wahrheiten sowie für die kommende göttliche „Weltregierung“, bedeutet jedoch auch, ein „Zeuge“ in *Wort* und *Tat* zu sein.
Es ist nicht nur so, dass ein wahrhaftiger Christ über die kommende göttliche Weltregierung spricht, er gibt auch ein Zeugnis durch seinen Lebenswandel – schließlich ist er ja „kein Teil von dieser Welt“ und das wird von allen Weltmenschen bemerkt. Er fällt auf, wenn er nicht die vulgäre Umgangssprache spricht, die heute üblich ist. Er fällt auf, wenn er in allen Dingen korrekt und ehrlich ist, keine Notlügen kennt und selbst für seinen Chef nicht lügt. Er fällt auf, wenn er das hohe sittliche Niveau, welches er aus der Heiligen Schrift kennengelernt hat, lebt, vertritt und verteidigt. Er fällt

auf, wenn jemand die Frucht des Geistes in seinen Handlungen erkennt und die göttliche Liebe bei allem, was er tut, zu verspüren ist. Er fällt auch dadurch auf, dass er trotz der immer schwieriger und gefährlicher werdenden Weltverhältnisse nicht mutlos wird, sondern auf seine Hoffnung vertraut, die er durch seinen Glauben hat und die nun bald kommende göttliche „Weltregierung". Er fällt in manchen Perioden im Verlauf der „Weltzeiten" dadurch auf, dass er den Weltherrschern den Gehorsam verweigern muss – dann nämlich, wenn diese etwas von ihm verlangen, was im Gegensatz zu den göttlichen Forderungen steht. Somit gibt ein wirklicher Christ auch ohne Worte ein Zeugnis für seinen Herrn, den Messias und seinen Gott, den „Universalen Geist". (siehe Mk 16:15-16, Mt 28:18-20, 1 Kor 8:6, 1 Petr 2:9, Apg 4:19, 5:29)

Entschließt sich also ein heute lebender Mensch dazu, in die „Partei des wahren Gottes" „einzutreten", sich dem wahren Gott bedingungslos zu unterstellen und somit für ein Leben in den Himmeln mit den dafür vorgesehenen Aufgaben in Frage zu kommen, so wirkt sich diese Entscheidung auf sein gesamtes Leben aus.

Natürlich kann auch ein „Kind Gottes" nicht aus dieser Welt hinausgehen und muss für sich und seine Familie so gut sorgen, dass sie nicht anderen Menschen zur Last fallen – dennoch sollte ein Kind Gottes bei all seinen Entscheidungen darauf achten, dass die gesamte göttliche Schöpfung durch seine Art des Lebens, soweit es für ihn irgendwie machbar ist und in seinem Ermessensspielraum liegt, geschont wird.

Um es auf einen Nenner zu bringen, kann man sagen, dass ein „Gotteskind" sich nicht willentlich an der Selbstzerstörung, welche durch den „Gott des Weltsystems“ vorangetrieben wird, beteiligen kann.

Der Lebensverlauf eines wahren Christen wird auch dadurch beeinflusst, dass er von Seiten der Schöpfergötter dazu angehalten wird, den jeweiligen Regierungen, in dessen Einflussgebieten er lebt, relativ gehorsam zu sein, d. h. sich diesen weitestgehend unterzuordnen. Diese Forderung des wahren Gottes bringt es mit sich, dass der echte Christ ständig prüfen muss, inwieweit die Forderungen des Staates oder der Regierung, der er untersteht, mit den Forderungen und Gesetzen seines Gottes im Einklang oder denselben zuwider sind. Stellt der wahre Christ fest, dass eine staatliche Forderung den göttlichen Forderungen entgegensteht, so wird er sich natürlich für die göttliche Forderung entscheiden, wie es auch die Apostel taten, was bedeutet, dass er selbst auch in Konflikt mit staatlichen Forderungen und damit mit staatlichen Gesetzen kommen kann – und dies natürlich auch in Ländern mit sogenannten „christlichen Regierungen“. (siehe Joh 16:2-4, Apg 4:19-20, 5:29)

In den ersten Jahrhunderten n. Chr. brachten die Römer die wahren Christen dadurch in Schwierigkeiten, dass sie von solchen Christen forderten, dem Kaiser eine Art von Anbetung darzubringen. Andere Methoden, Christen zu drangsalieren, waren die, dass römische Befehlshaber Christen dazu zwingen wollten, Blut zu essen oder zu trinken, sie direkt dazu aufforderten, ihrem Gott abzuschwören oder ihnen verboten, über ihren Glauben zu sprechen.
Aber auch für diese Problematik gibt es in der Schrift eine Menge Beispiele, anhand derer sich ein echter Christ orientieren kann, z. B. in Mt 22:21,36-40, Apg 5:29, Dan 3:1-28,

Apg 4:5-21, 5:28-33, Röm 6:16, 13:1,5, Eph 5:22, 6:1,5, 1 Petr 2:13-18.

Nach alledem, was wir bisher über einen wahren Christen gesagt haben, kommt Ihnen, lieber Leser, sicherlich der Gedanke, dass ein „wahrer Christ“ wohl kein Staatsbeamter sein könne oder in Stellungen arbeiten, in denen er sich dem Staat durch gewisse „Eide“ verpflichten muss. Diese Überlegung ist natürlich richtig.

„Niemand kann zwei Herren dienen.“ So belehrt uns die Schrift und so können wahre Christen auch nicht einerseits dem „Universalen Geist“ und seinem Messias und andererseits der „Welt“ und demzufolge dem „Herrscher dieser Welt“ dienen. Bei solch einem Versuch zwänge ihn früher oder später sein Gewissen zu einer Entscheidung.

Nachdem du ein „Kind des wahren Gottes“ geworden bist, wird es für deine restliche Lebenszeit nötig sein, dich *„rein und unbefleckt von der Welt zu erhalten“* und darauf zu achten, nicht *einzuschlafen* oder von dem Weg der Wahrheit *abzudriften.* (siehe 2 Petr 3:14)

Immer wieder warnen alle Schreiber des NT vor der Gefahr, sich *mit der Welt zu beflecken,* langsam von dem wahren Glauben *abzudriften* oder *einzuschlafen* und somit nicht mehr wachsam sein zu können.

In Mt 24:44 sagt der Messias darüber: *„Deswegen erweist auch ihr euch als solche, die **bereit** sind, denn zu einer Stunde, da ihr es nicht denkt, kommt der Menschensohn.“*

Die Anmerkungen des Messias deuten auf die Notwendigkeit hin, wachsam zu bleiben. In Mt 7:21-23 spricht der Messias von der Realität, welche all diejenigen ereilt, die entweder abgedriftet sind oder sich ihr Lebensbild nicht gemäß der Wahrheit des Wortes Gottes gebildet haben und somit die Ablehnung des „Herrn“ erfahren müssen, obwohl sie sich in gewisser Weise für den Messias engagiert hatten. Er sagte dort:

„21 Nicht jeder, der zu mir sagt: ‚Herr, Herr‘, wird in das Königreich der Himmel eingehen, sondern wer den Willen meines Vaters ***tut****, der in den Himmeln ist. 22 Viele werden an jenem Tag zu mir sagen: ‚Herr, Herr, haben wir nicht in deinem Namen prophezeit und in deinem Namen Dämonen ausgetrieben und in deinem Namen viele Machttaten vollbracht?‘ 23 Und doch will ich ihnen dann bekennen: Ich habe euch nie gekannt! Weicht von mir, ihr* ***Täter der Gesetzlosigkeit****.“*

Im gesamten NT finden wir immer wieder und überall Warnungen und Hinweise in Bezug auf diese Thematik. Die unten angeführten Bibelstellen sind nur ein kleiner Auszug aus der Vielzahl von Warnungen, welche dem wahren Christen die Gefahr, einzuschlafen oder abzudriften, vor Augen führen. (siehe Jak 1:27,5:19, 2 Petr 1:12, 2:2, 1 Joh 1:6, Luk 21:34-36)

Es ist nicht die *Menge* an Erkenntnis, welche einen wiedergeborenen Wahrheitssucher in ein annehmbares Verhältnis zu dem Messias und dem wahren Gott bringen, sondern vielmehr seine Aufrichtigkeit, die wahrhaftige biblische Erkenntnis, eine aufrichtige Reue und Umkehr in Bezug auf sein vergangenes Leben sowie ein fester Glaube an den wahren Gott und seinen Messias.
Als Beispiel dazu dient uns der Bericht aus Apg 8:26-40.

Dass der wahrhaftige Gott „Glauben“ von uns Menschen fordert, liegt auch daran, dass wir Menschen in der für uns dreidimensionalen Welt auch nur Dinge verstehen können, welche wir mit unserem „dreidimensionalen Verständnis“ erfassen können. Für den wahren Gott existieren jedoch viele Dimensionen, warum auch der Messias sagen konnte, was wir Menschen jedoch nicht nachvollziehen können: *„Für Gott ist kein Ding unmöglich.“*

Darum ist der „Glaube“ für ein „Kind Gottes“ unumgänglich. So wie ein Kleinkind seinen Eltern vertraut und ihnen glaubt, selbst dann, wenn es vieles von dem, was seine Eltern sagen oder fordern, nicht verstehen kann, so bringt der „Glaube“ eines wahren „Gotteskindes“ dieses in ein annehmbares Verhältnis zu dem wahren Gott, weshalb es auch nicht in das „Gericht“ kommen muss. (siehe Joh 3:16-18)

Einen Text, stellvertretend für viele, möchte ich aus Hebr 11:6 erwähnen. Wir lesen dort: *„Ohne Glauben aber kann man Gott unmöglich wohlgefallen; denn wer sich Gott nahen will, muss glauben, dass es einen Gott gibt und dass er denen, die ihn suchen, ihren Lohn zukommen lässt.“ (Menge Ü.)*

Wenn nun zum Glauben gekommene „Gotteskinder“ die Möglichkeit haben, zusammenzukommen, können sie von einer Vorkehrung Gebrauch machen, die der Messias bei der Feier seines letzten Passahmahles einführte – sie können gemeinsam das „Gedächtnismahl“, „Abendmahl“ oder auch „Herrenmahl“ begehen.

Es ist ein Zusammenkommen von Gläubigen, die sich an das Loskaufopfer des Messias und seine Leiden erinnern und an den „neuen Bund“, der zwischen dem wahren Gott und den Gotteskindern geschlossen wurde. Durch das Blut des Messias wurde dieser „neue Bund" rechtskräftig und zum Andenken an dieses Ereignis sollten seine Nachfolger, wann immer es ihnen möglich und passend war, solch ein „Gedächtnismahl" begehen. (Berichte finden wir in Mt 26:26-30, Mk 14:22-25 und Lk 22:14-20.)

Bei der Einführung dieses Gedächtnismahles wurde den Jüngern des Messias spätestens deutlich, was er damals am See Genezareth meinte, als er zu der Volksmenge sagte: *„Ich bin das Brot des Lebens ... Das Brot aber, das ich geben werde, ist mein Fleisch für das Leben der Welt. ...Wahrlich, wahrlich, ich sage euch: Wenn ihr nicht das Fleisch des Sohnes des Menschen esst und sein Blut trinkt, so habt ihr kein Leben in euch selbst. Wer mein* ***Fleisch isst*** *und mein* ***Blut trinkt****, hat ewiges Leben, und ich werde ihn auferwecken am letzten Tag."*

Christen des ersten Jahrhunderts feierten, wenn es ihnen möglich war, regelmäßig dieses „Gedächtnismahl" oder auch „Herrenmahl" und verbanden solche Zusammenkünfte mit Bibellesungen, Belehrungen, Ermunterungen und auch Ermahnungen. (siehe Mt 18:20, Joh 13-14, Apg 2:42,46, 1 Kor 11:23-34)

Nachdem wir in diesem Kapitel das Wichtigste von dem betrachtet haben, was einen heute lebenden Menschen zu einem „Gotteskind" machen kann und es zur besten Religion kommen lässt, wird der Leser feststellen, dass keine Glaubensgemeinschaft oder christliche Denomination nötig ist, um ein „Kind Gottes" zu werden. In der Vergangenheit gab es immer auch Fälle, wo einzelne Personen alleine mit ihrer wahren Religion, sozusagen als Einzelkämpfer, einer feindlichen Welt gegenüberstanden. Im achten Kapitel der Apostelgeschichte wird uns zum Beispiel von einem Äthiopier, einem Kämmerer der Kandake, der Königin der Äthiopier, berichtet, der, nachdem er in Jerusalem an einer Gottesdienstveranstaltung teilgenommen hatte, auf dem Weg in seine Heimat mit der neuen Rettungsvorkehrung, die durch den Messias eröffnet wurde, durch Philippus bekanntgemacht wurde. Nachdem er die Hintergründe dieser Rettungsvorkehrung erfahren hatte, ließ er sich sofort in einem Gewässer taufen und setzte danach seine Heimreise fort. Er war demnach auch ein „Einzelkämpfer“ für seine Religion, nachdem er wieder in seiner Heimat angekommen war. Ein weiteres Beispiel finden wir in Mk 5:18-20.

Nicht alle Menschen vermögen sich jedoch als Einzelkämpfer in der ihnen gegenüber feindlichen Welt zu behaupten. Die meisten Menschen benötigen Gesinnungsgenossen um sich, und darum haben die Schöpfergötter die einfache Einrichtung des Gebetes vorgesehen. Ein aufrichtiges und inbrünstiges Gebet in Bezug auf solch ein Problem bewirkt dann schließlich, dass der Betende die für ihn passende Gruppierung findet, der er sich dann anschließen kann und mit der er danach seine Religion ausüben kann.

Wir können nicht selbstständig alle christlichen Denominationen auf ihre Genauigkeit und „Wahrheitstreue“ hin überprüfen, doch durch aufrichtige Gebete zu dem Herrn und Messias Jesus in der Form, wie sie uns durch den Messias in Mt 6:6-8 erläutert wird, erlangen wir seine Aufmerksamkeit und seine Engel werden dann dafür sorgen, dass jeder aufrichtig Bittende an den für ihn passenden Platz gestellt wird.

Sind jedoch nirgends „Gesinnungsgenossen“ zu finden, muss man seinen Standpunkt vor Gott alleine vertreten. Trösten kann uns in solchen Fällen das Wort des Messias, der einmal sagte: „Wo zwei oder drei in meinem Namen versammelt sind, bin ich in ihrer Mitte.“

Jeder Erdenbürger, ganz gleich, wann und wo er jemals gelebt hat und völlig gleich, unter welchen Bedingungen, wird für sein Tun von dem wahren Gott zur Rechenschaft gezogen. Hat er unter einem göttlichen Gesetz gelebt oder etwa während der christlichen Ära unter dem „Gesetz der Liebe“, wird er gemäß diesem gerichtet. Hat er nie unter einem Gesetz gelebt, wird er nach seinem Gewissen, welches der wahrhaftige Gott in einen jeden Menschen gelegt hat, gerichtet. Das ist Grund genug, sich von dieser Lektüre provozieren zu lassen, und wie es der Apostel Petrus einmal ausdrückte, *„sein Äußerstes zu tun, um schließlich vor IHM (Gott) fleckenlos und makellos und in Frieden erfunden zu werden.“ (2 Petr 3:13-14)*

Die Zeit für das Kommen des Königreiches Gottes ist reif, ja, sie ist tatsächlich gekommen.

Der zur Eskalation führende Zusammenstoß aller Völker auf Erden ist vorprogrammiert durch deren unterschiedliche Religionen und Kulturen sowie die sozialen und ethnischen Klüfte oder die krankhaften Freiheitsbestrebungen verschiedener Völker und auch den Kampf um die notwendigen Bodenschätze und Energieträger zur Steigerung des Lebensstandards und kann nicht mehr gestoppt oder umgekehrt werden. Das Ende des Einflusses des zum Bösen verleitenden „Welt- Geistes“, der die heute bestehende Welt regiert, liegt im Zeitplan des wahrhaftigen „Gottes, des Allmächtigen“.

Wenn auch noch so viele „Traumtänzer“ in der heute lebenden Generation nicht müde werden, das Gegenteil zu proklamieren oder zu prognostizieren, so sieht der ehrliche Betrachter der Weltsituation die düsteren Wolken über uns stehen, welche den Untergang der sogenannten Zivilisation, ja die Vernichtung von Milliarden von Menschen, Tieren und Pflanzen anzeigen. Nur der Einzelne hat noch die Chance, sich hinüber zu retten, was bedeutet, zu den „Wenigen“ zu gehören, welche diese globale Katastrophe überleben oder zu denen zu gehören, welche nach ihrem Tod eine himmlische oder erste Auferstehung erleben werden, um in die „Regierungsmannschaft“ des Christus integriert zu werden.

Wohl dem, der im Besitz der inneren Kraft zur Aufrichtigkeit, zum Glauben und zur Gerechtigkeit ist, der sich nach Wahrheit und Gerechtigkeit, nach Frieden und Ordnung, nach Liebe und Glück sehnt und auch bereit ist, alles dafür zu tun, um über den Messias, den Vermittler zwischen Menschen und dem wahren Gott, in ein „Kindschaftsverhältnis“ zu diesem wahren Gott, dem „Universalen Geist“, dem Quell allen Lebens und allen Glücks, zu kommen oder auch in ein freundschaftliches Verhältnis zu dem Messias, der wie auch sein Gott und Vater Menschen „zu sich zieht“.

******

Nachsatz!

Geehrte Leser und Leserinnen!

Vieles in diesem Buch ist nur angedeutet, was Sie zum Nachsinnen, ja, zum Nachforschen veranlassen sollte. Vielleicht haben Sie, geehrte Leserin und geehrter Leser, sich beim Lesen öfter provozieren lassen, was unter anderem auch meine Absicht war.

Die meisten Menschen möchten, wenn irgend möglich, vielen Dingen, denen sie im Leben begegnen, selbst auf die Spur kommen oder sie selbst erfühlen. Nicht alles können wir jedoch am eigenen Leib erfahren, nicht alles selbst erfühlen. Vieles, was für unser Meinungsbild und für unsere seelische Reife notwendig ist, sollten wir uns selbst erarbeiten, andere Weisheiten müssen wir von anderen Menschen oder aber auch aus der Natur übernehmen. Natürlich ist es leichter, einfach etwas von anderen zu übernehmen, und die meisten Menschen tun dieses auch, vor allem, wenn eine Auffassung in ihr „Empfindungsleben" hineinpasst und das Übernehmen einer solchen Meinung für sie keine hohen Anstrengungen erfordert. Allerdings ist eine ungeprüfte Übernahme einer Meinung oft nicht das Beste für einen Menschen, eine Familie oder ein Volk.

Meine Provokationsversuche sollten den aufrichtigen Menschen anspornen, sich mit einer für die meisten Menschen unbeliebten, jedoch lebensnotwendigen Thematik zu beschäftigen.

Doch da wäre noch etwas. Da die meisten aller lebenden Menschen den Realitäten nicht gerne ins Auge sehen, formen sie sich ein Lebensbild, das ihnen am besten passt, d. h. ihr Lebensbild und auch ihr Zukunftsbild orientiert sich nicht an den Realitäten, sondern in vielen Bereichen an ihren Wünschen und Gefühlen, die oft unlauter und selbstsüchtig sind. Sie folgen damit gern dem Weg des geringsten Widerstandes und geben dem Druck ihrer Umwelt nach. Dies führt wiederum dazu, dass sie irgendwann von der Realität eingeholt werden, und dann wird für sie „Heulen und Zähneknirschen sein", um einen Ausdruck aus der Heiligen Schrift zu verwenden.

Inwieweit sich ein Mensch während seines Lebens von der Realität entfernt, hängt unter anderem von seiner Gerechtigkeitsliebe, seinem Egoismus, seiner Ehrlichkeit, seinem Pflichtbewusstsein oder seiner Selbstsucht und Habsucht ab. Einige der heute lebenden Menschen lassen sich auf Grund einer „konstruktiven, positiven Provokation" dazu animieren, der Wirklichkeit ins Auge zu sehen. Sie beginnen damit, die Konsequenzen, die aus ihrem der Realität und einer „göttlicher Logik" bisweilen entfremdeten Lebensbild entstehen, zu überdenken, ja, sie versuchen, die Konsequenzen nachzuempfinden. Das wäre der erste Schritt in die richtige Richtung und führte auch dazu, dass ihr Gewissen sie zu einer Entscheidung drängt.

Eine Wahrheit in Bezug auf den „Universalen Geist" und seinen „Plan mit der Erde und der Menschheit" zu erkennen und zu verstehen – anders ausgedrückt – die „göttliche Logik" zu erfassen, hat etwas mit Ehrlichkeit und Aufrichtigkeit sowie unter anderem auch mit Selbstlosigkeit, Demut und Gerechtigkeit und nicht zuletzt mit Liebe zu tun. (Liebe – griech. *agape*, siehe E1.0)

Die Verwirrung der Menschheit auf allen Ebenen ist heute so groß geworden, dass es viele Menschen aufgegeben haben,

„stabile Anker“ für ihre Seele zu suchen und zu schaffen. Alles wird in Frage gestellt, was uns Menschen einen Maßstab, einen Halt oder einen sicheren „Ankerplatz für unsere Seele“ geben könnte – alles wird in Zweifel gezogen und das wird sich so negativ und zerstörerisch auswirken, dass wir die Folgen dieser verheerenden Tendenzen letztendlich noch nicht abschätzen können und erst recht nicht in den „Griff bekommen“ werden.

Milliarden von Menschen befinden sich in einem geistigen Wirrwarr, der ihnen von Religionen, Politikern, Gelehrten, Wissenschaftlern oder anderen Menschen geschaffen wurde und finden keinen „Ankerplatz für ihre Seelen“, warum ich auch Verständnis habe für all die geschundenen Menschen, die sich natürlich auch fragen, ob es sich überhaupt lohnt, Zeit in solch eine Thematik zu investieren.

Es lohnt sich, geehrte Leserin und geehrter Leser; ich habe, wie es auch im Vorwort anklingt, nicht damit nachgelassen, schlüssige Antworten auf all meine mir selbst gestellten Fragen zu suchen. Dabei hatte ich das Glück, oder vielleicht war es auch eine „Vorsehung“, auf das „Wort Gottes“ zu stoßen – die Bibel („Gebrauchsanweisung für Menschen“). Akribisch und kritisch war zunächst meine Einstellung zu diesem Buch, da mir die „christliche Welt“ meiner Meinung nach keine besonders guten „Früchte“ zeitigte und ich – wie sicherlich viele andere Menschen – das „Buch Gottes“ mit der Christenheit in Verbindung brachte. Nach und nach jedoch beantwortete ich mir all meine schwierigen Fragen mit diesem Buch und stellte schließlich fest, dass in diesem kostbaren Buch die „göttliche Logik“ offenbart wird und sich ein gewisser „Plan“ abzeichnet, welchen der alles durchdringende

„Universale Geist“ darin skizziert hat und dass in diesem „göttlichen Plan“ jeder Mensch eine für ihn sehr befriedigende Rolle spielen kann, wenn er das selbst möchte.

Allerdings muss der Mensch, der in dem Plan des wahrhaftigen Gottes auf unabsehbare Zeit eine Rolle spielen möchte – und sei sie noch so gering – diesen „Universalen Geist“ und seine „göttliche Logik“ kennenlernen, um dann seine Persönlichkeit auf diese „göttliche Logik“ umstellen zu können. Aus seinen ehemaligen Eigenschafen wie Hass, Selbstsucht, Habgier, Herrschsucht, Mordlust, Neid, Eifersucht, Nationalismus, Ausschweifung usw. werden Liebe, Nächstenliebe, Friedlichkeit, Freundlichkeit, Treue, Güte, Gebefreudigkeit, Selbstbeherrschung und weitere positive Eigenschaften mehr.

Solche positiven Eigenschaften sind dem wahren Gott wie auch seinem Messias zu eigen und diese führen nicht zu Unfrieden und Chaos und letztlich zur Selbstvernichtung, sondern zur größtmöglichen Freiheit, zu Ordnung, Frieden und Glück.

Der „Universale Geist“ schenkt seine Aufmerksamkeit den Menschen, die „zerschlagenen Geistes“ sind, was bedeutet, dass sie des ungerechten, verlogenen, sich selbst vernichtenden Weltsystems müde sind, jedoch keine Aussicht auf eine Änderung sehen und deshalb von einer tiefen Traurigkeit und Verzweiflung erfasst sind. Solche Menschen haben am ehesten die Aussicht, von dem wahren Gott, dem „Universalen Geist“, beachtet zu werden, und diese sollten auch nach ihm suchen. (siehe Jes 57:15-17, 58:6-12, Luk 4:18-19)
Der Apostel Paulus ermunterte seinerzeit die Menschen in Rom dazu, den wahren Gott zu suchen, indem er schrieb: „ ... dass

sie Gott suchen, ob sie ihn wohl tastend fühlen und finden möchten, obwohl er ja nicht fern ist von jedem von uns.“ (Apg 17:27, Jes 45:15)
Tatsächlich möchte der „Universale Geist“, dass wir Menschen unser Interesse an ihm dadurch zeigen, dass wir nach ihm „ernstlich suchen“. Die Bibel und die Natur sind die beiden „Bücher“, die uns dabei helfen, wobei ich der Meinung bin, dass die Heilige Schrift als „Gebrauchsanweisung für Homo sapiens“ uns bei solch einer Suche schneller helfen und weiter bringen kann.

Auf Grund der Möglichkeiten, die wir heute haben, sind wir als einzelne Menschen größtenteils selbst verantwortlich für unser Geschick in der Zukunft hinsichtlich des Verständnisses über den „Plan des Universalen Geistes“ und der Möglichkeit, sich in der „Partei“ der Schöpfergötter zu etablieren. Auch die Möglichkeiten im Hinblick auf die Frage, ob wir in den kommenden „Ewigkeiten“ eine Rolle in dem Plan Gottes übernehmen werden oder letztendlich, nachdem wir unser Gericht durchlebt haben, zur Nichtexistenz zurückkehren werden, liegen weitestgehend in unseren eigenen Händen. Ich möchte Sie – wie es auch Paulus tat – auf alle Fälle dazu ermuntern, nicht aufzugeben, sondern alles daran zu setzen, ein enges Verhältnis zwischen sich selbst und Jesus, dem Messias, und dem allmächtigen Vater-Gott, dem „Universalen Geist“, anzustreben.

***

Noch ein Wort in eigener Sache:

Sollten Sie aus dem Lesestoff Nutzen gezogen haben oder ihn für wichtig halten, dann denken Sie bitte auch an ihre Freunde und Bekannten, vielleicht kann auch diesen geholfen werden, die „göttliche Logik“ und den „Plan des Universalen Geistes mit der Erde und der Menschheit“ zu verstehen, damit auch sie für sich eine auf unabsehbare Zeit geltende, lebensbejahende Entscheidung treffen können.

Hermeskeil der 01.02.2006

Der Autor: Kühn, Horst Otto (Peter)

Erklärungen und Quellenangaben

Vorwort:

V 1.1 „schizophrene Gesellschaft“

Buch: „The People Almanach“

Autoren: David Wallechinsky und Irving Wallace

Kapitel 1 Die Anfänge!

A 1.0 „schöpfergöttliche Unterschrift“

In der „Gebrauchsanweisung für Menschen“, der Bibel, finden wir Zahlen, die in bestimmten Zusammenhängen immer wieder erscheinen. Eine dieser Zahlen ist die Sieben, die auch besonders oft im Bibeltext erscheint.

Vom Anfang an erscheint die Sieben in Verbindung mit der Schöpfungswoche, „der siebente Tag“ als das Ende einer Schöpfungswoche sollte ein Ruhetag sein. Der Sabbat war demzufolge auch der siebente Tag; in Ägypten gab es nach sieben fetten Jahren sieben magere Jahre; als die Stadt Jericho eingenommen wurde, waren es sieben Priester mit sieben Posaunen, die siebenmal die Stadt umgingen; jedes siebente Jahr war ein Sabbatjahr, an dem nicht gearbeitet wurde, und so könnte man die Liste, in der die Zahl Sieben erscheint, noch beliebig fortsetzen.

Was jedoch vor etwa 120 Jahren wieder entdeckt wurde, ist die Tatsache, dass einer der Schöpfergötter, vermutlich der Vater-Gott, seine Unterschrift unter den gesamten Text des Alten Testamentes und des Neuen Testamentes mittels der Zahl Sieben geleistet hat. Dieses Phänomen resultiert aus der Tatsache, dass sowohl die Buchstaben in den hebräischen als auch die in den griechischen Schriften zusätzlich eine Zahlenbedeutung haben. Natürlich ist diese „schöpfergöttliche Unterschrift" unter der Oberfläche und der Struktur des Textes verborgen und gilt nur für den Originaltext, was auch erklärt, warum die Abschreiber der biblischen Texte, die Massoreten und Sopherim, so peinlich genau jedes „Jota" der Urtexte abschreiben mussten und bei nur einem kleinsten Fehler das gesamte Pergament trotz all der mühevollen Arbeit beseitigt wurde. Eine Verfälschung des Urtextes durch nur einen Buchstaben würde die „Siebener-Struktur", die dem gesamten Text unterlegt ist, verfälschen, was auch eine Verfälschung der „schöpfergöttlichen Unterschrift" bedeuten würde. Durch diese „schöpfergöttliche Unterschrift" ist es letztlich auch möglich, umstrittene Texte wie z. B. Mk 16:9-20, Joh 7:53–8:11 oder auch Lk 23, 34 zu identifizieren. Erwiesen diese Texte sich als inspiriert und zeigten die „schöpfergöttliche Unterschrift" auf, oder waren sie von Menschen eingeschoben und nicht von den Schöpfergöttern eingegeben und unterschrieben worden? Was die oben angegebenen Schriftstellen anbetrifft, kann gesagt werden, dass sie mit der schöpfergöttlichen Unterschrift versehen sind, demnach zum gesamten biblischen Text gehören.

Dagegen zeigen die „apokryphischen Bücher“ die schöpfergöttliche „Unterschrift“ nicht auf. In diesen 14 „apokryphischen Büchern“, die von den römisch- und griechisch-katholischen Kirchen in den biblischen Kanon aufgenommen wurden, finden sich keine Siebener-Zahlensysteme. Die mathematischen Gebilde aus den Siebener-Verbindungen, die wir in den übrigen 66 Büchern des Bibelkanons in großer Anzahl und auf verschiedenen Ebenen finden und die ich als die „schöpfergöttliche Unterschrift“ unter den inspirierten Bibelbüchern betrachte, kennzeichnen die „apokryphischen Bücher“ als von Menschen geschrieben, ohne schöpfergöttlichen Auftrag. Das lässt den Schluss zu, dass diese apokryphischen Bücher, welche die „schöpfergöttliche Unterschrift“ nicht aufweisen, somit auch nicht zum inspirierten Bibelkanon hinzugerechnet werden können.

Dank dieser von Dr. Ivan Panin entdeckten Siebener-Zahlenstrukturen und Gebilden, die ich als die „schöpfergöttliche Unterschrift“ bezeichnen möchte, ist uns Menschen nun auch die Möglichkeit gegeben, umstrittene Textwiedergaben richtig zu stellen und Eigennamen richtig aussprechen zu können.

In unserer heutigen Zeit, in der man die wertvolle „Gebrauchsanweisung für Menschen“ als nicht mehr zeitgemäß betrachtet, die geschichtlichen Beispiele für die Beachtung biblischer Grundsätze und Prinzipien oder auch die geschichtlichen Beispiele von Konsequenzen bei Nichtbeachtung schöpfergöttlicher Empfehlungen, die in der Bibel in großen Mengen zur

Verfügung gestellt werden, als nette Geschichten abtut, die gerade einmal dafür gut sind, sie unseren Kindern als „Gute-Nacht-Geschichten“ zu erzählen, sollte uns die von mir bezeichnete „Unterschrift der Schöpfergötter“ besonders stutzig machen und dazu animieren, die „Gebrauchsanweisung für Menschen“ doch nicht so einfach zur Seite zu schieben.

Sollte sich jemand intensiv mit dieser „schöpfergöttlichen Unterschrift“ beschäftigen wollen, wäre das folgende Handbüchlein zu empfehlen:

„Erstaunliche neue Entdeckungen/Wissenschaft beweist: Die Bibel wörtlich von Gott inspiriert!“ (Exodos Verlag, Graefe & Co., Stuttgart, Untertürkheim, Gartenstadt Luginsland)

A 1.1 „Wort Gottes“

Griech. *„Logos“* als „Wort“ und als ausführender Gott – El=Elohim, Gott/Shaddai=„All-Genugsam“ – fälschlicher Weise in deutschen Bibeln mit „Allmächtiger“ übersetzt, siehe 1 Mos 17:1, Fußn. Elbf. B. Scofield

(Joh 1:1,18: „der einziggezeugte Gott“ – aus älteren Handschriften), „Logos“ wird mitunter auch mit „Vernunft“ übersetzt und birgt die Bedeutung von „göttlicher Logik“, die letztlich durch den Messias verwirklicht wird.

A 1.2 „Gott“

Bed. mächtiger/höchster Gott=der allmächtige Vater-Gott, Sohn des höchsten Gottes=„Wort“ (griech.

„Logos")=Jesus, der Christus, vor seiner Zeit als Mensch

Der Begriff *Gott* kann auf viele Mächtige angewandt werden – so: *Gott* der Welt, *Gott* auf dem Götterberg, selbst Menschen können als *Gott* bezeichnet werden (siehe Joh 10:34, Ps 82:6), darum besteht manchmal auch die Notwendigkeit, einen „Gottes-Namen" zu verwenden oder den gemeinten Gott näher zu beschreiben. (Vater-Gott o. „Universaler Geist")

A 1.3 Ungenauigkeit in den Abschriften der Thora (5 Bücher Mose) würden den Ablauf des gesamten Universums verändern. (aus dem Wissen jüdischer Rabbiner)

A 1.4 **Elberfelder „Scofield Bibel"**

Es werden in diesem Buch mehrere Bibelübersetzungen verwendet, die nicht immer mit üblichen Abkürzungen angegeben werden. In obigem Falle handelt es sich um eine revidierte Elberfelder Übersetzung, die von C. I. Scofield, D.D. überarbeitet und herausgegeben wurde.

A 1.5 **Abschreiber**

Massoreten werden Schriftgelehrte und Bibelabschreiber v. Chr. genannt und *Sopherim* n. Chr.

A 1.6 **„Geist Gottes"** ist eine zu einer Tätigkeit (Lebendigkeit) wirksam werdende Kraft des „Universalen Geistes", des „Vater-Gottes".

„Heiliger Geist“ – Hintergrund:

Um die Wirkungsweise und die Identität des Begriffes „Heiliger Geist“ zu erfassen, ist es für uns „dreidimensionale Denker“ nötig, die Geschichte Abrahams und seines Hausstandes zu betrachten. In dieser Geschichte finden wir eine Reflexion des hierarchischen Aufbaues in himmlischen Regionen. (siehe 1 Mos 24)

Als Abraham aus seinem Heimatland der Stadt Ur in Chaldäer auszog, zählte seine Hausgemeinschaft 70 Personen und im Verlauf der Zeit vergrößerte sie sich um sehr viele weitere Personen, und sein Besitz mehrte sich sehr. Diese Entwicklung erforderte eine Verwaltung der Hausgemeinschaft Abrahams durch einen kompetenten Verwalter. Solch ein Verwalter, der bei all seinen Entscheidungen nur die Interessen des Patriarchen im Sinn hatte, wurde in Fällen, in denen kein leiblicher Nachkomme, also kein Erbe vorhanden war, auch als Erbberechtigter eingesetzt. In der Geschichte Abrahams wird für diese verantwortungsvolle Aufgabe ein Mann namens Elieser genannt. (Elieser bedeutet Gotteshilfe)

Die Passage lautet in 1 Mos 15:2:
„2 Da sagte Abraham: Herr, HERR, was willst du mir geben? Ich gehe ja doch kinderlos dahin, und Erbe [Sohn des Besitzes] meines Hauses, das wird Elieser von Damaskus.“

In späterer Zeit, nachdem dem Abraham in hohem Alter bereits zwei Söhne geboren waren – der Sohn Ismael von der Magd Sarahs und etwa sechs Jahre später der Sohn Isaak von seiner eigenen Frau Sarah – tritt in der Geschichte Abrahams dieser besondere Knecht Abrahams noch einmal dadurch in Erschei-

nung, dass dieser sich um eine Frau für Isaak kümmern sollte – den Sohn und Erben Abrahams. Abraham beauftragte diesen besonderen Knecht damit, aus seiner eigenen Verwandtschaft eine Frau für seinen einzigen Erben Isaak zu suchen. Diese Passage aus 1 Mos 24:2 gibt uns wieder Aufschluss über die Verhältnisse zwischen Abraham, seinem Sohn Isaak und dem Hausverwalter, der die gesamte Hausverwaltung Abrahams innehatte. Der Text lautet:
„2 Da sagte Abraham zu seinem Knecht, dem Ältesten seines Hauses, der alles verwaltete, was er hatte: Lege doch deine Hand unter meine Hüfte [Lende]! 3 Ich will dich schwören lassen bei dem HERRN, dem Gott des Himmels und dem Gott der Erde, daß du meinem Sohn nicht eine Frau von den Töchtern der Kanaaniter nimmst, in deren Mitte ich wohne; 4 sondern du sollst in mein Land und zu meiner Verwandtschaft gehen und <dort> eine Frau für meinen Sohn, für Isaak, nehmen!“
In diesem Text erfahren wir die Rangordnung dieses Knechtes Abrahams und die Aufgabe in diesem besonderen Fall, eine Frau für Isaak, den Sohn des Hauses, zu beschaffen.

Projizieren wir diese Einzelheiten auf die himmlischen Regionen, verstehen wir besser, wie wir den „Vater“, den „Sohn“ und den „Heiligen Geist“ einordnen können. Der „Universale Geist“, der Vater-Gott, wird in unserem Beispiel von Abraham veranschaulicht. Der „Sohn-Gott“ als der Zweite der Schöpfergötter wird durch Isaak veranschaulicht und der Heilige Geist schließlich durch Elieser, den „ältesten Knecht, den Verwalter der gesamten Habe Abrahams“. Dieser Hausverwalter, gesetzt „über die gesamte Habe Abrahams“, hatte solch weitreichende Kompetenzen, dass sich Abraham selbst nur um wenige und wichtigste Entscheidungen kümmern brauchte.

Eine weitere wichtige Passage, die uns die Verhältnismäßigkeit deutlich macht, finden wir dann noch in 1 Mos 24:65, die von der ersten Begegnung Isaaks und seiner künftigen Frau berichtet und in der dann auch das Verhältnis zwischen Isaak und dem Hausverwalter „der gesamten Habe Abrahams“ deutlich wird. Der Bericht sagt:
„65 (Rebekka, die zukünftige Braut Isaaks) sagte zu dem Knecht: Wer ist dieser Mann, der uns da auf dem Feld entgegenkommt? Und der Knecht sagte: Das ist mein Herr. Da nahm sie den Schleier und verhüllte sich.“

Dieser Knecht, der über die gesamte Habe Abrahams bestellt war, sah sich selbst auch als Knecht Isaaks, des einzigen Erben seines Vaters Abraham.

Es sind demnach drei herausragende Persönlichkeiten, in deren Händen alle Kompetenz und Macht vereinigt ist, es ist der „Universale Geist“, der „Vater-Gott“ (im Vergleich: Abraham), durch den die letzten Entscheidungen getroffen werden, der „Sohn-Gott“ (im Vergleich: Isaak), den wir auch als Messias kennen und der dem Vater-Gott untergeordnet ist, und es ist der „Verwalter der gesamten Habe“ der beiden Schöpfergötter (im Vergleich der Knecht Elieser) der Heilige Geist, der sowohl dem Vater-Gott als auch dem Sohn-Gott unterstellt ist.

„Heiliger Geist“ – Definition:

Möchten wir nun den Begriff „Heiliger Geist“ definieren und auf den kleinsten Nenner bringen, müsste man sagen:

Der Heilige Geist ist der Verwalter der gesamten Hausgemeinschaft und Habe der beiden Schöpfergötter.

Er ist kompetent, alles zu regeln und zu bestimmen, Personen und Mittel zur Verfügung zu stellen und Strukturen, Pläne und Wege festzulegen, um die Wünsche und Bestimmungen der Schöpfergötter zu verwirklichen. Er koordiniert, spezifiziert, programmiert und ist dazu prädestiniert, alles Notwendige in die Wege zu leiten und zu überwachen, damit der Wunsch und Wille des Vater-Gottes und später auch des Sohn-Gottes verwirklicht werden. Pläne, Strukturen und Wege, die der Heilige Geist festgelegt hat, können nur auf ausdrücklichen Wunsch der Schöpfergötter verändert werden.

Verschiedene Aufgaben des Heiligen Geistes:

Der Heilige Geist hat natürlich auch bei der irdischen Schöpfung in Übereinstimmung mit dem Willen der Schöpfergötter durch Bereitstellung von Mitteln und Kräften, intelligenten und spezifisch strukturierten Programmen mitgewirkt.

Gegen die vom Heiligen Geist festgelegten Bestimmungen, Grenzen, spezifische Programme oder strukturierte Konstruktionen kann von Seiten der Menschen nicht angegangen werden, ohne die dafür ent-

sprechenden Konsequenzen zu erfahren. Diese Tatsache lässt uns auch den Ausspruch des Messias aus Mt 12:31-32 (Lk 12:10) verstehen, der da lautet:
„32 Und wenn jemand ein Wort reden wird gegen den Sohn des Menschen, dem wird vergeben werden; wenn aber jemand gegen den Heiligen Geist reden wird, dem wird nicht vergeben werden, weder in diesem Zeitalter [griech. Äon] noch in dem zukünftigen."

Der „Hausverwalter" muss ohne Berücksichtigung von Rang und Namen, natürlich außer gegenüber den Schöpfergöttern, auf der Einhaltung der festgelegten Wege und Strukturen beharren, weshalb auch Sünden gegen den Heiligen Geist nicht vergeben werden können. Solches wird in der Passage aus 1 Mos 24:14 veranschaulicht, wo wir lesen:
„14 Möge es nun geschehen: Das Mädchen, zu dem ich sagen werde: „Neige doch deinen Krug, dass ich trinke!" und das <dann> sagt: „Trinke! Und auch deine Kamele will ich tränken", das <soll es sein, das> du für deinen Knecht Isaak bestimmt hast! Und daran werde ich erkennen, dass du an meinem Herrn Gnade erwiesen hast."

Der Schreiber des Hebräerbriefes greift das Thema kurz auf, indem er in Hebr. 10:26 Folgendes ausführt:
„26 Denn wenn wir mutwillig sündigen, nachdem wir die Erkenntnis der Wahrheit empfangen haben, bleibt kein Schlachtopfer für Sünden mehr übrig."

Ein mutwilliges Verlassen eines vom Heiligen Geist festgelegten Weges, der von ihm festgelegten Grenzen oder der von ihm speziell festgelegten Programme (auch für den einzelnen Menschen) hat Konsequenzen, die bis zum Tod eines Geschöpfes führen können. Verfehlungen oder Sünden (Zielverfehlungen) gegen den Heiligen Geist werden demnach weder in diesem System, in dem wir noch leben, noch in dem kommenden System unter der göttlichen Weltregierung vergeben werden – sie müssen gesühnt werden.

Der Heilige Geist trägt auch während der christlichen Ära die Hauptverantwortung in dem Bemühen, eine „Braut" für den Messias, den „Sohn des lebendigen Gottes", zu beschaffen, was wir auch in Joh 14:26 finden:

„Der Beistand (Fürsprecher, Helfer, der zur Unterstützung Herbeigerufene), der Heilige Geist, den der Vater senden wird in meinem Namen, der wird euch alles lehren und euch an alles erinnern, was ich euch gesagt habe."

Kap.15:26:
„Wenn der Beistand gekommen ist, den ich euch von dem Vater senden werde, der Geist der Wahrheit, der von dem Vater ausgeht, so wird der von mir zeugen."

Weil nun der Heilige Geist, der etwas im Hintergrund steht, solche wichtigen Funktionen erfüllt, ist er auch in dem Taufritual, welches der Messias festgelegt hat und von Christen zelebriert wird, fest eingebunden. Jesus, der Messias, legte dabei fest: *„Geht nun hin und macht alle Nationen zu Jüngern, und tauft sie [sie taufend] auf den Namen des Vaters und des Sohnes und des Heiligen Geistes ...."*

Natürlich gibt es noch viele weitere Passagen in der HS, die den Heiligen Geist identifizieren und durch welche die Aufgabenbereiche des Heiligen Geistes deutlich gemacht werden.

Zur Zeit der Schöpfung wurde dieser „Heilige Geist Gottes“ von dem Sohn-Gott, dem „Wort“ (griech. Logos), gebraucht, um die Schöpfung zu erstellen. Wenn es später in 1 Mos 1:11 heißt, „die Erde lasse Gras hervorsprossen“ usw., will die Schrift damit sagen, dass der für die Erde strukturierte oder programmierte Geist Gras und allerlei Pflanzen und Bäume und all das, was sonst noch notwendig ist, um die kybernetischen Kreisläufe zu erhalten, hervorbringen sollte. Dieser Akt – so, wie auch alle anderen „Schöpfungsakte“ – beinhaltet jedoch nicht eine Evolution, sondern vielmehr die im Voraus festgelegten Programme oder hintereinander geschalteten Strukturen und Funktionen, welche dann schließlich zu einem kybernetischen System führen, das natürlich so variabel ist, dass es sich an extreme Bedingungen anpassen kann – z. B. in der Zeit nach der Sintflut.

Darwin hatte diese Anpassungsfähigkeit der Pflanzen und Tiere als eine „Entwicklung“ gedeutet, was jedoch durch eine wahrheitsgemäße Erforschung der in der Erde vorkommenden Fossilien widerlegt wird. Alle verschiedenen „Arten“, die man heute ausgräbt, weisen keine Entwicklung auf, sondern erscheinen plötzlich in der Form und der Reihenfolge, wie sie für ein kybernetisches System notwendig sind. (siehe *„Evolution“* von Henning Kahle – ISBN 3-00-004631-3, siehe auch E1.1 aus dem Nachsatz)

Kapitel 2 Die irdische Schöpfung!

S 1.1 **„aßah“** – *machen*

Es wird auch an dieser Textstelle nicht das hebräische Verb „bara“ (*erschaffen*), sondern „aßah“ (*machen*) verwendet – „aus Vorhandenem formen“ (*machen*).

S 1.2 **„El Schaddai“** – *der Ausführende, „Gott genugsam“*

Dies wird gemäß den Ausführungen von C.I. Scofield fälschlicherweise mit „allmächtiger Gott“ übersetzt, sollte jedoch richtiger mit „Gott genugsam“ übersetzt werden. (siehe 1 Mos 17:1)
Weiteren Aufschluss gibt Bernhard Lange in seinem Buch „Jahwe, der biblische Gott“, erschienen im C.H. Beck Verlag, ISBN 3-406-48713-0)

S 1.3 Wenn hier von **„Göttern“** als „Schöpfer“ gesprochen wird, „ ... und *Götter schuf ...* “, sind zumindest der Vater-Gott als der allmächtige Gott und das ausführende „Wort“ (griech. Logos), der Sohn-Gott, einbezogen, möglicherweise auch andere mächtige Engelfürsten, welche in den himmlischen Regionen existieren.

S 1.4 **„Samen“**

Das von Gott in die Schöpfung integrierte Naturgesetz *„Samen tragende Pflanzen nach ihrer Art“* kann als eines der später angesprochenen „Urgesetze“ betrachtet werden, in welchem eine Anpassung an verschiedenste Umstände, z. B. für die Zeit sowohl vor als auch nach der Sintflut, möglich ist, jedoch keine Entwicklung beinhaltet.

S 1.5 **„Biokybernetisches System“** – griech. *Kybernetes* (Steuermann)

Unter Kybernetik versteht man die Erkennung, Steuerung und selbsttätige Regelung ineinandergreifend vernetzter Abläufe bei minimalstem Energieaufwand.

S 1.6 **„Sie zu hüten“** – ist eine dem Sinn nach verständlichere Ausdrucksweise für das in 1 Mos 1:26 übersetzten Wortes „herrschen“. Der Mensch sollte über die übrige Schöpfung regieren oder als der Repräsentant Gottes mit den guten Eigenschaften Gottes die Schöpfung verwalten.

Kapitel 3 Die Rebellion!

R 1.1 **„Bastarde – Riesen – Fäller“**

Die in 1 Mos 6:1-4 erwähnten Bastarde oder Riesen, in manchen Übersetzungen auch mit *Fäller* übersetzt, müssen Nachkommen aus Ehen zwischen menschlichen Frauen und materialisierten Geistwesen (Engeln) gewesen sein. Es ist im Alten Testament nur ein kurzer Abschnitt, der von solchen Geschehnissen berichtet, das Geschehnis wird jedoch in der christlichen Ära nochmals aufgegriffen. (siehe 2 Petr 2:4, Judasse, V.6) Diese Nachkommenschaft konnte sich allerdings nicht mehr weiter fortpflanzen. Mit großer Wahrscheinlichkeit stammen die aus anderen Kulturen bekannten Göttersagen, z. B. auch aus der griechischen Mythologie, aus dieser Zeit - den Tagen vor dem Ende der vorsintflutlichen Ära.

R 1.2 „Arche“

Die in 1 Mos 6:14-16 beschriebene Arche war kein Schiff, wie dies in Filmen immer wieder dargestellt wird, sondern ein rechteckiger Kasten, wie es auch durch das hebräische Wort „tebah“ (Rohrkästchen) angezeigt wird (siehe 2 Mos 2:3-5) und durch die von Gott gegebenen Maße bestätigt wird. Die Arche brauchte nicht zu fahren, sondern musste nur schwimmen, um die Familie Noah samt ihrer Fracht, der Pflanzen und Tiere, während der Überschwemmung am Leben zu erhalten. Die Länge betrug 135 Meter, die Breite 22,5 Meter und die Höhe 13,5 Meter und war mit einem Dach versehen. Eingeteilt war sie in drei Stockwerke und eine Menge von Abteilungen, in welchen während der Flut Menschen, Tiere, Pflanzen und Nahrung untergebracht waren.

Kapitel 5 Ein neues Zeitalter!

NZ 1.1 **„einziggezeugten Gott“** („Wort Gottes“, griech. *„Logos“*)

Die Bezeichnung „eingeborener Sohn“ aus Joh 1:18 wird in den ältesten deutschen Übersetzungen mit „einziggezeugtem Gott“, wiedergegeben.

Z 1.2 **„Sterne des Himmels“** – sind auch als Symbol für Engel zu verstehen, was auch den Schluss zulässt, dass diese Engel Einfluss auf Menschen ausüben können. (siehe Ps 136:9, Dan 8:10, Offb 6:13-8:12)

NZ 1.3 **Zeitalter** – *Ära* (griech. *„Äon“*)

Dies wird in vielen Bibelübersetzungen mit „ewig“ oder „Ewigkeit“ wiedergegeben, was den Sinn einer entsprechenden Aussage verändert. „Äon“ bedeutet vielmehr eine Zeitepoche oder den größten bekannten Zeitabschnitt, welcher einen Anfang und ein Ende aufweist. (siehe E 1.3)

Kapitel 6 Der Gottesstaat wurde gegründet!

Gs 1.1 **„Jahwe“**

Jehova/der HERR/Herr/HErr/Jahwe EL Elyon (Jahwe Gott Allmächtiger)

Es bestehen verschiedene Ausspracheformen und Schreibweisen, um den Namen Gottes oder auch die in der Heiligen Schrift verschieden verwendeten Begriffe für „Gott“ wiederzugeben. Oft hängt die Wiedergabe einer in den hebräischen Schriften verwendeten Gottesbezeichnung von der „Neigung“ ab, mit der die Übersetzer „eingefärbt“ sind. In dem vorliegenden Werk sind die meisten Bibeltexte aus der deutschen Ausgabe der Elberfelder revidierten Fassung der Bibel mit Paralleltexten entnommen, jedoch wurden auch andere Übersetzungen verwendet, wie z. B. die in Englisch erschienene „Neue-Welt-Übersetzung“ von Jehovas Zeugen, die den Gottesnamen, der für die vormenschliche Existenz des Messias mit „Jehova“ wiedergegeben wird oder auch die Übersetzung von Hermann Menge, Friedolin Stier, Eugen Schlachter u. a. mehr.

Gs 1.2 **„Sabbat-Jahre“** – *Das Sabbatjahr-System als Ruhezeit-System*

Jedes siebente Jahr war gemäß dem israelitischen Gesetz als ein Sabbatjahr vorgesehen, in dem nicht gesät werden durfte und auch ansonsten kaum gearbeitet wurde. Die Israeliten lebten in diesem Jahr von dem, was sie vom vorangehenden Jahr übrig hatten und von dem, was die Felder auch ohne zu säen erbrachten. Mensch und Tier ruhten ein ganzes Jahr. Nachdem sieben solcher Zeitperioden abgelaufen waren, also nach 49 Jahren, folgte sofort darauf ein weiteres „Sabbatjahr“, es war dann das 50. Jahr, welches auch „Jubeljahr“ oder „Jobeljahr“ genannt wurde. In diesem Jubeljahr erfolgte eine Rückstellung der in den verflossenen 49 Jahren veränderten Besitzverhältnisse. Die Familien und ihre Besitzverhältnisse wurden in diesem Jahr wieder in ihren „Urzustand“ zurückversetzt, soweit dies möglich war. Damit wurden von dem wahrhaftigen Gott ein neuer Anfang und damit auch eine neue Chancengleichheit verordnet. (siehe 2 Mos 23:10 ff)

Kapitel 7 Das Ende des Gottesstaates!

EG 1.1 **„Flavius Josephus“** – war ein Zeitzeuge aus dem Beginn des ersten Jahrhunderts n. Chr. Als jüdischer Geschichtsschreiber stellt er auch eine Verbindung zwischen den beiden Testamenten her. Anmerkungen in der vorliegenden Abhandlung sind aus seinem Werk „Der jüdische Krieg“ entnommen.

EG 1.2 **„Barabbas“** – *der Raubmörder*

Barabbas muss zu der Sektengruppe der Zeloten gezählt werden, die sich den Römern gegenüber als die feindlichsten, kompromisslosesten und brutalsten Israeliten erwiesen. Barabbas hatte auch den Bei-Namen „Jesus“, was *heilbringend*, *Erlöser* oder *Retter* bedeutet, und könnte somit als ein Konkurrent zu Jesus, dem Christus, gesehen werden. Barabbas erschien den halsstarrigen Israeliten als gelegen kommender Retter. Durch ihn bestand die Möglichkeit, die menschliche Verfahrensweise der intellektuellen Israeliten durchzusetzen, welche den Messias ablehnten und auf ihre menschliche Weise die Prophezeiungen Gottes zum Erfolg bringen wollten.

Kapitel 10 Die Endzeitprophezeiungen!

EP 1.1 **„Bibel“** – *Buch* (griech. *„biblos“*, auch *„Büchlein-Sammlung“*)

Die Bibel umfasst eine Bibliothek von 66 Büchern, davon werden 39 dem Alten Testament (AT) und 27 dem Neuen Testament (NT) zugeschrieben. Das AT wurde, bis auf kleine Ausnahmen, in hebräischer Sprache geschrieben, das NT bis auf einige Ausnahmen in griechischer Sprache, darum sprechen manche Menschen auch von „hebräischen und griechischen Schriften“.
Außer diesen 66 Büchlein, welche die heute bekannte Heilige Schrift bilden, gibt es jedoch noch weitere Abhandlungen, sowohl solche wie die „Apokryphen“, die man dem AT zuordnen könnte, als auch Fragmente, welche n. Chr. verfasst wurden und man dem NT zuordnen könnte, die jedoch von den Kirchenvätern, welche die Zusammenstellung der heute bekannten Heiligen Schrift betrieben, nicht in den biblischen Kanon aufgenommen wurden.

EP 1.2 **„Zeitalter“** – *Zeitepoche/Ära/Ewigkeit* (griech. *„Äon“*, Nz 1.3)

Kapitel 11 Die Wiederherstellung des Urzustandes!

WG 1.1 **„Gehenna“ (griech.)** – hebr. *„Ge-hinnom“* (bez. das *Tal „Hinnom“*)

Bezeichnet eine im SSW von Jerusalem gelegene Talschlucht, in welcher in der Zeit des Bestehens des israelitischen Gottesstaates, zur Zeit der Könige Ahas und Manasse, schrecklicher Götzendienst getrieben wurde, bei dem auch Kinder lebend im Feuer geopfert wurden. Dem Gott treuen König Josia gelang es dann durch Verunreinigung dieser Talschlucht, diesen bösartigen Götzendienst abzustellen. (2 Kön 23:10) Zu Beginn der christlichen Ära bekam dieser Ort einen neuen Sinn. In damaliger Zeit wurde diese Schlucht als eine riesige Abfallgrube benutzt, was natürlich nicht mit Müllhalden unserer Tage verglichen werden kann. Damals entsorgte man überwiegend schwammverseuchten Bauschutt, Asche, Tierkadaver und auch Leichen von Verbrechern, welchen man keine Auferstehung zugestand. Damit es nicht zu Krankheiten kam und der Geruch eingedämmt wurde, unterhielt man ständig Feuer in dieser Schlucht. Jesus, der Messias, brachte damals diesen Ort mit der endgültigen Beseitigung von Menschen in Verbindung, welche auf Grund ihres hartnäckigen Widerstandes, sich Gott zu unterstellen, zur Nichtexistenz zurückkehren sollten. (Mt 10:28, Lk 12:4-5) Sicherlich hatte der Messias bei all den Gelegenheiten, bei welchen er von der Gehenna sprach, Jes 66:24 im Sinn, wo von Jesaja gesagt wird, dass dort „die Made nicht stirbt und das Feuer nicht erlischt“, an dem Ort, an welchem die Leichen der Menschen anzusehen sind, welche mit

Gott willentlich gebrochen haben. Der Begriff *Gehenna*, der nur zwölfmal im Neuen Testament vorkommt und am meisten vom Messias verwendet wird, stellt keinen Ort der Qual dar, sondern ist ein Sinnbild für die Rückkehr zur Nichtexistenz, die für all jene in alle Ewigkeiten hin existent bleibt, die in irgendeiner Weise willentlich gegen den wahren Gott oder sein „Wort“ rebellieren möchten und sich somit für ihre Nichtexistenz entscheiden.

WG 1.2 **„Hades“** ist ein in der griechischen Sprache verwendeter Ausdruck für „Tod“ oder „Grab der allgemeinen Menschheit“ oder auch „Totenreich“. Auch dieser „Hades“ wird beseitigt – dann, wenn alle Auferstehungen aus diesem „Hades“ vollzogen sind, sodass nur noch die „Gehenna“ übrig bleibt – der „zweite Tod“, der jedoch in alle „Ewigkeiten“ bestehen wird.

Kapitel 12 Die Mittel zur Wiederherstellung des Garten Eden!

MW 1.1 **„Leben“** (siehe 1 Mos 9:4-6, 3 Mos 17:10-16)
In der HS wird das Blut mit dem Leben und mit der Seele in Verbindung gebracht, weshalb auch unter Todesstrafe verboten war, Blut zu genießen. Nachdem nach der Sintflut dem Menschen erlaubt wurde, Fleisch zu essen, kam demnach logischerweise zugleich die Regelung hinsichtlich des Blutes zur Sprache – dieses sollte „zur Erde fließen“. (5 Mos 12:15-16)

Blut wurde auch auf dem Altar verwendet, um Sühnung zu erwirken. Blut ist also der Träger von Leben und Seele, weshalb der wahrhaftige Gott für alle auf Erden lebenden Menschen solch ein strenges Gesetz gegeben hat, denn das Gebot hinsichtlich des Blutes und somit auch des Lebens wurde den ersten Menschen nach der Flut gegeben und ist also verbindlich für alle auf Erden lebenden Menschen. Darum wurden auch den ersten Christen aus den Heidenvölkern, die das Gesetz hinsichtlich des Blutes nicht so kannten, wie die Israeliten, die Auflagen hinsichtlich des Blutes gemacht, welche wir in Apg 15:22-29 finden können. Echte Christen haben zu allen Zeiten dieses grundlegende „Blutgesetz“ gewissenhaft beachtet, welches als das Erste – und für alle Menschen bindend – zu Beginn der Nachsintflutlichen Ära gegeben wurde.

MW 1.2 **„Schlange“** – ist ein Synonym für den „Widerstandleistenden“ (Satan) oder „Verleumder“ (Teufel) und wird vermutlich deshalb in der HS so verwendet, weil dieser „Gottesverleumder“ zu Eva, der ersten Frau, durch eine Schlange sprach. Jesaja verwendet jedoch im Jes 27:1 das Wort „Schlange“ auch für den „Leviatan über Assyrien und den „Drachen“, die geringelte Schlange über Babylon. In Offb 12:9 wird der „Widerstandleistende“ allerdings deutlich als der „große Drache“ und die „alte Schlange“ ausgewiesen.

Kapitel 15 Der Gerichtstag Gottes!

GG 1.2 **„Septuaginta“** - LXX (lat. *„70“*)

Das lateinische Zahlwort LXX (70) bezeichnet die älteste griechische Übersetzung des Alten Testamentes. Erstmals wurde die Übersetzung des Pentateuchs (5 Bücher Mose) im dritten Jahrhundert v. Chr. in Ägypten von 72 Gelehrten vorgenommen und hat nur 72 Tage gedauert.

GG 1.3 **„Hades“** (griech.) – bedeutet allgemeines Grab des Menschen, wo auch immer. (siehe auch WG 1.2)

Kapitel 16 Eine Möglichkeit für jeden!

E.M. **Fremdlinge** – sind Menschen aus nicht-israelitischen Völkern, die sich dem Brauchtum und den Gesetzen der Israeliten anschlossen und unterordneten.

Nachsatz!

E 1.0 **„Liebe“** (griech. *Agape*)

Unter den verschiedenen Arten von „Liebe“, welche in der griechischen Sprache der Bibel verwendet wurden, ist „Agape“ die am häufigsten vorkommende Art.

Diese Art der Liebe beinhaltet den Sinn von grundsatztreuer, auf Wahrheit und Gerechtigkeit beruhender, selbstloser und opferbereiter Liebe, mit welcher der wahrhaftige Gott auch die Menschen liebt und Menschen auch den wahrhaftigen Gott, seinen Sohn und ihre Mitmenschen lieben sollten. Die Form „Eros“, die erotische Liebe, erscheint nicht in der Heiligen Schrift.

E 1.1 **„Evolution“**
Buch: „Irrweg moderner Naturwissenschaft!“
Autor: Henning Kahle

Herausgeber: Edeltraud Mindt, Postfach 110561-33665 Bielefeld

ISBN 3-00-004631-3

Buch: „Die Naturwissenschaften kennen keine Evolution.“

Autor: A.E. Wilder Smith

Herausgeber: Schwabe & Co. AG, Verlag Basel/Stuttgart

E 1.2 **„Königreich Gottes“** – eine Weltregierung, die aus dem Messias Jesus Christus (der aus dem Volk Israel hervorkam) und solchen Menschen besteht, die aus den Wiedergeborenen während der christlichen Ära zu einer himmlischen oder geistigen Auferstehung gekommen sind oder noch kommen werden.

E 1.3 „Ewigkeit“

Das griechische *„Äon“* (Zeitalter, Ära, Zeitepoche) wird in vielen Bibelübersetzungen mit „ewig“ oder „Ewigkeit“ wiedergegeben, was den Sinn einer entsprechenden Aussage verändert, weil man dem Wort „Ewigkeit“ oder „ewig“ heute keine Zeitbegrenzung zuschreibt. Das griechische Wort „Äon“ hat die Bedeutung einer für die Menschen längsten erdenklichen Zeitspanne, was jedoch auch einen Anfang und ein Ende beinhaltet.

Bibeltexte, die nicht ausgeschrieben sind

Kapitel 1 – Die Anfänge!

Joh 1:14

14 Und das Wort wurde Fleisch und wohnte [zeltete] unter uns, und wir haben seine Herrlichkeit angeschaut, eine Herrlichkeit als eines Eingeborenen [griech. monogenes, d. h. einzig in seiner Art, o. einziggeboren, o. einzig] vom Vater, voller Gnade und Wahrheit.

Hebr 1:2,3, 11:3, Offb 3:14 sind Paralleltexte, welche eine ähnliche Wiedergabe beinhalten. Bitte lesen Sie diese in ihrer Bibel nach.

Ps 82:1

Gott steht in der Gottesversammlung, inmitten der Götter richtet er.

Paralleltexte: Ps 86:8, 1 Kor 8:5, Hebr 7:1

Ps 104:6

6 Die Urflut bedeckte sie wie ein Kleid, die Wasser standen über den Bergen.

Paralleltext: Jer 4:23

Endlich! Sicherheit und Friede!

Kapitel 2 – Die irdische Schöpfung!

1 Mos 1:3-5

3 Und Gott sprach: Es werde Licht! Und es wurde Licht. 4 Und Gott sah das Licht, dass es gut war; und Gott schied das Licht von der Finsternis. 5 Und Gott nannte das Licht Tag, und die Finsternis nannte er Nacht. Und es wurde Abend, und es wurde Morgen: ein Tag.

Hiob 26:8

8 In seine Wolken bindet er die Wasser ein, dass unter ihnen das Gewölk nicht reißt.

1 Mos 1:6-8

6 Und Gott sprach: Es werde eine Wölbung [A] mitten in den Wassern, und es sei eine Scheidung zwischen den Wassern und den Wassern!

([A] „Wölbung" – Das hebräische Wort ist von dem Verbum „feststampfen, breithämmern" abgeleitet und meint eine gehämmerte Platte oder Schale, eine nach allen Seiten ausgeweitete Fläche o. Wölbung.)

7 Und Gott machte die Wölbung und schied die Wasser, die unterhalb der Wölbung von den Wassern, die oberhalb der Wölbung waren. Und es geschah so. 8 Und Gott nannte die Wölbung Himmel. Und es wurde Abend, und es wurde Morgen: ein zweiter Tag.

Paralleltexte: Ps 148:4, 19:2

1 Mos 2:6,10

6 ein Dunst [ein Grundwasser, <unterirdischer> Quellstrom; LXX: eine Quelle] aber stieg von der Erde auf und bewässerte die ganze Oberfläche des Erdbodens, ...

10 Und ein Strom geht von Eden [Wonne] aus, den Garten zu bewässern; und von dort aus teilt er sich und wird zu vier Armen [Häuptern, Abteilungen].

1 Mos 7:10-12

10 Und es geschah nach sieben Tagen, da kamen die Wasser der Flut über die Erde. 11 Im 600. Lebensjahr Noahs, im zweiten Monat, am siebzehnten Tag des Monats, an diesem Tag brachen alle Quellen der großen Tiefe [Flut; dasselbe Wort wie Kap. 1,2] auf, und die Fenster des Himmels öffneten sich. 12 Und der Regen fiel auf die Erde vierzig Tage und vierzig Nächte lang.

1 Mos 1:20-23

20 Und Gott sprach: Es sollen die Wasser vom Gewimmel lebender Wesen [Seelen] wimmeln, und Vögel sollen über der Erde fliegen unter der Wölbung [auf dem Angesicht der Wölbung] des Himmels! 21 Und Gott schuf die großen Seeungeheuer und alle sich regenden lebenden Wesen [Seelen], von denen die Wasser wimmeln, nach ihrer Art, und alle geflügelten Vögel nach ihrer Art. Und Gott sah, dass es gut war. 22 Und Gott segnete sie und sprach: Seid fruchtbar und vermehrt euch, und füllt das Wasser in den Meeren, und die Vögel sollen sich vermehren auf der Erde! 23 Und es wurde Abend, und es wurde Morgen: ein fünfter Tag.

Paralleltext: Hiob 40:15-24

Dan 7:9

9 Ich schaute, bis Throne aufgestellt wurden und einer, der alt war an Tagen, sich setzte. Sein Gewand war weiß wie Schnee und das Haar seines Hauptes wie reine Wolle, sein Thron Feuerflammen, dessen Räder ein loderndes Feuer.

Paralleltexte: Dan 7,13,22

1 Joh 4:8 – Liebe

8 Wer nicht liebt, hat Gott nicht erkannt, denn Gott ist Liebe.

5 Mos 32:4 – Gerechtigkeit

4 Der Fels: vollkommen ist sein Tun; denn alle seine Wege sind recht. Ein Gott der Treue und ohne Trug, gerecht und gerade ist er!

Jak 1:5 – Weisheit

5 Wenn aber jemand von euch Weisheit mangelt, so bitte er Gott, der allen willig gibt und keine Vorwürfe macht, und sie wird ihm gegeben werden.

1 Mos 28:3 – Macht

3 Gott, der Allmächtige [hebr. el schaddai], segne dich und mache dich fruchtbar und vermehre dich, daß du zu einer Schar von Völkern werdest;

Joh 3:33 – Wahrhaftigkeit

33 Wer sein Zeugnis angenommen hat, der hat besiegelt, daß Gott wahrhaftig ist.

1 Mos 6:13

13 Da sprach Gott zu Noah: Das Ende alles Fleisches ist vor mich gekommen; denn die Erde ist durch sie erfüllt von Gewalttat; und siehe, ich will sie verderben mit der Erde.

Paralleltexte: 1 Mos 4:10, 7:23

Joh 1:14

14 Und das Wort wurde Fleisch und wohnte [zeltete] unter uns, und wir haben seine Herrlichkeit angeschaut, eine Herrlichkeit als eines Eingeborenen [griech. monogenes, d. h. einzig in seiner Art, o. einziggeboren, o. einzig] vom Vater, voller Gnade und Wahrheit.

Joh 14:16

16 und ich werde den Vater bitten, und er wird euch einen anderen Beistand [Fürsprecher, Helfer; w. „der <zur Unterstützung> Herbeigerufene“] geben, dass er bei euch sei in Ewigkeit [griech. Äon]

Paralleltexte: Joh 15:26, 16:6-7

3 Mos 25:3-24 Bitte in der eigenen Bibel nachlesen!

1 Kor 15:24-28

24 dann das Ende, wenn er das Reich [die Königsherrschaft] dem Gott und Vater übergibt; wenn er alle Herrschaft und alle Gewalt und Macht weggetan hat. 25 Denn er muss herrschen [König sein], bis er alle Feinde unter seine Füße gelegt hat. 26 Als letzter Feind wird der Tod weggetan. 27 „Denn alles hat er seinen Füßen unterworfen." Wenn es aber heißt, dass alles unterworfen sei, so ist klar, dass der ausgenommen ist, der ihm alles unterworfen hat. 28 Wenn ihm aber alles unterworfen ist, dann wird auch der Sohn selbst dem unterworfen sein, der ihm alles unterworfen hat, damit Gott alles in allem [allen] sei.

1 Mos 2:19-20

19 Und Gott, der HERR, bildete aus dem Erdboden alle Tiere des Feldes und alle Vögel des Himmels, und er brachte sie zu dem Menschen, um zu sehen, wie er sie nennen würde; und genau so, wie der Mensch sie, die lebenden Wesen [Seelen], nennen würde, <so> sollte ihr Name sein. 20 Und der Mensch gab Namen allem Vieh und den Vögeln des Himmels und allen Tieren des Feldes. Aber für Adam [für einen Menschen] fand er keine Hilfe, ihm entsprechend. [als sein Gegenüber; w. wie seine Entsprechung]

Kapitel 3 – Die Rebellion!

Joh 8:44

44 Ihr seid aus dem Vater, dem Teufel, und die Begierden eures Vaters wollt ihr tun. Jener war ein Menschenmörder von Anfang an und stand nicht in der Wahrheit, weil keine Wahrheit in ihm ist. Wenn er die Lüge redet, so redet er aus seinem Eigenen, denn er ist ein Lügner und der Vater derselben [der Lüge].
Paralleltext: Ez 28:13-18

Offb 12:3-4

3 Und es erschien ein anderes Zeichen im [am] Himmel und siehe, ein großer, feuerroter Drache, der sieben Köpfe und zehn Hörner und auf seinen Köpfen sieben Diademe [Das Diadem, ein Stirnreif, war im Altertum das Zeichen der Königswürde] hatte; 4 und sein Schwanz zieht den dritten Teil der Sterne des Himmels fort; und er warf sie auf die Erde. Und der Drache stand vor der Frau, die im Begriff war, zu gebären, um, wenn sie geboren hätte, ihr Kind zu verschlingen.

Mt 7:13-14

13 Geht hinein durch die enge Pforte! Denn weit ist die Pforte und breit der Weg, der zum Verderben führt, und viele sind, die auf ihm hineingehen. 14 Denn eng ist die Pforte und schmal der Weg, der zum Leben führt, und wenige sind, die ihn finden.

Paralleltexte: Mt 22:14, Spr 14:12

1 Mos 1:28

28 Und Gott segnete sie, und Gott sprach zu ihnen: Seid fruchtbar und vermehrt euch, und füllt die Erde, und macht sie <euch> untertan; und herrscht über die Fische des Meeres und über die Vögel des Himmels und über alle Tiere, die sich auf der Erde regen!

1 Mos 2:17

17 aber vom Baum der Erkenntnis des Guten und Bösen, davon darfst du nicht essen; denn an dem Tag, da du davon isst, musst du sterben.

Mt 16:12

12 Da verstanden sie, dass er nicht gesagt hatte, sich zu hüten vor dem Sauerteig der Brote, sondern vor der Lehre der Pharisäer und Sadduzäer.

1 Mos 3:6

6 Und die Frau sah, dass der Baum gut zur Speise und dass er eine Lust für die Augen und dass der Baum begehrenswert war, Einsicht zu geben; und sie nahm von seiner Frucht und aß, und sie gab auch ihrem Mann bei ihr, und er aß.

1 Mos 3:23-24

23 Und Gott, der HERR, schickte ihn aus dem Garten Eden hinaus, den Erdboden zu bebauen, von dem er genommen war. 24
Und er trieb den Menschen aus und ließ östlich vom Garten Eden die Cherubim sich lagern und die Flamme des zuckenden Schwertes, den Weg zum Baum des Lebens zu bewachen.

1 Mos 4:8

8 Und Kain sprach zu seinem Bruder Abel [LXX, syr. und die alte lat. Übersetzung lesen hier noch: Lasse uns aufs Feld gehen]. Und es geschah, als sie auf dem Feld waren, da erhob sich Kain gegen seinen Bruder Abel und erschlug ihn.

Joh 8:44 siehe oben

1 Mos 4:16-24 Bitte in eigener Bibel nachlesen!

1 Mos 1:27-28

27 Und Gott schuf den Menschen nach seinem Bild, nach dem Bild Gottes schuf er ihn; als Mann und Frau [männlich und weiblich] schuf er sie. 28 Und Gott segnete sie, und Gott sprach zu

ihnen: Seid fruchtbar und vermehrt euch, und füllt die Erde, und macht sie <euch> untertan; und herrscht über die Fische des Meeres und über die Vögel des Himmels und über alle Tiere, die sich auf der Erde regen!

1 Mos 4:19

19 Lamech aber nahm sich zwei Frauen; der Name der einen war Ada und der Name der andern Zilla.

1 Mos 3:11-19 Bitte in eigener Schrift nachlesen!

1 Mos 2:19-20

19 Und Gott, der HERR, bildete aus dem Erdboden alle Tiere des
Feldes und alle Vögel des Himmels, und er brachte sie zu dem
Menschen, um zu sehen, wie er sie nennen würde; und genau so,
wie der Mensch sie, die lebenden Wesen [Seelen], nennen würde,
<so> sollte ihr Name sein. 20 Und der Mensch gab Namen allem
Vieh und den Vögeln des Himmels und allen Tieren des Feldes.
Aber für Adam [für einen Menschen] fand er keine Hilfe, ihm entsprechend [als sein Gegenüber; w. wie seine Entsprechung].

1 Mos 11:1-9 Bitte in der eigenen Schrift nachlesen!

1 Mos 10:8-10

8 Und Kusch zeugte Nimrod; der war der erste Gewaltige auf der
Erde. 9 Er war ein gewaltiger Jäger vor dem HERRN; darum sagt
man: Wie Nimrod, ein gewaltiger Jäger vor dem HERRN! 10 Und
der Anfang seines Königreiches war Babel und Erech und Akkad
und Kalne im Land Schinar.

1 Mos 6:11

11 Die Erde aber war verdorben vor Gott, und die Erde war erfüllt mit Gewalttat.

1 Mos 6:13

13 Da sprach Gott zu Noah: Das Ende alles Fleisches ist vor mich gekommen; denn die Erde ist durch sie erfüllt von Gewalttat; und siehe, ich will sie verderben mit der Erde.

1 Mos 7:23

23 So löschte er alles Bestehende aus, das auf der Fläche des Erdbodens war, vom Menschen bis zum Vieh, bis zu den kriechenden Tieren und bis zu den Vögeln des Himmels; und sie wurden von der Erde ausgelöscht. Nur Noah blieb übrig und das, was mit ihm in der Arche war.

1 Mos 8:22

22 Von nun an, alle Tage der Erde, sollen nicht aufhören Saat und Ernte, Frost und Hitze, Sommer und Winter, Tag und Nacht.

1 Mos 6:7 Bitte in der eigenen Schrift nachlesen!

Kapitel 4 – Erstes Weltgericht!

1 Mos 6:12-22 Bitte in der eigenen Schrift nachlesen!

1 Mos 8:22

22 Von nun an, alle Tage der Erde, sollen nicht aufhören Saat und Ernte, Frost und Hitze, Sommer und Winter, Tag und Nacht.

1 Mos 8:1

1 Und Gott gedachte des Noah und aller Tiere und alles Viehs, das mit ihm in der Arche war; und Gott ließ einen Wind über die Erde fahren, da sanken die Wasser.

1 Mos 9:1-17 Bitte in Ihrer Bibel nachlesen!

1 Mos 9:2-6

2 Und Furcht und Schrecken vor euch sei auf allen Tieren der Erde und auf allen Vögeln des Himmels! Mit allem, was sich auf

dem Erdboden regt, mit allen Fischen des Meeres sind sie in eure Hände gegeben. 3 Alles, was sich regt [alle kriechenden Tiere], was da lebt, soll euch zur Speise sein; wie das grüne Kraut gebe ich es euch alles. 4 Nur Fleisch mit seiner Seele [mit seinem Leben], seinem Blut, sollt ihr nicht essen! 5 Jedoch euer eigenes Blut [euer Blut für eure Seelen] werde ich einfordern; von jedem Tiere [von der Hand jedes Tieres] werde ich es einfordern, und von der Hand des Menschen, von der Hand eines jeden, <nämlich> seines Bruders, werde ich die Seele [d. Leben] des Menschen einfordern. Wer Menschenblut vergießt, dessen Blut soll durch Menschen vergossen werden; denn nach dem Bilde Gottes hat er den Menschen gemacht.
Paralleltexte: 3 Mos 3:17, Apg 15:20,29

Lk 18:27

27 Er aber sprach: Was bei Menschen unmöglich ist, ist möglich bei Gott.
Paralleltext: Mk 10:27

Joh 1:18

18 Niemand hat Gott jemals gesehen; der eingeborene [griech. monogenes, d. h. einzig in seiner Art, o. einziggeboren, o. einzig] Sohn [nach den älteren Handschriften: der eingeborene Gott], der in des Vaters Schoß ist, der hat <ihn> kundgemacht.

Jes 11:9

9 Man wird nichts Böses tun noch verderblich handeln auf meinem ganzen heiligen Berg. Denn das Land wird voll von Erkenntnis des HERRN sein, wie von Wassern, die das Meer bedecken.

Joh 17:20-22

20 Aber nicht für diese allein bitte ich, sondern auch für die, welche durch ihr Wort an mich glauben, 21 damit sie alle eins seien, wie du, Vater, in mir und ich in dir, dass auch sie in uns eins seien, damit die Welt glaube, dass du mich gesandt hast. 22 Und

die Herrlichkeit, die du mir gegeben hast, habe ich ihnen gegeben, dass sie eins seien, wie wir eins sind.

Joh 8:31-33

31 Jesus sprach nun zu den Juden, die ihm geglaubt hatten: Wenn ihr in meinem Wort bleibt, so seid ihr wahrhaft meine Jünger; 32 und ihr werdet die Wahrheit erkennen, und die Wahrheit wird euch frei machen. 33 Sie antworteten ihm: Wir sind Abrahams Nachkommenschaft [Same] und sind nie jemandes Sklaven gewesen. Wie sagst du: Ihr sollt frei werden?

Joh 1:9-14

9 Das war das wahrhaftige Licht, das, in die Welt kommend, jeden Menschen erleuchtet [das jeden Menschen, der in die Welt kommt, erleuchtet]. 10 Er war in der Welt, und die Welt wurde durch ihn, und die Welt kannte ihn nicht. 11 Er kam in das Seine [in das Eigene, bzw. die Eigenen], und die Seinen [das Eigene] nahmen ihn nicht an; 12 so viele ihn aber aufnahmen, denen gab er das Recht [die Macht, die Vollmacht], Kinder Gottes zu werden, denen, die an seinen Namen glauben; 13 die nicht aus Geblüt, auch nicht aus dem Willen des Fleisches, auch nicht aus dem Willen des Mannes, sondern aus Gott geboren sind. 14 Und das Wort wurde Fleisch und wohnte [zeltete] unter uns, und wir haben seine Herrlichkeit angeschaut, eine Herrlichkeit als eines Eingeborenen [griech. monogenes, d. h. einzig in seiner Art, o. einziggeboren, o. einzig] vom Vater, voller Gnade und Wahrheit.

1 Petr 1:12

12 Ihnen wurde es geoffenbart, dass sie nicht sich selbst, sondern euch dienten im Blick auf das, was euch jetzt verkündet worden ist durch die, welche euch das Evangelium verkündigt haben im [durch den] Heiligen Geist, der vom Himmel gesandt ist, in welche Dinge Engel hinein zu schauen begehren.

Endlich! Sicherheit und Friede!

Kapitel 5 – Ein neues Zeitalter!

1 Mos 7:19-20

19 Und die Wasser schwollen sehr, sehr an auf der Erde, so dass alle hohen Berge, die unter dem ganzen Himmel sind, bedeckt wurden. 20 Fünfzehn Ellen darüber hinaus schwollen die Wasser an; so wurden die Berge bedeckt.
Paralleltext: Ps 104:6

1 Mos 9:29

29 und alle Tage Noahs betrugen 950 Jahre, dann starb er.

1 Mos 25:7

7 Und dies sind die Tage der Lebensjahre Abrahams, die er lebte: 175 Jahre.

Ps 105:23

23 Dann kam Israel nach Ägypten, Jakob war ein Fremder im Lande Hams.

1 Mos 9:19-20

19 Diese drei sind die Söhne Noahs, und von ihnen ist die ganze Erde bevölkert worden [hat sich die ganze Erde (Erdbevölkerung) zerstreut]. 20 Und Noah, ein Landmann, begann auch, Weinberge zu pflanzen. (Noah, ein Landmann, war der erste, der einen Weinberg pflanzte)

1 Mos 9:21-27 Bitte in der eigenen Schrift nachlesen!

1 Mos 18:16-33 Bitte in der Schrift nachlesen!

1 Mos 3:15

15 Und ich werde Feindschaft setzen zwischen dir und der Frau, zwischen deinem Samen und ihrem Samen; er wird dir den Kopf zermalmen, und du, du wirst ihm die Ferse zermalmen.

1 Mos 4:17

17 Und Kain erkannte seine Frau, und sie wurde schwanger und gebar Henoch. Und er wurde der Erbauer einer Stadt und benannte die Stadt nach dem Namen seines Sohnes Henoch.

1 Mos 1:24-26

24 Und Gott sprach: Die Erde bringe lebende Wesen [Seelen]
hervor nach ihrer Art: Vieh und kriechende Tiere und <wilde> Tiere
der Erde nach ihrer Art! Und es geschah so. 25 Und Gott machte
die <wilden> Tiere der Erde nach ihrer Art und das Vieh nach seiner Art und alle kriechenden Tiere auf dem Erdboden nach ihrer
Art. Und Gott sah, dass es gut war. 26 Und Gott sprach: Lasst uns
Menschen [hebr. adam; d. h. <von der> Erde] machen in unserm
Bild, uns ähnlich [nach unserem Abbild o. Aussehen]! Sie sollen
herrschen über die Fische des Meeres und über die Vögel des
Himmels und über das Vieh und über die ganze Erde [und über
alle Tiere der Erde] und über alle kriechenden Tiere, die auf der
Erde kriechen!

5 Mos 10:17

17 Denn der HERR, euer Gott, er ist der Gott der Götter und der Herr der Herren, der große, mächtige und furchtbare Gott, der niemanden bevorzugt [der das Gesicht <eines Menschen> nicht erhebt] und kein Bestechungsgeschenk annimmt.

Ps 9:8

8 Der HERR lässt sich nieder auf immer, er hat seinen Thron aufgestellt zum Gericht.

1 Mos 18:20

20 Und der HERR sprach: Das Klagegeschrei über Sodom und Gomorra, wahrlich, es ist groß, und ihre Sünde, wahrlich, sie ist sehr schwer.

Endlich! Sicherheit und Friede!

Jes 24:4-7

4 Es vertrocknet, es welkt das Land, es schmachtet, es welkt der Erdkreis, es schmachten die Hohen des Volkes im Land. (ein hebr. Wortspiel, das etwa so nachgeahmt werden könnte: Bekümmert verkümmert die Erde; in Kummer kümmert hin das Festland. In Kummer sind die Hohen des Volkes.) 5 Und die Erde ist entweiht worden unter ihren Bewohnern. Denn sie haben die Gesetze übertreten, die Ordnungen überschritten, den ewigen Bund ungültig gemacht! 6 Darum hat der Fluch die Erde verzehrt, und es büßen, die auf ihr wohnen. Darum sind die Bewohner der Erde dahingeschwunden [o. verbrannt], und wenig Menschen bleiben übrig. 7 Es vertrocknet der Most, es welkt der Weinstock, es seufzen alle, die frohen Herzens waren.

Jes 44:28

28 der von Kyrus [hebr. Koräsch] spricht: Mein Hirte, er wird alles ausführen, was mir gefällt [er wird all meinen Willen zur Vollendung bringen], indem er von Jerusalem sagen wird: Es werde aufgebaut, und der Grundstein des Tempels werde gelegt!

Jes 45:1

1 So spricht der HERR zu seinem Gesalbten, zu Kyrus, den ich bei seiner Rechten ergriffen habe, um Nationen vor ihm zu unterwerfen - und die Hüften der Könige entgürte ich -, um Türen vor ihm zu öffnen, und Tore bleiben nicht verschlossen.

Paralleltext: Dan 6:28

Dan 7:8-12 Bitte in der Schrift nachlesen!

1 Joh 3,12

12 Nicht wie Kain <sollen wir sein, der> aus dem Bösen war und seinen Bruder ermordete. Und weshalb ermordete er ihn? Weil seine Werke böse waren, die seines Bruders aber gerecht.

2 Petr 2:4

4 Denn wenn Gott Engel, die gesündigt hatten, nicht verschonte, sondern sie in finsteren Höhlen des Abgrundes [griech. des Tartaros (Bezeichnung für den Straf-Ort der abgeschiedenen Gottlosen)] gehalten [nach anderen Handschriften: sondern sie in Fesseln der Finsternis in den Abgrund gestürzt] und zur Aufbewahrung für das Gericht überliefert hat.

Paralleltext: Jud 6

Dan 10:13-14

13 Aber der Fürst des Königreichs Persien stand mir 21 Tage entgegen. Und siehe, Michael, einer der ersten Fürsten, kam, um mir zu helfen, und ich wurde dort entbehrlich [w. ich blieb übrig] bei den Königen von Persien.
14 Und ich bin gekommen, um dich verstehen zu lassen, was deinem Volk am Ende der Tage widerfahren wird; denn noch <gilt> das Gesicht für <ferne> Tage.

Dan 10:20-21

20 Da sprach er: Hast du erkannt, warum ich zu dir gekommen bin? Nun aber kehre ich zurück, um gegen den Fürsten von Persien zu kämpfen. Und wenn ich mit ihm fertig geworden bin [Und komme ich <da> heraus], siehe, dann wird der Fürst von Griechenland kommen.
21 doch will ich dir mitteilen, was im Buch der Wahrheit aufgezeichnet ist und es gibt keinen einzigen, der mir gegen jene mutig beisteht [der gegen jene treu zu mir hält] als nur Michael, euer Fürst.

Dan 12:1

1 Und in jener Zeit wird Michael auftreten, der große Fürst, der für die Söhne deines Volkes eintritt. Und es wird eine Zeit der Bedrängnis sein, wie sie <noch> nie gewesen ist, seitdem <irgend>eine Nation entstand bis zu jener Zeit. Und in jener Zeit wird dein Volk errettet werden, jeder, den man im Buch aufgeschrieben findet.

Endlich! Sicherheit und Friede!

Jud 9

9 Michael aber, der Erzengel [Die Silbe „Erz“ (griech. arch-) bezeichnet den Ranghöchsten oder Ersten], wagte nicht, als er mit dem Teufel stritt und Wortwechsel um den Leib Moses hatte, ein lästerndes Urteil zu fällen, sondern sprach: Der Herr schelte [strafe] dich!

Offb 12:7

7 Und es entstand ein Kampf im Himmel: Michael und seine Engel kämpften mit dem Drachen. Und der Drache kämpfte und seine Engel;

Mk 5:1-10, 9:16-29 Bitte in der Schrift nachlesen!

Lk 8:26-31 Bitte in der Bibel nachlesen!

Lk 9:1-2

1 Als er aber die Zwölf zusammengerufen hatte, gab er ihnen Kraft und Vollmacht über alle Dämonen und zur Heilung von Krankheiten. 2 Und er sandte sie, das Reich [die Königsherrschaft] Gottes zu predigen und die Kranken gesund zu machen.

2 Mos 4:8-9

8 Und es wird geschehen, wenn sie dir nicht glauben und nicht auf die Stimme des ersten Zeichens hören, dann werden sie <doch wegen> der Stimme des zweiten Zeichens glauben [auf die Stimme ... hören, so werden sie der Stimme ... glauben]. 9 Und es wird geschehen, wenn sie selbst diesen beiden Zeichen nicht glauben und nicht auf deine Stimme hören, dann nimm vom Wasser des Nil und gieße es auf das trockene <Land>! Dann wird das Wasser, das du aus dem Nil nehmen wirst, auf dem trockenen <Land> zu Blut werden.

Ez 11:1

1 Und der Geist hob mich empor und brachte mich zum östlichen Tor des Hauses des HERRN, das nach Osten weist. Und siehe, am Eingang des Tores waren 25 Männer; und ich sah in ihrer

Mitte Jaasanja, den Sohn Asurs, und Pelatja, den Sohn Benajas, die Obersten des Volkes. 2 Und er sprach zu mir: Menschensohn, das sind die Männer, die Unheil ersinnen und bösen Rat erteilen in dieser Stadt.

Mt 2:15

15 und er war dort bis zum Tod des Herodes, damit erfüllt würde, was von dem Herrn geredet ist durch den Propheten, der spricht: „Aus Ägypten habe ich meinen Sohn gerufen."

Paralleltexte: 2 Mos 4:22,23, Hos 11:1

Gal 3:24

24 Also ist das Gesetz unser Zuchtmeister auf Christus hin geworden, damit wir aus Glauben gerechtfertigt würden.

Joh 3:16

16 Denn so [so sehr] hat Gott die Welt geliebt, dass er seinen eingeborenen [griech. monogenes, d.h. einzig in seiner Art, o. einzig geboren, o. einzig] Sohn gab, damit jeder, der an ihn glaubt, nicht verloren geht, sondern ewiges Leben hat.

1 Joh 4:8

8 Wer nicht liebt, hat Gott nicht erkannt, denn Gott ist Liebe.

Joh 8:44

44 Ihr seid aus dem Vater, dem Teufel, und die Begierden eures Vaters wollt ihr tun. Jener war ein Menschenmörder von Anfang an und stand nicht in der Wahrheit, weil keine Wahrheit in ihm ist. Wenn er die Lüge redet, so redet er aus seinem Eigenen, denn er ist ein Lügner und der Vater derselben [d.h. der Lüge].

Spr 22:6

6 Erziehe den Knaben seinem Weg gemäß; er wird nicht davon weichen, auch wenn er älter wird.

Jes 29:1-5

1 Wehe Ariel [Gemeint ist Jerusalem. Das Wort bedeutet wahrscheinlich Gottesherd.], Ariel, <du> Stadt, wo David lagerte! Fügt Jahr zu Jahr, lässt die Feste kreisen! 2 Aber ich werde Ariel bedrängen, dass es Weh und Wehgeschrei geben wird. Dann wird sie mir wie ein Ariel sein [d.h. so blutig und qualmend wie ein Altar. – Andere übersetzen mit geringfügiger Veränderung: Du wirst mir ein rechter Ariel sein]. 3 Und ich werde mein Lager ringsum gegen dich aufschlagen und dich mit einem Wall [Wachtposten] einschließen und Belagerungswerke gegen dich errichten. 4 Dann bist du erniedrigt und wirst aus der Erde [vom Erdboden her] reden, und aus dem Staub wird deine Rede dumpf ertönen. Und deine Stimme wird sein wie die eines Totengeistes aus der Erde, und aus dem Staub wird deine Rede flüstern. 5 Aber wie feiner Staub wird die Menge deiner Feinde [deiner Fremden; Qu: deiner Frechen o. Vermessenen] sein und wie dahinfahrende Spreu die Menge der Gewalttätigen. Und plötzlich, in einem Augenblick, wird es geschehen....

Kapitel 6 – Der Gottesstaat wurde gegründet!

2 Mos 19:5-8

5 Und nun, wenn ihr willig auf meine Stimme hören und meinen Bund halten werdet, dann sollt ihr aus allen Völkern mein Eigentum sein; denn mir gehört die ganze Erde. 6 Und ihr sollt mir ein Königreich von Priestern und eine heilige Nation sein. Das sind die Worte, die du zu den Söhnen Israel reden sollst. 7 Darauf ging Mose hin, rief die Ältesten des Volkes <zusammen> und legte ihnen all diese Worte vor, die ihm der HERR geboten hatte. 8 Da antwortete das ganze Volk gemeinsam und sagte: Alles, was der HERR

geredet hat, wollen wir tun! Und Mose brachte dem HERRN die Worte des Volkes zurück.

1 Mos 18:17-33, 19:1-29 Bitte in der Schrift nachlesen!

1 Mos 9:25-27

25 Und er (Noah) sprach: Verflucht sei Kanaan! Ein Knecht der Knechte sei er seinen Brüdern! 26 Und er sprach: Gepriesen [Gesegnet] sei der HERR, der Gott Sems; und Kanaan sei sein Knecht! 27 Weiten Raum schaffe Gott dem Jafet [Im Hebr. klingt das Wort für „weiten Raum schaffen“ (jaft) an den Namen Jafet an], und er wohne in den Zelten Sems; und Kanaan sei sein Knecht!

5 Mos 18:12-14

12 Denn ein Gräuel für den HERRN ist jeder, der diese Dinge tut. Und um dieser Gräuel willen treibt der HERR, dein Gott, sie vor dir aus. 13 Du sollst dich ungeteilt an den HERRN, deinen Gott, halten [untadelig sein vor dem HERRN, deinem Gott; w. ganz sein mit dem HERRN, deinem Gott]. 14 Denn diese Nationen, die du austreiben wirst, hören auf Zauberer und auf Wahrsager. Du aber – so etwas hat der HERR, dein Gott, dir nicht gestattet!

5 Mos 19:17-19

17 dann sollen die beiden Männer, die den Rechtsstreit führen, vor den HERRN treten, vor die Priester und die Richter, die in jenen Tagen da sein werden. 18 Und die Richter sollen <die Sache> genau untersuchen. Und siehe, ist der Zeuge ein Lügenzeuge, hat er gegen seinen Bruder Lüge bezeugt, 19 dann sollt ihr ihm tun, wie er seinem Bruder zu tun gedachte. Und du sollst das Böse aus deiner Mitte wegschaffen.

4 Mos 33:51-52

51 Rede zu den Söhnen Israel und sage zu ihnen: Wenn ihr über den Jordan in das Land Kanaan zieht, 52 dann sollt ihr alle Bewohner des Landes vor euch her vertreiben und all ihre Götzenbil-

der zugrunde richten; und alle ihre gegossenen Bilder sollt ihr zugrunde richten, und alle ihre Höhen sollt ihr austilgen.

3 Mos 18:24

24 Macht euch nicht unrein durch all dieses! Denn durch all dieses haben die Nationen sich unrein gemacht, die ich vor euch vertreibe.

1 Mos 9:25 siehe oben

4 Mos 33:51-56 Bitte in der Schrift nachlesen!

Jos 24:1-25 Bitte in der Schrift nachlesen!

1 Mos 12:1-3

1 Und der HERR sprach zu Abram: Geh aus deinem Land und aus deiner Verwandtschaft und aus dem Haus deines Vaters in das Land, das ich dir zeigen werde!
2 Und ich will dich zu einer großen Nation machen, und ich will dich segnen, und ich will deinen Namen groß machen, und du sollst ein Segen sein!
3 Und ich will segnen, die dich segnen, und wer dir flucht, den werde ich verfluchen; und in dir sollen gesegnet werden alle Geschlechter [sollen sich Segen wünschen alle Sippen] der Erde!

1 Mos 17:5,15

5 Und nicht mehr soll dein Name Abram [d.h. <mein> Vater ist erhaben] heißen, sondern Abraham [Vater einer Menge] soll dein Name sein! Denn zum Vater einer Menge von Nationen habe ich dich gemacht.

15 Und Gott sprach zu Abraham: Deine Frau Sarai sollst du nicht <mehr> Sarai nennen, sondern Sara [Fürstin] soll ihr Name sein!

1 Mos 18:10-14 Bitte in der Schrift nachlesen!

1 Mos 18:18

18 Abraham soll doch zu einer großen und mächtigen Nation werden, und in ihm sollen gesegnet werden [sich Segen wünschen] alle Nationen der Erde!

1 Mos 17:16

16 Und ich werde sie segnen, und auch von ihr gebe ich dir einen Sohn; und ich werde sie segnen, und sie wird zu Nationen werden; Könige von Völkern sollen von ihr kommen.

1 Mos 17:19

19 Und Gott sprach: Nein, <sondern> Sara, deine Frau, wird dir einen Sohn gebären. Und du sollst ihm den Namen Isaak [Jizchak; d.h. er wird lachen] geben! Und ich werde meinen Bund mit ihm aufrichten zu einem ewigen Bund für seine Nachkommen nach ihm.

1 Mos 17:21

21 Aber meinen Bund werde ich mit Isaak aufrichten, den Sara dir im nächsten Jahr um diese Zeit gebären wird.

1 Mos 22:18

18 Und in deinem Samen [mit deiner Nachkommenschaft] werden sich segnen alle Nationen der Erde dafür, dass du meiner Stimme gehorcht hast.

1 Mos 18:18 siehe oben

1 Mos 21:4-5 Bitte in der Schrift nachlesen!

2 Mos 15:22-24

22 Und Mose ließ Israel vom Schilfmeer aufbrechen, und sie zogen hinaus in die Wüste Schur und wanderten drei Tage in der Wüste und fanden kein Wasser. 23 Da kamen sie nach Mara, aber sie konnten das Wasser von Mara nicht trinken, denn es war bitter. Darum gab man <dem Ort> den Namen Mara [Bitterkeit]. 24 Und das Volk murrte gegen Mose: Was sollen wir trinken?

Endlich! Sicherheit und Friede!

2 Mos 16:2-3

2 Da murrte die ganze Gemeinde der Söhne Israel gegen Mose und Aaron in der Wüste. 3 Und die Söhne Israel sagten zu ihnen: Wären wir doch durch die Hand des HERRN im Land Ägypten gestorben, als wir bei den Fleischtöpfen saßen, als wir Brot aßen bis zur Sättigung! Denn ihr habt uns in diese Wüste herausgeführt, um diese ganze Versammlung an Hunger sterben zu lassen.

2 Mos 4:22-23

22 Und du sollst zum Pharao sagen: So spricht der HERR: Mein erstgeborener Sohn ist Israel, 23 und ich sage dir: Lasse meinen Sohn ziehen, damit er mir dient! Wenn du dich aber weigerst, ihn ziehen zu lassen, siehe, dann werde ich deinen erstgeborenen Sohn umbringen.

2 Mos 14 Bitte in der Schrift nachlesen!

4 Mos 14:28-32 Bitte in der Schrift nachlesen!

5 Mos 6:13-16

13 Den HERRN, deinen Gott, sollst du fürchten und ihm dienen, und bei seinem Namen sollst du schwören. 14 Ihr sollt nicht anderen Göttern, von den Göttern der Völker, die rings um euch her sind, nachlaufen 15 denn als ein eifersüchtiger Gott ist der HERR, dein Gott, in deiner Mitte, damit nicht der Zorn des HERRN, deines Gottes, gegen dich entbrennt und er dich vom Erdboden weg vernichtet. 16 Ihr sollt den HERRN, euren Gott, nicht prüfen [versuchen; o. auf die Probe stellen], wie ihr ihn zu Massa geprüft habt.

2 Mos 22:17-19 – einige der todeswürdigen Vergehen

17 Eine Zauberin sollst du nicht am Leben lassen. 18 Jeder, der bei einem Tier liegt, muss getötet werden. 19 Wer den Göttern opfert [zum Opfer schlachtet], außer dem HERRN allein, soll mit dem Bann belegt werden.

1 Kor 3:19

19 Denn die Weisheit dieser Welt [griech. „Kosmos"; ein anderes Wort als in Vers 18] ist Torheit bei Gott; denn es steht geschrieben: „Der die Weisen fängt in ihrer List."

Jes 55:9

9 Denn <so viel> der Himmel höher ist als die Erde, so sind meine Wege höher als eure Wege und meine Gedanken als eure Gedanken.

Hiob 11:7

7 Kannst du die Tiefen Gottes erreichen oder die Vollkommenheit des Allmächtigen ergründen? [o. bis zur äußersten Grenze des Allmächtigen gelangen]

3 Mos 19:12

12 Und ihr sollt bei meinem Namen nicht falsch schwören, dass du den Namen deines Gottes entweihen würdest. Ich bin der HERR.

Gal 6:7-9

7 Irrt euch nicht, Gott lässt sich nicht verspotten! Denn was ein
Mensch sät, das wird er auch ernten. 8 Denn wer auf [in ... hinein]
sein Fleisch sät, wird vom Fleisch Verderben ernten; wer aber auf
[in ... hinein] den Geist sät, wird vom Geist ewiges Leben ernten 9
Lasst uns aber im Gutes tun nicht müde werden! Denn zur bestimmten Zeit werden wir ernten, wenn wir nicht ermatten.

3 Mos 19:3

3 Ihr sollt jeder seine Mutter und seinen Vater fürchten; und meine Sabbate sollt ihr halten. Ich bin der HERR, euer Gott.

3 Mos 19:30

30 Meine Sabbate sollt ihr halten, und mein Heiligtum sollt ihr fürchten. Ich bin der HERR.

3 Mos 25 Bitte in der Schrift nachlesen!

Endlich! Sicherheit und Friede!

1 Mos 2:2

2 Und Gott vollendete am siebten Tag sein Werk [hatte am siebten Tag sein Werk vollendet], das er gemacht hatte; und er ruhte am siebten Tag von all seinem Werk, das er gemacht hatte.

5 Mos 31:10-13 Bitte in der Schrift nachlesen!

Gal 4:23

23 aber der von der Magd war nach dem Fleisch geboren, der von der Freien jedoch durch die Verheißung.

3 Mos 26:33-35

33 Euch aber werde ich unter die Nationen zerstreuen, und ich werde das Schwert hinter euch herziehen. Euer Land wird eine Öde und eure Städte werden eine Trümmerstätte sein. 34 Dann endlich wird das Land seine Sabbate ersetzt bekommen [abtragen], all die Tage seiner Verödung, während ihr im Land eurer Feinde seid. Dann endlich wird das Land ruhen und seine Sabbate ersetzt bekommen. 35 All die Tage seiner Verödung wird es ruhen, was es nicht an euren Sabbaten geruht hat, als ihr darin wohntet.

2 Chr 26:20-21

20 Und der Oberpriester Asarja und all die Priester wandten sich ihm zu, und siehe, er war aussätzig an seiner Stirn, und sie trieben ihn schleunigst von dort weg. Und auch er selbst beeilte sich hinaus zu kommen, weil der HERR ihn geschlagen hatte. 21 Und der König Usija war aussätzig bis zum Tag seines Todes. Und er wohnte in einem abgesonderten Haus als Aussätziger; denn er war von dem Haus des HERRN ausgeschlossen. Und sein Sohn Jotam war über das Haus des Königs <gesetzt worden> und richtete das Volk des Landes.

2 Mos 20:13

13 Du sollst nicht töten.
Paralleltext: Mt 5:21

2 Mos 21:12 – Verordnungen zum Schutz von Leib und Leben

12 Wer einen Menschen <so> schlägt, dass er stirbt, muss getötet werden.

Paralleltext: Mt 5:21

2 Mos 21:28

28 Wenn ein Rind einen Mann oder eine Frau stößt, so dass sie sterben [o. dass er stirbt] dann muss das Rind gesteinigt werden, und sein Fleisch darf nicht gegessen werden; aber der Besitzer des Rindes soll straffrei bleiben.

3 Mos 24:17

17 Wenn jemand irgendeinen Menschen [irgendeine Person (o. Seele) der Menschen] totschlägt, muss er getötet werden.

4 Mos 35:16-21,31 Bitte in der Schrift nachlesen!

Röm 13:3-4

3 Denn die Regenten sind nicht ein Schrecken für das gute
Werk, sondern für das böse. Willst du dich aber vor der <staatlichen> Macht nicht fürchten, so tue das Gute, und du wirst Lob
von ihr haben; 4 denn sie ist Gottes Dienerin, dir zum Guten.
Wenn du aber das Böse tust, so fürchte dich! Denn sie trägt das Schwert nicht umsonst, denn sie ist Gottes Dienerin, eine Rächerin zur Strafe für den, der Böses tut.

Paralleltext: 1 Petr 2:14

2 Mos 20:14

14 Du sollst nicht ehebrechen.

Paralleltexte: 4 Mos 5:12, Mt 19:3-9

3 Mos 20:10

10 Wenn ein Mann mit einer Frau Ehebruch treibt, wenn ein Mann Ehebruch treibt mit der Frau seines Nächsten, müssen der Ehebrecher und die Ehebrecherin getötet werden.

Paralleltexte: 2 Mos 20:14, 5 Mos 22:22-24

5 Mos 6:6-8

6 Und diese Worte, die ich dir heute gebiete, sollen in deinem Herzen sein. 7 Und du sollst sie deinen Kindern einschärfen, und du sollst davon reden, wenn du in deinem Hause sitzt und wenn du auf dem Weg gehst, wenn du dich hinlegst und wenn du aufstehst. 8 Und du sollst sie als Zeichen auf deine Hand binden, und sie sollen als Merkzeichen zwischen deinen Augen sein.

Paralleltexte: 2 Mos 13:9, Spr 7:3, Eph 6:4

Kapitel 7 – Der Übergang

Mt 1:23

23 „Siehe, die Jungfrau wird schwanger sein und einen Sohn gebären, und sie werden seinen Namen Emmanuel [griech. Form von hebr. Immanuel] nennen“, was übersetzt ist: Gott mit uns.

Paralleltexte: Lk 2:8-20,25-38, Mt 2:1-8

Mal 3:1-3

1 Siehe, ich sende meinen Boten, damit er den Weg vor mir her bereite. Und plötzlich kommt zu seinem Tempel der Herr, den ihr sucht, und der Engel des Bundes, den ihr herbeiwünscht [an dem ihr Gefallen habt], siehe, er kommt, spricht der HERR der Heerscharen. 2 Wer aber kann den Tag seines Kommens ertragen, und wer wird bestehen bei seinem Erscheinen? Denn er wird wie das Feuer eines Schmelzers und wie das Laugensalz von Wäschern sein. 3 Und er wird sitzen und das Silber schmelzen und reinigen, und er wird die Söhne Levi reinigen und sie läutern wie Gold und wie Silber, so dass sie <Männer> werden, die dem HERRN Opfergaben in Gerechtigkeit darbringen.

Joh 1:15-17

15 Johannes zeugt von ihm und rief und sprach: Dieser war es, von dem ich sagte: Der nach mir kommt, ist vor mir geworden, denn er war eher als ich. 16 Denn aus seiner Fülle haben wir alle empfangen, und <zwar> Gnade um Gnade. 17 Denn das Gesetz wurde durch Mose gegeben; die Gnade und die Wahrheit ist durch Jesus Christus geworden.

Lk 3:15-17

15 Als aber das Volk in Erwartung war und alle in ihren Herzen wegen Johannes überlegten, ob er nicht etwa der Christus sei, 16 antwortete Johannes allen und sprach: Ich zwar taufe euch mit [in] Wasser; es kommt aber ein Stärkerer als ich, und ich bin nicht würdig, <ihm> den Riemen seiner Sandalen zu lösen; er wird euch mit Heiligem Geist und Feuer taufen. 17 Seine Worfschaufel ist in seiner Hand, seine Tenne zu reinigen und den Weizen in seine Scheune zu sammeln; die Spreu aber wird er verbrennen mit unauslöschlichem Feuer.

1 Mos 12:3

3 Und ich will segnen, die dich segnen, und wer dir flucht, den werde ich verfluchen; und in dir sollen gesegnet werden alle Geschlechter [sollen sich Segen wünschen alle Sippen] der Erde!

1 Mos 18:18

18 Abraham soll doch zu einer großen und mächtigen Nation werden, und in ihm sollen gesegnet werden [sich Segen wünschen] alle Nationen der Erde!

Paralleltext: 1 Mos 22:18

Jes 9:5-6

5 Denn ein Kind ist uns geboren, ein Sohn uns gegeben, und die Herrschaft ruht auf seiner Schulter; und man nennt seinen Namen: [Planer des Wunders; Gott, Held] Wunderbarer Ratgeber, starker Gott [Oberster], Vater der Ewigkeit, Fürst des Friedens. 6 Groß ist die Herrschaft, und der Friede wird kein Ende haben auf

dem Thron Davids und über seinem Königreich, es zu festigen und zu stützen durch Recht und Gerechtigkeit von nun an bis in Ewigkeit. Der Eifer des HERRN der Heerscharen wird dies tun.

1 Mos 16 Bitte in der Schrift nachlesen!

1 Mos 12:2

2 Und ich will dich zu einer großen Nation machen, und ich will dich segnen, und ich will deinen Namen groß machen, und du sollst ein Segen sein!

Paralleltexte: 1 Mos 15:2-4, 16:2

4 Mos 14:26-45 Bitte in der eigenen Bibel nachlesen!

1 Mos 3:15

15 Und ich werde Feindschaft setzen zwischen dir und der Frau, zwischen deinem Samen und ihrem Samen; er wird dir den Kopf zermalmen, und du, du wirst ihm die Ferse zermalmen.

Ps 2:8-9

8 Fordere von mir, und ich will dir die Nationen zum Erbteil geben, zu deinem Besitz die Enden der Erde. 9 Mit eisernem Stab magst du sie zerschmettern, wie Töpfergeschirr sie zerschmeißen.“

1 Mos 1:26

26 Und Gott sprach: Lasst uns Menschen [hebr. adam; d.h. <von der> Erde (adama=Erdboden] machen in unserm Bild, uns ähnlich [nach unserem Abbild o. Aussehen]! Sie sollen herrschen über die Fische des Meeres und über die Vögel des Himmels und über das Vieh und über die ganze Erde [und über alle Tiere der Erde] und über alle kriechenden Tiere, die auf der Erde kriechen!

Joh 1:14

14 Und das Wort wurde Fleisch und wohnte [zeltete] unter uns, und wir haben seine Herrlichkeit angeschaut, eine Herrlichkeit als eines Eingeborenen [griech. monogenes, d.h. einzig in seiner Art, o. einziggeboren, o. einzig] vom Vater, voller Gnade und Wahrheit.

Joh 3:16

16 Denn so [so sehr] hat Gott die Welt geliebt, dass er seinen eingeborenen [griech. monogenes, d.h. einzig in seiner Art, o. einzig geboren, o. einzig] Sohn gab, damit jeder, der an ihn glaubt, nicht verloren geht, sondern ewiges Leben hat.

1 Mos 12:3 siehe oben

2 Mos 19:5

5 Und nun, wenn ihr willig auf meine Stimme hören und meinen Bund halten werdet, dann sollt ihr aus allen Völkern mein Eigentum sein; denn mir gehört die ganze Erde.

3 Mos 18:3-5

3 Nach der Weise des Landes Ägypten, in dem ihr gewohnt habt, sollt ihr nicht tun; und nach der Weise des Landes Kanaan, wohin ich euch bringe, sollt ihr nicht tun; und in ihren Ordnungen sollt ihr nicht leben. 4 Meine Rechtsbestimmungen sollt ihr tun, und meine Ordnungen sollt ihr halten, um in ihnen zu leben. Ich bin der HERR, euer Gott. 5 Und meine Ordnungen und meine Rechtsbestimmungen sollt ihr halten. Durch sie wird der Mensch, der sie tut, Leben haben. Ich bin der HERR.

2 Kor 5:17

17 Daher, wenn jemand in Christus ist, so ist er eine neue Schöpfung; das Alte ist vergangen, siehe, Neues ist geworden.

Gal 6:15

15 Denn weder Beschneidung noch Unbeschnittensein gilt etwas, sondern eine neue Schöpfung.

Lk 14:16-24 Bitte in der Schrift nachlesen!

Apg 20:28

28 Habt acht auf euch selbst und auf die ganze Herde, in welcher der Heilige Geist euch als Aufseher eingesetzt hat, die Gemeinde Gottes [nach anderen Handschriften: Gemeinde des Herrn]

zu hüten, die er sich erworben hat durch das Blut seines eigenen [durch sein eigenes Blut] <Sohnes>!

1 Kor 15:45-58 Bitte in der Schrift nachlesen!

Joh 17:20-22

20 Aber nicht für diese allein bitte ich, sondern auch für die,
welche durch ihr Wort an mich glauben, 21 damit sie alle eins sei-
en, wie du, Vater, in mir und ich in dir, dass auch sie in uns eins
seien, damit die Welt glaube, daß du mich gesandt hast. 22 Und
die Herrlichkeit, die du mir gegeben hast, habe ich ihnen gegeben,
dass sie eins seien, wie wir eins sind.

Joh 10:16

16 Und ich habe andere Schafe, die nicht aus diesem Hof sind; auch diese muss ich bringen, und sie werden meine Stimme hören, und es wird eine Herde, ein Hirte sein.

Joh 18:28-19:15 – Pilatusgeschichte

Bitte in Ihrer Bibel nachlesen!

Mt 5:17-20

17 Meint nicht, dass ich gekommen sei, das Gesetz oder die
Propheten aufzulösen; ich bin nicht gekommen, aufzulösen, sondern zu erfüllen. 18 Denn wahrlich, ich sage euch: Bis der Himmel
und die Erde vergehen, soll auch nicht ein Jota oder ein Strichlein
von dem Gesetz vergehen, bis alles geschehen ist. 19 Wer nun eins
dieser geringsten Gebote auflöst und so die Menschen lehrt, wird
der Geringste heißen im Reich [in der/die Königsherrschaft] der
Himmel; wer sie aber tut und lehrt, dieser wird groß heißen im
Reich der Himmel. 20 Denn ich sage euch: Wenn nicht eure Gerechtigkeit die der Schriftgelehrten und Pharisäer weit übertrifft
[überreich ist, mehr als die der Sch. und Ph], so werdet ihr keinesfalls in das Reich der Himmel hineinkommen.

Röm 13:9-10

9 Denn das: „Du sollst nicht ehebrechen, du sollst nicht töten, du sollst nicht stehlen, du sollst nicht begehren", und wenn es ein anderes Gebot <gibt>, ist in diesem Wort zusammengefasst: „Du sollst deinen Nächsten lieben wie dich selbst." 10 Die Liebe tut dem Nächsten nichts Böses. Die Erfüllung des Gesetzes ist also die Liebe.

Kapitel 8 – Das Ende des Gottesstaates!

Joh 8:31-36

31 Jesus sprach nun zu den Juden, die ihm geglaubt hatten: Wenn ihr in meinem Wort bleibt, so seid ihr wahrhaft meine Jünger; 32 und ihr werdet die Wahrheit erkennen, und die Wahrheit wird euch frei machen. 33 Sie antworteten ihm: Wir sind Abrahams Nachkommenschaft [Same] und sind nie jemandes Sklaven gewesen. Wie sagst du: Ihr sollt frei werden? 34 Jesus antwortete ihnen: Wahrlich, wahrlich, ich sage euch: Jeder, der die Sünde tut, ist der Sünde Sklave. 35 Der Sklave aber bleibt nicht für immer [w. in das Zeitalter (griech. Äon)] im Haus; der Sohn bleibt für immer. 36 Wenn nun der Sohn euch frei machen wird, so werdet ihr wirklich frei sein.

Apg 5:17-18

17 Der Hohepriester aber trat auf und alle, die mit ihm waren, nämlich die Sekte der Sadduzäer [religiöse Partei, der u.a. die vornehmen Priesterfamilien angehörten], und wurden von Eifersucht [Neid] erfüllt; 18 und sie legten Hand an die Apostel und setzten sie in öffentlichen Gewahrsam.

Paralleltexte: Apg 4:1-4, 7:54-60, 8:3-4

Mk 13:13

13 Und ihr werdet von allen gehasst werden um meines Namens willen; wer aber ausharrt bis ans Ende, der wird errettet werden.

Mk 13:9-10

9 Ihr aber, seht auf euch selbst! Euch werden sie an Gerichte [Synedrien] überliefern, und in den Synagogen werdet ihr geschlagen werden [gemeint ist die Strafe der Geißelung;], und ihr werdet vor Statthalter und Könige gestellt werden um meinetwillen, ihnen zu einem Zeugnis; 10 und allen Nationen muss vorher das Evangelium gepredigt werden.

Paralleltext: Mt 10:17-22

1 Thess 5:3

3 Wenn sie sagen: „Friede und Sicherheit" dann kommt ein plötzliches Verderben über sie, wie die Geburtswehen über die Schwangere; und sie werden nicht entfliehen.

Mt 24:15-22 Bitte in eigener Bibel nachlesen!

Lk 19:43

43 Denn Tage werden über dich kommen, da werden deine Feinde einen Wall um dich aufschütten und dich umzingeln und dich von allen Seiten einengen.

Mt 24:2

2 Er aber antwortete und sprach zu ihnen: Seht ihr nicht dies alles? Wahrlich, ich sage euch: Hier wird nicht ein Stein auf dem anderen gelassen werden, der nicht abgebrochen werden wird.

Paralleltext: Lk 21:6

Lk 21:11

11 und es werden große Erdbeben sein und an verschiedenen Orten Hungersnöte und Seuchen; auch Schrecknisse und große Zeichen vom Himmel wird es geben.

Mt 24:11

11 und viele falsche Propheten werden aufstehen und werden
viele verführen [irreführen].

Ps 18:26-28

26 Gegen den Treuen verhältst du dich treu, gegen den untadeligen Mann untadelig [rechtschaffen]. 27 Gegen den Reinen zeigst
du dich rein, gegen den Verkehrten aber verdreht. 28 Ja, du rettest
das arme [demütige] Volk und erniedrigst hochmütige Augen.

4 Mos 14:2

2 Und alle Söhne Israel murrten gegen Mose und gegen Aaron,
und die ganze Gemeinde sagte zu ihnen: Wären wir doch im Land
Ägypten gestorben, oder wären wir doch in dieser Wüste gestorben!

4 Mos 14:22-23

22 alle die Männer, die meine Herrlichkeit und meine Zeichen
gesehen haben, die ich in Ägypten und in der Wüste getan habe,
und mich nun zehnmal geprüft und nicht gehört haben auf meine
Stimme, 23 werden das Land nicht sehen [Wenn sie das Land sehen werden<, dann ...!> - Der Satz ist eine hebr. Schwurformel,
deren zweiter Teil nicht ausgesprochen wurde], das ich ihren Vätern zugeschworen habe! Alle, die mich verachtet haben, sollen es
nicht sehen.

Paralleltext: 4 Mos 14:28-30

Joh 1:6-7,12

6 Da war ein Mensch, von Gott gesandt, sein Name Johannes. 7
Dieser kam zum Zeugnis, dass er zeugte von dem Licht, damit alle
durch ihn glaubten.

12 so viele ihn aber aufnahmen, denen gab er das Recht [die
Macht, die Vollmacht], Kinder Gottes zu werden, denen, die an seinen Namen glauben.

Joh 3:16

16 Denn so [so sehr] hat Gott die Welt geliebt, dass er seinen eingeborenen [griech. monogenes, d.h. einzig in seiner Art, o. einzig geboren, o. einzig] Sohn gab, damit jeder, der an ihn glaubt, nicht verloren geht, sondern ewiges Leben hat.

Joh 3:18

18 Wer an ihn glaubt, wird nicht gerichtet; wer aber nicht glaubt, ist schon gerichtet, weil er nicht geglaubt hat an den Namen des eingeborenen [griech. monogenes, d.h. einzig in seiner Art, o. einzig geboren, o. einzig] Sohnes Gottes.

Joh 3:36

36 Wer an den Sohn glaubt, hat ewiges Leben; wer aber dem Sohn nicht gehorcht, wird das Leben nicht sehen, sondern der Zorn Gottes bleibt auf ihm.

Apg 1:6

6 Sie nun, als sie zusammengekommen waren, fragten ihn und sagten: Herr, stellst du in dieser Zeit für Israel das Reich [die Königsherrschaft] wieder her?

Jes 55:8-11

8 Denn meine Gedanken sind nicht eure Gedanken, und eure Wege sind nicht meine Wege, spricht der HERR. 9 Denn <so viel> der Himmel höher ist als die Erde, so sind meine Wege höher als eure Wege und meine Gedanken als eure Gedanken. 10 Denn wie der Regen fällt und vom Himmel der Schnee und nicht dahin zurückkehrt, sondern die Erde tränkt, sie befruchtet und sie sprießen lässt, dass sie dem Sämann Samen gibt und Brot dem Essenden, 11 so wird mein Wort sein, das aus meinem Mund hervorgeht. Es wird nicht leer zu mir zurückkehren, sondern es wird bewirken, was mir gefällt, und ausführen, wozu ich es gesandt habe.

Joh 18:39-40

39 es ist aber ein Brauch bei euch, dass ich euch an dem Passah einen losgebe. Wollt ihr nun, dass ich euch den König der Juden losgebe? 40 Da schrien wieder alle und sagten: Nicht diesen, sondern den Barabbas! Barabbas aber war ein Räuber.

Joh 15:18 – Ankündigung von Verfolgungen

18 Wenn die Welt euch hasst, so wisst, dass sie mich vor euch gehasst hat.

Joh 18:36-37

36 Jesus antwortete: Mein Reich [meine Königsherrschaft] ist nicht von dieser Welt; wenn mein Reich von dieser Welt wäre, so hätten meine Diener gekämpft, damit ich den Juden nicht überliefert würde, jetzt aber ist mein Reich nicht von hier. 37 Da sprach Pilatus zu ihm: Also bist du doch ein König? Jesus antwortete: Du sagst es, dass ich ein König bin. Ich bin dazu geboren und dazu in die Welt gekommen, dass ich für die Wahrheit Zeugnis gebe. Jeder, der aus der Wahrheit ist, hört meine Stimme.

Mt 13:2-8 Bitte in der eigenen Bibel nachlesen!

Mt 13:20-22

20 Bei dem [Wer] aber auf das Steinige gesät ist, dieser ist es, der das Wort hört und es sogleich mit Freuden aufnimmt; 21 er hat aber keine Wurzel in sich, sondern ist nur <ein Mensch> des Augenblicks; und wenn Bedrängnis entsteht oder Verfolgung um des Wortes willen, nimmt er sogleich Anstoß [lässt er sich sogleich zur Sünde verleiten; o. ärgert er sich sogleich]. 22 Bei dem [Wer] aber unter die Dornen gesät ist, dieser ist es, der das Wort hört, und die Sorge der Zeit [dieses Zeitalters, o. dieser Welt, griech. Äon] und der Betrug des Reichtums ersticken das Wort, und er bringt keine Frucht.

Mt 5:11

11 Glückselig seid ihr, wenn sie euch schmähen und verfolgen und alles Böse lügnerisch [Das Wort fehlt in einigen Handschriften.] gegen euch reden werden um meinetwillen.

Joh 15:20

20 Gedenkt des Wortes, das ich euch gesagt habe: Ein Sklave ist nicht größer als sein Herr. Wenn sie mich verfolgt haben, werden sie auch euch verfolgen; wenn sie mein Wort gehalten haben, werden sie auch das eure halten.

Joh 17:20-22

20 Aber nicht für diese allein bitte ich, sondern auch für die, welche durch ihr Wort an mich glauben, 21 damit sie alle eins seien, wie du, Vater, in mir und ich in dir, dass auch sie in uns eins seien, damit die Welt glaube, dass du mich gesandt hast. 22 Und die Herrlichkeit, die du mir gegeben hast, habe ich ihnen gegeben, dass sie eins seien, wie wir eins sind.

Hiob 1:6-12, 2:1-6 Bitte in der Schrift nachlesen!

Röm 10:1-3

1 Brüder! Das Wohlgefallen meines Herzens und mein Flehen für sie zu Gott sind, dass sie errettet werden [ist zur Errettung]. 2 Denn ich gebe ihnen Zeugnis, dass sie Eifer für Gott haben, aber nicht mit [nach] <rechter> Erkenntnis. 3 Denn da sie Gottes Gerechtigkeit nicht erkannten und ihre eigene aufzurichten trachteten, haben sie sich der Gerechtigkeit Gottes nicht unterworfen.

Hos 14:2-4

2 Kehr um, Israel, bis zum HERRN, deinem Gott! Denn du bist gestürzt durch deine Schuld. 3 Nehmt Worte mit euch und kehrt zum HERRN um! Sagt zu ihm: Vergib alle Schuld und nimm an, was gut ist! Wir wollen die Frucht unserer Lippen <als Opfer> darbringen [Wir wollen als Stiere unsere Lippen <als Opfer> darbringen]. 4 Assur soll uns nicht retten, auf Pferden wollen wir nicht

reiten und zum Machwerk unserer Hände nicht mehr sagen: Unser Gott! Denn bei dir findet die Waise Erbarmen.

1 Mos 2:17b

17 denn an dem Tag, da du davon isst, musst du sterben!

1 Mos 6:6

6 Und es reute den HERRN, dass er den Menschen auf der Erde gemacht hatte, und es bekümmerte ihn in sein Herz hinein.

Mt 22:3-9 – Gleichnis von der Einladung zum Hochzeitsfest

Bitte in der Bibel nachlesen!

Hebr 10:26-31 – mutwilliges Sündigen

Bitte in der Bibel nachlesen!

2 Petr 2 – über die Sünder

Bitte in der Bibel nachlesen!

Röm 1:18-32 – Folgen der Sünden

Bitte in ihrer Schrift nachlesen!

Lk 21:20-28 – Zeichen, die das Ende Jerusalems kennzeichnen

Bitte in der eigenen Bibel nachlesen!

Jes 24:1-6

1 Siehe, der HERR entleert die Erde und verheert sie und kehrt
ihre Oberfläche um und zerstreut ihre Bewohner. 2 Und wie dem
Volk, so ergeht es dem Priester; wie dem Knecht, so seinem Herrn;
wie der Magd, so ihrer Gebieterin; wie dem Käufer, so dem Verkäufer; wie dem Verleiher, so dem Borger; wie dem Schuldner, so seinem Gläubiger. 3 Völlig ausgeleert wird die Erde und geplündert,
denn der HERR hat dieses Wort geredet. 4 Es vertrocknet, es welkt
das Land, es schmachtet, es welkt der Erdkreis, es schmachten die
Hohen des Volkes im Land. [Ein hebr. Wortspiel, das etwa so
nachgeahmt werden könnte: Bekümmert verkümmert die Erde; in
Kummer kümmert hin das Festland. In Kummer sind die Hohen
des Volkes] 5 Und die Erde ist entweiht worden unter ihren Be-

wohnern. Denn sie haben die Gesetze übertreten, die Ordnungen überschritten, den ewigen Bund ungültig gemacht! 6 Darum hat der Fluch die Erde verzehrt, und es büßen, die auf ihr wohnen. Darum sind die Bewohner der Erde dahingeschwunden [verbrannt], und wenig Menschen bleiben übrig.

Joh 15:1-2

1 Ich bin der wahre Weinstock, und mein Vater ist der Weingärtner. 2 Jede Rebe an mir, die nicht Frucht bringt, die nimmt er weg [hebt er hoch]; und jede, die Frucht bringt, die reinigt er, dass sie mehr Frucht bringe.

Röm 11 – Beispiel für die Einsetzung von Menschen aus den Nationen

Bitte in der eigenen Schrift nachlesen!

Offb 17:8

8 Das Tier, das du gesehen hast, war und ist nicht und wird aus dem Abgrund heraufsteigen und geht ins Verderben[b]; und die Bewohner der Erde, deren Namen nicht im Buch des Lebens geschrieben sind von Grundlegung der Welt an, werden sich wundern, wenn sie das Tier sehen, daß es war und nicht ist und da sein wird.

Offb 3:5

5 Wer überwindet, der wird so mit weißen Kleidern bekleidet werden, und ich werde seinen Namen aus dem Buch des Lebens nicht auslöschen und seinen Namen bekennen vor meinem Vater und vor seinen Engeln.

Offb 20:4-6

4 Und ich sah Throne, und sie setzten sich darauf, und das Gericht wurde ihnen übergeben; und <ich sah> die Seelen derer, die um des Zeugnisses Jesu und um des Wortes Gottes willen enthauptet worden waren, und die, welche das Tier und sein Bild nicht angebetet und das Malzeichen nicht an ihre Stirn und an

ihre Hand angenommen hatten, und sie wurden lebendig [lebten] und herrschten mit dem Christus tausend Jahre. 5 Die übrigen der Toten wurden nicht lebendig, bis die tausend Jahre vollendet waren. Dies ist die erste Auferstehung. 6 Glückselig und heilig, wer teilhat an der ersten Auferstehung! Über diese hat der zweite Tod keine Macht [Vollmacht], sondern sie werden Priester Gottes und des Christus sein und mit ihm herrschen die tausend Jahre.

Phil 4:2-3

2 Die Evodia ermahne ich, und die Syntyche ermahne ich, dieselbe Gesinnung zu haben im Herrn! 3 Ja, ich bitte auch dich, mein rechter Gefährte [Jochgenosse], stehe ihnen bei [nämlich der Evodia und der Syntyche], die in dem Evangelium zusammen mit mir gekämpft haben, auch mit Klemens und meinen übrigen Mitarbeitern, deren Namen im Buch des Lebens sind.

Paralleltext: Phil 2:2

Mk 13:19-20

19 Denn jene Tage werden eine Bedrängnis sein, wie sie von Anfang der Schöpfung, die Gott geschaffen hat, bis jetzt nicht gewesen ist und nicht sein wird. (Paralleltexte: Dan 12:1, Joe 2:2, Offb 16:18)

20 Und wenn nicht der Herr die Tage verkürzt hätte, würde kein Fleisch gerettet werden; aber um der Auserwählten willen, die er auserwählt hat, hat er die Tage verkürzt. (Paralleltexte: Mk 13:19-20, Mt 24:21-22)

Jes 24:3-4

3 Völlig ausgeleert wird die Erde und geplündert, denn der HERR hat dieses Wort geredet. (Paralleltext: Jes 42:22)

4 Es vertrocknet, es welkt das Land, es schmachtet, es welkt der Erdkreis, es schmachten die Hohen des Volkes im Land. (Paralleltext: Hos 4:3)

Endlich! Sicherheit und Friede!

Ez 9:9-10

9 Da sprach er zu mir: Die Schuld des Hauses Israel und Juda ist über die Maßen groß, und das Land ist mit Gewalttat erfüllt, und die Stadt ist voller Beugung <des Rechts>. Denn sie sagen: Der HERR hat das Land verlassen, und der HERR sieht <uns>
nicht. 10 So auch ich - ich werde nicht betrübt sein [mein Auge wird nicht fließen d.h. weinen] und werde kein Mitleid haben; ihren Weg bringe ich auf ihren Kopf.

Mal 3:1

1 Siehe, ich sende meinen Boten, damit er den Weg vor mir her bereite. Und plötzlich kommt zu seinem Tempel der Herr, den ihr sucht, und der Engel des Bundes, den ihr herbeiwünscht [an dem ihr Gefallen habt], siehe, er kommt, spricht der HERR der Heerscharen.

1 Mos 17:18-19

18 Und Abraham sagte zu Gott: Möchte doch Ismael vor dir le-
ben! 19 Und Gott sprach: Nein, <sondern> Sara, deine Frau, wird dir einen Sohn gebären. Und du sollst ihm den Namen Isaak [Jizchak; d.h. er wird lachen] geben! Und ich werde meinen Bund mit ihm aufrichten zu einem ewigen Bund für seine Nachkommen nach ihm.

1 Mos 16 – menschliche Idee, um göttlicher Voraussage nachzuhelfen

Bitte in der Bibel nachlesen!

Jes 30:16

16 Ihr sagtet: „Nein, sondern auf Pferden wollen wir fliegen", darum werdet ihr fliehen; und: „Auf Rennern wollen wir reiten", darum werden eure Verfolger <hinter euch her> rennen.

2 Kor 3:14-16

14 Aber ihr Sinn ist [ihre Gedanken sind] verstockt worden, denn bis auf den heutigen Tag bleibt dieselbe Decke auf der Verle-

sung des Alten Testaments und wird nicht aufgedeckt, weil sie <nur> in Christus beseitigt wird. 15 Aber bis heute, sooft Mose gelesen wird, liegt eine Decke auf ihrem Herzen. 16 Dann aber, wenn es sich zum Herrn wendet, wird die Decke weggenommen.

Mt 24:15-20

15 Wenn ihr nun den Greuel der Verwüstung, von dem durch Daniel, den Propheten, geredet ist, an heiliger Stätte stehen seht - wer es liest, der merke auf! 16 dann sollen die in Judäa auf die Berge fliehen; 17 wer auf dem Dach ist, soll nicht hinabsteigen, um die <Sachen> aus seinem Haus zu holen; 18 und wer auf dem Feld ist, soll nicht zurückkehren, um seinen Mantel zu holen. 19 Wehe aber den Schwangeren und den Stillenden in jenen Tagen! 20 Betet aber, dass eure Flucht nicht im Winter geschehe noch am Sabbat!

Paralleltext: Lk 17:31

Jes 22:4-14, 33:1-2,7-16 – eine prophetische Beschreibung der Verfehlungen Israels und deren Folgen

Bitte in der eigenen Bibel nachlesen!

Dan 12:1

1 Und in jener Zeit wird Michael auftreten, der große Fürst, der für die Söhne deines Volkes eintritt. Und es wird eine Zeit der Bedrängnis sein, wie sie <noch> nie gewesen ist, seitdem <irgend>eine Nation entstand bis zu jener Zeit. Und in jener Zeit wird dein Volk errettet werden, jeder, den man im Buch aufgeschrieben findet.

Jes 28:18-22

18 Und euer Bund mit dem Tod wird aufgehoben werden [wird vereitelt werden], und euer Vertrag mit dem Scheol wird nicht bestehen bleiben. Wenn die einher flutende Geißel hindurchfährt, dann werdet ihr von ihr zertreten [werdet ihr für sie zum zertretenen <Land>] werden. 19 Sooft sie hindurchfährt, wird sie euch erfassen; denn Morgen für Morgen wird sie hindurchfahren, bei Tag und bei Nacht. Dann wird es lauter Schrecken sein, die Botschaft

verständlich zu machen. 20 Denn das Bett ist zu kurz, um sich auszustrecken, und die Decke zu schmal, um sich einzuhüllen. 21 Denn der HERR wird sich aufmachen wie am Berg Perazim, wie <im> Tal bei Gibeon wird er toben: um sein Werk zu tun - befremdend ist sein Werk - und um seine Arbeit zu verrichten; seltsam ist seine Arbeit. 22 Und nun, treibt nicht Spott, damit eure Fesseln nicht fester gemacht werden! Denn ich habe von festbeschlossener Vernichtung gehört durch den Herrn, den HERRN der Heerscharen, über die ganze Erde.

Jes 29:1,8,13,16, 30:1-18 – Die Konsequenzen der israelitischen Haltung werden prophetisch beschrieben.

Bitte in eigener Bibel nachlesen!

2 Thess 1:6-10

6 so gewiss es bei Gott gerecht ist, denen, die euch bedrängen, mit Bedrängnis zu vergelten [Bedrängnis heimzuzahlen], 7 und euch, den Bedrängten, mit Ruhe, zusammen mit uns bei der Offenbarung des Herrn Jesus vom Himmel her mit den Engeln seiner Macht, 8 in flammendem Feuer. Dabei übt er Vergeltung an denen, die Gott nicht kennen, und an denen, die dem Evangelium unseres Herrn Jesus nicht gehorchen; 9 sie werden Strafe leiden, ewiges Verderben vom Angesicht des Herrn [vom ... hinweg] und von der Herrlichkeit seiner Stärke (Paralleltext: Jud 7),

10 wenn er kommt, um an jenem Tag in seinen Heiligen verherrlicht und in allen denen bewundert zu werden, die geglaubt haben; denn unser Zeugnis an euch ist geglaubt worden.

1 Petr 4:17-19

17 Denn die Zeit <ist gekommen>, dass das Gericht anfange beim Haus Gottes; wenn aber zuerst bei uns, was <wird> das Ende derer <sein>, die dem Evangelium Gottes nicht gehorchen? 18 Und wenn der Gerechte mit Not errettet wird, wo wird der Gottlose und Sünder erscheinen? 19 Daher sollen auch die, welche nach dem

Willen Gottes leiden, einem treuen Schöpfer ihre Seelen anbefehlen im Gutes tun.

1 Thess 5:1-5

1 Was aber die Zeiten und Zeitpunkte betrifft, Brüder, so habt
ihr nicht nötig, dass euch geschrieben wird. 2 Denn ihr selbst
wisst genau, dass der Tag des Herrn so kommt wie ein Dieb in der
Nacht. 3 Wenn sie sagen: „Friede und Sicherheit“ dann kommt ein
plötzliches Verderben über sie, wie die Geburtswehen über die
Schwangere; und sie werden nicht entfliehen. 4 Ihr aber, Brüder,
seid nicht in Finsternis, dass euch der Tag wie ein Dieb ergreife; 5
denn ihr alle seid Söhne des Lichtes und Söhne des Tages; wir gehören nicht der Nacht und nicht der Finsternis.

Kapitel 9 – Die christliche „Ewigkeit“!

2 Mos 19:5-6

5 Und nun, wenn ihr willig auf meine Stimme hören und meinen
Bund halten werdet, dann sollt ihr aus allen Völkern mein Eigentum sein; denn mir gehört die ganze Erde. 6 Und ihr sollt mir ein
Königreich von Priestern und eine heilige Nation sein. Das sind die Worte, die du zu den Söhnen Israel reden sollst.

1 Mos 17:16

16 Und ich werde sie segnen, und auch von ihr gebe ich dir einen Sohn; und ich werde sie segnen, und sie wird zu Nationen werden; Könige von Völkern sollen von ihr kommen.

Joh 3:3-8 – Wiedergeburt

Bitte in eigener Bibel nachlesen!

Endlich! Sicherheit und Friede!

Lk 18:9-14 – Gleichnis v. Pharisäer und Zöllner

Bitte in eigener Bibel nachlesen!

Lk 17:11-19 – Heilung von Leprakranken

Bitte in eigener Bibel nachlesen!

Mt 19:30

30 Aber viele Erste werden Letzte und Letzte Erste sein.

1 Mos 17:18-19

18 Und Abraham sagte zu Gott: Möchte doch Ismael vor dir leben! 19 Und Gott sprach: Nein, <sondern> Sara, deine Frau, wird
dir einen Sohn gebären. Und du sollst ihm den Namen Isaak geben! Und ich werde meinen Bund mit ihm aufrichten zu einem
ewigen Bund für seine Nachkommen nach ihm.

Mt 1:23 – als der Sohn einer Jungfrau

23 „Siehe, die Jungfrau wird schwanger sein und einen Sohn gebären, und sie werden seinen Namen Emmanuel nennen", was übersetzt ist: Gott mit uns.

Mt 1:18 – gezeugt durch den Heiligen Geist

18 Mit dem Ursprung [Abkunft, o. Stammbaum; nach späteren Handschriften: Mit der Geburt] Jesu Christi verhielt es sich aber so: Als nämlich Maria, seine Mutter, dem Josef verlobt war, wurde sie, ehe sie zusammengekommen waren, schwanger befunden von dem Heiligen Geist.

Mt 2:1,6 – geboren in der Stadt Bethlehem:

1 Als aber Jesus zu Bethlehem in Judäa geboren war, in den Tagen des Königs Herodes [Herodes d. Gr., unter römischer Oberherrschaft König der Juden (37-4 v.Chr.). Jesus wurde etwa im J. 6 vor christl. Zeitrechnung geboren], siehe, da kamen Weise [Magier, d.h. Sterndeuter] vom Morgenland [Osten] nach Jerusalem, die sprachen:

Mt 2:6

6 „Und du, Bethlehem, Land Juda, bist keineswegs die geringste unter den Fürsten Judas; denn aus dir wird ein Führer hervorkommen, der mein Volk Israel hüten wird."

Jes 11:1 – aufgewachsen in Galiläa, Nazareth

1 Und ein Spross wird hervorgehen aus dem Stumpf Isais, und ein Schössling aus seinen Wurzeln wird Frucht bringen.

Mt 2:22-23

22 Als er aber hörte, dass Archelaus [seit 4 v. Chr. Fürst in Judäa und Samaria, wurde 6 n. Chr. von Kaiser Augustus seines Amtes enthoben und durch römische Statthalter ersetzt.] über Judäa herrschte [König war] anstelle seines Vaters Herodes, fürchtete er sich, dahin zu gehen; und als er im Traum eine göttliche Weisung empfangen hatte, zog er hin in die Gegenden von Galiläa 23 und kam und wohnte in einer Stadt, genannt Nazareth; damit erfüllt würde, was durch die Propheten geredet ist: „Er wird Nazaräer genannt werden." [Dies ist eine andere Form für das bei Mk (und teilweise Lk) überlieferte „Nazarener"; es ist möglich, dass in Anlehnung an Jes 11:1 das hebr. Wort nezer (d. h. Spross) mitklingt]

Mt 3:14-16 – getauft

14 Johannes aber wehrte ihm und sprach: Ich habe nötig, von dir getauft zu werden. Und du kommst zu mir? 15 Jesus aber antwortete und sprach zu ihm: Laß es jetzt <so sein>! Denn so gebührt es uns, alle Gerechtigkeit zu erfüllen. Da läßt er ihn. 16 Und als Jesus getauft war, stieg er sogleich aus dem Wasser herauf; und siehe, die Himmel wurden ihm [„ihm" fehlt in einigen alten Handschriften] geöffnet, und er sah den Geist Gottes wie eine Taube herabfahren und auf sich [ihn] kommen.

Lk 3:23

23 Und er selbst, Jesus, war ungefähr dreißig Jahre alt, als er auftrat [als er anfing], und war, wie man meinte, ein Sohn des Josef, des Eli, (usw.).

Endlich! Sicherheit und Friede!

Mt 3:3 – Vorbote Johannes

3 Denn dieser ist der, von dem durch den Propheten Jesaja geredet ist, der spricht: „Stimme eines Rufenden in der Wüste: Bereitet den Weg des Herrn, macht gerade seine Pfade!“

Paralleltexte: Voraussagen in Jes 40:3, 57:14

Mk 12:1-9 – im Auftrag des Vaters wirksam gewesen

(Gleichnis von bösen Weinbergpächtern) Bitte in eigener Bibel nachlesen!

Mk 15:1-15 – zur Hinrichtung übergeben

(Gericht und Verurteilung Jesu) Bitte in eigener Bibel nachlesen!

Apg 3:22

22 Mose hat schon gesagt: „Einen Propheten wird euch der Herr, euer Gott, aus euren Brüdern erwecken, gleich mir. Auf ihn sollt ihr hören in allem, was er zu euch reden wird!

Hebr 9:9-14 – die Wirkung des Blutes Jesu

Bitte in eigener Bibel nachlesen!

Hebr 9:15

15 Und darum ist er Mittler eines neuen Bundes, damit, da der Tod geschehen ist zur Erlösung von den Übertretungen unter dem ersten Bund, die Berufenen die Verheißung des ewigen Erbes empfangen.

Mt 26:26-28

26 Während sie aber aßen, nahm Jesus Brot und segnete, brach und gab es den Jüngern und sprach: Nehmt, eßt, dies ist mein Leib! 27 Und er nahm einen Kelch und dankte und gab ihnen <den> und sprach: Trinkt alle daraus! 28 Denn dies ist mein Blut des Bundes, das für viele vergossen wird zur Vergebung der Sünden.

Jer 31:31-34 – neuer Bund vorausgesagt

Bitte in eigener Bibel nachlesen!

Gal 3:24-25

24 Also ist das Gesetz unser Zuchtmeister auf Christus hin geworden, damit wir aus Glauben gerechtfertigt würden. 25 Nachdem aber der Glaube gekommen ist, sind wir nicht mehr unter einem Zuchtmeister;

Hebr 11:28

Durch Glauben hat er das Passah gefeiert und die Blutbestreichung ausgeführt, damit der Verderber der Erstgeburt sie nicht antastete.

Hebr 12:18-24 – Bedeutung der Geschehnisse am Sinai

Bitte in eigener Bibel nachlesen!

Hebr 8:1

1 Die Hauptsache aber bei dem, was wir sagen, ist: Wir haben einen solchen Hohenpriester, der sich gesetzt hat zur Rechten des Thrones der Majestät in den Himmeln.

Hebr 1:8

8 von dem Sohn aber: „Dein Thron, o Gott, ist von Ewigkeit zu Ewigkeit [in das Zeitalter des Zeitalters (griech. Äon)], und das Zepter der Aufrichtigkeit ist Zepter deines Reiches [deiner Königsherrschaft].

Ps 7:9-18 – Christus, der gerechte Richter, richtet

Bitte in eigener Bibel nachlesen!

Offb 5:9-10

9 Und sie singen ein neues Lied und sagen: Du bist würdig, das Buch zu nehmen und seine Siegel zu öffnen; denn du bist geschlachtet worden und hast durch dein Blut für Gott erkauft aus jedem Stamm und jeder Sprache und jedem Volk und jeder Nation 10 und hast sie unserem Gott zu einem Königtum [andere Handschriften: zu Königen] und zu Priestern gemacht, und sie werden über die Erde herrschen!

Endlich! Sicherheit und Friede!

Jes 65 – Bemühungen des Königs der Gerechtigkeit, sein Volk zu heilen und die Segnungen seiner Herrschaft

Bitte in eigener Bibel nachlesen!

2 Petr 3:7

7 Die jetzigen Himmel und die <jetzige> Erde aber sind durch dasselbe Wort aufbewahrt und für das Feuer aufgehoben zum Tag des Gerichts und des Verderbens der gottlosen Menschen.

2 Petr 3:13

13 Wir erwarten aber nach seiner Verheißung neue Himmel und eine neue Erde, in denen Gerechtigkeit wohnt.

Mal 3:18

18 Und ihr werdet wieder <den Unterschied> sehen zwischen dem Gerechten und dem Ungerechten [dem Gottlosen], zwischen dem, der Gott dient, und dem, der ihm nicht dient.

2 Kor 5:17

17 Daher, wenn jemand in Christus ist, so ist er eine neue Schöpfung; das Alte ist vergangen, siehe, Neues ist geworden.

Apg 20:28

28 Habt acht auf euch selbst und auf die ganze Herde, in welcher der Heilige Geist euch als Aufseher eingesetzt hat, die Gemeinde Gottes [nach anderen Handschriften: Gemeinde des Herrn] zu hüten, die er [Gott] sich erworben hat durch das Blut seines eigenen [durch sein eigenes Blut] <Sohnes>!

Hebr 9:14-28 – erklärt die Bedeutung der israelitischen Mythologie, wie sie sich an Jesus erfüllt.

Bitte in eigener Bibel nachlesen!

1 Kor 11:25

25 Ebenso auch den Kelch nach dem Mahl [nach dem Essen (Infinitiv)] und sprach: Dieser Kelch ist der neue Bund in meinem Blut, dies tut, sooft ihr trinkt, zu meinem Gedächtnis!

Gal 6:15

15 Denn weder Beschneidung noch Unbeschnittensein gilt etwas, sondern eine „neue Schöpfung“.

Joh 14:6

6 Jesus spricht zu ihm: Ich bin der Weg und die Wahrheit und das Leben. Niemand kommt zum Vater als nur durch mich.

Joh 20:17

17 Jesus spricht zu ihr: Rühre mich nicht an! Denn ich bin noch nicht aufgefahren zum Vater. Geh aber hin zu meinen Brüdern und sprich zu ihnen: Ich fahre auf zu meinem Vater und eurem Vater und zu meinem Gott und eurem Gott!

Joh 17:20-21

20 Aber nicht für diese allein bitte ich, sondern auch für die,
welche durch ihr Wort an mich glauben, 21 damit sie alle eins sei-
en, wie du, Vater, in mir und ich in dir, dass auch sie in uns eins
seien, damit die Welt glaube, dass du mich gesandt hast.

Mk 5:7 – Jesus, Sohn Gottes, des Höchsten

7 und er schrie mit lauter Stimme und sagt: Was habe ich mit dir zu schaffen, Jesus, Sohn Gottes, des Höchsten? Ich beschwöre dich bei Gott, quäle mich nicht!

1 Tim 2:5

5 Denn einer ist Gott, und einer ist Mittler zwischen Gott und Menschen, der Mensch Christus Jesus.

Paralleltexte: Hebr 9:15, 12:24

Joh 8:32-36

32 und ihr werdet die Wahrheit erkennen, und die Wahrheit
wird euch frei machen. 33 Sie antworteten ihm: Wir sind Abrahams Nachkommenschaft [Same] und sind nie jemandes Sklaven
gewesen. Wie sagst du: Ihr sollt frei werden? 34 Jesus antwortete
ihnen: Wahrlich, wahrlich, ich sage euch: Jeder, der die Sünde tut,
ist der Sünde Sklave. 35 Der Sklave aber bleibt nicht für immer [in

das Zeitalter (griech. Äon)] im Haus; der Sohn bleibt für immer. 36 Wenn nun der Sohn euch frei machen wird, so werdet ihr wirklich frei sein.

Gal 4:28-5,1

28 Ihr aber, Brüder, seid [Wir ... sind] wie Isaak Kinder der Verheißung. 29 Aber so wie damals der nach dem Fleisch Geborene den nach dem Geist <Geborenen> verfolgte, so <ist es> auch jetzt. 30 Aber was sagt die Schrift? „Stoße die Magd und ihren Sohn hinaus! Denn der Sohn der Magd soll nicht mit dem Sohn der Freien erben." 31 Daher, Brüder, sind wir nicht Kinder einer Magd, sondern der Freien.

5:1 Für die Freiheit hat Christus uns freigemacht. Steht nun fest und lasst euch nicht wieder durch ein Joch der Sklaverei belasten!

2 Joh 1,9

1 Der Älteste der auserwählten Herrin und ihren Kindern, die ich liebe in <der> Wahrheit; und nicht ich allein, sondern auch alle, die die Wahrheit erkannt haben,

9 Jeder, der weitergeht und nicht in der Lehre des Christus bleibt, hat Gott nicht; wer in der Lehre bleibt, der hat sowohl den Vater als auch den Sohn.

Hebr 2:1

1 Deswegen müssen wir umso mehr auf das achten, was wir gehört haben, damit wir nicht etwa <am Ziel> vorbeigleiten.

2 Petr 1:19-21

19 Und so besitzen wir das prophetische Wort <um so> fester, und ihr tut gut, darauf zu achten als auf eine Lampe, die an einem dunklen Ort leuchtet, bis der Tag anbricht und der Morgenstern in euren Herzen aufgeht, 20 indem ihr dies zuerst wißt, daß keine Weissagung der Schrift aus eigener Deutung geschieht [<eine Sache> eigener Deutung ist]. 21 Denn niemals wurde eine Weissa-

gung durch den Willen eines Menschen hervorgebracht, sondern von Gott her redeten Menschen, getrieben vom Heiligen Geist.

Joh 18:37

37 Da sprach Pilatus zu ihm: Also bist du doch ein König? Jesus antwortete: Du sagst es, daß ich ein König bin. Ich bin dazu geboren und dazu in die Welt gekommen, daß ich für die Wahrheit Zeugnis gebe. Jeder, der aus der Wahrheit ist, hört meine Stimme.

Joh 3:12-13

12 Wenn ich euch das Irdische gesagt habe, und ihr glaubt nicht, wie werdet ihr glauben, wenn ich euch das Himmlische sage? 13 Und niemand ist hinaufgestiegen in den Himmel als nur der, der aus dem Himmel herabgestiegen ist, der Sohn des Menschen.

Paralleltext: Kol 1:15-18

Hebr 1:1-3

1 Nachdem Gott vielfältig und auf vielerlei Weise ehemals zu den Vätern geredet hat in den [durch die] Propheten, 2 hat er am Ende dieser Tage zu uns geredet im Sohn [in der Person des Sohnes, für dessen Einzigartigkeit der fehlende Artikel im Griech. bezeichnend ist], den er zum Erben aller Dinge eingesetzt hat, durch den er auch die Welten [die Zeitalter, o. die Ewigkeiten; griech. Äonen] gemacht hat; 3 er, der Ausstrahlung seiner Herrlichkeit und Abdruck seines Wesens ist und alle Dinge durch das Wort seiner [seiner eigenen] Macht trägt, hat sich, nachdem er die Reinigung von den Sünden bewirkt hat, zur Rechten der Majestät in der Höhe gesetzt.

Spr 8:30

30 da war ich Schoßkind bei ihm [Liebling an seiner Seite. - Andere Ü: Werkmeister bei ihm] und war <seine> Wonne Tag für Tag, spielend vor ihm allezeit.

Offb 3:14

Und dem Engel der Gemeinde in Laodizea schreibe: Dies sagt der „Amen“ [Beteuerungsformel für die Wahrhaftigkeit des Gesagten; in den Evangelien am Anfang feierlicher Erklärungen Jesu mit „Wahrlich!“ übersetzt], der treue und wahrhaftige Zeuge, der Anfang [der Ursprung] der Schöpfung Gottes.

Kol 1:16 Siehe oben

Joh 1:3

3 Alles wurde durch dasselbe, und ohne dasselbe wurde auch nicht eines, das geworden ist.

Joh 14:9-10

9 Jesus spricht zu ihm: So lange Zeit bin ich bei euch, und du hast mich nicht erkannt, Philippus? Wer mich gesehen hat, hat
den Vater gesehen. Und wie sagst du: Zeige uns den Vater? 10
Glaubst du nicht, dass ich in dem Vater bin und der Vater in mir ist? Die Worte, die ich zu euch rede, rede ich nicht von mir selbst; der Vater aber, der in mir bleibt, tut seine Werke.

Joh 14:20

20 An jenem Tag werdet ihr erkennen, dass ich in meinem Vater bin und ihr in mir und ich in euch.

Paralleltext: Joh 10:30

1 Kor 15:27-28

27 „Denn alles hat er seinen Füßen unterworfen.“ Wenn es aber heißt, dass alles unterworfen sei, so ist klar, dass der ausgenommen ist, der ihm alles unterworfen hat. 28 Wenn ihm aber alles
unterworfen ist, dann wird auch der Sohn selbst dem unterworfen sein, der ihm alles unterworfen hat, damit Gott alles in allem [allen] sei.

Paralleltexte: Joh 1:18, 1 Joh 5:1, Eph 1:3-14

Mt 5:17 – Gesetz erfüllt

17 Meint nicht, dass ich gekommen sei, das Gesetz oder die Propheten aufzulösen; ich bin nicht gekommen, aufzulösen, sondern zu erfüllen.

Mt 9:17

17 Auch füllt man nicht neuen Wein in alte Schläuche; sonst zerreißen die Schläuche, und der Wein wird verschüttet, und die Schläuche verderben; sondern man füllt neuen Wein in neue Schläuche, und beide bleiben zusammen erhalten.

Paralleltext: Luk 5:36-39

Ez 11:17-21, 36:26-28 – Voraussage hinsichtlich Israels Rückführung

Bitte in der eigenen Bibel nachlesen!

Apg 1:6-7

6 Sie nun, als sie zusammengekommen waren, fragten ihn und sagten: Herr, stellst du in dieser Zeit für Israel das Reich [die Königsherrschaft] wieder her? 7 Er sprach zu ihnen: Es ist nicht eure Sache, Zeiten oder Zeitpunkte zu wissen, die der Vater in seiner eigenen Vollmacht festgesetzt hat.

Joel 3:1-2

1 Und danach wird es geschehen, dass ich meinen Geist ausgießen werde über alles Fleisch. Und eure Söhne und eure Töchter werden weissagen, eure Greise werden Träume haben, eure jungen Männer werden Gesichte sehen. 2 Und selbst über die Knechte und über die Mägde werde ich in jenen Tagen meinen Geist ausgießen.

Apg 2:1-21 – Ausgießen des Heiligen Geistes

Die Erfüllung zu Beginn der christlichen Ära bitte in eigener Bibel nachlesen!

Lk 22:20, 28-30 – Versprechung des Herrn Jesus an seine Jünger

Bitte in eigener Bibel nachlesen!

Endlich! Sicherheit und Friede!

Mt 26:28 – Blut des Bundes

Bitte in eigener Bibel nachlesen!

Joh 3:20-21

20 Denn jeder, der Arges tut, hasst das Licht und kommt nicht zu dem Licht, damit seine Werke nicht bloßgestellt werden; 21 wer aber die Wahrheit tut, kommt zu dem Licht, damit seine Werke offenbar werden, dass sie in Gott gewirkt sind.

Joh 6:44

44 Niemand kann zu mir kommen, wenn nicht der Vater, der mich gesandt hat, ihn zieht; und ich werde ihn auferwecken am letzten Tag.

1 Mos 3:1-13 Bitte in eigener Bibel nachlesen!

Hiob 4:17

17 Sollte ein Mensch gerechter sein als Gott oder ein Mann reiner als sein Schöpfer?

Paralleltexte: Ps 4:1, Joh 17:25

Ps 9:8-9

8 Der HERR lässt sich nieder auf immer, er hat seinen Thron aufgestellt zum Gericht. 9 Und er, er wird richten die Welt in Gerechtigkeit, wird über die Völkerschaften Gericht halten in Geradheit.

Pred 11:9

9 Freue dich, Jüngling, in deiner Jugend, und dein Herz mache dich fröhlich in den Tagen deiner Jugendzeit! Und lebe nach dem, was dein Herz wünscht und wonach deine Augen ausschauen [Und geh auf den Wegen deines Herzens und im Sehen deiner Augen]! Doch wisse, dass um all dieser <Dinge> willen Gott dich zur Rechenschaft ziehen wird!

Pred 12:13-14

13 Das Endergebnis des Ganzen [Das Ende der Sache o. der Rede] lasst uns hören: Fürchte Gott und halte seine Gebote! Denn das <soll> jeder Mensch <tun> [das ist der ganze Mensch]. 14 Denn Gott wird jedes Werk, es sei gut oder böse, in ein Gericht über alles Verborgene bringen.

Paralleltext Joh 5:22-30

Hebr 9:27

27 Und wie es den Menschen bestimmt [gesetzt] ist, einmal zu sterben, danach aber das Gericht,

Jak 1:17

17 Jede gute Gabe und jedes vollkommene Geschenk kommt von oben herab, von dem Vater der Lichter, bei dem keine Veränderung ist noch eines Wechsels Schatten [d.h. Schatten, der durch den Wechsel der Lichtverhältnisse entsteht].

Hebr 10:26-27

26 Denn wenn wir mutwillig sündigen, nachdem wir die Erkenntnis der Wahrheit empfangen haben, bleibt kein Schlachtopfer für Sünden mehr übrig, 27 sondern ein furchtbares Erwarten des Gerichts und der Eifer eines Feuers, das die Widersacher verzehren wird [das im Begriff steht ... zu verzehren].

Joh 18:36

36 Jesus antwortete: Mein Reich [meine Königsherrschaft] ist nicht von dieser Welt; wenn mein Reich von dieser Welt wäre, so hätten meine Diener gekämpft, damit ich den Juden nicht überliefert würde, jetzt aber ist mein Reich nicht von hier.

Mt 3:2

2 und spricht: Tut Buße! Denn das Reich der Himmel ist nahe gekommen.

Lk 1:33

33 und er wird über das Haus Jakobs herrschen [König sein] in Ewigkeit [griech. Äonen], und seines Königtums wird kein Ende sein.

Kol 1:12-14

12 dem Vater danksagend [Langmut mit Freuden; dem Vater danksagend], der euch fähig [tauglich; das griech. Wort deutet auch einen gewissen Anteil von Bevollmächtigung an] gemacht hat zum Anteil am Erbe der Heiligen im Licht. 13 er hat uns errettet aus der Macht [aus dem Machtbereich] der Finsternis und versetzt in das Reich [in die Königsherrschaft] des Sohnes seiner Liebe. 14 In ihm haben wir die Erlösung [in dem wir ... haben], die Vergebung der Sünden.

2 Petr 1:10-11

10 Darum, Brüder, befleißigt euch umso mehr, eure Berufung und Erwählung fest zu machen! Denn wenn ihr diese <Dinge> tut, werdet ihr niemals straucheln. 11 Denn so wird euch reichlich gewährt werden der Eingang in das ewige Reich [die ewige Königsherrschaft] unseres Herrn und Heilands [Retters] Jesus Christus.

Paralleltext: Offb 11:15

Jes 55:8-11 – die gewaltigen Unterschiede zwischen Gott und Menschen und die absolute Durchsetzung eines göttlichen Willens

Bitte in eigener Schrift nachlesen!

Mt 6:10

10 dein Reich [deine Königsherrschaft] komme; dein Wille geschehe, wie im Himmel so auch auf Erden!

3 Mos 25:8-18 – Sabbatjahrgesetz

Bitte in eigener Schrift nachlesen!

Jes 66:23-24

23 Und es wird geschehen: Neumond für Neumond und Sabbat für Sabbat wird alles Fleisch kommen, um vor mir anzubeten

spricht der HERR. 24 Und sie werden hinausgehen und sich die Leichen der Menschen ansehen, die mit mir gebrochen haben. Denn ihr Wurm wird nicht sterben und ihr Feuer nicht verlöschen, und sie werden ein Abscheu sein für alles Fleisch.

Joh 17:14

14 Ich habe ihnen dein Wort gegeben, und die Welt hat sie gehasst, weil sie nicht von der Welt sind, wie ich nicht von der Welt bin.

Joh 18:36

36 Jesus antwortete: Mein Reich ist nicht von dieser Welt; wenn mein Reich (meine Königsherrschaft) von dieser Welt wäre, so hätten meine Diener gekämpft, damit ich den Juden nicht überliefert würde, jetzt aber ist mein Reich nicht von hier.

1 Thess 4:11

11 und eure Ehre darein zu setzen, still zu sein und eure eigenen Geschäfte zu tun und mit euren Händen zu arbeiten, so wie wir euch geboten haben,

Eph 4:28

28 Wer gestohlen hat [Der Stehlende (drückt die fortgesetzte Handlung aus)], stehle nicht mehr, sondern mühe sich vielmehr und wirke mit seinen Händen das Gute, damit er dem Bedürftigen <etwas> mitzugeben habe!

Gal 5:17-26 – Gegenüberstellung der „fleischlichen“ und „geistigen“ Begierden

Bitte in eigener Bibel nachlesen!

Joh 17:21

21 damit sie alle eins seien, wie du, Vater, in mir und ich in dir, dass auch sie in uns eins seien, damit die Welt glaube, dass du mich gesandt hast.

Endlich! Sicherheit und Friede!

Mt 5:45-48

45 damit ihr Söhne eures Vaters seid, der in den Himmeln ist! Denn er lässt seine Sonne aufgehen über Böse und Gute und lässt regnen über Gerechte und Ungerechte. 46 Denn wenn ihr liebt, die euch lieben, welchen Lohn habt ihr? Tun nicht auch die Zöllner dasselbe? 47 Und wenn ihr allein eure Brüder grüßt, was tut ihr Besonderes? Tun nicht auch die von den Nationen dasselbe? 48 Ihr nun sollt vollkommen sein, wie euer himmlischer Vater vollkommen ist.

1 Joh 2:15-17

15 Liebt nicht die Welt noch was in der Welt ist! Wenn jemand die Welt liebt, ist die Liebe des Vaters nicht in ihm; 16 denn alles, was in der Welt ist, die Begierde des Fleisches und die Begierde der Augen und der Hochmut [das Großtun, o. die Prahlerei] des Lebens, ist nicht vom [aus dem] Vater, sondern ist von [aus] der Welt. 17 Und die Welt vergeht und ihre Begierde; wer aber den Willen Gottes tut, bleibt in Ewigkeit [griech. Äon].

Paralleltext: Jak 4:4

1 Petr 2:11

11 Geliebte, ich ermahne <euch> als Beisassen [Menschen ohne das volle Bürgerrecht des Landes, in dem sie wohnen] und Fremdlinge [Nichtbürger, d.h. Menschen, die vorübergehend in einem fremden Land wohnen], dass ihr euch der fleischlichen Begierden, die gegen die Seele streiten, enthaltet.

Paralleltext: 1 Petr 1:16-19

2 Thess 2:7-8

7 Denn schon ist das Geheimnis der Gesetzlosigkeit wirksam; nur <offenbart es sich nicht>, bis der, welcher jetzt zurückhält, aus dem Weg ist; 8 und dann wird der Gesetzlose geoffenbart werden, den der Herr Jesus beseitigen wird durch den Hauch seines Mundes und vernichten durch die Erscheinung seiner Ankunft.

Apg 20:29-30

Ich weiß, dass nach meinem Abschied grausame Wölfe zu euch hereinkommen werden, die die Herde nicht verschonen. 30 Und aus eurer eigenen Mitte werden Männer aufstehen, die verkehrte Dinge reden, um die Jünger abzuziehen hinter sich her.

2 Petr 2:1-23 Bitte in eigener Schrift nachlesen!

Hebr 13:9

9 Lasst euch nicht fortreißen durch verschiedenartige und fremde Lehren! Denn es ist gut, dass das Herz durch Gnade gefestigt wird, nicht durch Speisen, von denen die keinen Nutzen hatten, die danach wandelten.

Jud 4

4 Denn gewisse Menschen haben sich heimlich eingeschlichen, die längst zu diesem Gericht [Urteil] vorher aufgezeichnet sind, Gottlose, welche die Gnade unseres Gottes in Ausschweifung verkehren und den alleinigen Gebieter und unseren Herrn Jesus Christus verleugnen.

Apg 20:26-31 – Was Paulus unter gewissenhafter Verkündigung des Evangeliums verstand

Bitte in eigener Schrift nachlesen!

Joh 17:20-23 – Verständnis über die Einheit zwischen dem Vater-Gott, dem Sohn-Gott und den Königen und Priestern aus der Menschenwelt

Bitte in eigener Schrift nachlesen!

1 Mos 9:6 – Grundsatzlehren

6 Wer Menschenblut vergießt, dessen Blut soll durch Menschen vergossen werden; denn nach dem Bilde Gottes hat er den Menschen gemacht.

5 Mos 6:4-5

4 Höre, Israel: Der HERR ist unser Gott, der HERR allein [ist als einziger der HERR]! 5 Und du sollst den HERRN, deinen Gott, lieben mit deinem ganzen Herzen und mit deiner ganzen Seele [Person] und mit deiner ganzen Kraft.

Jes 42:8

8 Ich bin Jahwe, das ist mein Name. Und meine Ehre gebe ich keinem anderen noch meinen Ruhm den Götterbildern.

Sach 14:9

9 Und der HERR wird König sein über die ganze Erde; an jenem Tag wird der HERR einzig sein und sein Name einzig.

Mk 12:29

29 Jesus antwortete ihm: Das erste ist: „Höre, Israel: Der Herr, unser Gott, ist ein Herr;

1 Kor 8:6

6 so ist doch für uns ein Gott, der Vater, von dem alle Dinge sind und wir auf ihn hin, und ein Herr, Jesus Christus, durch den alle Dinge sind und wir durch ihn.

1 Mos 2:17

17 aber vom Baum der Erkenntnis des Guten und Bösen, davon darfst du nicht essen; denn an dem Tag, da du davon isst, musst du sterben!

Ez 18:4

4 Siehe, alle Seelen gehören mir; wie die Seele des Vaters, so auch die Seele des Sohnes. Sie gehören mir. Die Seele, die sündigt, sie <allein> soll sterben.

Mt 10:28

28 Und fürchtet euch nicht vor denen, die den Leib töten, die Seele aber nicht zu töten vermögen; fürchtet aber vielmehr den, der

sowohl Seele als Leib zu verderben vermag in der Hölle! (H.= Gehenna)

Pred 9:5

5 Denn die Lebenden wissen, dass sie sterben werden, die Toten aber wissen gar nichts, und sie haben keinen Lohn mehr, denn ihr Andenken ist vergessen.

Pred 9:10

10 Alles, was deine Hand zu tun findet, das tue in deiner Kraft [Alles, was deine Hand zu tun findet in deiner Kraft, das tue]! Denn es gibt weder Tun noch Berechnung, noch Kenntnis, noch Weisheit im Scheol, in den du gehst.

Mt 23:8-9

8 Ihr aber, lässt ihr euch nicht Rabbi nennen! Denn einer ist euer Lehrer, ihr alle aber seid Brüder. 9 Ihr sollt auch nicht <jemanden> auf der Erde euren Vater nennen; denn einer ist euer Vater, <nämlich> der im Himmel [der himmlische].

Joh 17:21

21 damit sie alle eins seien, wie du, Vater, in mir und ich in dir, dass auch sie in uns eins seien, damit die Welt glaube, dass du mich gesandt hast.

Offb 3:12

Wer überwindet, den werde ich im Tempel meines Gottes zu einer Säule machen, und er wird nie mehr hinausgehen; und ich werde auf ihn schreiben den Namen meines Gottes und den Namen der Stadt meines Gottes, des neuen Jerusalem, das aus dem Himmel herabkommt von meinem Gott, und meinen neuen Namen.

Ps 45:8

8 Gerechtigkeit hast du geliebt und Gottlosigkeit gehasst: darum hat Gott, dein Gott, dich gesalbt mit Freuden- Öl vor deinen Gefährten.

Endlich! Sicherheit und Friede!

Joh 8:31-32

31 Jesus sprach nun zu den Juden, die ihm geglaubt hatten: Wenn ihr in meinem Wort bleibt, so seid ihr wahrhaft meine Jünger; 32 und ihr werdet die Wahrheit erkennen, und die Wahrheit wird euch frei machen.

Joh 15:3-4

3 Ihr seid schon rein um des Wortes willen, das ich zu euch geredet habe. 4 Bleibt in mir und ich in euch! Wie die Rebe nicht von sich selbst Frucht bringen kann, sie bleibe denn am Weinstock, so auch ihr nicht, ihr bleibt denn in mir.

1 Kor 15:51-56 – Die letzten „Gottähnlichen", die noch auf Erden sind, werden nicht mehr sterben, sondern verwandelt.

Bitte in der eigenen Bibel nachlesen!

Gal 3:24

24 Also ist das Gesetz unser Zuchtmeister auf Christus hin geworden, damit wir aus Glauben gerechtfertigt würden.

Joh 3:1-12 – Jesus erklärt Nikodemus die Wiedergeburt.

Bitte in der eigenen Bibel nachlesen!

2 Kor 5:17

17 Daher, wenn jemand in Christus ist, so ist er eine neue Schöpfung; das Alte ist vergangen, siehe, Neues ist geworden.

2 Tim 3:16-17

16 Alle Schrift ist von Gott eingegeben [gottgehaucht, griech. theopneustos] und [andere Ü: Alle von Gott eingegebene Schrift ist auch] nützlich zur Lehre [Belehrung o. Unterrichtung], zur Überführung, zur Zurechtweisung, zur Unterweisung in der Gerechtigkeit, 17 damit der Mensch Gottes richtig sei, für jedes gute Werk ausgerüstet.

Offb 14:4

4 Diese sind es, die sich mit Frauen nicht befleckt haben, denn sie sind jungfräulich; diese sind es, die dem Lamm folgen, wohin es auch geht. Diese sind aus den Menschen als Erstlingsfrucht [Einige alte Handschriften schreiben „von Anfang an“ statt „als Erstlingsfrucht“] für Gott und das Lamm erkauft worden.

Mt 27:18

18 Denn er wusste, dass sie ihn aus Neid überliefert hatten.

Joh 8:32 siehe oben

Mt 15:2-3

2 Warum übertreten deine Jünger die Überlieferung [Vorschriften, die über das Gesetz hinaus das Leben bis ins Einzelne regelten und einengten und mit denen sich besonders die Schriftgelehrten beschäftigten; die Pharisäer bemühten sich, die Überlieferungen genau zu halten.] der Ältesten? Denn sie waschen ihre Hände
nicht, wenn sie Brot essen. 3 Er aber antwortete und sprach zu ihnen: Warum übertretet auch ihr das Gebot Gottes um eurer Überlieferung willen?

Jer 31:21-22

21 Richte dir Wegweiser [Steinmale] auf, setze dir Wegzeichen, richte dein Herz auf die Straße, auf den Weg, den du gegangen bist! Kehre um, Jungfrau Israel, kehre um in diese deine Städte!
22 Wie lange willst du dich hin und her wenden, du abtrünnige Tochter? Denn der HERR hat ein Neues geschaffen [Hier steht ein Wort, das ausschließlich für das Schaffen Gottes verwendet wird.] auf der Erde: Die Frau wird den Mann umgeben! [andere Ü: Die Frau kehrt zum Mann um] (Vielleicht ein Hinweis auf den neuen Ehebund, den Gott mit seinem Volk schließen will.)

Mt 9:17

17 Auch füllt man nicht neuen Wein in alte Schläuche; sonst zerreißen die Schläuche, und der Wein wird verschüttet, und die

Schläuche verderben; sondern man füllt neuen Wein in neue Schläuche, und beide bleiben zusammen erhalten.

Mt 13:52

52 Er aber sprach zu ihnen: Darum ist jeder Schriftgelehrte, der ein Jünger des Reichs [von der Königsherrschaft] der Himmel geworden ist, gleich einem Hausherrn, der aus seinem Schatz Neues und Altes hervorbringt.

Paralleltext: Lk 5:36

Jak 2:8-9

8 Wenn ihr wirklich das königliche Gesetz „Du sollst deinen Nächsten lieben wie dich selbst“ nach der Schrift erfüllt, so tut ihr
recht. 9 Wenn ihr aber die Person anseht, so begeht ihr Sünde und werdet vom Gesetz als Übertreter überführt.

Joh 10:2-27 – Gleichnis von dem guten Hirten Christus

Bitte in der eigenen Bibel nachlesen!

1 Joh 4:2

2 Hieran erkennt ihr den Geist Gottes: Jeder Geist, der Jesus Christus, im Fleisch gekommen, bekennt, ist aus Gott.

Joh 15:13

13 Größere Liebe hat niemand als die, dass er sein Leben hingibt für seine Freunde.

Joh 18:36-37

36 Jesus antwortete: Mein Reich [meine Königsherrschaft] ist nicht von dieser Welt; wenn mein Reich von dieser Welt wäre, so hätten meine Diener gekämpft, damit ich den Juden nicht überliefert würde, jetzt aber ist mein Reich nicht von hier. 37 Da sprach
Pilatus zu ihm: Also bist du doch ein König? Jesus antwortete: Du sagst es, dass ich ein König bin. Ich bin dazu geboren und dazu in die Welt gekommen, dass ich für die Wahrheit Zeugnis gebe. Jeder, der aus der Wahrheit ist, hört meine Stimme.

Joh 14:6

6 Jesus spricht zu ihm: Ich bin der Weg und die Wahrheit und das Leben. Niemand kommt zum Vater als nur durch mich.

Joh 17:3

3 Dies aber ist das ewige Leben, dass sie dich, den allein wahren Gott, und den du gesandt hast, Jesus Christus, erkennen.

Ps 63:6

6 Wie von Mark und Fett wird meine Seele gesättigt werden, und mit jubelnden Lippen wird mein Mund loben.

Ps 77:12

12 Ich will gedenken der Taten Jahs; ja, deiner Wunder von alters her will ich gedenken.

Joh 16:12

Noch vieles habe ich euch zu sagen, aber ihr könnt es jetzt nicht tragen.

Joh 3:18

18 Wer an ihn glaubt, wird nicht gerichtet; wer aber nicht glaubt, ist schon gerichtet, weil er nicht geglaubt hat an den Namen des eingeborenen [griech. monogenes, d.h. einzig in seiner Art, o. einzig geboren, o. einzig] Sohnes Gottes.

Lk 12:49

49 Ich bin gekommen, Feuer auf die Erde zu werfen, und wie wünschte ich, es wäre schon angezündet!

2 Petr 3:16

wie auch in allen Briefen, wenn er in ihnen von diesen Dingen redet. In diesen <Briefen> ist einiges schwer zu verstehen, was die Unwissenden und Ungefestigten verdrehen [verdrehen werden] wie auch die übrigen Schriften zu ihrem eigenen Verderben.

Endlich! Sicherheit und Friede!

1 Kor 16:13

13 Wacht, steht fest im Glauben; seid mannhaft, seid stark [erstarkt]!

1 Thess 5:2

2 Denn ihr selbst wisst genau, dass der Tag des Herrn so kommt wie ein Dieb in der Nacht.

1 Petr 5:8

8 Seid nüchtern, wacht! Euer Widersacher, der Teufel, geht umher wie ein brüllender Löwe und sucht, wen er verschlingen kann.

1 Kor 3:10

10 Nach der Gnade Gottes, die mir gegeben ist, habe ich als ein weiser Baumeister den Grund gelegt; ein anderer aber baut darauf; jeder aber sehe zu, wie er darauf baut.

Hebr 13:17

17 Gehorcht und fügt euch euren Führern! Denn sie wachen über eure Seelen, als solche, die Rechenschaft geben werden, damit sie dies mit Freuden tun und nicht mit Seufzen; denn dies wäre nicht nützlich für euch.

2 Tim 3:1-14 – Vorausschau auf die zwischenmenschlichen Beziehungen in der Zeit des Abschlusses der christlichen Ära

Bitte in der eigenen Schrift nachlesen!

Kapitel 10 – Die Endzeit-Prophezeiung!

Jes 42:8-9

8 Ich bin Jahwe, das ist mein Name. Und meine Ehre gebe ich keinem anderen noch meinen Ruhm den Götterbildern. 9 Das

Frühere, siehe, es ist eingetroffen, und Neues verkündige ich. Bevor es aufsprossest, lasse ich es euch hören.

1 Mos 6:6

6 Und es reute den HERRN, dass er den Menschen auf der Erde gemacht hatte, und es bekümmerte ihn in sein Herz hinein.

1 Mos 6:12-22 Bitte in der eigenen Bibel nachlesen!

2 Petr 2:5

5 und <wenn> er die alte Welt nicht verschonte, sondern <nur> Noah, den Prediger der Gerechtigkeit, als achten <neben sieben anderen> bewahrte, als er die Flut über die Welt der Gottlosen brachte.

Mt 24:37-38

37 Aber wie die Tage Noahs <waren>, so wird auch die Ankunft des Sohnes des Menschen sein. 38 Denn wie sie in jenen Tagen vor der Flut waren: sie aßen und tranken, sie heirateten und verheirateten bis zu dem Tag, da Noah in die Arche ging.

2 Petr 3:5

5 Denn denen, die dies behaupten, ist verborgen, dass von jeher Himmel waren und eine Erde, die aus Wasser und durch Wasser Bestand hatte, <und zwar> durch das Wort Gottes.

5 Mos 28:47-69

In diesem Bericht bekommt das Volk der Israeliten eine Gesamtvorschau von seinem Geschick bis zum Abschluss der „Weltzeit“.

5 Mos 28:62

62 Als ein geringes Häuflein [Als gezählte Männer] werdet ihr übrigbleiben, statt dass ihr wie die Sterne des Himmels an Menge geworden wärt, weil du der Stimme des HERRN, deines Gottes, nicht gehorcht hast.

Jes 44:26-28

26 der das Wort seines Knechtes aufrichtet und den Plan seiner Boten ausführt, der von Jerusalem sagt: Es soll bewohnt werden! und von den Städten Judas: Sie sollen aufgebaut werden, und seine Trümmerstätten werde ich <wieder> aufrichten! 27 der zur Meerestiefe spricht: Versiege, und deine Ströme will ich austrocknen 28 der von Kyrus [hebr. Koräsch] spricht: Mein Hirte, er wird alles ausführen, was mir gefällt [er wird all meinen Willen zur Vollendung bringen], indem er von Jerusalem sagen wird: Es werde aufgebaut, und der Grundstein des Tempels werde gelegt!

Dan 9:1-19 Bitte in der eigenen Schrift nachlesen!

Esra 1 Bitte in der eigenen Schrift nachlesen!

Jes 44:26, 45:1-4 Bitte in der eigenen Schrift nachlesen!

Neh 12, 13 Bitte in eigener Bibel nachlesen!

Lk 22:19,20,28-30

19 Und er nahm Brot, dankte, brach und gab es ihnen und sprach: Dies ist mein Leib, der für euch gegeben wird. Dies tut zu meinem Gedächtnis! 20 Ebenso auch den Kelch nach dem Mahl [nach dem Essen (Infinitiv)] und sagte: Dieser Kelch ist der neue Bund in meinem Blut, das für euch vergossen wird.

Paralleltexte: Mt 26:26-28, Mk 14:22-24, 1 Kor 11:23-25

Lk 22:28-30

28 Ihr aber seid es, die mit mir ausgeharrt haben in meinen Versuchungen; 29 und ich verordne euch, wie mein Vater mir verordnet hat, ein Reich [eine Königsherrschaft], 30 dass ihr esst und trinkt an meinem Tisch in meinem Reich und auf Thronen sitzt, die zwölf Stämme Israels zu richten.

Gal 3:23-4:9 Bitte in der eigenen Schrift nachlesen!

Kol 3:1

1 Wenn ihr nun mit dem Christus auferweckt worden seid, so sucht, was droben ist, wo der Christus ist, sitzend zur Rechten Gottes!

Apg 10:44-48, 11:2-4,18 Bitte in der eigenen Schrift nachlesen!

Joh 17:15-26 Bitte in der eigenen Schrift nachlesen!

5 Mos 28 Bitte in der eigenen Schrift nachlesen!

Ez 38:16

16 und wirst gegen mein Volk Israel heraufziehen wie eine Wolke, um das Land zu bedecken? Am Ende der Tage wird es geschehen, dass ich dich über mein Land kommen lasse, damit die Nationen mich erkennen, wenn ich mich an dir, Gog, vor ihren Augen als heilig erweise.

Jes 14:16-17

16 Die dich sehen, betrachten dich, sehen dich genau an: „Ist das der Mann, der die Erde erbeben ließ, Königreiche erschütterte?“ 17 Er machte den Erdkreis der Wüste gleich und riss ihre Städte nieder. Seine Gefangenen entließ er nicht nach Hause.

Jes 14:20-21

20 <Mit denen,> die zu den Steinen der Grube hinabgefahren sind, mit ihnen wirst du nicht vereint werden im Grab. Denn du hast dein Land zugrunde gerichtet, dein Volk erschlagen. Das Geschlecht [Der Same] von Übeltätern wird in Ewigkeit nicht <mehr> genannt werden. 21 Bereitet für seine Söhne die Schlachtbank zu um der Schuld ihrer Väter willen! Sie sollen sich nicht <mehr> erheben und die Erde in Besitz nehmen und die Fläche des Erdkreises mit Städten füllen.

Jes 24:2

2 Und wie dem Volk, so ergeht es dem Priester; wie dem Knecht, so seinem Herrn; wie der Magd, so ihrer Gebieterin; wie dem Käu-

fer, so dem Verkäufer; wie dem Verleiher, so dem Borger; wie dem Schuldner, so seinem Gläubiger.

Lk 21:22

22 Denn dies sind Tage der Rache, dass alles erfüllt werde, was geschrieben steht.

Ps 110:5-6

5 Der Herr zu deiner Rechten zerschmettert Könige am Tag seines Zorns. 6 Er wird richten unter den Nationen, er füllt <Täler>
mit Leichen. Das Haupt über ein großes Land zerschmettert er.

Paralleltexte: Jes 24:13-16, Lk 21:22

Mk 13:10

10 und allen Nationen muss vorher das Evangelium gepredigt werden.

5 Mos 12:16

16 Nur das Blut dürft ihr nicht essen, auf die Erde sollt ihr es gießen wie Wasser.

Paralleltext: 1 Mos 9:4-6

Apg 15:28-29

28 Denn es hat dem Heiligen Geist und uns gut geschienen,
keine größere Last auf euch zu legen als diese notwendigen Stücke:
29 Euch zu enthalten von Götzenopfern und von Blut und von Ersticktem und von Unzucht. Wenn ihr euch davor bewahrt, so werdet ihr wohl tun [so wird es euch wohlergehen]. Lebt wohl!

Mt 19:3-10 Bitte in der Schrift nachlesen!

Spr 13:24

Wer seine Rute schont, hasst seinen Sohn; aber wer ihn liebhat, züchtigt ihn beizeiten [sucht ihn mit Züchtigung].

1 Mos 1:26

Und Gott sprach: Lasst uns Menschen [hebr. adam; d.h. <von der> Erde (adama=Erdboden] machen in unserm Bild, uns ähnlich [nach unserem Abbild o. Aussehen]! Sie sollen herrschen über die Fische des Meeres und über die Vögel des Himmels und über das Vieh und über die ganze Erde [Die syrische Ü. liest mit Vers 24f: und über alle Tiere der Erde] und über alle kriechenden Tiere, die auf der Erde kriechen!

1 Mos 2:15

15 Und Gott, der HERR, nahm den Menschen und setzte ihn in den Garten Eden, ihn zu bebauen und ihn zu bewahren.

1 Mos 4:10

10 Und er sprach: Was hast du getan! Horch! Das Blut [Die Stimme des Blutes] deines Bruders schreit zu mir vom Ackerboden her.

1 Mos 9:4-6 siehe oben

5 Mos 6:5

5 Und du sollst den HERRN, deinen Gott, lieben mit deinem ganzen Herzen und mit deiner ganzen Seele [Person] und mit deiner ganzen Kraft.

3 Mos 19:18

18 Du sollst dich nicht rächen und den Kindern deines Volkes nichts nachtragen und sollst deinen Nächsten lieben wie dich selbst. Ich bin der HERR.

Paralleltext: Mt 22:37-40

Mt 24:14

14 Und dieses Evangelium des Reiches [der Königsherrschaft] wird gepredigt werden auf dem ganzen Erdkreis, allen Nationen zu einem Zeugnis, und dann wird das Ende kommen.

Paralleltext: Mk 13:10

Endlich! Sicherheit und Friede!

Mt 13:49

49 So wird es in der Vollendung des Zeitalters [griech. Äon] sein: die Engel werden hinausgehen und die Bösen aus der Mitte der Gerechten aussondern.

1 Mos 6:7-8

7 Und der HERR sprach: Ich will den Menschen, den ich geschaffen habe, von der Fläche des Erdbodens auslöschen [wegwischen], vom Menschen bis zum Vieh, bis zu den kriechenden Tieren und bis zu den Vögeln des Himmels; denn es reut mich, dass
ich sie gemacht habe. 8 Noah aber fand Gunst in den Augen des HERRN.

1 Mos 18,20-33 – Abraham verhandelt mit Jahwe wegen Sodom und Gomorra, doch keine fünf Gerechte waren dort noch zu finden.

Bitte in eigener Bibel nachlesen!

1 Mos 19:30

30 Lot aber zog von Zoar hinauf und wohnte im Gebirge, <er> und seine beiden Töchter mit ihm; denn er fürchtete sich in Zoar zu wohnen. Und er wohnte in einer Höhle, er und seine beiden Töchter.

Mt 24, Lk 21, Mk 13 – Endzeit-Prophezeiungen

In diesen drei Kapiteln sind die Endzeit-Prophezeiungen zu finden, die Jesus über das Ende des israelitischen Gottesstaates und das Ende der christlichen Ära gemacht hat. Bitte in der eigenen Bibel nachlesen!

Offb 10:11

11 Und sie sagen mir: Du musst wieder weissagen über Völker und Nationen und Sprachen und viele Könige.

Offb 11:3

3 Und ich werde meinen zwei Zeugen <Vollmacht> geben, und sie werden 1.260 Tage weissagen, mit Sacktuch bekleidet.

Paralleltext: Jes 24:13-18

2 Petr 2:5,8-9

5 und <wenn> er die alte Welt nicht verschonte, sondern <nur> Noah, den Prediger der Gerechtigkeit, als achten <neben sieben anderen> bewahrte, als er die Flut über die Welt der Gottlosen brachte; ...

8 - denn der unter ihnen wohnende Gerechte quälte durch das, was er sah und hörte [durch Sehen und Hören], Tag für Tag <seine> gerechte Seele mit <ihren> gesetzlosen Werken, <so wird deut-
lich>: 9 der Herr weiß die Gottseligen [Gottesfürchtigen] aus der Versuchung zu retten, die Ungerechten aber aufzubewahren für den Tag des Gerichts, wenn sie bestraft werden.

Lk 21:11

11 und es werden große Erdbeben sein und an verschiedenen Orten Hungersnöte und Seuchen; auch Schrecknisse und große Zeichen vom Himmel wird es geben.

Jes 24:19-20

19 Berstend zerbirst die Erde, brechend zerbricht die Erde,
wankend wankt die Erde, 20 taumelnd taumelt die Erde wie ein Betrunkener und schwankt hin und her wie eine Nachthütte [für den Feldhüter, z. B. im Gurkenfeld]. Und schwer lastet auf ihr ihr <Treu>Bruch: sie fällt und steht nicht wieder auf.

Jes 13:9-15 – Beschreibung des Weltbürgerkrieges

Bitte in eigener Bibel nachlesen!

Mt 24:21-22

21 Denn dann wird große Bedrängnis sein, wie sie von Anfang
der Welt bis jetzt nicht gewesen ist und auch nie sein wird. 22 Und
wenn jene Tage nicht verkürzt würden, so würde kein Fleisch gerettet werden; aber um der Auserwählten willen werden jene Tage verkürzt werden.

Endlich! Sicherheit und Friede!

1 Mos 6:11

11 Die Erde aber war verdorben vor Gott, und die Erde war erfüllt mit Gewalttat.

1 Mos 6:13

13 Da sprach Gott zu Noah: Das Ende alles Fleisches ist vor mich gekommen; denn die Erde ist durch sie erfüllt von Gewalttat; und siehe, ich will sie verderben mit der Erde.

1 Mos 7:23

23 So löschte er alles Bestehende aus, das auf der Fläche des Erdbodens war, vom Menschen bis zum Vieh, bis zu den kriechenden Tieren und bis zu den Vögeln des Himmels; und sie wurden von der Erde ausgelöscht. Nur Noah blieb übrig und das, was mit ihm in der Arche war.

Mt 6:10

10 dein Reich [deine Königsherrschaft] komme; dein Wille geschehe, wie im Himmel so auch auf Erden!

Mt 8:28-29

28 Und als er an das jenseitige Ufer gekommen war, in das Land
der Gadarener, begegneten ihm zwei Besessene, die aus den Grüf-
ten hervorkamen. <Sie waren> sehr bösartig, so dass niemand auf
jenem Weg vorbeigehen konnte. 29 Und siehe, sie schrien und sagten: Was haben wir mit dir zu schaffen, Sohn Gottes? Bist du hier-
hergekommen, uns vor der Zeit zu quälen?

Paralleltexte: Mk 5:6-8, Mt 8:29

Mk 5:11-13

11 Es war aber dort an dem Berg eine große Herde Schweine,
die weidete. 12 Und sie baten ihn und sagten: Schicke uns in die
Schweine, damit wir in sie hineinfahren! 13 Und er erlaubte es
ihnen. Und die unreinen Geister fuhren aus und fuhren in die
Schweine, und die Herde stürzte sich den Abhang hinab in den
See, etwa zweitausend, und sie ertranken in dem See.

Jak 2:19

19 Du glaubst, dass <nur> einer Gott ist? Du tust recht; auch die Dämonen glauben und zittern.

Jes 24: 21-23, Offb 12:7-12, 20:1-3 Bitte in der Schrift nachlesen!

Offb 12:12

12 Darum seid fröhlich, ihr Himmel, und die ihr in ihnen wohnt! Wehe der Erde und dem Meer! Denn der Teufel ist zu euch hinabgekommen und hat große Wut, da er weiß, dass er <nur> eine kurze Zeit hat.

Dan 10:12-14 Bitte in eigener Schrift nachlesen!

Lk 21:25-27

25 Und es werden Zeichen sein an Sonne und Mond und Sternen und auf der Erde Angst der Nationen in Ratlosigkeit bei brau-
sendem und wogendem Meer [in Ratlosigkeit des Brausens des
Meeres und Gewoges], 26 während die Menschen verschmachten
vor Furcht und Erwartung der Dinge, die über den Erdkreis kommen, denn die Kräfte der Himmel werden erschüttert werden. 27
Und dann werden sie den Sohn des Menschen kommen sehen in
einer Wolke mit Macht und großer Herrlichkeit.

Paralleltext: Mk 13:24-26

Ps 2 Bitte in eigener Bibel nachlesen!

Offb 14:1

1 Und ich sah: und siehe, das Lamm[a] stand auf dem Berg Zion und mit ihm 144.000, die seinen Namen und den Namen seines Vaters an ihren Stirnen geschrieben trugen.

Offb 17, 18 – Kapitel über die Beseitigung der Religionen

Bitte in eigener Bibel nachlesen!

2 Thess 2:3-4

3 Dass niemand euch auf irgendeine Weise verführe! Denn <dieser Tag kommt nicht>, es sei denn, dass zuerst der Abfall gekom-

men und der Mensch der Gesetzlosigkeit [nach alten Handschriften: der Sünde] geoffenbart worden ist, der Sohn des Verderbens; 4
der sich widersetzt und sich überhebt über [gegen] alles, was Gott heißt oder Gegenstand der Verehrung <ist>, so dass er sich in den Tempel Gottes setzt und sich ausweist, dass er Gott sei.

Offb 13:11-18 – eine Beschreibung der materialistischen gottlosen Weltregierung, die am Ende des christlichen Zeitalters bestehen wird

Bitte in der eigenen Bibel nachlesen!

Offb 13:4

4 Und sie beteten den Drachen an, weil er dem Tier die Macht [Vollmacht] gab, und sie beteten das Tier an und sagten: Wer ist dem Tier gleich? Und wer kann mit ihm kämpfen?

Dan 2:43-45 – Endzeitbeschreibung auf Grund eines Standbildes, das den Verlauf der Großmächte auf Erden darstellt

Bitte in der eigenen Schrift nachlesen!

Jes 13:3-5

3 Ich habe meine Geheiligten entboten, auch meine Helden zu meinem Zorn<Gericht> gerufen, die über meine Hoheit frohlocken. 4 Horch! Getümmel auf den Bergen wie von einem großen Volk! Horch! Getöse von Königreichen, von versammelten Nationen! Der HERR der Heerscharen mustert ein Kriegsheer. 5 Aus
fernem Land kommen sie, vom Ende des Himmels - der HERR mit den Werkzeugen seiner Verwünschung, um das ganze Land zugrunde zu richten.

Jes 13:9-15 Bitte in eigener Bibel nachlesen!

Jes 27:1

1 An jenem Tag wird der HERR mit seinem harten, großen und starken Schwert heimsuchen den Leviatan, die flüchtige Schlange, und den Leviatan, die gewundene Schlange, und wird das Unge-

heuer erschlagen [umbringen], das im Meer ist [Das Ungeheuer im Meer ist ein Symbol für Ägypten].

Jes 29:1-8,13-16 Bitte in eigener Bibel nachlesen!

Paralleltexte: Mt 24:15-31, Lk 21:20-28

Ps 2:8-9

8 Fordere von mir, und ich will dir die Nationen zum Erbteil geben, zu deinem Besitz die Enden der Erde. 9 Mit eisernem Stab magst du sie zerschmettern, wie Töpfergeschirr sie zerschmeißen.

Ps 110:2

2 Den Stab deiner Macht wird der HERR aus Zion ausstrecken. Herrsche inmitten deiner Feinde!

Lk 21:22

22 Denn dies sind Tage der Rache, dass alles erfüllt werde, was geschrieben steht.

5 Mos 32:35

35 Mein sind die Rache und die Vergeltung [Mas T: und er hat vergolten] für die Zeit, da ihr Fuß wankt. Denn nahe ist der Tag ihres Verderbens, und was ihnen bevorsteht, eilt herbei.

Kapitel 11 – Die Wiederherstellung des „Garten Eden“!

Spr 29:27

27 Ein Gräuel für die Gerechten ist der Übeltäter, aber ein Gräuel für den Gottlosen ist, wer redlich <seinen> Weg <geht>.

Paralleltext: Joh 7:7

Offb 20:1-3

1 Und ich sah einen Engel aus dem Himmel herabkommen, der den Schlüssel des Abgrundes und eine große Kette in seiner Hand

hatte. 2 Und er griff [nahm gefangen] den Drachen, die alte Schlange, die der Teufel und der Satan ist; und er band ihn tausend Jahre 3 und warf ihn in den Abgrund und schloss zu und versiegelte über ihm, damit er nicht mehr die Nationen verführe, bis die tausend Jahre vollendet sind. Nach diesem muss er für kurze Zeit losgelassen werden.

Offb 5:10

10 und hast sie unserem Gott zu einem Königtum [zu Königen] und zu Priestern gemacht, und sie werden über die Erde herrschen!

Offb 2:26-28

26 Und wer überwindet und meine Werke bis ans Ende bewahrt, dem werde ich Macht [Vollmacht] über die Nationen geben 27 und er wird sie hüten mit eisernem Stab, wie Töpfergefäße zerschmettert werden, 28 wie auch ich von meinem Vater empfangen habe; und ich werde ihm den Morgenstern geben.

1 Kor 6:2-3

2 Oder wisst ihr nicht, dass die Heiligen die Welt richten werden? Und wenn durch euch [in eurem Beisein] die Welt gerichtet wird, seid ihr dann nicht würdig, über die geringsten Dinge zu richten [seid ihr <dann etwa> unwürdig der geringsten Gerichte]? 3 Wisst ihr nicht, dass wir Engel richten werden, wieviel mehr <über> Alltägliches?

Mal 3:18-19

18 Und ihr werdet wieder <den Unterschied> sehen zwischen dem Gerechten und dem Ungerechten [dem Gottlosen], zwischen dem, der Gott dient, und dem, der ihm nicht dient. 19 Denn siehe, der Tag kommt, der wie ein Ofen brennt. Da werden alle Frechen und alle, die gottlos handeln, Strohstoppeln sein. Und der kommende Tag wird sie verbrennen, spricht der HERR der Heerscharen, so dass er ihnen weder Wurzel noch Zweig übriglässt.

Jes 65:17, 20, 22, 25 Bitte in eigener Bibel nachlesen!

Jes 13:1-3

1 Ausspruch über Babel, den Jesaja, der Sohn des Amoz, geschaut hat. 2 Auf kahlem Berg richtet ein Feldzeichen auf, mit lauter Stimme ruft ihnen zu, winkt mit der Hand, dass sie einziehen
durch die Tore der Edlen! 3 Ich habe meine Geheiligten entboten,
auch meine Helden zu meinem Zorn<Gericht> gerufen, die über
meine Hoheit frohlocken.

Jes 24:1-3

1 Siehe, der HERR entleert die Erde und verheert sie und kehrt
ihre Oberfläche um und zerstreut ihre Bewohner. 2 Und wie dem
Volk, so ergeht es dem Priester; wie dem Knecht, so seinem Herrn;
wie der Magd, so ihrer Gebieterin; wie dem Käufer, so dem Verkäufer; wie dem Verleiher, so dem Borger; wie dem Schuldner, so seinem Gläubiger. 3 Völlig ausgeleert wird die Erde und geplündert,
denn der HERR hat dieses Wort geredet.

Jes 24:19-20

19 Berstend zerbirst die Erde, brechend zerbricht die Erde,
wankend wankt die Erde, 20 taumelnd taumelt die Erde wie ein
Betrunkener und schwankt hin und her wie eine Nachthütte. Und
schwer lastet auf ihr ihr <Treu>bruch: sie fällt und steht nicht
wieder auf.

Jes 13:12

12 Ich will den Sterblichen [den Menschen; hebr. änosch, ein dichterischer Ausdruck] seltener machen als gediegenes Gold und den Menschen <seltener> als Ofirgold.

Jes 24:3,6

3 Völlig ausgeleert wird die Erde und geplündert, denn der HERR hat dieses Wort geredet.

6 Darum hat der Fluch die Erde verzehrt, und es büßen, die auf ihr wohnen. Darum sind die Bewohner der Erde dahingeschwunden [verbrannt], und wenig Menschen bleiben übrig.

Mt 24:22

22 Und wenn jene Tage nicht verkürzt würden, so würde kein Fleisch gerettet werden; aber um der Auserwählten willen werden jene Tage verkürzt werden.

Jes 11:9

9 Man wird nichts Böses tun noch verderblich handeln auf meinem ganzen heiligen Berg. Denn das Land wird voll von Erkenntnis des HERRN sein, wie von Wassern, die das Meer bedecken.

1 Mos 1:26b

26 Sie sollen herrschen über die Fische des Meeres und über die Vögel des Himmels und über das Vieh und über die ganze Erde [und über alle Tiere der Erde] und über alle kriechenden Tiere, die auf der Erde kriechen!

Jes 65:20

20 Und es wird dort keinen Säugling mehr geben [von dort wird nicht mehr ein Säugling entstehen], <der nur wenige> Tage <alt wird>, und keinen Greis, der seine Tage nicht erfüllte. Denn der Jüngste wird im Alter von hundert Jahren [der Knabe wird als Sohn von hundert Jahren] sterben, und wer das Alter von hundert Jahren nicht erreicht [der Sündigende (der Verfehlende) wird (erst) als Sohn von hundert Jahren verflucht werden], wird als verflucht gelten.

Offb 20:7-10

7 Und wenn die tausend Jahre vollendet sind, wird der Satan aus seinem Gefängnis losgelassen werden 8 und wird hinausgehen, die Nationen zu verführen, die an den vier Ecken der Erde sind, den Gog und den Magog, um sie zum Krieg zu versammeln; deren Zahl ist wie der Sand des Meeres. 9 Und sie zogen herauf auf

die Breite der Erde und umzingelten das Heerlager der Heiligen und die geliebte Stadt; und Feuer kam aus dem Himmel herab und verschlang sie.
10 Und der Teufel, der sie verführte, wurde in den Feuer- und Schwefelsee geworfen, wo sowohl das Tier als auch der falsche Prophet sind; und sie werden Tag und Nacht gepeinigt werden von Ewigkeit zu Ewigkeit [in die Zeitalter der Zeitalter].

Ez 38 Bitte in eigener Bibel nachlesen!

Offb 19:13

13 und er ist bekleidet mit einem in Blut getauchten Gewand, und sein Name heißt: Das Wort Gottes.

Offb 20:14-15

14 Und der Tod und der Hades wurden in den Feuer See geworfen. Dies ist der zweite Tod, der Feuer See [Dieser zweite Tod ist der Feuer See].
15 Und wenn jemand nicht geschrieben gefunden wurde in dem Buch des Lebens, so wurde er in den Feuer See geworfen.

2 Tim 1:10

10 jetzt aber geoffenbart worden ist durch die Erscheinung unseres Heilandes [Retters] Jesus Christus, der den Tod zunichte gemacht, aber Leben und Unvergänglichkeit ans Licht gebracht hat durch das Evangelium.

Offb 2:11

11 Wer ein Ohr hat, höre, was der Geist den Gemeinden sagt! Wer überwindet, wird keinen Schaden erleiden von dem zweiten Tod.

Offb 20:14

14 Und der Tod und der Hades wurden in den Feuer See geworfen. Dies ist der zweite Tod, der Feuer See [Dieser zweite Tod ist der Feuer See].

Jes 55:11

11 so wird mein Wort sein, das aus meinem Mund hervorgeht. Es wird nicht leer zu mir zurückkehren, sondern es wird bewirken, was mir gefällt, und ausführen, wozu ich es gesandt habe.

***Offb 19:13** siehe oben*

Offb 20:4

4 Und ich sah Throne, und sie setzten sich darauf, und das Gericht wurde ihnen übergeben; und <ich sah> die Seelen derer, die um des Zeugnisses Jesu und um des Wortes Gottes willen enthauptet worden waren, und die, welche das Tier und sein Bild nicht angebetet und das Malzeichen nicht an ihre Stirn und an ihre Hand angenommen hatten, und sie wurden lebendig [lebten] und herrschten mit dem Christus tausend Jahre.

Joh 11:24

24 Marta spricht zu ihm: Ich weiß, dass er auferstehen wird in der Auferstehung am letzten Tag.

1 Kor 15:3

3 Denn ich habe euch vor allem überliefert, was ich auch empfangen habe: daß Christus für unsere Sünden gestorben ist nach den Schriften.

3 Mos 25:8-24 – der Bericht über das Sabbatgesetz

Bitte in der Bibel nachlesen!

3 Mos 25:13

13 In diesem Jahr des Jobels [A] sollt ihr jeder wieder zu seinem Eigentum kommen. ([A] Das hebräische Wort Jobel bedeutet ursprünglich „Widder“, „Widderhorn“. Da man das Erlassjahr durch das Blasen des Jobel-Horns eröffnete, wurde das Erlassjahr auch Jobeljahr genannt.)

3 Mos 25:17

17 Und so soll keiner von euch seinen Nächsten übervorteilen. Und du sollst dich fürchten vor deinem Gott; denn ich bin der HERR, euer Gott.

1 Mos 8:22

22 Von nun an, alle Tage der Erde, sollen nicht aufhören Saat und Ernte, Frost und Hitze, Sommer und Winter, Tag und Nacht.

2 Petr 3:13

13 Wir erwarten aber nach seiner Verheißung neue Himmel und eine neue Erde, in denen Gerechtigkeit wohnt.

1 Sam 2:6

6 Der HERR tötet und macht lebendig; er führt in den Scheol hinab und wieder herauf.

Ps 16:10

10 Denn meine Seele wirst du dem Scheol nicht lassen, wirst nicht zugeben, daß dein Frommer die Grube sehe.

Jes 26:19

19 Deine Toten werden lebendig, meine Leichen <wieder> auferstehen. Wacht auf und jubelt, Bewohner des Staubes [die Toten]! Denn ein Tau der Lichter ist dein Tau, und die Erde wird die Schatten [die Totengeister] gebären.

Ez 37:1-14 – eine Vision von der Auferstehung der Toten

Bitte in eigener Bibel nachlesen!

Hiob 19:25-27

25 Doch ich weiß: Mein Erlöser [Anwalt; o. Fürsprecher] lebt; und als der letzte wird er über dem Staub [über der vergänglichen
Welt] stehen [auftreten]. 26 Und nachdem man meine Haut so zerschunden hat, werde ich doch aus meinem Fleisch Gott schauen.
27 Ja, ich werde ihn für mich sehen, und meine Augen werden

<ihn> sehen, aber nicht als Fremden. Meine Nieren verschmachten in meinem Innern.

Dan 12:2-3

2 Und viele von denen, die im Land des Staubes [im Staub der Erde] schlafen, werden aufwachen: die einen zu ewigem Leben und die anderen zur Schande, zu ewigem Abscheu 3 Und die Verständigen werden leuchten wie der Glanz der Himmelsfeste; und die, welche die vielen zur Gerechtigkeit gewiesen haben, <leuchten> wie die Sterne immer und ewig.

Joh 11:24-25

24 Marta spricht zu ihm: Ich weiß, dass er auferstehen wird in der Auferstehung am letzten Tag. 25 Jesus sprach zu ihr: Ich bin die Auferstehung und das Leben; wer an mich glaubt, wird leben, auch wenn er gestorben ist;

Offb 2:11 *siehe oben*

Offb 20:6

6 Glückselig und heilig, wer teilhat an der ersten Auferstehung! Über diese hat der zweite Tod keine Macht, sondern sie werden Priester Gottes und des Christus sein und mit ihm herrschen die tausend Jahre.

Offb 20:14

14 Und der Tod und der Hades wurden in den Feuer See geworfen. Dies ist der zweite Tod, der Feuer See [Dieser zweite Tod ist der Feuer See].

Offb 21:8

8 Aber den Feigen und Ungläubigen [Treulosen] und mit Gräueln Befleckten und Mördern und Unzüchtigen [Hurern] und Zauberern und Götzendienern und allen Lügnern ist ihr Teil in dem See, der mit Feuer und Schwefel brennt, das ist der zweite Tod.

Offb 20:13-15

13 Und das Meer gab die Toten, die in ihm waren, und der Tod und der Hades [das Totenreich] gaben die Toten, die in ihnen waren, und sie wurden gerichtet, ein jeder nach seinen Werken. 14
Und der Tod und der Hades wurden in den Feuer See geworfen. Dies ist der zweite Tod, der Feuer See. 15 Und wenn jemand nicht geschrieben gefunden wurde in dem Buch des Lebens, so wurde er in den Feuer See geworfen.

Lk 20:34-38 – Jesus berichtet in dieser Passage über einen Zustand der Auferstandenen.

Bitte in eigener Bibel nachlesen!

Apg 2:24

24 Den hat Gott auferweckt, nachdem er die Wehen des Todes aufgelöst hatte, wie es denn nicht möglich war, dass er von ihm behalten würde.

1 Kor 15:20-23

20 Nun aber ist Christus aus <den> Toten auferweckt, der Erstling der Entschlafenen; 21 denn da ja durch einen Menschen <der>
Tod <kam>, so auch durch einen Menschen <die> Auferstehung
<der> Toten. 22 Denn wie in Adam alle sterben, so werden auch in
Christus alle lebendig gemacht werden. 23 Jeder aber in seiner
eigenen Ordnung [Abteilung (militärischer Ausdruck)]: <der> Erstling, Christus; sodann die, welche Christus gehören bei seiner Ankunft;

1 Kor 15:42

42 So ist auch die Auferstehung der Toten. Es wird gesät in Vergänglichkeit [Verderben], es wird auferweckt in Unvergänglichkeit.

1 Kor 15:51-53

51 Siehe, ich sage euch ein Geheimnis: Wir werden nicht alle
entschlafen, wir werden aber alle verwandelt werden, 52 in einem
Nu, in einem Augenblick, bei der letzten Posaune; denn posaunen

wird es, und die Toten werden auferweckt werden, unvergänglich <sein>, und wir werden verwandelt werden. 53 Denn dieses Vergängliche muss Unvergänglichkeit anziehen und dieses Sterbliche Unsterblichkeit anziehen.

1 Thess 4:13-17 Bitte in eigener Bibel nachlesen!

Lk 20:35-36

35 die aber, die für würdig gehalten werden, jener Welt [jenes Zeitalters; griech. Äon] teilhaftig zu sein und der Auferstehung aus den Toten, heiraten nicht, noch werden sie verheiratet; 36 denn sie
können auch nicht mehr sterben, denn sie sind Engeln gleich und sind Söhne Gottes, da sie Söhne der Auferstehung sind.

Joh 8:51

51 Wahrlich, wahrlich, ich sage euch: Wenn jemand mein Wort bewahren [halten] wird, so wird er den Tod nicht sehen in Ewigkeit [griech. Äon].

Offb 20:4-6 Bitte in der eigenen Schrift nachlesen!

Apg 11:2-18 – Petrus berichtet über die Annahme von Heiden in die christliche Gemeinschaft.

Bitte in der eigenen Schrift nachlesen!

1 Petr 2:9

9 Ihr aber seid ein auserwähltes Geschlecht, ein königliches Priestertum, eine heilige Nation, ein Volk zum Besitztum, damit ihr die Tugenden [Tüchtigkeit, o. Fähigkeiten, o. Vollkommenheiten] dessen verkündigt, der euch aus der Finsternis zu seinem wunderbaren Licht berufen hat;

Offb 5:9-10

9 Und sie singen ein neues Lied und sagen: Du bist würdig, das Buch zu nehmen und seine Siegel zu öffnen; denn du bist geschlachtet worden und hast durch dein Blut für Gott erkauft aus jedem Stamm und jeder Sprache und jedem Volk und jeder Nation

10 und hast sie unserem Gott zu einem Königtum zu Königen [...] und zu Priestern gemacht, und sie werden über die Erde herrschen!

Joh 10:16

16 Und ich habe andere Schafe, die nicht aus diesem Hof sind; auch diese muss ich bringen, und sie werden meine Stimme hören, und es wird eine Herde, ein Hirte sein.

Phil 3:9-10

9 und in ihm gefunden werde – indem ich nicht meine Gerechtigkeit habe, die aus dem Gesetz ist, sondern die durch den Glauben an Christus, die Gerechtigkeit aus Gott aufgrund des Glaubens
10 um ihn und die Kraft seiner Auferstehung und die Gemeinschaft seiner Leiden zu erkennen, indem ich seinem Tod gleichgestaltet werde.

1 Thess 4:14-17 Bitte in der Bibel nachlesen!

Hebr 11:35

35 Frauen erhielten ihre Toten durch Auferstehung wieder; andere aber wurden gefoltert, da sie die Befreiung nicht annahmen, um eine bessere Auferstehung zu erlangen.

Offb 20:11-14 – Bericht über die zweite Auferstehung

Bitte in der eigenen Schrift nachlesen!

Mt 23:33

33 Schlangen! Otternbrut! Wie solltet ihr dem Gericht der Hölle (Gehenna) entfliehen?

Mt 5:22

22 Ich aber sage euch, dass jeder, der seinem Bruder zürnt [nach vielen späteren Handschriften: ohne Grund zürnt], dem Gericht verfallen sein wird; wer aber zu seinem Bruder sagt: Raka! [Du Narr, ein Ausdruck der Verachtung, etwa „Dummkopf"], dem Hohen Rat [Synedrium] verfallen sein wird; wer aber sagt: Du Narr!

[verächtlicher Ausdruck, etwa „Verrückter“, zuweilen auch „Gottloser“], der Hölle des Feuers verfallen sein wird.

Kapitel 12 – Die Mittel zur Wiederherstellung des Urzustandes!

Jes 54:5

5 Denn dein Gemahl ist dein Schöpfer [Denn der dich gemacht hat, ist dein Gemahl], HERR der Heerscharen ist sein Name, und dein Erlöser ist der Heilige Israels: Gott der ganzen Erde wird er genannt.

Paralleltext: Jer 2:2-3

Hos 2:4-5

4 Rechtet [Tretet in einen Rechtsstreit ein] mit eurer Mutter, rechtet! - denn sie ist nicht meine Frau, und ich bin nicht ihr Mann - damit sie ihre Hurerei von ihrem Gesicht entfernt und ihren Ehebruch zwischen ihren Brüsten [Gemeint sind die Merkmale
der Prostituierten], 5 damit ich sie nicht nackt ausziehe und sie hinstelle wie an dem Tag ihrer Geburt und ich sie einer Wüste gleichmache und sie wie dürres Land werden lasse und sie vor Durst sterben lasse.

Lk 2:34-35

34 Und Simeon segnete sie und sprach zu Maria, seiner Mutter: Siehe, dieser ist gesetzt zum Fall und Aufstehen vieler in Israel und
zu einem Zeichen, dem widersprochen wird 35 - aber auch deine eigene Seele wird ein Schwert durchdringen - damit Überlegungen aus vielen Herzen offenbar werden.

Mt 2:13-15

13 Als sie aber hingezogen waren, siehe, da erscheint ein Engel des Herrn dem Josef im Traum und spricht: Steh auf, nimm das

Kind und seine Mutter zu dir und fliehe nach Ägypten, und bleibe dort, bis ich es dir sage! Denn Herodes wird das Kind suchen, um es umzubringen. 14 Er aber stand auf, nahm das Kind und seine Mutter des Nachts zu sich und zog hin nach Ägypten. 15 Und er war dort bis zum Tod des Herodes, damit erfüllt würde, was von dem Herrn geredet ist durch den Propheten, der spricht: „Aus Ägypten habe ich meinen Sohn gerufen."

Joh 17:15-17

15 Ich bitte nicht, dass du sie aus der Welt wegnimmst, sondern dass du sie bewahrst vor dem Bösen. 16 Sie sind nicht von der Welt, wie ich nicht von der Welt bin. 17 Heilige sie durch die Wahrheit! Dein Wort ist Wahrheit.

Offb 21:2

2 Und ich sah die Heilige Stadt[a], das neue Jerusalem, aus dem Himmel von Gott herabkommen, bereitet wie eine für ihren Mann geschmückte Braut.

1 Mos 5:21-24

21 Und Henoch [hebr. Chanok; d. h. eingeweiht] lebte 65 Jahre und zeugte Metuschelach. 22 Und Henoch wandelte [ging beständig] mit Gott, nachdem er Metuschelach gezeugt hatte, 300 Jahre und zeugte Söhne und Töchter. 23 Und alle Tage Henochs betrugen 365 Jahre. 24 Und Henoch wandelte mit Gott; und er war nicht mehr da, denn Gott nahm ihn hinweg.

1 Mos 3:8-19 Bitte in eigener Schrift nachlesen!

Ez 28:15

15 Vollkommen warst du in deinen Wegen von dem Tag an, als du geschaffen wurdest, bis sich Unrecht an dir fand.

Lk 1:31-33

31 Und siehe, du wirst schwanger werden [du wirst im Leibe empfangen] und einen Sohn gebären, und du sollst seinen Namen Jesus nennen. 32 Dieser wird groß sein und Sohn des Höchsten

genannt werden; und der Herr, Gott, wird ihm den Thron seines Vaters David geben; 33 und er wird über das Haus Jakobs herrschen [König sein] in Ewigkeit [griech. Äonen], und seines Königtums wird kein Ende sein.

Gal 4:4

4 als aber die Fülle der Zeit kam, sandte Gott seinen Sohn, geboren [geworden] von einer Frau, geboren [geworden] unter Gesetz.

Joh 18:37

37 Da sprach Pilatus zu ihm: Also bist du doch ein König? Jesus antwortete: Du sagst es, dass ich ein König bin. Ich bin dazu geboren und dazu in die Welt gekommen, dass ich für die Wahrheit Zeugnis gebe. Jeder, der aus der Wahrheit ist, hört meine Stimme.

1 Mos 12:3

3 Und ich will segnen, die dich segnen, und wer dir flucht, den werde ich verfluchen; und in dir sollen gesegnet werden alle Geschlechter [sollen sich Segen wünschen alle Sippen] der Erde!

1 Mos 17:1

1 Und Abram war 99 Jahre alt, da erschien der HERR dem Abram und sprach zu ihm: Ich bin Gott, der Allmächtige [hebr. el schaddaj]. Lebe [Gehe] vor meinem Angesicht, und sei untadelig [sei ganz <mit mir>]!

1 Mos 49:10

10 Nicht weicht das Zepter von Juda, noch der Herrscherstab zwischen seinen Füßen weg, bis dass der Schilo kommt [bis dass der kommt, dem er (der Stab) gehört], dem gehört der Gehorsam der Völker.

2 Mos 19:6

6 Und ihr sollt mir ein Königreich von Priestern und eine heilige Nation sein. Das sind die Worte, die du zu den Söhnen Israel reden sollst.

Jes 9:6-7

6 Groß ist die Herrschaft, und der Friede wird kein Ende haben
auf dem Thron Davids und über seinem Königreich, es zu festigen
und zu stützen durch Recht und Gerechtigkeit von nun an bis in
Ewigkeit. Der Eifer des HERRN der Heerscharen wird dies tun. 7
Ein Wort sendet der Herr gegen Jakob, und in Israel fällt es nieder.

Mi 5:1-3 Bitte in der Schrift nachlesen!

Joh 1:43-47 Bitte in der Schrift nachlesen!

Joh 3:1-2

1 Es war aber ein Mensch aus den Pharisäern mit Namen Nikodemus, ein Oberster der Juden. 2 Dieser kam zu ihm bei Nacht
und sprach zu ihm: Rabbi [„Mein Meister“; respektvolle Anrede der
geistlichen Lehrer im Spätjudentum], wir wissen, dass du ein Lehrer bist, von Gott gekommen, denn niemand kann diese Zeichen
tun, die du tust, es sei denn Gott mit ihm.

Dan 9:20-27 Bitte in der eigenen Schrift nachlesen!

Jes 7:14

14 Darum wird der Herr selbst euch ein Zeichen geben: Siehe, die Jungfrau [die junge Frau, das Mädchen] wird schwanger werden und [ist schwanger und wird] einen Sohn gebären und wird seinen Namen Immanuel [Gott mit uns] nennen.

Paralleltext: Mt 1:23

Lk 1:36

36 Und siehe, Elisabeth, deine Verwandte, auch sie erwartet einen Sohn in ihrem Alter, und dies ist der sechste Monat bei ihr, die unfruchtbar genannt war.

Lk 2:8-17 – Hirten auf den Feldern erfuhren die Geburt Jesu.

Bitte in der Schrift nachlesen!

Lk 2:25-38 – Kennzeichnung des Messias durch den Propheten Simeon

Bitte in der eigenen Bibel nachlesen!

Mt 2:1-6 – Astrologen aus fernem Osten besuchten den neugeborenen Jesus.

Bitte in eigener Bibel nachlesen!

Joh 6:14-15

14 Als nun die Leute das Zeichen sahen, das Jesus tat, sprachen sie: Dieser ist wahrhaftig der Prophet, der in die Welt kommen soll. 15 Da nun Jesus erkannte, dass sie kommen und ihn ergreifen wollten, um ihn zum König zu machen, zog er sich wieder auf den Berg zurück, er allein.

Joh 7:25-30 Bitte in eigener Bibel nachlesen!

1 Mos 22:18

Und in deinem Samen [deiner Nachkommenschaft] werden sich segnen alle Nationen der Erde dafür, dass du meiner Stimme gehorcht hast.

Röm 1:16-17

16 Denn ich schäme mich des Evangeliums nicht, ist es doch Gottes Kraft zum Heil [zur Rettung] jedem Glaubenden, sowohl dem Juden zuerst als auch dem Griechen. [Darunter konnten alle griech. sprechenden und griech. beeinflussten nicht-jüdischen Menschen des östlichen Mittelmeerraumes verstanden werden. Hier ist der Begriff aber wohl auf alle Menschen, die nicht unter jüdischem Gesetz stehen, erweitert worden.] 17 Denn Gottes Gerechtigkeit wird darin geoffenbart aus Glauben zu Glauben, wie geschrieben steht: „Der Gerechte aber wird aus Glauben leben." [Der aus Glauben Gerechte wird leben.]

Hebr 11 – definiert Glaube.

Bitte in eigener Bibel nachlesen!

1 Petr 1:12

12 Ihnen wurde es geoffenbart, dass sie nicht sich selbst, sondern euch dienten im Blick auf das, was euch jetzt verkündet worden ist durch die, welche euch das Evangelium verkündigt haben
im [durch den] Heiligen Geist, der vom Himmel gesandt ist, in welche Dinge Engel hineinzuschauen begehren.

Joh 14:15-17

15 Wenn ihr mich liebt, so werdet ihr meine Gebote halten; 16
und ich werde den Vater bitten, und er wird euch einen anderen
Beistand [Fürsprecher, Helfer; w. „der <zur Unterstützung> Her-
beigerufene] geben, dass er bei euch sei in Ewigkeit [griech. Äon],
17 den Geist der Wahrheit, den die Welt nicht empfangen kann,
weil sie ihn nicht sieht noch ihn kennt. Ihr kennt ihn, denn er
bleibt bei euch und wird in euch sein.

Joh 16:12-15

12 Noch vieles habe ich euch zu sagen, aber ihr könnt es jetzt
nicht tragen.13 Wenn aber jener, der Geist der Wahrheit, gekommen ist, wird er euch in die ganze Wahrheit leiten; denn er wird
nicht aus sich selbst reden, sondern was er hören wird, wird er
reden, und das Kommende wird er euch verkündigen. 14 Er wird
mich verherrlichen, denn von dem Meinen wird er nehmen und
euch verkündigen. 15 Alles, was der Vater hat, ist mein; darum
sagte ich, dass er von dem Meinen nimmt und euch verkündigen
wird.

2 Kor 11:2-3

2 Denn ich eifere um euch mit Gottes Eifer; denn ich habe euch
einem Mann verlobt, um <euch als> eine keusche Jungfrau vor
den Christus hinzustellen. 3 Ich fürchte aber, dass, wie die
Schlange Eva durch ihre List verführte, <so> vielleicht euer Sinn
[eure Wahrnehmungen] von der Einfalt und Lauterkeit Christus
gegenüber ab<gewandt und> verdorben wird.

Offb 21:2

2 Und ich sah die heilige Stadt, das neue Jerusalem, aus dem Himmel von Gott herabkommen, bereitet wie eine für ihren Mann geschmückte Braut.

1 Kor 15:22

22 Denn wie in Adam alle sterben, so werden auch in Christus alle lebendig gemacht werden. 45 So steht auch geschrieben: „Der erste Mensch, Adam, wurde zu einer lebendigen Seele", der letzte Adam zu einem lebendig machenden Geist. 46 Aber das Geistliche ist nicht zuerst, sondern das Natürliche [Seelische], danach das Geistliche.

Joh 17:22-23

22 Und die Herrlichkeit, die du mir gegeben hast, habe ich ihnen gegeben, dass sie eins seien, wie wir eins sind 23 - ich in ihnen und du in mir - dass sie in eins vollendet seien, damit die Welt erkenne, dass du mich gesandt und sie geliebt hast, wie du mich geliebt hast.

2 Kor 5:17

17 Daher, wenn jemand in Christus ist, so ist er eine neue Schöpfung; das Alte ist vergangen, siehe, Neues ist geworden.

Gal 6:15

15 Denn weder Beschneidung noch Unbeschnittensein gilt etwas, sondern eine neue Schöpfung.

Joh 3:5-6

5 Jesus antwortete: Wahrlich, wahrlich, ich sage dir: Wenn jemand nicht aus Wasser und Geist geboren wird, kann er nicht in das Reich [die Königsherrschaft] Gottes hineingehen. 6 Was aus dem Fleisch geboren ist, ist Fleisch, und was aus dem Geist geboren ist, ist Geist.

Apg 20:28

28 Habt Acht auf euch selbst und auf die ganze Herde, in welcher der Heilige Geist euch als Aufseher eingesetzt hat, die Gemeinde Gottes [nach anderen Handschriften: Gemeinde des Herrn] zu hüten, die er [Gott] sich erworben hat durch das Blut seines eigenen <Sohnes>!

1 Mos 3:15

15 Und ich werde Feindschaft setzen zwischen dir und der Frau, zwischen deinem Samen und ihrem Samen; er wird dir den Kopf zermalmen, und du, du wirst ihm die Ferse zermalmen.

Röm 5:14-16 Bitte in eigener Bibel nachlesen!

1 Kor 15:21-22

21 denn da ja durch einen Menschen <der> Tod <kam>, so auch durch einen Menschen <die> Auferstehung <der> Toten. 22 Denn wie in Adam alle sterben, so werden auch in Christus alle lebendig gemacht werden.

1 Mos 9:4-6

4 Nur Fleisch mit seiner Seele [mit seinem Leben], seinem Blut, sollt ihr nicht essen! 5 Jedoch euer eigenes Blut [euer Blut für eure Seelen] werde ich einfordern; von jedem Tiere [von der Hand jedes Tieres] werde ich es einfordern, und von der Hand des Menschen, von der Hand eines jeden, <nämlich> seines Bruders, werde ich die Seele [das Leben] des Menschen einfordern. 6 Wer Menschenblut vergießt, dessen Blut soll durch Menschen vergossen werden; denn nach dem Bilde Gottes hat er den Menschen gemacht.

Paralleltext: 3 Mos 17:10-16

1 Mos 17:6

6 Und ich werde dich sehr, sehr fruchtbar machen, und ich werde dich zu Nationen machen, und Könige werden aus dir hervorgehen.

Paralleltext: 1 Mos 35:11

Endlich! Sicherheit und Friede!

1 Kor 4:8

8 Schon seid ihr satt, schon seid ihr reich geworden; ihr seid ohne uns zur Herrschaft gekommen. Oh, dass ihr doch <wirklich> zur Herrschaft gekommen wäret, damit auch wir mit euch herrschen könnten!

2 Tim 2:12

12 wenn wir ausharren [erdulden], werden wir auch mitherrschen; wenn wir verleugnen, wird auch er uns verleugnen;

Paralleltexte: Offb 5:10, 20:4-6

1 Mos 17:6 siehe oben

Mt 6:10

10 dein Reich [deine Königsherrschaft] komme; dein Wille geschehe, wie im Himmel so auch auf Erden!

Mt 15:22-28 – Jesus ist auch Nichtjuden behilflich.

Bitte in der eigenen Bibel nachlesen!

Apg 10:43-48 – Die Annahme eines römischen Beamten und seines Hausstandes zum Christentum, bestätigt durch Heiligen Geist

Bitte in eigener Bibel nachlesen!

Joh 4:5-43 – Bekehrung von Samaritern durch den Messias

Bitte in der eigenen Bibel nachlesen!

Apg 11:1-18 – Rechtfertigung Petri vor jüdischer Gemeinde zur Bekehrung heidnischer Menschen

Bitte in der eigenen Bibel nachlesen!

2 Petr 3:8

8 Dies eine aber sei euch nicht verborgen, Geliebte, dass beim Herrn ein Tag ist wie tausend Jahre und tausend Jahre wie ein Tag.

Paralleltext: Ps 90:4

1 Mos 5:24

24 Und Henoch wandelte [ging beständig] mit Gott; und er war nicht mehr da, denn Gott nahm ihn hinweg.

Joh 17:21-22

21 damit sie alle eins seien[a], wie du, Vater, in mir und ich in dir, dass auch sie in uns eins seien, damit die Welt glaube, dass du mich gesandt hast. 22 Und die Herrlichkeit, die du mir gegeben hast, habe ich ihnen gegeben, dass sie eins seien, wie wir eins sind.

Mk 9:38-41 – Aufrichtige Menschen tätigen ebenfalls das Werk, das der Messias tätigte.

Bitte in eigener Bibel nachlesen!

Lk 4:16-30 – Jesus bekennt sich in Nazareth als Messias.

Bitte in der eigenen Bibel nachlesen!

Mt 22:2-14 – Das Gleichnis von der Einladung zum vorbereiteten Hochzeitsfest bei einem König, die von den Eingeladenen abgelehnt wird.

Bitte in der eigenen Bibel nachlesen!

Mt 13:34-35

34 Dies alles redete Jesus in Gleichnissen zu den Volksmengen, und ohne Gleichnis redete er nichts zu ihnen, 35 damit erfüllt würde, was durch den Propheten geredet ist, der spricht: „Ich werde meinen Mund öffnen in Gleichnissen; ich werde aussprechen, was von Grundlegung der Welt an verborgen war.“

Joh 13:34-35

34 Ein neues Gebot gebe ich euch, dass ihr einander liebt, damit, wie ich euch geliebt habe, auch ihr einander liebt. 35 Daran werden alle erkennen, daß ihr meine Jünger seid, wenn ihr Liebe untereinander habt.

Mt 22:37-40

37 Er aber sprach zu ihm: „Du sollst den Herrn, deinen Gott, lieben mit deinem ganzen Herzen und mit deiner ganzen Seele und mit deinem ganzen Verstand.“ 38 Dies ist das größte und erste Gebot. 39 Das zweite aber ist ihm gleich: „Du sollst deinen Nächsten lieben wie dich selbst.“ 40 An diesen zwei Geboten hängt das ganze Gesetz und die Propheten.

Röm 15:5-6

5 Der Gott des Ausharrens und der Ermunterung aber gebe euch, gleichgesinnt zu sein untereinander, Christus Jesus gemäß, 6 damit ihr einmütig mit einem Munde den Gott und Vater unseres Herrn Jesus Christus verherrlicht.

2 Kor 1:22

22 der uns auch versiegelt und das Unterpfand [die Anzahlung] des Geistes in unsere Herzen gegeben hat.

Joh 3:3

3 Jesus antwortete und sprach zu ihm: Wahrlich, wahrlich, ich sage dir: Wenn jemand nicht von neuem [von oben her] geboren wird, kann er das Reich [die Königsherrschaft] Gottes nicht sehen.

2 Kor 3:6

6 der uns auch tüchtig gemacht hat zu Dienern des neuen Bundes, nicht des Buchstabens, sondern des Geistes. Denn der Buchstabe tötet, der Geist aber macht lebendig.

Hebr 1:9

9 du hast Gerechtigkeit geliebt und Gesetzlosigkeit gehaßt; darum hat dich, o Gott, dein Gott gesalbt [darum hat Gott, dein Gott, dich gesalbt] mit Freudenöl [Öl des Jubels] vor deinen Gefährten.“

Paralleltext: Ps 45:8

Jak 1:2-3

2 Haltet es für lauter Freude, meine Brüder, wenn ihr in mancherlei Versuchungen [Prüfungen] geratet, 3 indem ihr erkennt,

dass die Bewährung [Erprobung; w. Prüfungsmittel] eures Glaubens Ausharren bewirkt.

Joh 15:20

20 Gedenkt des Wortes, das ich euch gesagt habe: Ein Sklave ist nicht größer als sein Herr. Wenn sie mich verfolgt haben, werden sie auch euch verfolgen; wenn sie mein Wort gehalten haben, werden sie auch das eure halten.

Joh 17:18

18 Wie du mich in die Welt gesandt hast, habe auch ich sie in die Welt gesandt;

Apg 15:28-29

28 Denn es hat dem Heiligen Geist und uns gut geschienen, keine größere Last auf euch zu legen als diese notwendigen Stücke:
29 euch zu enthalten von Götzenopfern und von Blut und von Ersticktem und von Unzucht. Wenn ihr euch davor bewahrt, so werdet ihr wohl tun [so wird es euch wohlergehen]. Lebt wohl!“

Jak 2:8

8 Wenn ihr wirklich das königliche Gesetz „Du sollst deinen Nächsten lieben wie dich selbst“ nach der Schrift erfüllt, so tut ihr recht.

Hebr 12:5

5 und habt die Ermahnung [Ermunterung] vergessen, die zu euch als zu Söhnen spricht: „Mein Sohn, schätze nicht gering des Herrn Züchtigung, und ermatte nicht, wenn du von ihm gestraft [zurechtgewiesen] wirst!

2 Kor 1:22

22 der uns auch versiegelt und das Unterpfand [die Anzahlung] des Geistes in unsere Herzen gegeben hat.

1 Kor 15:50

50 Dies aber sage ich, Brüder, dass Fleisch und Blut das Reich [die Königsherrschaft] Gottes nicht erben können, auch die Vergänglichkeit [Verderben] nicht die Unvergänglichkeit erbt.

Joh 16:33

33 Dies habe ich zu euch geredet, damit ihr in mir Frieden habt. In der Welt habt ihr Bedrängnis; aber seid guten Mutes, ich habe die Welt überwunden.

Offb 12:11

11 Und sie haben ihn überwunden wegen des Blutes des Lammes und wegen des Wortes ihres Zeugnisses, und sie haben ihr Leben nicht geliebt bis zum Tod!

Joh 20:17

17 Jesus spricht zu ihr: Rühre mich nicht an! Denn ich bin noch nicht aufgefahren zum Vater. Geh aber hin zu meinen Brüdern und sprich zu ihnen: Ich fahre auf zu meinem Vater und eurem Vater und zu meinem Gott und eurem Gott!

Offb 5:9-10

9 Und sie singen ein neues Lied und sagen: Du bist würdig, das
Buch zu nehmen und seine Siegel zu öffnen; denn du bist geschlachtet worden und hast durch dein Blut für Gott erkauft aus
jedem Stamm und jeder Sprache und jedem Volk und jeder Nation
10 und hast sie unserem Gott zu einem Königtum [zu Königen]
und zu Priestern gemacht, und sie werden über die Erde herrschen!

Apg 2:1-13 – die erste Ausgießung des Heiligen Geistes zu Pfingsten

Bitte in eigener Bibel nachlesen!

Joh 10:16

16 Und ich habe andere Schafe, die nicht aus diesem Hof sind; auch diese muss ich bringen, und sie werden meine Stimme hören, und es wird eine Herde, ein Hirte sein.

Gal 6:15-16

15 Denn weder Beschneidung noch Unbeschnittensein gilt etwas, sondern eine neue Schöpfung. 16 Und so viele dieser Richtschnur folgen werden, Friede und Barmherzigkeit über sie und über das Israel Gottes!

Mt 28:19

19 Geht nun hin und macht alle Nationen zu Jüngern, und tauft sie auf den Namen des Vaters und des Sohnes und des Heiligen Geistes.

Mk 1:8

8 Ich habe euch mit [in] Wasser getauft, er aber wird euch mit [in] Heiligem Geist taufen.

Mk 13:11

11 Und wenn sie euch hinführen, um euch zu überliefern, so sorgt euch vorher nicht, was ihr reden sollt, sondern was euch in jener Stunde gegeben wird, das redet! Denn nicht ihr seid die Redenden, sondern der Heilige Geist.

Joh 3:6-8

6 Was aus dem Fleisch geboren ist, ist Fleisch, und was aus dem Geist geboren ist, ist Geist. 7 Wundere dich nicht, dass ich dir sagte: Ihr müsst von neuem geboren werden. 8 Der Wind weht, wo er will, und du hörst sein Sausen [seine Stimme], aber du weißt nicht, woher er kommt und wohin er geht; so ist jeder, der aus dem Geist [Das griech. Wort pneuma bedeutet sowohl Geist als auch Wind] geboren ist.

Joh 4:23-24

23 Es kommt aber die Stunde und ist jetzt, da die wahren Anbeter den Vater in Geist und Wahrheit anbeten werden; denn auch der Vater sucht solche als seine Anbeter.
24 Gott ist Geist, und die ihn anbeten, müssen in Geist und Wahrheit anbeten.

Joh 14:17,26

17 den Geist der Wahrheit, den die Welt nicht empfangen kann, weil sie ihn nicht sieht noch ihn kennt. Ihr kennt ihn, denn er bleibt bei euch und wird in euch sein.

26 Der Beistand [Fürsprecher, Helfer] aber, der Heilige Geist, den der Vater senden wird in meinem Namen, der wird euch alles lehren und euch an alles erinnern, was ich euch gesagt habe.

Paralleltext: Joh 16:13

Apg 1:8

8 Aber ihr werdet Kraft empfangen, wenn der Heilige Geist auf euch gekommen ist; und ihr werdet meine Zeugen sein, sowohl in Jerusalem als auch in ganz Judäa und Samaria und bis an das Ende der Erde.

Apg 2:4

4 Und sie wurden alle mit Heiligem Geist erfüllt und fingen an, in anderen Sprachen zu reden, wie der Geist ihnen gab auszusprechen.

Apg 8:15-17

15 Als diese hinabgekommen waren, beteten sie für sie, damit sie den Heiligen Geist empfangen möchten;
16 denn er war noch auf keinen von ihnen gefallen, sondern sie waren allein getauft auf den Namen des Herrn Jesus.
17 Dann legten sie ihnen die Hände auf, und sie empfingen den Heiligen Geist!

Apg 16:6-7

6 Sie durchzogen aber Phrygien und die galatische Landschaft, nachdem sie von dem Heiligen Geist verhindert worden waren, das

Wort in Asien [Gemeint ist der westl. Teil Kleinasiens, die römische Provinz „Asia"] zu reden; 7 als sie aber in die Nähe von Mysien kamen, versuchten sie, nach Bithynien zu reisen, und der Geist Jesu erlaubte es ihnen nicht.

Apg 20:23

23 außer dass der Heilige Geist mir von Stadt zu Stadt bezeugt und sagt, dass Fesseln und Bedrängnisse auf mich warten.

Paralleltext: Apg 21:11

2 Petr 1:21

21 Denn niemals wurde eine Weissagung durch den Willen eines Menschen hervorgebracht, sondern von Gott her redeten Menschen, getrieben vom Heiligen Geist.

Jud 20

20 Ihr aber, Geliebte, erbaut euch auf eurem heiligsten Glauben, betet im Heiligen Geist.

Jes 6:8

8 Und ich hörte die Stimme des Herrn, der sprach: Wen soll ich senden, und wer wird für uns gehen? Da sprach ich: Hier bin ich, sende mich!

Joh 16:6-11 – Jesus tröstet seine Jünger, in dem er ihnen den Heiligen Geist zusagt.

Bitte in der eigenen Bibel nachlesen!

Hebr 2:5-13 – Der Messias musste als Mensch auf Erden erscheinen.

Bitte in eigener Bibel nachlesen!

Joh 17:4-5

4 Ich habe dich verherrlicht auf der Erde; das Werk habe ich vollbracht, das du mir gegeben hast, dass ich es tun sollte. 5 Und nun verherrliche du, Vater, mich bei dir selbst mit der Herrlichkeit, die ich bei dir hatte, ehe die Welt war!

Endlich! Sicherheit und Friede!

Joh 5:22

22 Denn der Vater richtet auch niemand, sondern das ganze Gericht hat er dem Sohn gegeben.

1 Kor 15:22-28 – Jesus als Ersatz für Adam

Bitte in der eigenen Bibel nachlesen!

Hebr 1:6

6 Wenn er aber den Erstgeborenen wieder in den Erdkreis [die bewohnte <Erde>] einführt, spricht er: „Und alle Engel Gottes sollen ihn anbeten!"

Mt 24:3

3 Als er aber auf dem Ölberg saß, traten seine Jünger für sich allein zu ihm und sprachen: Sage uns, wann wird das sein, und was ist das Zeichen deiner Ankunft und der Vollendung des Zeitalters [griech. Äon]?

Kapitel 13 – Vorbild und letzte Auflage der Endzeitprophezeiungen!

Pred 12:13-14

13 Das Endergebnis des Ganzen [Das Ende der Sache o. der Rede] lasst uns hören: Fürchte Gott und halte seine Gebote! Denn das <soll> jeder Mensch <tun> [das ist der ganze Mensch]. 14 Denn Gott wird jedes Werk, es sei gut oder böse, in ein Gericht über alles Verborgene bringen.

2 Petr 2:5

5 und <wenn> er die alte Welt nicht verschonte, sondern <nur> Noah, den Prediger der Gerechtigkeit, als achten <neben sieben

anderen> bewahrte, als er die Flut über die Welt der Gottlosen brachte;

2 Sam 12:1-10 – David wird seiner Sünde überführt.

Bitte in eigener Bibel nachlesen!

1 Mos 2:17

17 aber vom Baum der Erkenntnis des Guten und Bösen, davon darfst du nicht essen; denn an dem Tag, da du davon isst, musst du sterben!

2 Kor 5:10

10 Denn wir müssen alle vor dem Richterstuhl Christi offenbar werden, damit jeder empfange, was er durch den Leib <vollbracht>, dementsprechend, was er getan hat, es sei Gutes oder Böses.

Röm 10:5

5 Denn Mose beschreibt die Gerechtigkeit, die aus dem Gesetz ist: „Der Mensch, der diese Dinge getan hat, wird durch sie leben."

Kol 1:18-20

18 Und er ist das Haupt des Leibes, der Gemeinde [Versammlung]. Er ist der Anfang, der Erstgeborene aus den Toten, damit er in allem den Vorrang habe; 19 denn es gefiel der ganzen Fülle [d.i. nach Kap. 2,9: der Gottheit], in ihm zu wohnen 20 und durch ihn alles mit sich [auf ihn hin] zu versöhnen - indem [nachdem] er Frieden gemacht hat durch das Blut seines Kreuzes - durch ihn, sei es, was auf der Erde oder was in den Himmeln ist.

Lk 21:5-6

5 Und als einige von dem Tempel sagten, dass er mit schönen Steinen und Weihgeschenken geschmückt sei, sprach er: 6 Diese Dinge, die ihr seht: Tage werden kommen, in denen nicht ein Stein auf dem anderen gelassen wird, der nicht abgebrochen werden wird.

Paralleltext: Mk 13:1-2

Endlich! Sicherheit und Friede!

Mt 5:17-18

17 Meint nicht, dass ich gekommen sei, das Gesetz oder die Propheten aufzulösen; ich bin nicht gekommen, aufzulösen, sondern zu erfüllen. 18 Denn wahrlich, ich sage euch: Bis der Himmel und die Erde vergehen, soll auch nicht ein Jota oder ein Strichlein von dem Gesetz vergehen, bis alles geschehen ist.

1 Mos 18:18

18 Abraham soll doch zu einer großen und mächtigen Nation werden, und in ihm sollen gesegnet werden [sich Segen wünschen] alle Nationen der Erde!

Paralleltext: 1 Mos 22:18

1 Petr 1:12

12 Ihnen wurde es geoffenbart, dass sie nicht sich selbst, sondern euch dienten im Blick auf das, was euch jetzt verkündet worden ist durch die, welche euch das Evangelium verkündigt haben im [durch den] Heiligen Geist, der vom Himmel gesandt ist, in welche Dinge Engel hineinzuschauen begehren.

Offb 1:5-6

5 und von Jesus Christus, <der> der treue Zeuge <ist>, der Erstgeborene der Toten und der Fürst der Könige der Erde! Dem, der uns liebt und uns von unseren Sünden erlöst [gewaschen] hat durch sein Blut 6 und uns gemacht hat zu einem Königtum, zu Priestern seinem Gott und Vater: Ihm sei die Herrlichkeit und die Macht von Ewigkeit zu Ewigkeit! [in die Zeitalter der Zeitalter (griech. Äonen] Amen! [Beteuerungsformel für die Wahrhaftigkeit des Gesagten; in den Evangelien am Anfang feierlicher Erklärungen Jesu mit „Wahrlich“ übersetzt]

Jak 1:18

18 Nach seinem Willen hat er uns durch das Wort der Wahrheit geboren, damit wir gewissermaßen eine Erstlingsfrucht seiner Geschöpfe seien.

Paralleltext: Röm 8:23

Jes 55:8-9

8 Denn meine Gedanken sind nicht eure Gedanken, und eure Wege sind nicht meine Wege, spricht der HERR. 9 Denn <so viel> der Himmel höher ist als die Erde, so sind meine Wege höher als eure Wege und meine Gedanken als eure Gedanken.

Jes 9:1-41 – Ankündigung des Messias

Bitte in eigener Bibel nachlesen!

Joh 3:1-2

1 Es war aber ein Mensch aus den Pharisäern [religiöse Partei im Judentum, die auf genaue Einhaltung des Gesetzes Wert legte] mit Namen Nikodemus, ein Oberster der Juden 2 Dieser kam zu ihm bei Nacht und sprach zu ihm: Rabbi [d.h. „Mein Meister"; respektvolle Anrede der geistlichen Lehrer im Spätjudentum], wir wissen, dass du ein Lehrer bist, von Gott gekommen, denn niemand kann diese Zeichen tun, die du tust, es sei denn Gott mit ihm.

Mt 24 – Endzeit-Voraussagen

Mk 13 – Endzeit-Voraussagen

Lk 21 – Endzeit-Voraussagen

1 Mos 2:16-17

16 Und Gott, der HERR, gebot dem Menschen und sprach: Von jedem Baum des Gartens darfst du essen; 17 aber vom Baum der Erkenntnis des Guten und Bösen, davon darfst du nicht essen; denn an dem Tag, da du davon ißt, mußt du sterben!

Ps 18:25-27

25 So vergalt der HERR mir nach meiner Gerechtigkeit, nach der Reinheit meiner Hände vor seinen Augen. 26 Gegen den Treuen verhältst du dich treu, gegen den untadeligen Mann untadelig [rechtschaffen; o. lauter; o. vollkommen]. 27 Gegen den Reinen zeigst du dich rein, gegen den Verkehrten aber verdreht.

Endlich! Sicherheit und Friede!

Joh 18:39-40

39 es ist aber ein Brauch bei euch, daß ich euch an dem Passah einen losgebe. Wollt ihr nun, daß ich euch den König der Juden losgebe? 40 Da schrien wieder alle und sagten: Nicht diesen, sondern den Barabbas! Barabbas aber war ein Räuber.

Lk 2:25-27

25 Und siehe, es war in Jerusalem ein Mensch, mit Namen Simeon; und dieser Mensch war gerecht und gottesfürchtig und wartete auf den Trost Israels; und der Heilige Geist war auf ihm. 26 Und ihm war von dem Heiligen Geist eine göttliche Zusage zuteil geworden [vom Heiligen Geist offenbart worden], dass er den Tod nicht sehen solle, ehe er den Christus des Herrn gesehen habe. 27 Und er kam durch den Geist in den Tempel. Und als die Eltern das Kind Jesus hereinbrachten, um mit ihm nach der Gewohnheit des Gesetzes zu tun,

Mt 2:13

13 Als sie aber hingezogen waren, siehe, da erscheint ein Engel des Herrn dem Josef im Traum und spricht: Steh auf, nimm das Kind und seine Mutter zu dir und fliehe nach Ägypten, und bleibe dort, bis ich es dir sage! Denn Herodes wird das Kind suchen, um es umzubringen.

1 Petr 5:8

8 Seid nüchtern, wacht! Euer Widersacher, der Teufel, geht umher wie ein brüllender Löwe und sucht, wen er verschlingen kann.

Offb 6:2

2 Und ich sah: und siehe, ein weißes Pferd, und der darauf saß, hatte einen Bogen; und ihm wurde ein Siegeskranz gegeben, und er zog aus, siegend und um zu siegen.

Ez 28:14

14 Du warst ein mit ausgebreiteten <Flügeln> [ein glänzender] schirmender Cherub, und ich hatte dich <dazu> gemacht; du

warst auf Gottes heiligem Berg, mitten unter feurigen Steinen gingst du einher.

Paralleltext: Jes 14:12-14

Mt 24:4-5

4 Und Jesus antwortete und sprach zu ihnen: Seht zu, daß euch niemand verführe [irreführe]! 5 Denn viele werden unter meinem Namen kommen und sagen: Ich bin der Christus! Und sie werden viele verführen.

Offb 6:2 siehe oben

Joh 18:38-40

38 Pilatus spricht zu ihm: Was ist Wahrheit? Und als er dies gesagt hatte, ging er wieder zu den Juden hinaus und spricht zu ihnen: Ich finde keinerlei Schuld an ihm; 39 es ist aber ein Brauch bei euch, daß ich euch an dem Passah einen losgebe. Wollt ihr nun, daß ich euch den König der Juden losgebe? 40 Da schrien wieder alle und sagten: Nicht diesen, sondern den Barabbas! Barabbas aber war ein Räuber.

Offb 17-18 – die Beseitigung der Religionen

Bitte in eigener Bibel nachlesen!

Jes 21:9

9 Und siehe da, es kam ein Wagenzug von Männern, ein Pferdegespann ... Und er fing an und sprach: Gefallen, gefallen ist Babel, und alle Götzenbilder [Standbilder aus Holz, Stein oder Metall] seiner Götter sind [hat er] zu Boden geschmettert!

Spr 29:2

2 Wenn die Gerechten zahlreich sind [herrschen], freut sich das Volk; wenn aber ein Gottloser herrscht, seufzt das Volk.

Endlich! Sicherheit und Friede!

Pred 8:9

9 Das alles sah ich und richtete mein Herz auf alles Tun, das unter der Sonne getan wird, zur Zeit, da der Mensch über den Menschen Gewalt hat zu seinem Unglück [Bösen; o. Schaden].

Ps 9:8-10

8 Der HERR läßt sich nieder auf immer, er hat seinen Thron aufgestellt zum Gericht. 9 Und er, er wird richten die Welt in Gerechtigkeit, wird über die Völkerschaften Gericht halten in Geradheit. 10 Doch dem Unterdrückten ist der HERR eine hohe Feste, eine hohe Feste in Zeiten der Drangsal.

Ps 19:8-10

8 Das Gesetz des HERRN ist vollkommen und erquickt die Seele; das Zeugnis des HERRN ist zuverlässig und macht den Einfältigen weise. 9 Die Vorschriften des HERRN sind richtig und erfreuen das Herz; das Gebot des HERRN ist lauter und macht die Augen hell. 10 Die Furcht des HERRN ist rein und besteht in Ewigkeit. Die Rechtsbestimmungen des HERRN sind Wahrheit [Treue], sie sind gerecht allesamt;

Kol 1:16-17

16 Denn in ihm [in der Kraft seiner Person] ist alles in den Himmeln und auf der Erde geschaffen worden, das Sichtbare und das Unsichtbare, es seien Throne oder Herrschaften oder Gewalten oder Mächte: alles ist durch ihn und zu ihm hin geschaffen; 17 und er ist vor allem, und alles besteht durch ihn.

Jes 65:20-22 – Die Segnungen unter der göttlichen Weltregierung

Bitte in eigener Bibel nachlesen!

Mt 24:14-20

14 Und dieses Evangelium des Reiches [der Königsherrschaft] wird gepredigt werden auf dem ganzen Erdkreis, allen Nationen zu einem Zeugnis, und dann wird das Ende kommen. 15 Wenn ihr

nun den Gräuel der Verwüstung, von dem durch Daniel, den Propheten, geredet ist, an heiliger Stätte stehen seht - wer es liest, der merke auf! -, 16 dann sollen die in Judäa auf die Berge fliehen; 17 wer auf dem Dach ist, soll nicht hinabsteigen, um die <Sachen> aus seinem Haus zu holen; 18 und wer auf dem Feld ist, soll nicht zurückkehren, um seinen Mantel zu holen. 19 Wehe aber den Schwangeren und den Stillenden in jenen Tagen! 20 Betet aber, dass eure Flucht nicht im Winter geschehe noch am Sabbat!

Offb 18:4

4 Und ich hörte eine andere Stimme aus dem Himmel sagen: Geht aus ihr hinaus, mein Volk, damit ihr nicht an ihren Sünden teilhabt und damit ihr nicht von ihren Plagen empfangt!

Jes 10:12

12 Aber es wird geschehen, wenn der Herr sein ganzes Werk am Berg Zion und an Jerusalem vollendet hat, wird er die Frucht des überheblichen Herzens des Königs von Assur heimsuchen und den hochmütigen Stolz seiner Augen.

Jer 25:29

29 Denn siehe, bei der Stadt, über der mein Name ausgerufen ist, beginne ich Unheil zu wirken, und ihr, solltet ihr etwa ungestraft bleiben? Ihr werdet nicht ungestraft bleiben; denn ein Schwert rufe ich <herbei> über alle Bewohner der Erde, spricht der HERR der Heerscharen.

Lk 23:29-31

29 Denn siehe, Tage kommen, an denen man sagen wird: Glückselig die Unfruchtbaren und die Leiber, die nicht geboren, und die Brüste, die nicht gestillt haben! 30 Dann werden sie anfangen, zu den Bergen zu sagen: Fallt auf uns! und zu den Hügeln: Bedeckt uns! 31 Denn wenn man dies tut an dem grünen Holz, was wird an dem dürren geschehen?

Jes 30:15-17

15 Denn so spricht der Herr, HERR, der Heilige Israels: Durch Umkehr und durch Ruhe werdet ihr gerettet. In Stillsein und in Vertrauen ist eure Stärke. Aber ihr habt nicht gewollt. 16 Ihr sagtet: „Nein, sondern auf Pferden wollen wir fliegen“, darum werdet ihr fliehen; und: „Auf Rennern wollen wir reiten“, darum werden eure Verfolger <hinter euch her> rennen. 17 Je ein Tausend <wird fliehen> vor dem Drohen eines einzigen. Vor dem Drohen von Fünfen werdet ihr <alle> fliehen, bis ihr <nur noch> ein Rest seid wie eine Signalstange auf der Spitze des Berges und wie ein Feldzeichen auf dem Hügel.

Jes 29:13-14

13 Und der Herr hat gesprochen: Weil dieses Volk mit seinem Mund sich naht und mit seinen Lippen mich ehrt, aber sein Herz fern von mir hält und ihre Furcht vor mir <nur> angelerntes Menschengebot ist [vergeblich verehren sie mich, indem sie Gebote und Lehren von Menschen lehren]: 14 darum, siehe, will ich weiterhin wunderbar mit diesem Volk handeln, wunderbar und wundersam. Und die Weisheit seiner Weisen wird verlorengehen und der Verstand seiner Verständigen sich verbergen.

Mt 24:15 siehe oben

Dan 9:24

24 Siebzig Wochen [das sind Jahrwochen; d.h. Abschnitte zu je 7 Jahren] sind über dein Volk und über deine heilige Stadt bestimmt, um das Verbrechen zum Abschluß zu bringen [Andere Ü: den Frevel zu zügeln] und den Sünden ein Ende zu machen [um die Sünden zu versiegeln] und die Schuld zu sühnen [zu bedecken] und eine ewige Gerechtigkeit einzuführen und Gesicht und Propheten zu versiegeln und ein Allerheiligstes zu salben.

Offb 17-18 Bitte in eigener Bibel nachlesen!

Jes 13:1-5 Bitte in eigener Bibel nachlesen!

Jes 29:4

4 Dann bist du erniedrigt und wirst aus der Erde [vom Erdboden her] reden, und aus dem Staub wird deine Rede dumpf ertönen. Und deine Stimme wird sein wie die eines Totengeistes aus der Erde, und aus dem Staub wird deine Rede flüstern.

Mt 24:9-14

9 Dann werden sie euch in Bedrängnis überliefern und euch töten; und ihr werdet von allen Nationen gehaßt werden um meines
Namens willen. 10 Und dann werden viele verleitet [Das griech.
Wort bedeutet auch Anstoß nehmen, sich ärgern.] werden und
werden einander überliefern und einander hassen; 11 und viele
falsche Propheten werden aufstehen und werden viele verführen
[irreführen]; 12 und weil die Gesetzlosigkeit überhandnimmt, wird
die Liebe der meisten erkalten; 13 wer aber ausharrt bis ans Ende,
der wird errettet werden. 14 Und dieses Evangelium des Reiches
[der Königsherrschaft] wird gepredigt werden auf dem ganzen Erdkreis, allen Nationen zu einem Zeugnis, und dann wird das Ende kommen.

Paralleltexte: Mk 13:9-13, Lk 21:12-18

Offb 7:9-17 – Die Auserwählten, derentwegen der Dritte Weltkrieg unterbrochen wird, wie es der Messias in Mt 24:21-22 erwähnt, preisen ihren Gott der Rettung wegen.

Bitte in eigener Bibel nachlesen!

Offb 10:11

11 Und sie sagen mir: Du musst wieder weissagen über Völker und Nationen und Sprachen und viele Könige.

Offb. 11:3-12 – ein Bericht über die Zeugnistätigkeit nach der Unterbrechung der großen Drangsal und das Ende der Zeugnistätigkeit

Bitte in eigener Bibel nachlesen!

Hag 2:6-7

6 Denn so spricht der HERR der Heerscharen: Noch einmal - wenig <Zeit> ist es <noch> - und ich werde den Himmel und die Erde und das Meer und das Trockene erschüttern. 7 Dann werde ich alle Nationen erschüttern, und die Kostbarkeiten [das Begehrenswerte] aller Nationen werden kommen, und ich werde dieses Haus mit Herrlichkeit [Pracht; o. Glanz] füllen, spricht der HERR der Heerscharen.

Offb 7:3-4

3 und sagte: Schadet nicht der Erde, noch dem Meer, noch den Bäumen, bis wir die Knechte [Sklaven] unseres Gottes an ihren Stirnen versiegelt haben. 4 Und ich hörte die Zahl der Versiegelten: 144.000 Versiegelte, aus jedem Stamm der Söhne Israels.

Offb 9:14

14 zu dem sechsten Engel, der die Posaune hatte, sagen: Löse die vier Engel, die an dem großen Strom Euphrat gebunden sind.

Dan 12:1

1 Und in jener Zeit wird Michael auftreten, der große Fürst, der für die Söhne deines Volkes eintritt. Und es wird eine Zeit der Bedrängnis sein, wie sie <noch> nie gewesen ist, seitdem <irgend>eine Nation entstand bis zu jener Zeit. Und in jener Zeit wird dein Volk errettet werden, jeder, den man im Buch aufgeschrieben findet.

Paralleltext: Ez 31:16

2 Kor 3:14-16

14 Aber ihr Sinn ist [ihre Gedanken sind] verstockt worden, denn bis auf den heutigen Tag bleibt dieselbe Decke auf der Verle-

sung des Alten Testaments und wird nicht aufgedeckt, weil sie <nur> in Christus beseitigt wird. 15 Aber bis heute, sooft Mose gelesen wird, liegt eine Decke auf ihrem Herzen. 16 Dann aber, wenn es sich zum Herrn wendet, wird die Decke weggenommen.

Offb 12:13-17 und Hos 2:4-15 – Die Gerichte sowohl über das ehemalige Zeugnisvolk der Israeliten als auch über das neuzeitliche Zeugnisvolk der Christenheit werden beschrieben.

Bitte in eigener Bibel nachlesen!

Jes 14:12-17

12 Wie bist du vom Himmel gefallen, du Glanzstern, Sohn der Morgenröte! <Wie bist du> zu Boden geschmettert, Überwältiger der Nationen! 13 Und du, du sagtest in deinem Herzen: Zum Himmel will ich hinaufsteigen, hoch über den Sternen Gottes meinen Thron aufrichten und mich niedersetzen auf den Versammlungsberg im äußersten Norden. [Dort dachten sich die Assyrer den Sitz ihrer Götterversammlung.] 14 Ich will hinaufsteigen auf Wolkenhöhen, dem Höchsten mich gleichmachen. 15 Doch in den Scheol wirst du hinabgestürzt, in die tiefste Grube. 16 Die dich sehen, betrachten dich, sehen dich genau an: „Ist das der Mann, der die Erde erbeben ließ, Königreiche erschütterte?“ 17 Er machte den Erdkreis der Wüste gleich und riss ihre Städte nieder. Seine Gefangenen entließ er nicht nach Hause.

Offb 13:7-8

7 Und es wurde ihm gegeben, mit den Heiligen Krieg zu führen und sie zu überwinden; und es wurde ihm Macht gegeben über jeden Stamm und jedes Volk und jede Sprache und jede Nation. 8 Und alle, die auf der Erde wohnen, werden ihn [mit dem Tier ist eine männliche Person gemeint] anbeten, <jeder,> dessen Name nicht geschrieben ist im Buch des Lebens des geschlachteten Lammes von Grundlegung der Welt an.

Endlich! Sicherheit und Friede!

Offb 9:1-12 – Beschreibung der Qualen in der Zeit des Abschlusses der christlichen Ära durch „Quälgeister“

Bitte in eigener Bibel nachlesen!

Lk 21:22

22 Denn dies sind Tage der Rache, dass alles erfüllt werde, was geschrieben steht.

Offb 9:18

18 Von diesen drei Plagen wurde der dritte Teil der Menschen getötet, von dem Feuer und dem Rauch und dem Schwefel, die aus ihren Mäulern hervorkamen.

Offb 9:21

21 Und sie taten nicht Buße von ihren Mordtaten, noch von ihren Zaubereien, noch von ihrer Unzucht [Hurerei], noch von ihren Diebstählen.

Offb 14:9-11

9 Und ein anderer, dritter Engel folgte ihnen und sprach mit
lauter Stimme: Wenn jemand das Tier und sein Bild anbetet und
ein Malzeichen annimmt an seine Stirn oder an seine Hand, 10 so
wird auch er trinken vom Wein des Grimms Gottes, der unver-
mischt im Kelch seines Zorns bereitet ist; und er wird mit Feuer
und Schwefel gequält werden vor den heiligen Engeln und vor dem
Lamm. 11 Und der Rauch ihrer Qual steigt auf von Ewigkeit zu
Ewigkeit [in die Zeitalter der Zeitalter (griech. Äonen)]; und sie haben keine Ruhe Tag und Nacht, die das Tier und sein Bild anbeten,
und wenn jemand das Malzeichen seines Namens annimmt.

Röm 11:26

26 und so wird ganz Israel errettet werden, wie geschrieben steht: „Es wird aus Zion der Erretter kommen, er wird die Gottlosigkeiten von Jakob abwenden;

Jes 10:20-22

20 An jenem Tag wird es geschehen: Da wird der Überrest Israels, und was vom Haus Jakob entkommen ist, sich nicht mehr länger auf den stützen, der es schlägt, sondern es wird sich auf den HERRN, den Heiligen Israels, stützen in Treue. 21 Ein Überrest wird umkehren, ein Überrest Jakobs, zu dem starken Gott. 22 Denn wenn auch dein Volk, Israel, wie der Sand des Meeres wäre: <nur> ein Überrest davon wird umkehren. Vernichtung ist beschlossen, einher flutend <mit> Gerechtigkeit.

Offb 14:1-5 und **Jes 12:1-5** sind Paralleltexte, die eine prophetische Teilbeschreibung abgeben. Bitte in eigener Bibel nachlesen!

Offb 13:1-10 – eine Beschreibung über materialistische Weltherrschaft, die sich nach dem „Dritten Weltkrieg“, der unterbrochen wird, bildet

Bitte in eigener Bibel nachlesen!

Offb 13:11-18 – Die Weiterbildung des Geschehens wird beschrieben, indem von einer Nation berichtet wird, von der ein Emblem gemacht wird, welches alle Erdbewohner anbeten sollten.

Bitte die Abhandlung in der eigenen Bibel nachlesen!

Offb 14:14-16

14 Und ich sah: und siehe, eine weiße Wolke, und auf der Wolke saß einer gleich einem Menschensohn, der auf seinem Haupt einen goldenen Siegeskranz und in seiner Hand eine scharfe Sichel hatte.
15 Und ein anderer Engel kam aus dem Tempel hervor und rief dem, der auf der Wolke saß, mit lauter Stimme zu: Schicke deine Sichel und ernte! Denn die Stunde des Erntens ist gekommen, denn die Ernte der Erde ist überreif [trocken, o. dürre] geworden.
16 Und der auf der Wolke saß, warf seine Sichel auf die Erde, und die Erde wurde abgeerntet.

Endlich! Sicherheit und Friede!

Offb 11:3-12 liefert uns eine Beschreibung des letzten Zeugnisses, das auf Erden gegeben wird, wodurch – über jeden Zweifel erhaben – bewiesen ist, dass es weder eine Entwicklung gibt noch die Geschehnisse durch Zufall entstanden sind, sondern die Schöpfergötter die Verursacher derselben sind und waren.

Bitte in der eigenen Bibel nachlesen!

Jes 24:1-11 beschreibt die völlige Veränderung der Erde und auch die Entleerung von Menschen, was mit der Sintflut verglichen werden kann.

Bitte in der eigenen Bibel nachlesen!

Offb 14:14-20 und **Offb 19:11-20** sind Paralleltexte zu Jes 24, nur in einer anderen prophetischen Sprache.

Bitte in der eigenen Bibel nachlesen!

Ps 2:1-9 liefert eine kurze Übersichtsbeschreibung des Geschehens in den letzten Tagen der christlichen Ära.

Bitte in der eigenen Schrift nachlesen!

Ps 83:3-6

3 Denn siehe, deine Feinde toben, und die dich hassen, erheben
das Haupt. 4 Gegen dein Volk planen sie listige Anschläge, und sie
beraten sich gegen die, die bei dir geborgen sind. 5 Sie sprechen:
Kommt und lasst uns sie als Nation vertilgen, dass nicht mehr gedacht werde des Namens Israel! 6 Denn sie haben sich beraten mit
einmütigem Herzen, sie haben einen Bund gegen dich geschlossen:

Mt 24:37-42

37 Aber wie die Tage Noahs <waren>, so wird auch die Ankunft
des Sohnes des Menschen sein. 38 Denn wie sie in jenen Tagen vor
der Flut waren: sie aßen und tranken, sie heirateten und verheirateten bis zu dem Tag, da Noah in die Arche ging 39 und sie es
nicht erkannten, bis die Flut kam und alle wegraffte, so wird auch
die Ankunft des Sohnes des Menschen sein. 40 Dann werden zwei
auf dem Feld sein, einer wird genommen und einer gelassen; 41

zwei <Frauen> werden an dem Mühlstein mahlen, eine wird genommen und eine gelassen. 42 Wacht also! Denn ihr wisst nicht, an welchem Tag euer Herr kommt.

2 Petr 2:5

5 und <wenn> er die alte Welt nicht verschonte, sondern <nur> Noah, den Prediger der Gerechtigkeit, als achten <neben sieben anderen> bewahrte, als er die Flut über die Welt der Gottlosen brachte;

Dan 2:43

43 Dass du das Eisen mit lehmigem Ton vermischt gesehen hast: sie werden sich durch Heiraten untereinander [durch den Samen der Menschen] vermischen, aber sie werden nicht aneinander haften, so wie sich Eisen mit Ton nicht mischen lässt.

Offb 16:13-14

13 Und ich sah aus dem Mund des Drachen und aus dem Mund des Tieres und aus dem Mund des falschen Propheten drei unreine Geister <kommen>, wie Frösche; 14 denn es sind Geister von Dämonen, die Zeichen tun, die ausziehen zu den Königen des ganzen Erdkreises, sie zu versammeln zu dem Krieg des großen Tages Gottes, des Allmächtigen.

Offb 16:16

16 Und er versammelte sie an den Ort, der auf hebräisch Harmagedon [Berg von Megiddo (Ort wichtiger Schlachten in Israels alttestament. Geschichte] heißt.

Ps 2:1-12 siehe oben

Jes 13:10

10 Denn die Sterne des Himmels und seine Sternbilder [seine Orione; d.h. der Orion mit den ihm zugehörigen Sternbildern] werden ihr Licht nicht leuchten lassen. Die Sonne wird finster sein bei ihrem Aufgang, und der Mond wird sein Licht nicht scheinen lassen.

Endlich! Sicherheit und Friede!

Paralleltexte: Ez 32:7-8, Joel 4:15, Am 5:20 b

Jes 34:4

4 Und alles Heer der Himmel zergeht [verfault]. Und die Himmel werden zusammengerollt wie eine Buchrolle. Und ihr gesamtes Heer verwelkt wie das Laub am Weinstock verwelkt und wie Welkes am Feigenbaum.

Offb 16:3

3 Und der zweite goss seine Schale aus auf das Meer; und es wurde <zu> Blut wie von einem Toten, und jede lebendige Seele starb, <alles> was im Meer war.

Jes 24:1-6,17-23 – beschreibt die Entleerung der Erde sowie auch die Gründe dafür.

Bitte in der eigenen Bibel nachlesen!

Jes 27:1

1 An jenem Tag wird der HERR mit seinem harten, großen und starken Schwert heimsuchen den Leviatan, die flüchtige Schlange, und den Leviatan, die gewundene Schlange, und wird das Ungeheuer erschlagen [umbringen], das im Meer ist.

Ez 30:3

3 Denn nahe ist der Tag; ja, nahe ist der Tag des HERRN, ein Tag des Gewölks: <Gerichts>zeit der Nationen wird er sein.

Paralleltext: Joel 2:1

Jes 63:4

4 Denn der Tag der Rache war in meinem Herzen, und das Jahr meiner Vergeltung [Blutrache] war gekommen.

Jes 66:17

17 Die sich weihen und die sich reinigen für die Gärten [Gärten, in denen Götzendienst stattfand], dem einen nach, der [o. der einen ..., die] in der Mitte ist, die Schweinefleisch und Abscheuliches und

Springmäuse essen: allesamt werden sie ein Ende nehmen, spricht der HERR.

Ps 104:35

35 Die Sünder sollen verschwinden von der Erde und die Gottlosen nicht mehr sein. Preise den HERRN, meine Seele! Halleluja!

Zef 1:15

15 Ein Tag des Grimms ist dieser Tag, ein Tag der Not und der Bedrängnis, ein Tag des Verwüstens und der Verwüstung [ein Tag der Öde und Verödung; o. ein Tag des Tosens und des Getöses], ein Tag der Finsternis und der Dunkelheit, ein Tag des Gewölks und des Wolkendunkels.

Paralleltexte: Ez 32:7-8, Joel 2:10

Am 8:9

9 An jenem Tag wird es geschehen, spricht der Herr, HERR [ist der Ausspruch des Herrn, HERRN], da lasse ich die Sonne am Mittag untergehen und bringe Finsternis über die Erde am lichten Tag.

Spr 11:31

31 Wenn dem Gerechten auf Erden vergolten wird, wieviel mehr dem Gottlosen und Sünder!

Dan 4:34

34 Nun rühme ich, Nebukadnezar, und erhebe und verherrliche den König des Himmels, dessen Werke allesamt Wahrheit und dessen Wege Recht sind und der die erniedrigen kann, die in Stolz einhergehen.

Lk 21:26

26 während die Menschen verschmachten vor Furcht und Erwartung der Dinge, die über den Erdkreis kommen, denn die Kräfte der Himmel werden erschüttert werden.

Endlich! Sicherheit und Friede!

Offb 19:11-21 vermittelt in prophetischer Sprache das gewaltige Gericht über die alten „Himmel“ und die alte „Erde“, in denen weder brauchbare Engel noch Menschen zu finden sind.

Bitte in der eigenen Bibel nachlesen!

Jes 5:18-19

18 Wehe denen, die die Schuld herbeiziehen mit Stricken des
Nichts, und die Sünde wie mit Wagenseilen! 19 Die da sagen: Es
eile, es komme rasch sein Werk, damit wir es sehen! Und der Ratschluss des Heiligen Israels nahe heran und komme, damit wir ihn erkennen!

Paralleltexte: Ez 12:22, Mt 24:48

1 Mos 1:1

1 Im Anfang schuf Gott (Götter) die Himmel [Im Hebr. steht das Wort für „Himmel“ immer in der Mehrzahl] und die Erde.

1 Mos 1:6-10 – Die Bibel spricht von der Teilung des Wassers auf Erden, wovon die Hälfte über die Atmosphäre gehievt wurde, was dann bei der Sintflut wieder einstürzte.

Bitte in der eigenen Bibel nachlesen!

Ps 24:1-2

Des HERRN ist die Erde und ihre Fülle, die Welt und die darauf
wohnen. 2 Denn er, er hat sie gegründet [ihre Grundmauern gelegt]
über Meeren, und über Strömen sie festgestellt.

Ps 33:6

6 Durch des HERRN Wort sind die Himmel gemacht und all ihr Heer durch den Hauch seines Mundes.

Pred 8:11

11 Weil der Urteilsspruch über die böse Tat nicht schnell vollzogen wird, darum ist das Herz der Menschenkinder davon [in ihnen davon] erfüllt, Böses zu tun.

Kapitel 14 – Die „neuen Himmel“ und die „neue Erde“!

Offb 20:7-9

7 Und wenn die tausend Jahre vollendet sind, wird der Satan aus seinem Gefängnis losgelassen werden 8 und wird hinausgehen, die Nationen zu verführen, die an den vier Ecken der Erde sind, den Gog und den Magog, um sie zum Krieg zu versammeln; deren Zahl ist wie der Sand des Meeres. 9 Und sie zogen herauf auf die Breite der Erde und umzingelten das Heerlager der Heiligen und die geliebte Stadt; und Feuer kam aus dem Himmel herab und verschlang sie.

Spr 10:21

21 Die Lippen des Gerechten weiden viele, aber die Narren sterben durch Unverstand.

Jes 65:13-16

13 Darum, so spricht der Herr, HERR: Siehe, meine Knechte werden essen, ihr aber werdet hungern. Siehe, meine Knechte werden trinken, ihr aber werdet dürsten. Siehe, meine Knechte werden sich freuen, ihr aber werdet beschämt sein. 14 Siehe, meine Knechte werden jubeln von Herzenslust, ihr aber werdet schreien vor Herzeleid und heulen vor Verzweiflung [vor Zerbruch des Geistes]. 15 Und ihr werdet euren Namen meinen Auserwählten zum Fluchwort hinterlassen: „Der Herr, HERR, wird dich töten.“ Meine [Seine] Knechte aber wird man mit einem andern Namen nennen. 16 Daher, wer sich im Land segnet, wird sich bei dem Gott der Treue [der Wahrheit] segnen, und wer im Land schwört, wird bei dem Gott der Treue schwören. Denn die früheren Nöte werden vergessen und vor meinen Augen verborgen sein.

Endlich! Sicherheit und Friede!

Jes 65:17-25 Bitte in der eigenen Bibel nachlesen!

Mt 13:33

33 Ein anderes Gleichnis redete er zu ihnen: Das Reich [die Königsherrschaft] der Himmel gleicht einem Sauerteig, den eine Frau nahm und unter drei Maß [Saton, ein Hohlmaß von etwa 13 Litern] Mehl mengte, bis es ganz durchsäuert war.

Jes 2:4

4 Und er wird richten zwischen den Nationen und für viele Völker Recht sprechen. Dann werden sie ihre Schwerter zu Pflugscharen um schmieden [ihre Schwerter in Stücke schlagen für Pflugscharen] und ihre Speere zu Winzermessern. Nicht <mehr> wird Nation gegen Nation das Schwert erheben, und sie werden den Krieg nicht mehr lernen.

Hos 4:1-3

1 Hört das Wort des HERRN, ihr Söhne Israel! Denn der HERR
hat einen Rechtsstreit mit den Bewohnern des Landes; denn keine
Treue und keine Gnade [denn keine Wahrheit und keine Liebe] und
keine Erkenntnis Gottes ist im Land. 2 Verfluchen und Lügen,
Morden, Stehlen und Ehebrechen haben sich ausgebreitet [haben
<alle Schranken> durchbrochen], und Bluttat [Blutschuld] reiht
sich an Bluttat. 3 Darum vertrocknet das Land und welkt jeder
[Darum trauert das Land und wird jeder hinfällig], der darin
wohnt, samt den Tieren des Feldes und den Vögeln des Himmels;
selbst die Fische des Meeres werden dahingerafft.

Jes 24:1

1 Siehe, der HERR entleert die Erde und verheert sie und kehrt
ihre Oberfläche um und zerstreut ihre Bewohner. 3 Völlig ausgeleert wird die Erde und geplündert, denn der HERR hat dieses
Wort geredet.

Jes 13:7-11 Bitte in eigener Bibel nachlesen!

Jes 65:17-25 – gibt die Voraussage hinsichtlich eines neuen „Himmels" und einer neuen „Erde" und die entsprechenden Änderungen.

Bitte in eigener Bibel nachlesen!

Jes 65:13-16 siehe oben

Jes 26:9

9 Mit meiner Seele verlangte ich nach dir in der Nacht; ja, mit meinem Geist in meinem Innern suchte ich Dich [Manche nehmen an, daß die Version „in meinem Innern" durch Verschreibung zustande kam und Ü: ja, mit meinem Geist suchte ich dich <noch> am Morgen]. Denn wenn deine Gerichte die Erde <treffen>, lernen die Bewohner des Erdkreises Gerechtigkeit.

Jes 65:20

20 Und es wird dort keinen Säugling mehr geben [von dort wird nicht mehr ein Säugling entstehen]<, der nur wenige> Tage <alt wird,> und keinen Greis, der seine Tage nicht erfüllte. Denn der Jüngste wird im Alter von hundert Jahren [der Knabe wird als Sohn von hundert Jahren] sterben, und wer das Alter von hundert Jahren nicht erreicht [wer den Sohn von hundert Jahren verfehlt, o. der Sündigende (der Verfehlende) wird (erst) als Sohn von hundert Jahren verflucht werden], wird als verflucht gelten.

2 Petr 3:13

13 Wir erwarten aber nach seiner Verheißung neue Himmel und eine neue Erde, in denen Gerechtigkeit wohnt.

Offb 21:1-8 – zeigt eine Beschreibung des neuen Weltsystems unter der Herrschaft des Messias und seiner Helfer, die als Könige und Priester aus den Himmeln der irdischen Bevölkerung dienen.

Bitte in der Schrift nachlesen!

Endlich! Sicherheit und Friede!

Jes 65:17

17 Denn siehe, ich schaffe [Hier steht dasselbe Wort wie in 1 Mos 1:1] einen neuen Himmel und eine neue Erde. Und an das Frühere wird man nicht mehr denken, und es wird nicht mehr in den Sinn kommen.

Ps 8:7-10

7 Du machst ihn zum Herrscher über die Werke deiner Hände; alles hast du unter seine Füße gestellt: 8 Schafe und Rinder allesamt und auch die Tiere des Feldes, 9 Vögel des Himmels und Fische des Meeres, was die Pfade der Meere durchzieht. 10 HERR, unser Herr, wie herrlich ist dein Name auf der ganzen Erde!

1 Kor 15:22-28

22 Denn wie in Adam alle sterben, so werden auch in Christus alle lebendig gemacht werden. 23 Jeder aber in seiner eigenen Ordnung [Abteilung (militärischer Ausdruck)]: <der> Erstling, Christus; sodann die, welche Christus gehören bei seiner Ankunft; 24 dann das Ende, wenn er das Reich [die Königsherrschaft] dem Gott und Vater übergibt; wenn er alle Herrschaft und alle Gewalt und Macht weggetan hat. 25 Denn er muss herrschen [König sein], bis er alle Feinde unter seine Füße gelegt hat. 26 Als letzter Feind wird der Tod weggetan. 27 „Denn alles hat er seinen Füßen unterworfen." Wenn es aber heißt, dass alles unterworfen sei, so ist klar, dass der ausgenommen ist, der ihm alles unterworfen hat. 28 Wenn ihm aber alles unterworfen ist, dann wird auch der Sohn selbst dem unterworfen sein, der ihm alles unterworfen hat, damit Gott alles in allem [allen] sei.

Offb 2:26-28

26 Und wer überwindet und meine Werke bis ans Ende bewahrt, dem werde ich Macht [Vollmacht] über die Nationen geben 27 und er wird sie hüten mit eisernem Stab, wie Töpfergefäße zerschmettert werden, 28 wie auch ich von meinem Vater empfangen habe; und ich werde ihm den Morgenstern geben.

Offb 3:21

21 Wer überwindet, dem werde ich geben, mit mir auf meinem Thron zu sitzen, wie auch ich überwunden und mich mit meinem Vater auf seinen Thron gesetzt habe.

Offb 5:9-10

9 Und sie singen ein neues Lied und sagen: Du bist würdig, das Buch zu nehmen und seine Siegel zu öffnen; denn du bist geschlachtet worden und hast durch dein Blut für Gott erkauft aus jedem Stamm und jeder Sprache und jedem Volk und jeder Nation
10 und hast sie unserem Gott zu einem Königtum [zu Königen] und zu Priestern gemacht, und sie werden über die Erde herrschen!

Offb 20:4

4 Und ich sah Throne, und sie setzten sich darauf, und das Gericht wurde ihnen übergeben; und <ich sah> die Seelen derer, die um des Zeugnisses Jesu und um des Wortes Gottes willen enthauptet worden waren, und die, welche das Tier und sein Bild nicht angebetet und das Malzeichen nicht an ihre Stirn und an ihre Hand angenommen hatten, und sie wurden lebendig [lebten] und herrschten mit dem Christus tausend Jahre.

Offb 7:9-17 – gibt eine Beschreibung von jenen, die während der christlichen Ära ihre Treue dem Messias und dem Vater-Gott gegenüber bewahrt haben.

Bitte in der eigenen Bibel nachlesen!

Hiob 33:13-28 – Hiob beschreibt, wie der wahrhaftige Gott den Menschen öfter die Gelegenheit gibt, von einem zur Vernichtung führenden Weg umzukehren.

Bitte in eigener Bibel nachlesen!

Jes 65:13-15

13 Darum, so spricht der Herr, HERR: Siehe, meine Knechte werden essen, ihr aber werdet hungern. Siehe, meine Knechte wer-

den trinken, ihr aber werdet dürsten. Siehe, meine Knechte werden sich freuen, ihr aber werdet beschämt sein. 14 Siehe, meine Knechte werden jubeln von Herzenslust, ihr aber werdet schreien vor Herzeleid und heulen vor Verzweiflung [vor Zerbruch des Geistes]. 15 Und ihr werdet euren Namen meinen Auserwählten zum Fluchwort hinterlassen: „Der Herr, HERR, wird dich töten." Meine [Seine] Knechte aber wird man mit einem andern Namen nennen.

Jes 65:20

20 Und es wird dort keinen Säugling mehr geben, <der nur wenige> Tage <alt wird>, und keinen Greis, der seine Tage nicht erfüllte. Denn der Jüngste wird im Alter von hundert Jahren sterben, und wer das Alter von hundert Jahren nicht erreicht, wird als verflucht gelten.

Joh 6:65-66

65 Und er sprach: Darum habe ich euch gesagt, dass niemand zu mir kommen kann, es sei ihm denn von dem Vater gegeben. 66 Von da an gingen viele seiner Jünger zurück und gingen nicht mehr mit ihm.

Jak 2:8

8 Wenn ihr wirklich das königliche Gesetz „Du sollst deinen Nächsten lieben wie dich selbst" nach der Schrift erfüllt, so tut ihr recht.

Joh 17:20-24

20 Aber nicht für diese allein bitte ich, sondern auch für die, welche durch ihr Wort an mich glauben, 21 damit sie alle eins seien, wie du, Vater, in mir und ich in dir, dass auch sie in uns eins seien, damit die Welt glaube, dass du mich gesandt hast. 22 Und die Herrlichkeit, die du mir gegeben hast, habe ich ihnen gegeben, dass sie eins seien, wie wir eins sind 23 - ich in ihnen und du in mir - dass sie in eins vollendet seien, damit die Welt erkenne, dass du mich gesandt und sie geliebt hast, wie du mich geliebt hast. 24 Vater, ich will, dass die, welche du mir gegeben hast, auch bei mir

seien [Vater, die <nach anderer Lesart: was> du mir gegeben hast - ich will, dass, wo ich bin, auch jene seien], wo ich bin, damit sie meine Herrlichkeit schauen, die du mir gegeben hast, denn du hast mich geliebt vor Grundlegung der Welt.

Röm 8:2

2 Denn das Gesetz des Geistes des Lebens in Christus Jesus hat Dich [mehrere Handschr. lesen „mich“, einige „uns“] freigemacht von dem Gesetz der Sünde und des Todes.

5 Mos 6:4-5

4 Höre, Israel: Der HERR ist unser Gott, der HERR allein [ist als einziger der HERR]! 5 Und du sollst den HERRN, deinen Gott, lieben mit deinem ganzen Herzen und mit deiner ganzen Seele [Person] und mit deiner ganzen Kraft.

5 Mos 10:12

12 Und nun, Israel, was fordert der HERR, dein Gott, von dir als nur, den HERRN, deinen Gott, zu fürchten, auf allen seinen Wegen zu gehen und ihn zu lieben und dem HERRN, deinem Gott, zu dienen mit deinem ganzen Herzen und mit deiner ganzen Seele,

Paralleltext: Mt 22,37

Joh 17:20-21

20 Aber nicht für diese allein bitte ich, sondern auch für die, welche durch ihr Wort an mich glauben, 21 damit sie alle eins seien, wie du, Vater, in mir und ich in dir, dass auch sie in uns eins seien, damit die Welt glaube, dass du mich gesandt hast.

1 Mos 2:9

9 Und Gott, der HERR, ließ aus dem Erdboden allerlei Bäume wachsen, begehrenswert anzusehen und gut zur Nahrung, und den Baum des Lebens in der Mitte des Gartens, und den Baum der Erkenntnis des Guten und Bösen.

1 Mos 5:7

7 Und Set lebte, nachdem er Enosch gezeugt hatte, 807 Jahre
und zeugte Söhne und Töchter.

Mal 2:5-6

5 Mein Bund mit ihm war das Leben und der Friede; und ich
gab sie ihm. <Er war> [Ich gab ihm] Furcht, und er fürchtete mich,
und vor meinem Namen erschauerte er. 6 Zuverlässige Weisung
war in seinem Mund, und Unrecht fand sich nicht auf seinen Lippen. In Frieden und Geradheit lebte [ging] er mit mir, und viele
brachte er zur Umkehr von Schuld.

1 Kor 14:33

33 Denn Gott ist nicht <ein Gott> der Unordnung, sondern des
Friedens. Wie <es> in allen Gemeinden der Heiligen <ist>,

Phil 4:7

7 und der Friede Gottes, der allen Verstand [alles Denken; o. alle
Vernunft] übersteigt, wird eure Herzen und eure Gedanken bewahren in Christus Jesus.

Phil 4:9

9 Was ihr auch gelernt und empfangen und gehört und an mir
gesehen habt, das tut! Und der Gott des Friedens wird mit euch
sein.

Lk 10:6

6 Und wenn dort ein Sohn des Friedens ist, so wird euer Friede
auf ihm ruhen; wenn aber nicht, so wird er zu euch zurückkehren.

Röm 5:1

1 Da wir nun gerechtfertigt worden sind aus Glauben, so haben
wir Frieden mit Gott durch unseren Herrn Jesus Christus,

Offb 20:7-10

7 Und wenn die tausend Jahre vollendet sind, wird der Satan
aus seinem Gefängnis losgelassen werden 8 und wird hinausge-

hen, die Nationen zu verführen, die an den vier Ecken der Erde sind, den Gog und den Magog, um sie zum Krieg zu versammeln; deren Zahl ist wie der Sand des Meeres. 9 Und sie zogen herauf auf die Breite der Erde und umzingelten das Heerlager der Heiligen und die geliebte Stadt; und Feuer kam aus dem Himmel herab und verschlang sie. 10 Und der Teufel, der sie verführte, wurde in den Feuer- und Schwefelsee geworfen, wo sowohl das Tier als auch der falsche Prophet sind; und sie werden Tag und Nacht gepeinigt werden von Ewigkeit zu Ewigkeit [in die Zeitalter der Zeitalter].

Kapitel 15 – Der Gerichtstag Gottes!

3 Mos 25:8-34 – berichtet über die Handhabung bezüglich des Jubeljahres oder auch Jobeljahres. Die Schreibweise „Jobeljahr" wird im Vers 10 des 25. Kapitels erklärt.
Bitte lesen sie den Gesamttext in ihrer Bibel nach!

3 Mos 25:10

10 Und ihr sollt das Jahr des fünfzigsten Jahres heiligen und sollt im Land Freilassung für all seine Bewohner ausrufen. Ein Jobel<jahr> soll es euch sein, und ihr werdet jeder wieder zu seinem Eigentum kommen und jeder zu seiner Sippe zurückkehren.

(Das hebr. Wort „Jobel" bedeutet ursprünglich „Widder", „Widderhorn". Da man das Erlassjahr durch das Blasen des Jobel-Horns eröffnete, wurde das Erlassjahr auch Jobeljahr genannt.)

Hiob 19:25-27

25 Doch ich weiß: Mein Erlöser [Anwalt; o. Fürsprecher] lebt; und als der letzte wird er über dem Staub [d.h. über der vergänglichen Welt] stehen [sich erheben; o. auftreten]. 26 Und nachdem man meine Haut so zerschunden hat, werde ich doch aus meinem

Fleisch Gott schauen. 27 Ja, ich werde ihn für mich sehen, und meine Augen werden <ihn> sehen, aber nicht als Fremden.

Ps 16:8-10

8 Ich habe den HERRN stets vor Augen; weil er zu meiner Rechten ist, werde ich nicht wanken. 9 Darum freut sich mein Herz und frohlockt meine Seele. Auch mein Fleisch wird in Sicherheit ruhen. 10 Denn meine Seele wirst du dem Scheol nicht lassen, wirst nicht zugeben, dass dein Frommer die Grube sehe.

Dan 12:2

2 Und viele von denen, die im Land des Staubes [im Staub der Erde] schlafen, werden aufwachen: die einen zu ewigem Leben und die anderen zur Schande, zu ewigem Abscheu.

Dan 12:13

13 Du aber geh hin auf das Ende zu! Und du wirst ruhen und wirst auferstehen zu deinem Los [zu deinem Anteil] am Ende der Tage.

Joh 6:39-40

39 Dies aber ist der Wille dessen, der mich gesandt hat, dass ich von allem, was er mir gegeben hat, nichts verliere, sondern es auferwecke am letzten Tag. 40 Denn dies ist der Wille meines Vaters, dass jeder, der den Sohn sieht und an ihn glaubt, ewiges Leben habe; und ich werde ihn auferwecken am letzten Tag.

Joh 6:44

44 Niemand kann zu mir kommen, wenn nicht der Vater, der mich gesandt hat, ihn zieht; und ich werde ihn auferwecken am letzten Tag.

Apg 1:22

22 angefangen von der Taufe des Johannes bis zu dem Tag, an dem er von uns hinweg aufgenommen wurde - von diesen <muss> einer Zeuge seiner Auferstehung mit uns werden.

Apg 23:6

6 Da aber Paulus wusste, dass der eine Teil von den Sadduzäern, der andere aber von den Pharisäern war, rief er in dem Hohen Rat: Ihr Brüder, ich bin ein Pharisäer, ein Sohn von Pharisäern; wegen der Hoffnung und Auferstehung der Toten werde ich gerichtet.

Apg 24:15

15 und die Hoffnung zu Gott habe, die auch selbst diese hegen, daß eine Auferstehung der Gerechten wie der Ungerechten sein wird.

Offb 20:6

6 Glückselig und heilig, wer teilhat an der ersten Auferstehung! Über diese hat der zweite Tod keine Macht, sondern sie werden Priester Gottes und des Christus sein und mit ihm herrschen die tausend Jahre.

Jes 9:5-6

5 Denn ein Kind ist uns geboren, ein Sohn uns gegeben, und die Herrschaft ruht auf seiner Schulter; und man nennt seinen Namen: [Planer des Wunders; Gott, Held] Wunderbarer Ratgeber, starker Gott, Vater der Ewigkeit, Fürst [Oberster] des Friedens. 6
Groß ist die Herrschaft [Vermehrer des Reiches], und der Friede wird kein Ende haben auf dem Thron Davids und über seinem Königreich, es zu festigen und zu stützen durch Recht und Gerechtigkeit von nun an bis in Ewigkeit. Der Eifer des HERRN der Heerscharen wird dies tun.

Ps 2:6-8

6 „Habe doch ich meinen König geweiht auf Zion, meinem heiligen Berg!“ 7 Lasst mich die Anordnung des HERRN bekanntgeben! Er hat zu mir gesprochen: „Mein Sohn bist du, ich habe dich heute gezeugt. 8 Fordere von mir, und ich will dir die Nationen zum Erbteil geben, zu deinem Besitz die Enden der Erde.“

Endlich! Sicherheit und Friede!

Joh 12:34

34 Die Volksmenge antwortete ihm nun: Wir haben aus dem Gesetz gehört, dass der Christus bleibe in Ewigkeit [griech. Äon], und wie sagst du, daß der Sohn des Menschen erhöht werden müsse? Wer ist dieser, der Sohn des Menschen?

Apg 17:31

31 weil er einen Tag festgesetzt hat, an dem er den Erdkreis richten wird in Gerechtigkeit durch einen Mann, den er <dazu> bestimmt hat, und er hat allen dadurch den Beweis gegeben, dass er ihn auferweckt hat aus den Toten.

Mt 12:38-41 – berichtet von einem Beispiel, das der Messias erwähnt, um die Zeit seines Todes zu kennzeichnen.

Paralleltext: Lk 11:29-32

Bitte lesen Sie den Text in der eigenen Bibel nach!

Mt 23:33

33 Schlangen! Otternbrut! Wie solltet ihr dem Gericht der Hölle (griech. gehenna) entfliehen?

Mk 12:38-40

38 Und er sprach in seiner Lehre: Hütet euch vor den Schriftgelehrten, die in langen Gewändern einhergehen wollen und die Begrüßungen auf den Märkten 39 und die ersten Sitze in den Synagogen und die ersten Plätze bei den Gastmählern <lieben>; 40 die die Häuser der Witwen verschlingen und zum Schein lange Gebete halten! Sie werden ein schwereres Gericht empfangen.

Paralleltext: Lk 20:46-47

Lk 10:10-16 – Der Messias berichtet über die Erwartungen der Bewohner verschiedener Städte in Israel.

Bitte in der eigenen Bibel nachlesen!

Joh 5:25-29

25 Wahrlich, wahrlich, ich sage euch, dass die Stunde kommt und jetzt da ist, wo die Toten die Stimme des Sohnes Gottes hören

werden, und die sie gehört haben, werden leben. 26 Denn wie der Vater Leben in sich selbst hat, so hat er auch dem Sohn gegeben, Leben zu haben in sich selbst; 27 und er hat ihm Vollmacht gegeben, Gericht zu halten, weil er des Menschen Sohn ist. 28 Wundert euch darüber nicht, denn es kommt die Stunde, in der alle, die in den Gräbern sind, seine Stimme hören 29 und hervorkommen werden: die das Gute getan haben zur Auferstehung des Lebens, die aber das Böse verübt haben zur Auferstehung des Gerichts.

Offb 20:11-15 – gibt uns eine Beschreibung des Gerichtes.

Bitte in der eigenen Bibel nachlesen!

Offb 21:8

8 Aber den Feigen und Ungläubigen [Treulosen] und mit Gräueln Befleckten und Mördern und Unzüchtigen [Hurern] und Zauberern und Götzendienern und allen Lügnern ist ihr Teil in dem See, der mit Feuer und Schwefel brennt, das ist der zweite Tod.

Joh 5:24

24 Wahrlich, wahrlich, ich sage euch: Wer mein Wort hört und glaubt dem, der mich gesandt hat, <der> hat ewiges Leben und kommt nicht ins Gericht, sondern er ist aus dem Tod in das Leben übergegangen.

Mt 7:2

2 Denn mit welchem Gericht ihr richtet, werdet ihr gerichtet werden, und mit welchem Maß ihr messt, wird euch zugemessen werden.

Mt 10:28

28 Und fürchtet euch nicht vor denen, die den Leib töten, die Seele aber nicht zu töten vermögen; fürchtet aber vielmehr den, der sowohl Seele als Leib zu verderben vermag in der Hölle [geenna]!

Paralleltext: Lk 12:4-5

Endlich! Sicherheit und Friede!

Mt 18:9

9 Und wenn dein Auge dir Anlass zur Sünde gibt, so reiß es aus und wirf es von dir! Es ist besser für dich, einäugig in das Leben hineinzugehen, als mit zwei Augen in die Hölle des Feuers geworfen zu werden.

Paralleltext: Mk 9:43-47

Mt 5:27-30

27 Ihr habt gehört, dass gesagt ist: Du sollst nicht ehebrechen.
28 Ich aber sage euch, dass jeder, der eine Frau ansieht, sie zu
begehren, schon Ehebruch mit ihr begangen hat in seinem Herzen.
29 Wenn aber dein rechtes Auge dir Anlass zur Sünde gibt [dich
ärgert], so reiß es aus und wirf es von dir! Denn es ist dir besser,
dass eins deiner Glieder umkommt und nicht dein ganzer Leib in
die Hölle geworfen wird. 30 Und wenn deine rechte Hand dir Anlass zur Sünde gibt, so hau sie ab und wirf sie von dir! Denn es ist dir besser, dass eins deiner Glieder umkommt und nicht dein ganzer Leib in die Hölle geworfen wird.

Mt 10:5-15 – berichtet von der Aussendung der Jünger zum Predigen, wonach dann in den Versen 14-15 die wesentliche Feststellung gemacht wird.

Bitte den gesamten Text in der eigenen Bibel nachlesen!

Mt 10:14-15

14 Und wenn jemand euch nicht aufnehmen noch eure Worte
hören wird - geht hinaus aus jenem Haus oder jener Stadt, und
schüttelt den Staub von euren Füßen! 15 Wahrlich, ich sage euch,
es wird dem Land von Sodom und Gomorra erträglicher ergehen am Tag des Gerichts als jener Stadt.

Lk 10:15

15 Und du, Kapernaum, wirst du etwa bis zum Himmel erhöht werden? Bis zum Hades [das Totenreich] wirst du hinabgestoßen werden [wirst du hinabsteigen].

Offb 21:8

8 Aber den Feigen und Ungläubigen [Treulosen] und mit Gräueln Befleckten und Mördern und Unzüchtigen [Hurern] und Zauberern und Götzendienern und allen Lügnern ist ihr Teil in dem See, der mit Feuer und Schwefel brennt, das ist der zweite Tod.

Joh 5:24

24 Wahrlich, wahrlich, ich sage euch: Wer mein Wort hört und glaubt dem, der mich gesandt hat, <der> hat ewiges Leben und kommt nicht ins Gericht, sondern er ist aus dem Tod in das Leben übergegangen.

Offb 20:6

6 Glückselig und heilig, wer teilhat an der ersten Auferstehung! Über diese hat der zweite Tod keine Macht, sondern sie werden Priester Gottes und des Christus sein und mit ihm herrschen die tausend Jahre.

Mt 10:5-15 siehe oben

Mt 11:20-24 siehe oben

1 Kor 15:52

52 in einem Nu, in einem Augenblick, bei der letzten Posaune; denn posaunen wird es, und die Toten werden auferweckt werden, unvergänglich <sein>, und wir werden verwandelt werden.

1 Kor 14:33

33 Denn Gott ist nicht <ein Gott> der Unordnung, sondern des Friedens. Wie <es> in allen Gemeinden der Heiligen <ist>.

Paralleltext: Röm 15:33

Eph 2:14-17 Bitte in der Schrift nachlesen!

Joh 14:27

27 Frieden lasse ich euch, meinen Frieden gebe ich euch; nicht wie die Welt gibt, gebe ich euch. Euer Herz werde nicht bestürzt, sei auch nicht furchtsam.

Endlich! Sicherheit und Friede!

1 Kor 14:33 siehe oben

Kapitel 16 – Eine Möglichkeit für jeden!

1 Mos 3:15

15 Und ich werde Feindschaft setzen zwischen dir und der Frau, zwischen deinem Samen und ihrem Samen; er wird dir den Kopf zermalmen, und du, du wirst ihm die Ferse zermalmen.

Mt 5:10-12

10 Glückselig die um Gerechtigkeit willen Verfolgten, denn ihrer
ist das Reich [der Königsherrschaft] der Himmel. 11 Glückselig seid
ihr, wenn sie euch schmähen und verfolgen und alles Böse lügnerisch gegen euch reden werden um meinetwillen. 12 Freut euch
und jubelt, denn euer Lohn ist groß in den Himmeln; denn ebenso haben sie die Propheten verfolgt, die vor euch waren.

Mt 23:34-36

34 Deswegen siehe, ich sende zu euch Propheten und Weise und Schriftgelehrte; einige von ihnen werdet ihr töten und kreuzigen, und einige von ihnen werdet ihr in euren Synagogen geißeln und
werdet sie verfolgen von Stadt zu Stadt, 35 damit über euch komme alles gerechte Blut, das auf der Erde vergossen wurde, von dem Blut Abels, des Gerechten, bis zu dem Blut Secharjas, des Sohnes Berechjas, den ihr zwischen dem Tempel und dem Altar ermordet
habt. 36 Wahrlich, ich sage euch, dies alles wird über dieses Geschlecht kommen.

Lk 6:20-23

20 Und er erhob seine Augen zu seinen Jüngern und sprach: Glückselig ihr Armen, denn euer ist das Reich [die Königsherrschaft] Gottes.
schaft] Gottes. 21 Glückselig, die ihr jetzt hungert, denn ihr werdet

gesättigt werden. Glückselig, die ihr jetzt weint, denn ihr werdet lachen. 22 Glückselig seid ihr, wenn die Menschen euch hassen werden und wenn sie euch absondern und schmähen und euren Namen als böse verwerfen werden um des Sohnes des Menschen willen. 23 Freut euch an jenem Tag und hüpft! Denn siehe, euer Lohn ist groß in dem Himmel; denn ebenso taten ihre Väter den Propheten.

1 Sam 15:22

22 Samuel aber sprach: Hat der HERR <so viel> Lust an Brandopfern und Schlachtopfern wie daran, dass man der Stimme des HERRN gehorcht? Siehe, Gehorchen ist besser als Schlachtopfer, Aufmerken besser als das Fett der Widder.

Gal 1:8

8 Wenn aber auch wir oder ein Engel aus dem Himmel euch etwas als Evangelium entgegen dem verkündigten, was wir euch als Evangelium verkündigt haben: er sei verflucht [griech. anathema dem Gericht übergeben]!

Apg 17:11

11 Diese aber waren edler als die in Thessalonich; sie nahmen mit aller Bereitwilligkeit das Wort auf und untersuchten täglich die Schriften, ob dies sich so verhielte.

1 Kor 14:29

29 <Von den> Propheten aber sollen zwei oder drei reden, und die anderen sollen urteilen [unterscheiden].

Mt 25:1-13 – Gleichnis von zehn Jungfrauen, die den Bräutigam erwarteten

Bitte in der eigenen Bibel nachlesen!

Joh 16:2-3

2 Sie werden euch aus der Synagoge ausschließen; es kommt sogar die Stunde, daß jeder, der euch tötet, meinen wird, Gott ei-

nen Dienst zu tun [Gottesdienst darzubringen]. 3 Und dies werden sie tun, weil sie weder den Vater noch mich erkannt haben.

Lk 3:7

7 Er sprach nun zu den Volksmengen, die hinausgingen, um von ihm getauft zu werden: Otternbrut! Wer hat euch gewiesen, dem kommenden Zorn zu entfliehen?

Mt 12:34

34 Otternbrut! Wie könnt ihr Gutes reden, da ihr böse seid? Denn aus der Fülle des Herzens redet der Mund.

Joh 17:19-22

19 und ich heilige mich selbst für sie, damit auch sie Geheiligte seien durch Wahrheit. 20 Aber nicht für diese allein bitte ich, sondern auch für die, welche durch ihr Wort an mich glauben, 21 damit sie alle eins seien, wie du, Vater, in mir und ich in dir, dass auch sie in uns eins seien, damit die Welt glaube, dass du mich gesandt hast. 22 Und die Herrlichkeit, die du mir gegeben hast, habe ich ihnen gegeben, dass sie eins seien, wie wir eins sind.

5 Mos 6:5

5 Und du sollst den HERRN, deinen Gott, lieben mit deinem ganzen Herzen und mit deiner ganzen Seele [Person] und mit deiner ganzen Kraft.

3 Mos 19:18

18 Du sollst dich nicht rächen und den Kindern deines Volkes nichts nachtragen und sollst deinen Nächsten lieben wie dich selbst. Ich bin der HERR.

Mt 22:37-40

37 Er aber sprach zu ihm: „Du sollst den Herrn, deinen Gott, lieben mit deinem ganzen Herzen und mit deiner ganzen Seele und mit deinem ganzen Verstand." 38 Dies ist das größte und erste Gebot. 39 Das zweite aber ist ihm gleich: „Du sollst deinen Nächsten

lieben wie dich selbst.“ 40 An diesen zwei Geboten hängt das ganze Gesetz und die Propheten.

Jak 2:8

8 Wenn ihr wirklich das königliche Gesetz „Du sollst deinen Nächsten lieben wie dich selbst“ nach der Schrift erfüllt, so tut ihr recht.

Röm 8:2

2 Denn das Gesetz des Geistes des Lebens in Christus Jesus hat Dich [mehrere Handschr. lesen „mich“, einige „uns“] freigemacht von dem Gesetz der Sünde und des Todes.

Röm 13:8-10

8 Seid niemand irgend etwas schuldig, als nur einander zu lieben! Denn wer den anderen liebt, hat das Gesetz erfüllt 9 Denn das: „Du sollst nicht ehebrechen, du sollst nicht töten, du sollst nicht stehlen, du sollst nicht begehren“, und wenn es ein anderes Gebot <gibt>, ist in diesem Wort zusammengefaßt: „Du sollst deinen Nächsten lieben wie dich selbst.“ 10 Die Liebe tut dem Nächsten nichts Böses. Die Erfüllung des Gesetzes ist also die Liebe.

Mt 22:36-40 siehe oben

Joh 4:23-24

23 Es kommt aber die Stunde und ist jetzt, da die wahren Anbeter den Vater in Geist und Wahrheit anbeten werden; denn auch der Vater sucht solche als seine Anbeter. 24 Gott ist Geist, und die ihn anbeten, müssen in Geist und Wahrheit anbeten.

Joh 1:47

47 Jesus sah den Nathanael zu sich kommen und spricht von ihm: Siehe, wahrhaftig ein Israelit, in dem kein Trug ist!

Endlich! Sicherheit und Friede!

Hebr 11:6

6 Ohne Glauben aber ist es unmöglich, <ihm> wohlzugefallen; denn wer Gott naht, muss glauben, dass er ist und denen, die ihn suchen, ein Belohner sein wird.

Ps 6 Bitte in eigener Schrift nachlesen!

Apg 10:1-5 – erzählt von einem der ersten Heiden, der zum Christen wurde.

Bitte in der eigenen Bibel nachlesen!

Spr 15:8

Das Opfer der Gottlosen ist ein Gräuel für den HERRN, aber das Gebet der Aufrichtigen [Geraden] sein Wohlgefallen.

Lk 6:12

12 Und es geschah in diesen Tagen, dass er auf den Berg hinausging, um zu beten; und er verbrachte die Nacht im Gebet zu Gott.

Joh 14:23-24

23 Jesus antwortete und sprach zu ihm: Wenn jemand mich liebt, so wird er mein Wort halten [bewahren], und mein Vater wird ihn lieben, und wir werden zu ihm kommen und Wohnung bei ihm machen. 24 Wer mich nicht liebt, hält meine Worte nicht; und das Wort, das ihr hört, ist nicht mein, sondern des Vaters, der mich gesandt hat.

Jes 55:3-4

3 Neigt euer Ohr und kommt zu mir! Hört, und eure Seele wird leben! Und ich will einen ewigen Bund mit euch schließen, <getreu> den unverbrüchlichen Gnadenerweisen an David. 4 Siehe, ich habe ihn zu einem Zeugen für Völkerschaften gesetzt, zum Fürsten und Gebieter von Völkerschaften.

Apg 20:24-32 – Abschiedsrede des Paulus

Bitte in der eigenen Bibel nachlesen!

Eph 4:11-14 Bitte in eigener Bibel nachlesen!

Offb 12:17

17 Und der Drache wurde zornig über die Frau und ging hin, Krieg zu führen mit den übrigen ihrer Nachkommenschaft [ihres Samens], welche die Gebote Gottes halten [bewahren] und das Zeugnis Jesu haben.

Mk 1:8

8 Ich habe euch mit Wasser getauft, er aber wird euch mit Heiligem Geist taufen.

Mk 13:11

11 Und wenn sie euch hinführen, um euch zu überliefern, so sorgt euch vorher nicht, was ihr reden sollt, sondern was euch in jener Stunde gegeben wird, das redet! Denn nicht ihr seid die Redenden, sondern der Heilige Geist.

Joh 14:26

26 Der Beistand [Fürsprecher, Helfer; w. „der <zur Unterstützung> Herbeigerufene"] aber, der Heilige Geist, den der Vater senden wird in meinem Namen, der wird euch alles lehren und euch an alles erinnern, was ich euch gesagt habe.

Apg 1:8

8 Aber ihr werdet Kraft empfangen, wenn der Heilige Geist auf euch gekommen ist; und ihr werdet meine Zeugen sein, sowohl in Jerusalem als auch in ganz Judäa und Samaria und bis an das Ende der Erde.

Apg 2:2-4

2 Und plötzlich geschah aus dem Himmel ein Brausen, als führe
ein gewaltiger Wind daher, und erfüllte das ganze Haus, wo saßen. 3 Und es erschienen ihnen zerteilte Zungen wie von Feuer,
und sie setzten sich auf jeden einzelnen von ihnen. 4 Und sie wurden alle mit Heiligem Geist erfüllt und fingen an, in anderen Sprachen zu reden, wie der Geist ihnen gab auszusprechen.

Jak 2:8 siehe oben

Mt 22:37-40

37 Er aber sprach zu ihm: „Du sollst den Herrn, deinen Gott, lieben mit deinem ganzen Herzen und mit deiner ganzen Seele und mit deinem ganzen Verstand.“ 38 Dies ist das größte und erste Gebot. 39 Das zweite aber ist ihm gleich: „Du sollst deinen Nächsten lieben wie dich selbst.“ 40 An diesen zwei Geboten hängt das ganze Gesetz und die Propheten.

Röm 13:8

8 Seid niemand irgend etwas schuldig, als nur einander zu lieben! Denn wer den anderen liebt, hat das Gesetz erfüllt.

Gal 5:22-26

22 Die Frucht des Geistes aber ist: Liebe, Freude, Friede, Langmut, Freundlichkeit, Güte, Treue, 23 Sanftmut, Enthaltsamkeit [Selbstbeherrschung]. Gegen diese ist das Gesetz nicht <gerichtet>. 24 Die aber dem Christus Jesus angehören, haben das Fleisch samt den Leidenschaften und Begierden gekreuzigt. 25 Wenn wir durch den Geist leben, so laßt uns durch den Geist wandeln! 26 Lasst uns nicht nach eitler Ehre trachten, indem wir einander herausfordern, einander beneiden!

2 Tim 3:16-17

16 Alle Schrift ist von Gott eingegeben [gottgehaucht, griech. theopneustos] und [Alle von Gott eingegebene Schrift ist auch] nützlich zur Lehre [Belehrung, o. Unterrichtung], zur Überführung, zur Zurechtweisung, zur Unterweisung in der Gerechtigkeit, 17 damit der Mensch Gottes richtig sei, für jedes gute Werk ausgerüstet.

Paralleltext: 2 Petr 1:19-21

Ps 119 Bitte in eigener Bibel nachlesen!

Joh 3:16

16 Denn so [so sehr] hat Gott die Welt geliebt, dass er seinen eingeborenen [griech. monogenes, d.h. einzig in seiner Art, o. einzig

geboren, o. einzig] Sohn gab, damit jeder, der an ihn glaubt, nicht verloren geht, sondern ewiges Leben hat.

Hebr 2:9-10

9 [Wir sehen aber Jesus, der wegen des Todesleidens ein wenig unter die Engel erniedrigt war,] Wir sehen aber Jesus, der ein wenig [kurze Zeit] unter die Engel erniedrigt war, wegen des Todesleidens mit Herrlichkeit und Ehre gekrönt, damit er durch Gottes Gnade für jeden [für alles] den Tod schmeckte. 10 Denn es geziemte ihm, um dessentwillen alle Dinge und durch den alle Dinge sind, indem er viele Söhne zur Herrlichkeit führte, den Urheber ihrer Rettung [ihres Heils] durch Leiden vollkommen zu machen.

1 Tim 2:5-6

5 Denn einer ist Gott, und einer ist Mittler zwischen Gott und Menschen, der Mensch Christus Jesus 6 der sich selbst als Lösegeld für alle gab, als das Zeugnis zur rechten Zeit.

Eph 1:7

7 In ihm haben wir die Erlösung durch sein Blut, die Vergebung der Vergehungen, nach dem Reichtum seiner Gnade,

1 Tim 2:5 siehe oben.

Joh 14:13-14

13 Und was ihr bitten werdet in meinem Namen, das werde ich tun, damit der Vater verherrlicht werde im Sohn. 14 Wenn ihr mich [Das Wort „mich“ fehlt in mehreren alten Handschriften.] etwas bitten werdet in meinem Namen, so werde ich es tun.

Gal 3:19-22

19 Was <soll> nun das Gesetz? Es wurde der Übertretungen wegen hinzugefügt - bis der Nachkomme [Same] käme, dem die Verheißung galt -, angeordnet durch Engel in der Hand eines Mittlers. 20 Ein [Der] Mittler aber ist nicht <Mittler> von einem; Gott aber ist <nur> einer. 21 Ist denn das Gesetz gegen die Verheißungen Gottes? Das ist ausgeschlossen. Denn wenn ein Gesetz gegeben

worden wäre, das lebendig machen könnte, <dann> wäre wirklich die Gerechtigkeit aus Gesetz. 22 Aber die Schrift hat alles unter <die> Sünde eingeschlossen, damit die Verheißung aus Glauben an Jesus Christus [Glauben Jesu Christi] den Glaubenden gegeben werde.

Hebr 8:6

6 Jetzt aber hat er einen vortrefflicheren Dienst erlangt, wie er auch Mittler eines besseren Bundes ist, der aufgrund besserer Verheißungen gestiftet worden ist.

Hebr 9:15

15 Und darum ist er Mittler eines neuen Bundes, damit, da der Tod geschehen ist zur Erlösung von den Übertretungen unter dem ersten Bund, die Berufenen die Verheißung des ewigen Erbes empfangen.

Hebr 12:24

24 und zu Jesus, dem Mittler eines neuen Bundes; und zum Blut der Besprengung [Reinigung], das besser redet als <das Blut> Abels.

Hebr 2:17-18

17 Daher musste er in allem den Brüdern gleich werden, damit er barmherzig und ein treuer Hohepriester vor Gott [im Blick auf die <Beziehungen> zu Gott] werde, um die Sünden des Volkes zu sühnen; 18 denn worin er selbst gelitten hat, als er versucht worden ist, kann er denen helfen, die versucht werden.

Hebr 3:1

1 Daher, heilige Brüder, Teilhaber der himmlischen Berufung, betrachtet den Apostel und Hohepriester unseres Bekenntnisses, Jesus,

Paralleltexte: Hebr 4:14-15, 7:27

Ps 2 Bitte in eigener Bibel nachlesen!

Joh 14:6

6 Jesus spricht zu ihm: Ich bin der Weg und die Wahrheit und das Leben. Niemand kommt zum Vater als nur durch mich.

1 Tim 2:5-6 siehe oben

Eph 1:7

7 In ihm haben wir die Erlösung durch sein Blut, die Vergebung der Vergehungen, nach dem Reichtum seiner Gnade,

Joh 1:17-18

17 Denn das Gesetz wurde durch Mose gegeben; die Gnade und
die Wahrheit ist durch Jesus Christus geworden. 18 Niemand hat
Gott jemals gesehen; der eingeborene [griech. monogenes, d.h. einzig in seiner Art, o. einziggeboren, o. einzig] Sohn [nach den älteren Handschriften: der eingeborene Gott], der in des Vaters Schoß ist, der hat <ihn> kundgemacht

Joh 20:17-18

17 Jesus spricht zu ihr: Rühre mich nicht an! Denn ich bin noch nicht aufgefahren zum Vater. Geh aber hin zu meinen Brüdern und sprich zu ihnen: Ich fahre auf zu meinem Vater und eurem Vater und zu meinem Gott und eurem Gott! 18 Maria Magda-
lena kommt und verkündet den Jüngern, dass sie den Herrn gesehen und er dies zu ihr gesagt habe.

Joh 17:4

4 Ich habe dich verherrlicht auf der Erde; das Werk habe ich vollbracht, das du mir gegeben hast, dass ich es tun sollte.

Joh 10:29-30

29 Mein Vater, der <sie> mir gegeben hat, ist größer als alle [al-
les], und niemand kann <sie> aus der Hand <meines> Vaters rau-
ben. 30 Ich und der Vater sind eins.

Joh 17:9-11

9 Ich bitte für sie; nicht für die Welt bitte ich, sondern für die, welche du mir gegeben hast, denn sie sind dein 10 - und alles, was mein ist, ist dein, und was dein ist, mein - und ich bin in ihnen verherrlicht. 11 Und ich bin nicht mehr in der Welt, und diese sind in der Welt, und ich komme zu dir. Heiliger Vater! Bewahre sie in deinem Namen, den du mir gegeben hast, daß sie eins seien wie wir!

Joh 17:20-21

20 Aber nicht für diese allein bitte ich, sondern auch für die, welche durch ihr Wort an mich glauben, 21 damit sie alle eins seien, wie du, Vater, in mir und ich in dir, dass auch sie in uns eins seien, damit die Welt glaube, daß du mich gesandt hast.

Apg 26:17-18

17 Ich werde dich herausnehmen [errettend o. dich herausnehmend] aus dem Volk und den Nationen, zu denen ich dich sende, 18 ihre Augen zu öffnen, dass sie sich bekehren von der Finsternis zum Licht und von der Macht des Satans zu Gott, damit sie Vergebung der Sünden empfangen und ein Erbe unter denen, die durch den Glauben an mich geheiligt sind.

Joh 8:31-32

31 Jesus sprach nun zu den Juden, die ihm geglaubt hatten: Wenn ihr in meinem Wort bleibt, so seid ihr wahrhaft meine Jünger; 32 und ihr werdet die Wahrheit erkennen, und die Wahrheit wird euch frei machen.

Joh 3:17-19

17 Denn Gott hat seinen Sohn nicht in die Welt gesandt, dass er die Welt richte, sondern dass die Welt durch ihn errettet werde. 18 Wer an ihn glaubt, wird nicht gerichtet; wer aber nicht glaubt, ist schon gerichtet, weil er nicht geglaubt hat an den Namen des eingeborenen [griech. monogenes, d.h. einzig in seiner Art, o. einzig geboren, o. einzig] Sohnes Gottes. 19 Dies aber ist das Gericht,

dass das Licht in die Welt gekommen ist, und die Menschen haben die Finsternis mehr geliebt als das Licht, denn ihre Werke waren böse.

Gal 5:19-21 – Beschreibung der Früchte des Fleisches

1 Tim 5:20

20 Die da sündigen, weise vor allen zu Recht, damit auch die übrigen Furcht haben!

1 Tim 5:24

24 Von manchen Menschen sind die Sünden vorher offenbar und gehen voraus zum Gericht, manchen aber folgen sie auch nach.

Eph 4:21

21 Ihr habt ihn doch gehört und seid in ihm gelehrt worden [sofern ihr ihn wirklich gehört habt und in ihm gelehrt worden seid], wie es Wahrheit in Jesus ist:

Eph 4:31

31 Alle Bitterkeit und Wut und Zorn und Geschrei und Lästerung sei von euch weggetan, samt aller Bosheit!

Gal 5:22-24

22 Die Frucht des Geistes aber ist: Liebe, Freude, Friede, Langmut, Freundlichkeit, Güte, Treue,
23 Sanftmut, Enthaltsamkeit [Selbstbeherrschung]. Gegen diese ist das Gesetz nicht <gerichtet>.
24 Die aber dem Christus Jesus angehören, haben das Fleisch samt den Leidenschaften und Begierden gekreuzigt.

Röm 1:26-32 – Paulus beschreibt in diesem Text Auswirkung von Verfehlungen wie Homosexualität.

Bitte in der eigenen Bibel nachlesen!

Eph 5:8-17 Bitte in eigener Bibel nachlesen!

Kol 3:12-13

12 Zieht nun an als Auserwählte Gottes, als Heilige und Geliebte: herzliches Erbarmen [Eingeweide des Erbarmens], Güte, Demut, Milde, Langmut! 13 Ertragt einander und vergebt euch gegenseitig, wenn einer Klage gegen den anderen hat; wie auch der Herr
euch vergeben hat, so auch ihr!

1 Tim 1:9-10

9 indem er dies weiß, dass für einen Gerechten das Gesetz nicht
bestimmt ist, sondern für Gesetzlose und Widerspenstige, für Gottlose und Sünder, für Heillose und Unheilige, Vatermörder und
Muttermörder, Mörder, 10 Unzüchtige [Hurer], Knabenschänder,
Menschenhändler, Lügner, Meineidige, und wenn etwas anderes
der gesunden Lehre entgegensteht, ...

Röm 8:14-17

14 Denn so viele durch den Geist Gottes geleitet werden, die
sind Söhne Gottes. 15 Denn ihr habt nicht einen Geist der Knechtschaft [Sklaverei; so auch V. 21] empfangen, wieder zur Furcht,
sondern einen Geist der Sohnschaft habt ihr empfangen, in dem
wir rufen: Abba [Vater (in der aramäischen Muttersprache Jesu],
Vater! 16 Der Geist selbst bezeugt <zusammen> mit unserem
Geist, dass wir Kinder Gottes sind. 17 Wenn aber Kinder, so auch
Erben, Erben Gottes und Miterben Christi, wenn wir wirklich mit-
leiden, damit wir auch mitverherrlicht werden.

Paralleltext: Gal 4:4-9

Joh 8:51-52

51 Wahrlich, wahrlich, ich sage euch: Wenn jemand mein Wort
bewahren [halten] wird, so wird er den Tod nicht sehen in Ewigkeit
[griech. Äon]. 52 Die Juden sprachen nun zu ihm: Jetzt erkennen
wir, dass du einen Dämon hast. Abraham ist gestorben und die
Propheten, und du sagst: Wenn jemand mein Wort bewahren wird,
so wird er den Tod nicht schmecken in Ewigkeit.

Hebr 2:15

15 und um alle die zu befreien, die durch Todesfurcht das ganze Leben hindurch der Knechtschaft [Sklaverei] unterworfen waren.

1 Kor 15:51-52

51 Siehe, ich sage euch ein Geheimnis: Wir werden nicht alle entschlafen, wir werden aber alle verwandelt werden, 52 in einem Nu, in einem Augenblick, bei der letzten Posaune; denn posaunen wird es, und die Toten werden auferweckt werden, unvergänglich <sein>, und wir werden verwandelt werden.

1 Kor 15:42-44

42 So ist auch die Auferstehung der Toten. Es wird gesät in Vergänglichkeit [Verderben], es wird auferweckt in Unvergänglichkeit. 43 Es wird gesät in Unehre, es wird auferweckt in Herrlichkeit; es wird gesät in Schwachheit, es wird auferweckt in Kraft; 44 es wird gesät ein natürlicher [seelischer; so auch nachher] Leib, es wird auferweckt ein geistlicher Leib. Wenn es einen natürlichen Leib gibt, so gibt es auch einen geistlichen.

Joh 5:24

24 Wahrlich, wahrlich, ich sage euch: Wer mein Wort hört und glaubt dem, der mich gesandt hat, <der> hat ewiges Leben und kommt nicht ins Gericht, sondern er ist aus dem Tod in das Leben übergegangen.

Joh 3:17-19 siehe oben

Mt 3:13-17 – bei der Taufe Jesu

Bitte in der Bibel nachlesen!

Mt 28:19-20

19 Geht nun hin und macht alle Nationen zu Jüngern, und tauft sie [sie taufend] auf den Namen des Vaters und des Sohnes und des Heiligen Geistes, 20 und lehrt [sie lehrend] sie alles zu bewahren [zu halten], was ich euch geboten habe! Und siehe, ich bin bei euch alle Tage bis zur Vollendung des Zeitalters [griech. Äon].

Apg 2:41

41 Die nun sein Wort aufnahmen, ließen sich taufen [wurden getauft]; und es wurden an jenem Tag etwa dreitausend Seelen hinzugetan.

Apg 8:36-38

36 Als sie aber auf dem Weg fortzogen, kamen sie an ein Wasser. Und der Kämmerer spricht: Siehe, <da ist> Wasser! Was hindert mich, getauft zu werden? (37)[Spätere Handschr. fügen hinzu: Philippus aber sprach zu ihm: Wenn du von ganzem Herzen glaubst, ist es erlaubt. Er aber antwortete und sprach: Ich glaube, dass Jesus Christus der Sohn Gottes ist.] 38 Und er befahl, den Wagen anzuhalten. Und sie stiegen beide in das Wasser hinab, sowohl Philippus als auch der Kämmerer; und er taufte ihn.

Joh 15:18-20

18 Wenn die Welt euch hasst, so wisst, dass sie mich vor euch gehaßt hat. 19 Wenn ihr von der Welt wäret, würde die Welt das Ihre lieben; weil ihr aber nicht von der Welt seid, sondern ich euch aus der Welt erwählt habe, darum hasst euch die Welt. 20 Gedenkt des Wortes, das ich euch gesagt habe: Ein Sklave ist nicht größer als sein Herr. Wenn sie mich verfolgt haben, werden sie auch euch verfolgen; wenn sie mein Wort gehalten haben, werden sie auch das eure halten.

Apg 9:4

4 und er fiel auf die Erde und hörte eine Stimme, die zu ihm sprach: Saul, Saul, was verfolgst du mich?

1 Kor 4:12

12 und mühen uns ab und arbeiten mit unseren eigenen Händen. Geschmäht, segnen wir; verfolgt, dulden wir;

Apg 17:16-34 Bitte in der Schrift nachlesen!

Joh 16:1-3

1 Dies habe ich zu euch geredet, damit ihr euch nicht ärgert [Das griech. Wort bedeutet auch: Anstoß nehmen, zu Fall kommen, sich zur Sünde verleiten lassen.]. 2 Sie werden euch aus der Synagoge ausschließen; es kommt sogar die Stunde, dass jeder, der euch tötet, meinen wird, Gott einen Dienst zu tun [Gottesdienst darzubringen]. 3 Und dies werden sie tun, weil sie weder den Vater noch mich erkannt haben.

1 Petr 2:23

23 der, geschmäht, nicht wieder schmähte, leidend, nicht drohte, sondern sich dem übergab, der gerecht richtet.

Joh 17:18,20-23 Bitte in eigener Bibel nachlesen!

Lk 24:44-49 – Erklärung des Messias darüber, warum er hingerichtet werden musste

Bitte in eigener Bibel nachlesen!

Röm 10:10

10 Denn mit dem Herzen wird geglaubt zur Gerechtigkeit, und mit dem Mund wird bekannt zum Heil [zur Rettung].

Mt 24:42

42 Wacht also! Denn ihr wisst nicht, an welchem Tag euer Herr kommt.

Mt 16:15-16

15 Er spricht zu ihnen: Ihr aber, was sagt ihr, wer ich bin? 16 Simon Petrus aber antwortete und sprach: Du bist der Christus, der Sohn des lebendigen Gottes.

Mt 28:18-20 siehe oben

1 Kor 8:6

6 so ist doch für uns ein Gott, der Vater, von dem alle Dinge sind und wir auf ihn hin, und ein Herr, Jesus Christus, durch den alle Dinge sind und wir durch ihn.

1 Petr 2:9

9 Ihr aber seid ein auserwähltes Geschlecht[a], ein königliches Priestertum, eine heilige Nation, ein Volk zum Besitztum, damit ihr die Tugenden [Tüchtigkeiten, o. Fähigkeiten, o. Vollkommenheiten] dessen verkündigt, der euch aus der Finsternis zu seinem wunderbaren Licht berufen hat;

Apg 4:19

19 Petrus aber und Johannes antworteten und sprachen zu ihnen: Ob es vor Gott recht ist, auf euch mehr zu hören als auf
Gott, urteilt ihr! 20 Denn es ist uns unmöglich, von dem, was wir
gesehen und gehört haben, nicht zu reden.

Apg 5:29

29 Petrus und die Apostel aber antworteten und sprachen: Man muss Gott mehr gehorchen als Menschen.

Joh 16:2-4

2 Sie werden euch aus der Synagoge ausschließen; es kommt
sogar die Stunde, dass jeder, der euch tötet, meinen wird, Gott einen Dienst zu tun [Gottesdienst darzubringen]. 3 Und dies werden
sie tun, weil sie weder den Vater noch mich erkannt haben. 4 Dies
aber habe ich zu euch geredet, damit ihr, wenn ihre Stunde [die
Stunde dafür] gekommen ist, daran gedenkt, dass ich es euch gesagt habe. Dies aber habe ich euch von Anfang an nicht gesagt,
weil ich bei euch war.

Apg 4:19-20 siehe oben

Apg 5:29 siehe oben

Mt 22:21

21 Sie sagen zu ihm: Des Kaisers. Da spricht er zu ihnen: Gebt denn dem Kaiser, was des Kaisers ist, und Gott, was Gottes ist.

Mt 22:36-40

36 Lehrer, welches ist das größte Gebot im Gesetz [Welches Gebot <ist> groß im Gesetz?]? 37 Er aber sprach zu ihm: „Du sollst den Herrn, deinen Gott, lieben mit deinem ganzen Herzen und mit deiner ganzen Seele und mit deinem ganzen Verstand." 38 Dies ist das größte [große] und erste Gebot. 39 Das zweite aber ist ihm gleich: „Du sollst deinen Nächsten lieben wie dich selbst." 40 An diesen zwei Geboten hängt das ganze Gesetz und die Propheten.

Apg 5:29

29 Petrus und die Apostel aber antworteten und sprachen: Man muss Gott mehr gehorchen als Menschen.

Dan 3:1-28 – berichtet von einem prächtigen goldenen Standbild, das von Nebukadnezar aufgestellt wurde und angebetet werden sollte.

Bitte in der eigenen Bibel nachlesen!

Apg 4:5-21, 5:28-33 – Verfolgungen der ersten Christenversammlung und die Reaktion der Christen.

Bitte in der eigenen Bibel nachlesen!

Röm 6:16

16 Wisst ihr nicht, dass, wem ihr euch zur Verfügung stellt als Sklaven zum Gehorsam, ihr dessen Sklaven seid, dem ihr gehorcht? Entweder <Sklaven> der Sünde zum Tod oder <Sklaven> des Gehorsams zur Gerechtigkeit?

Röm 13:1

1 Jede Seele unterwerfe sich den übergeordneten <staatlichen> Mächten! Denn es ist keine <staatliche> Macht außer von Gott, und die bestehenden sind von Gott verordnet.

Röm 13:5

5 Darum ist es notwendig, untertan zu sein, nicht allein der Strafe wegen, sondern auch des Gewissens wegen.

Eph 5:22

22 die Frauen den eigenen Männern als [wie] dem Herrn!

Eph 6:1

1 Ihr Kinder, gehorcht euren Eltern im Herrn! Denn das ist recht.

Eph 6:5

5 Ihr Sklaven, gehorcht euren irdischen Herren mit Furcht und Zittern, in Einfalt eures Herzens, als [wie] dem Christus;

1 Petr 2:13-18 – Petrus beschreibt die Unterordnung.

Bitte in eigener Bibel nachlesen!

2 Petr 3:14

14 Deshalb, Geliebte, da ihr dies erwartet, befleißigt euch, unbefleckt und tadellos von ihm im Frieden befunden zu werden!

Jak 1:27

27 Ein reiner und unbefleckter Gottesdienst vor Gott und dem Vater ist dieser: Waisen und Witwen in ihrer Bedrängnis zu besuchen, sich selbst von der Welt unbefleckt zu erhalten zu bewahren [...].

Jak 5:19

19 Meine Brüder, wenn jemand unter euch von der Wahrheit abirrt und jemand ihn zurückführt,

2 Petr 1:12

12 Deshalb will ich Sorge tragen, euch immer an diese <Dinge> zu erinnern, obwohl ihr sie wisst und in der <bei euch> vorhandenen Wahrheit gestärkt [gefestigt] seid.

2 Petr 2:2

2 Und viele werden ihren Ausschweifungen nachfolgen, um derentwillen der Weg der Wahrheit verlästert werden wird.

1 Joh 1:6-7

6 Wenn [Gesetzt den Fall, dass] wir sagen, dass wir Gemeinschaft mit ihm haben, und wandeln in der Finsternis, lügen wir
und tun nicht die Wahrheit. 7 Wenn wir aber im Licht wandeln,
wie er im Licht ist, haben wir Gemeinschaft miteinander, und das
Blut Jesu, seines Sohnes, reinigt uns von jeder Sünde.

Lk 21:34-36

34 Hütet euch aber, dass eure Herzen nicht etwa beschwert
werden durch Völlerei [Rausch] und Trunkenheit und Lebenssor-
gen und jener Tag plötzlich über euch hereinbricht 35 wie ein Fall-
strick! Denn er wird über alle kommen, die auf dem ganzen Erdboden ansässig sind. 36 Wacht nun und betet zu aller Zeit, dass ihr
imstande seid, diesem allem, was geschehen soll, zu entfliehen und
vor dem Sohn des Menschen zu stehen!

Apg 8:26-40 – berichtet uns über den Äthiopier, einen Kämmerer der Königin Kandake, die Herrscherin über die Äthiopier, der als erster Nicht-Jude zum Christen wurde.

Bitte in der eigenen Bibel nachlesen!

Joh 3:16-18

16 Denn so [so sehr] hat Gott die Welt geliebt, dass er seinen
eingeborenen [griech. monogenes, d.h. einzig in seiner Art, o. einzig
geboren, o. einzig] Sohn gab, damit jeder, der an ihn glaubt, nicht
verloren geht, sondern ewiges Leben hat. 17 Denn Gott hat seinen
Sohn nicht in die Welt gesandt, dass er die Welt richte, sondern

dass die Welt durch ihn errettet werde. 18 Wer an ihn glaubt, wird nicht gerichtet; wer aber nicht glaubt, ist schon gerichtet, weil er nicht geglaubt hat an den Namen des eingeborenen Sohnes Gottes.

Mt 26:26-30 – berichtet über die Einsetzung des Abendmahles oder Herrenmahles.

Paralleltexte: Mk 14:22-25, Lk 22:14-20

Bitte in der eigenen Bibel nachlesen!

Mt 18:20

20 Denn wo zwei oder drei versammelt sind in meinem Namen [zu meinem Namen hin], da bin ich in ihrer Mitte.

Joh 13, 14 – liefert einen Bericht über die letzten Stunden, die der Messias mit seinen Jüngern verbrachte.

Bitte in der eigenen Bibel nachlesen!

1 Kor 11:23-34 – Paulus bestätigt in diesem Bericht die Handhabung des Herrenmahles.

Bitte in eigener Bibel nachlesen!

Apg 2:42-46

42 Sie verharrten aber in der Lehre der Apostel und in der Gemeinschaft, im Brechen des Brotes und in den Gebeten. 43 Es kam
aber über jede Seele Furcht, und es geschahen viele Wunder und Zeichen durch die Apostel. 44 Alle Gläubiggewordenen [Alle Glaubenden] aber waren beisammen und hatten alles gemeinsam; 45
und sie verkauften die Güter und die Habe und verteilten sie an alle, je nachdem einer bedürftig war. 46 Täglich verharrten sie
einmütig im Tempel und brachen zu Hause das Brot, nahmen Speise mit Jubel und Schlichtheit des Herzens.

Mk 5:18-20

18 Und als er in das Boot stieg, bat ihn der, der besessen gewesen war, dass er bei ihm sein dürfe.19 Und er gestattete es ihm
nicht, sondern spricht zu ihm: Geh in dein Haus zu den Deinen und verkünde ihnen, wieviel der Herr an dir getan und <wie er>

sich deiner erbarmt hat. 20 Und er ging hin und fing an, im Zehnstädtegebiet [Landschaft mit zehn Städten im Nordosten Palästinas] auszurufen, wieviel Jesus an ihm getan hatte; und alle wunderten sich.

Nachsatz!

Jes 57:15-17

15 Denn so spricht der Hohe und Erhabene, der in Ewigkeit wohnt und dessen Name der Heilige ist: In der Höhe und im Heiligen [und heilig] wohne ich und bei dem, der zerschlagenen und gebeugten Geistes ist, um zu beleben den Geist der Gebeugten und zu beleben das Herz der Zerschlagenen. 16 Denn nicht ewig rechte ich, und nicht für immer zürne ich; denn ihr <Lebens>hauch würde vor mir [T; Mas. T: der <Lebens>hauch würde von mir weg] verschmachten und die Menschenseelen [Lebensodem. - Das hebr. Wort steht in der Mehrzahl], die ich ja gemacht habe. 17 Wegen der Sünde seiner Habsucht [Wegen der Schuld<, nämlich wegen> seines ungerechten Gewinns] zürnte ich und schlug es, indem ich mich verbarg und erzürnt war; doch es ging abtrünnig auf dem Weg seines Herzens.

Paralleltext: Jes 58:6-12

Lk 4:18-19

18 „Der Geist des Herrn ist auf mir, weil er mich gesalbt hat, Armen gute Botschaft zu verkündigen; er hat mich gesandt, Gefangenen Freiheit [Freilassung, Erlass <der Schuld] auszurufen und Blinden, dass sie wieder sehen, Zerschlagene in Freiheit hinzusenden, 19 auszurufen ein angenehmes Jahr des Herrn.“

Endlich! Sicherheit und Friede!

Jes 45:15

15 Wahrlich, du bist ein Gott, der sich verborgen hält, Gott Israels, ein Retter!

Erklärungen und Quellenangaben!

Ps 136:9

9 Den Mond und die Sterne zur Herrschaft in der Nacht. Denn seine Gnade <währt> ewig!

Dan 8:10

10 Und es wuchs bis an das Heer des Himmels, und es warf <einige> von dem Heer und von den Sternen zur Erde herab und zertrat sie.

Offb 6:13

13 und die Sterne des Himmels fielen auf die Erde, wie ein Feigenbaum, geschüttelt von einem starken Wind, seine Feigen abwirft.

Offb 8:12

12 Und der vierte Engel posaunte: und es wurde geschlagen der dritte Teil der Sonne und der dritte Teil des Mondes und der dritte Teil der Sterne, so dass der dritte Teil von ihnen verfinstert wurde und der Tag seinen dritten Teil nicht schien und die Nacht gleicherweise.

1 Mos 23:10ff – berichtet über die Sabbat-Jahr-Vorschrift alle sieben Jahre und das 50. Jobel- und Halljahr. (Jubeljahr)

Bitte in eigener Bibel nachlesen!

2 Kön 23:10

10 Und er machte das Tofet [Gespei, o. Greuel; daher auch Greuelstätte] unrein, das im Tal Ben-Hinnoms <lag>, damit niemand mehr seinen Sohn oder seine Tochter dem Moloch durchs Feuer gehen ließ.

Mt 10:28

28 Und fürchtet euch nicht vor denen, die den Leib töten, die Seele aber nicht zu töten vermögen; fürchtet aber vielmehr den, der sowohl Seele als Leib zu verderben vermag in der Hölle [Gehenna]!

Paralleltext: Lk 12:4-5

1 Mos 9:4-6

4 Nur Fleisch mit seiner Seele [mit seinem Leben], seinem Blut,
sollt ihr nicht essen! 5 Jedoch euer eigenes Blut [euer Blut für eure
Seelen] werde ich einfordern; von jedem Tiere [von der Hand jedes
Tieres] werde ich es einfordern, und von der Hand des Menschen,
von der Hand eines jeden, <nämlich> seines Bruders, werde ich die
Seele [das Leben] des Menschen einfordern. 6 Wer Menschenblut
vergießt, dessen Blut soll durch Menschen vergossen werden; denn
nach dem Bilde Gottes hat er den Menschen gemacht.

Paralleltext: 3 Mos 17:10-16

Apg 15:28-29

28 Denn es hat dem Heiligen Geist und uns gut geschienen,
keine größere Last auf euch zu legen als diese notwendigen Stücke:
29 euch zu enthalten von Götzenopfern und von Blut und von Ersticktem und von Unzucht. Wenn ihr euch davor bewahrt, so werdet ihr wohl tun [so wird es euch wohlergehen]. Lebt wohl!“

In eigener Sache:

Mein zweites Buch *„‚Auf dem Weg‘ vom Homo sapiens zum Menschen!“* – und dem Untertitel *„Wie hilfreich ist eine schöpfergöttliche Weltregierung?“* hilft einem jeden Leser, die wahrhaften Ursachen für unsere immer tragischer werdenden Probleme zu erkennen. Die Gebrauchsanweisung für Menschen erklärt uns auf anschauliche Weise, wo die Ursachen für unsere menschlichen Probleme liegen und auch, wie wir uns aus einem Teufelskreis von ständigem Betrogen-Werden und Betrügen, ob wissentlich oder unwissentlich, herauswinden können. Allerdings, das muss auch gesagt werden, wird dieser Lesestoff ihr Gewissen und ihre Mentalität schon etwas strapazieren, doch es lohnt sich mit Sicherheit für Sie und ihr Umfeld, diesen Lesestoff zu betrachten.

***

Mein drittes Buch *„Die Alternative zur Selbstvernichtung!“* – und dem Untertitel *„Aus der ‚Gebrauchsanweisung‘ für Menschen!“* rundet den gesamten Themenkomplex ab.

Es wird in diesem Buch deutlich gemacht, dass sich nur noch der einzelne Mensch retten kann. Seine eigene Rettung hängt von seiner „Herzenseinstellung“ (Herzensbildung) ab, von seinen inneren, ethischen und moralischen Werten und von seiner persönlichen Entscheidung, sich den Schöpfergöttern zu unterwerfen, mit der Natur leben zu wollen und nicht gegen die Natur.

Von der Freiheit, die uns Menschen durch die Schöpfergötter eingeräumt wird, rechten Gebrauch zu machen, muss gelernt sein, und vor allem muss jeder Mensch erst einmal verstehen, um was es sich bei dieser „Freiheit“ überhaupt handelt. In einem von den sieben Kapiteln in diesem Buch wird auch über die Religion, die uns die Bibel vermittelt, gesprochen. Diese ist denkbar einfach und bedarf keiner weiteren Voraussetzungen, außer einem aufrechten Charakter, Wahrheitsliebe, Gerechtigkeitsliebe, Ehrlichkeit und ein wenig Glaube.

***

Sollten Sie die drei Bücher gut und nützlich finden – oder auch nur eines von den Dreien – empfehlen Sie bitte den Lesestoff an ihre Freunde und Bekannten weiter. Auf diese Weise helfen auch Sie der Wahrheit, zum Durchbruch zu kommen.

***

Am: Buch Amos
Apg: Apostelgeschichte
Bar: Baruch
Jer: Jeremia
1 Chr: 1. Buch der Chronik
2 Chr: 2. Buch der Chronik
Dan: Daniel
Dtn: Deuteronomium
Eph: Epheserbrief
Esra: Esra
Est: Buch Ester
Ex: Exodus
Ez: Ezechiel
Gal: Galaterbrief
Man: Manasse
Gen: Genesis
Hab: Habakuk
Hag: Haggai
Hebr: Hebräerbrief
Hld: Hoheslied
Hos: Hosea
Hiob: Buch Hiob
Jak: Jakobusbrief
Jdt: Buch Judit
Jer: Jeremia
Jes: Jesaja
Joel: Buch Joel
1 Joh: 1. Johannesbrief
2 Joh: 2. Johannesbrief
3 Joh: 3. Johannesbrief
Joh: Johannesevangelium
Jona: Buch Jona
Jos: Buch Josua
Jud: Judasbrief
Klgl: Klagelieder Jeremias
Koh: Kohelet
Kol: Kolosserbrief
1 Kön: 1. Buch der Könige
2 Kön: 2. Buch der Könige
1 Kor: 1. Korintherbrief
2 Kor: 2. Korintherbrief
Laod: Laodizäerbrief
Lev: Levitikus
Lk: Lukasevangelium
1 Makk: 1. Makkabäer
2 Makk: 2. Makkabäer
3 Makk: 3. Makkabäer
4 Makk: 4. Makkabäer
Mal: Maleachi
Mi: Buch Micha
Mk: Markusevangelium
1 Mos: 1. Buch Mose
2 Mos: 2. Buch Mose
3 Mos: 3. Buch Mose
4 Mos: 4. Buch Mose
5 Mos: 5. Buch Mose
Mt: Matthäusevangelium
Nah: Nahum
Neh: Nehemia Num: Numeri
Obd: Obadja
Offb: Offenbarung des Johannes
1 Petr: 1. Petrusbrief

2 Petr: 2. Petrusbrief
Ps: Buch der Psalmen
Phil: Philipperbrief
Phlm: Philemonbrief
Ri: Buch der Richter
Röm: Römerbrief
Ruth: Buch Ruth
Sach: Sacharja
1 Sam: 1. Buch Samuel
2 Sam: 2. Buch Samuel
Sir: Jesus
Sirach
Spr: Buch der Sprichwörter
1 Thess: 1.Thessalonicherbrief
2 Thess: 2.Thessalonicherbrief
1 Tim: 1. Timotheusbrief
2 Tim: 2. Timotheusbrief
Tit: Titusbrief
Tob: Buch Tobit
Weish: Buch der Weisheit
Zef: Zefanja

Zeitfracht Medien GmbH
Ferdinand-Jühlke-Straße 7
99095 Erfurt, Deutschland
produktsicherheit@kolibri360.de